马国贤　赵宏斌　主编

我国农村义务教育财政政策：

现状与思考

The Policy of Compulsory Education in Rural China:
Current Situation and Thinking

本研究受到上海财经大学"211"项目经费资助

项目负责人：马国贤（教授）

项目执行人：赵宏斌（副教授）

项目参与人：孔　晏（博士）　　陈平水（教授）

王　冲（教授）　　张学敏（教授）

张智敏（教授）　　周润智（教授）

刘文霞（教授）　　马佳宏（教授）

孙百才（副教授）　傅蕴华（副教授）

郝振君（副教授）　孙刚成

惠祥凤　　　　　　傅乘波

金　捷　　　　　　陈云鹏

李艳鹤　等

江苏大学出版社

JIANGSU UNIVERSITY PRESS

图书在版编目(CIP)数据

我国农村义务教育财政政策：现状与思考/马国贤，
赵宏斌主编. —镇江：江苏大学出版社，2010.12
ISBN 978-7-81130-204-2

Ⅰ.①我… Ⅱ.①马… ②赵… Ⅲ.①农村－义务教
育－财政政策－研究－中国 Ⅳ.①G526.7②G522.3

中国版本图书馆 CIP 数据核字(2010)第 247812 号

我国农村义务教育财政政策：现状与思考

主　　编/马国贤　赵宏斌
责任编辑/李经晶
出版发行/江苏大学出版社
地　　址/江苏省镇江市梦溪园巷 30 号(邮编：212003)
电　　话/0511-84440890
排　　版/镇江文苑制版印刷有限责任公司
印　　刷/丹阳市兴华印刷厂
经　　销/江苏省新华书店
开　　本/890 mm×1 240 mm　1/32
印　　张/13.625
字　　数/340 千字
版　　次/2011 年 3 月第 1 版　2012 年 10 月第 2 次印刷
书　　号/ISBN 978-7-81130-204-2
定　　价/37.00 元

本书如有印装质量问题请与本社发行部联系调换(电话：0511-84440882)

序

　　上海财经大学中国教育支出绩效评价研究中心从 2005 年开始，每隔一年做一次全国农村义务教育调查，2009 年是第三次全国性调查。在调查中，他们采用访谈形式，调查了全国 25 个省（自治区、直辖市）77 个县的教育局局长（或局领导）和 279 所农村中小学的校长（或校领导），获得了丰富的第一手资料。在 25 个省（自治区、直辖市）调研报告的基础上，形成了总报告和读者面前的这本书。在行文上，他们采用描实方式，较少主观判断。这是一种很好的学风。这种持久的、大样本量的调查，对我们了解实际，发现问题大有帮助，也是国家所提倡的。而从书中的字里行间也传达了他们对农村孩子的强烈关爱。

　　我国是在 1986 年财政比较困难的情况下，实施普及九年制义务教育的，经过 20 多年的努力，任务基本完成，做到了西方用 100 多年才能做到之事。义务教育财政政策是重要的公共政策，它既是政府对义务教育的重视和责任的宣言，也是引导各级政府投入的重要工具。随着国家财力的增长，我国义务教育财政政策经过 20 多年的发展，内容不断完善，并逐步走向成熟。

　　义务教育财政投入是一个常谈常新的话题。我国自 1986 年实施

《中华人民共和国义务教育法》后，义务教育在法制框架下，运行逐步规范。我国义务教育财政投入体制与政策的变化，大体经历了以下三个阶段：

一是从 1986 年到 2001 年，基本沿用以往"划分收支、分级包干"财政体制下的框架，城市义务教育财政管理体制由城市政府负责，农村实行县乡村三级办学、县乡二级管理（简称"三级办学、二级管理"）的体制，资金来源以财政投入为主，辅之以收取教育费附加、学费等多种渠道。

二是从 2001 年到 2005 年，配合农村的税费改革，以减轻农民负担、增加农民收入为目的，取消了向农民征收的教育集资和教育费附加等行政收费项目；同时为了解决经费缺口问题，实行了"地方政府负责、分级管理、以县为主"的新体制。为了抑制教育上的乱收费，减少因贫辍学，中央和省级财政逐步加大农村教育投入，同时采用了"一费制"和"两免一补"等政策。

三是在 2005 年 12 月国务院《关于深化农村义务教育经费保障机制改革的通知》颁布后，国家召开全国农村义务教育经费保障机制改革工作会议，制定了"明确各级责任、中央地方共担、加大财政投入、提高保障水平、分步组织实施"的原则，将农村义务教育经费全面纳入公共财政保障范围，建立了中央和地方分项目、按比例分担农村义务教育经费的新保障机制。

但是，新机制实施后，也存在一些不容忽视的问题：一是地方政府投入上的"挤出效应"问题，新机制在实施过程中，随着中央和省级政府义务教育投入的增加，一些市县以上级投入替代了本级投入。二是在教育经费的使用和监管中存在一些问题，如对教育转移支付使用效益的监督、县级财政对教育经费的监管等方面。三是农业县存在着义务教育经费"双轨制"问题,即城市学生的经费由县级保障,农村学生的经费由中央和省级保障。但是,随着大量农村中小学生到城市读书,加上农业县长期化的财政困难,导致了农业县经费保障上出现新难题。四是如何处理好公办学校与民办学校的关系问题。公办学校与民办学校在政策和拨款上的差异,使得民办学校的生源锐减,引发了生存危机。五是新机制下学校的管理问题。新机制规定了免收学生的杂费,教师工资的发放由财政负担的政策。为此,教师工资主要依据工龄和职称,学校既无经费去奖励优秀教师,也无能力吸引或留住人才。校长们甚至担心考务费的来源。在这种情况下,如何管理学校就成为难题。此外,校舍维修的资金也成了问题,由于以前的危房改造是以项目方式突击解决的,进入长效管理后,危房改造金的来源成为难题。六是教师绩效工资如何实施,同样是一大难题。七是由于我国地区之间、城乡之间经济发展不平衡,至今仍有上百个县还没有达到"普九"目标。以上问题,都值得深入研究,分析寻求解决之策。

目前,由于城乡义务教育投入体制上存在差异,引起教师向城市和发达地区流动,导致欠发达和落后地区教师资源更匮乏。这也是亟待解决的现实问题。现实生活迫切需要更多的学者从事物本来面目出发,去研究、探索问题,寻求解决事物发展"瓶颈"之道。在这方面,应当肯定上海财经大学做了一件很有意义的事。

我相信,本书的出版,将为政府和学者、教育财政政策研究者提供基础性素材,促使人们更关心、重视农村义务教育事业,也希望有关政府部门重视本书根据调查提出的问题,寻求良策,切实加以解决。

贾康

2011 年 3 月 14 日

内容提要

　　我国农村义务教育财政政策的现状研究是在财政部、教育部有关司局的支持下,由上海财经大学"211"经费资助,上海财经大学中国教育支出绩效评价中心(以下简称"中心")承担,并邀请全国部分高校的师生和上海财经大学本科生、研究生共同参与完成。

　　本书的研究是在 2005 年、2007 年、2009 年三次"全国农村义务教育经费问题百县调查"的基础上进行的,目的在于探讨以下几个问题:第一,2005 年国家实施的农村义务教育保障新机制是有利于改善农村义务教育经费状况的,但这一政策落实到农村中小学的程度如何? 中小学校的经费保障到何种程度? 第二,2008 年 12 月国务院通过了《关于义务教育学校实施绩效工资的指导意见》,这是帮助学校改善管理、提高教育效果的重大举措,但仍未知有关绩效工资的政策是否落实到农村中小学,各校究竟是怎样测量教师绩效并确定绩效工资的? 第三,进入 21 世纪以来,我国农村义务教育由分散办学走向集中办学,由此带来了农村中小学生的寄宿问题,当前农村中小学的寄宿制管理和政府补助效果如何,在多大程度上有利于教育质量的提高? 是否可以用"中心学校＋教学点"模式部分地替代集中办学模式? 第四,农村中小学是否建立科学管理和民主理财的制度,还存在哪些盲点?

调查主要采用访谈的方式，根据事先设计的提纲，由访谈者分别实施。被访谈的有 25 个省（自治区、直辖市），每个省（自治区、直辖市）确定 3 ~ 4 个县（市），每个县（市）访谈一位教育局局长（或其他领导）和 4 所义务教育学校的校长（或其他校领导），共计访谈了 25 个省（自治区、直辖市）、77 个县（市）的 279 所学校。通过对访谈资料的统计分析，对我国农村义务教育财政政策实施的结果和相关管理现状有了初步和直观的了解。本书的特点在于通过数据来表现调查结果，并借助数据来分析和说明问题。

本书包括两部分内容：第一部分是对全国 25 个省（自治区、直辖市）的农村义务教育财政政策的调查统计，并在此基础上进行现状描述和对问题的归纳分析。第二部分是各省（自治区、直辖市）调研组在选择部分县（市）调研的基础上，对样本县（市）的政策实施情况进行归纳和分析，并形成调研报告。由于样本的局限性，调查结果覆盖面有限，不能反映一个省的全貌，但通过对 25 个省（自治区、直辖市）、77 个县（市）、279 所义务教育学校的采样，基本能对全国的情况有比较清晰的呈现。

目 录

全国篇

县（市）篇

全国篇

第一章　调查样本概况

一、样本总体概况

本次"全国农村义务教育经费问题百县调查"活动在全国范围内进行广泛抽样,调查范围覆盖 25 个省(自治区、直辖市)。样本省按地域划分为:东部地区 4 个(江苏、浙江、福建、广东),占 16%;中部地区 10 个(辽宁、山西、黑龙江、湖南、山东、安徽、海南、江西、湖北、河南),占 40%;西部地区 11 个(内蒙古、甘肃、宁夏、云南、陕西、贵州、青海、四川、新疆、广西、重庆),占 44%。按照预先设定的抽样方法,我们尽量在样本省中抽取 3 个县(市)来作为样本县(市)。为全面反映存在经济水平差异的各地区的农村义务教育的发展情况,我们遵循选择不同经济水平、不同财政实力的县(市)进行调查的原则实施抽样。本次活动实际完成了对 77 个县(市)的调查,其中,国家扶贫工作重点县 21 个。各级样本的基本信息见表 1-1。

表1-1 样本省和样本县(市)列表

地区	省份	样本县(市)名称
东部	江苏	邳州市、赣榆县、金坛市
	浙江	台州市、安吉县、平阳县
	福建	龙海县、永春县、云霄县
	广东	翁源县、潮南县
中部	辽宁	普兰店市、本溪县、凤城市
	山西	宁武县*、孝义市、岚县*、夏县
	黑龙江	七台河市、林甸县*、鸡东县
	湖南	慈利县、冷水江市、涟源市
	山东	冠县、高唐县、青州市
	安徽	怀宁县、潜山县*、和县、凤台县
	海南	琼中县*、东方市
	江西	余干县*、丰城市、吉水县
	湖北	当阳市、孝南区、阳新县*、郧县*
	河南	孟州市、济源市、临颍县
西部	内蒙古	通辽市霍林郭勒市、呼伦贝尔市海拉尔区、包头市土默特右旗镇、乌海市海南区
	甘肃	秦安县*、平川区、民勤县
	宁夏	灵武市、隆德县*、盐池县*
	云南	隆阳区、巍山彝族回族自治县*、富源县*
	陕西	神木县、安塞县*、志丹县
	贵州	遵义县、凤冈县、望谟县*
	青海	湟中县*、平安县*、循化县*、民和县*
	四川	邛崃市、彭山县、荥经县
	新疆	木垒县
	广西	永福县、全州县、横县
	重庆	北碚区、巫溪县*、彭水县*

注：带*的为国家扶贫工作重点县。

　　为大致了解各县(市)财政收支水平，我们将2007年各县(市)人均地方财政一般预算收支情况汇总于表1-2。可以得到财政收支原始数据的县(市)总数为73个，表1-2中的数据根据《中国县市社会经济统计年鉴——2008》的原始数据计算而来。

表1-2　各县(市)的2007年人均地方财政一般预算收入与支出情况表

省份	县(市)	2007 年人均地方财政一般预算收入(元)	2007 年人均地方财政一般预算支出(元)
江苏	邳州市	541	678
	赣榆县	578	1 140
	金坛市	2 088	2 242
浙江	台州市	3 111	3 134
	安吉县	1 572	1 973
	平阳县	734	1 398
福建	龙海市	1 251	1 390
	永春县	771	1 226
	云霄县	327	526
广东	翁源县	221	1 067
	潮南县	404	1 019
辽宁	普兰店市	1 302	1 768
	本溪县	922	2 332
	凤城市	903	1 929
山西	宁武县	759	2 320
	孝义市	1 677	2 336
	岚县	212	1 713
	夏县	191	1 531
黑龙江	七台河市	955	2 231
	林甸县	394	1 095
	鸡东县	419	1 317

省份	县(市)	2007 年人均地方财政 一般预算收入(元)	2007 年人均地方财政 一般预算支出(元)
湖南	慈利县	218	1 035
	冷水江市	1 037	2 125
	涟源市	269	1 020
山东	冠县	217	855
	高唐县	1 265	1 911
	青州市	1 080	1 341
安徽	怀宁县	595	1 321
	潜山县	296	1 135
	和县	354	1 043
	凤台县	876	1 489
海南	琼中县	210	1 720
	东方市	492	1 419
江西	余干县	239	1 050
	丰城市	542	1 092
	吉水县	344	1 147
湖北	当阳市	543	1 535
	孝南区	492	1 244
	阳新县	235	945
	郧县	172	1 042
河南	济源市	2 245	2 910
	临颍县	249	927
内蒙古	通辽市霍林郭勒市	7 834	7 274
	呼伦贝尔市 海拉尔区	731	2 209

续表

省份	县(市)	2007 年人均地方财政 一般预算收入(元)	2007 年人均地方财政 一般预算支出(元)
内蒙古	包头市土默特右旗镇	1 133	2 378
	乌海市海南区	1 769	3 709
甘肃	秦安县	111	897
	民勤县	107	1 679
宁夏	灵武市	1 416	3 219
	隆德县	106	2 426
	盐池县	642	2 804
云南	隆阳区	298	822
	巍山彝族回族自治县	216	1 222
	富源县	767	1 361
陕西	神木县	2 567	4 001
	安塞县	3 931	4 455
	志丹县	8 117	10 457
贵州	遵义县	340	973
	凤冈县	127	1 018
	望谟县	122	1 095
青海	湟中县	87	1 436
	平安县	311	2 558
	循化县	288	1 728
	民和县	151	1 303
四川	邛崃市	370	1 223
	彭山县	439	1 334
	荥经县	407	1 680

续表

省份	县(市)	2007年人均地方财政一般预算收入(元)	2007年人均地方财政一般预算支出(元)
新疆	木垒县	238	3 074
广西	永福县	484	1 316
	全州县	157	814
	横县	223	720
重庆	巫溪县	131	1 234
	彭水县	331	1 203

　　调研样本中,属于第八届中国县域经济基本竞争力百强县的有浙江省嵊州市(人均月收入1 142元)。此外,还有14个县(市)超过这一人均标准。总体来看,在被调查的样本中,财政实力较强的县占19.2%,财政实力较弱的占28.8%,其余为中等县。

　　为了对比城乡义务教育,本次调查采用了在各县(市)选择1所县城小学、1所农村初中、1所农村小学和1所农村寄宿制学校的方式,共抽取4所义务教育学校。但由于实际条件的限制,我们对少数县(市)中学校的抽样进行了调整。最后,我们实际调查学校达278所,其中,小学158所、初中97所、一贯制学校23所。截至2007年底,我国义务教育阶段学校总数为379 170所,其中普通小学320 061所,普通初中59 109所。本次义务教育百县调查抽样学校数超过全国义务教育学校总数的万分之七。

　　我们抽样的学校种类,具体可划分为城镇初中30所、城镇小学48所、城镇一贯制学校6所、农村初中67所、农村小学110所、农村一贯制学校17所。详细比例见图1-1。

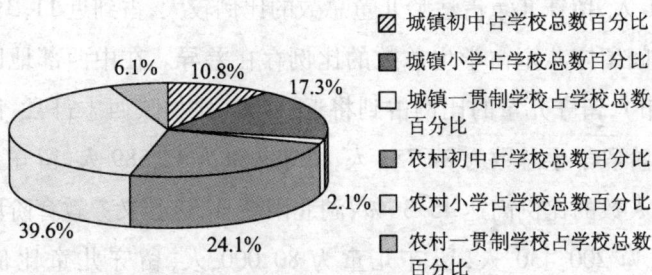

6.1% 10.8% 17.3%
39.6% 24.1% 2.1%

图例：
- 城镇初中占学校总数百分比
- 城镇小学占学校总数百分比
- 城镇一贯制学校占学校总数百分比
- 农村初中占学校总数百分比
- 农村小学占学校总数百分比
- 农村一贯制学校占学校总数百分比

图1-1 各类学校占学校总数百分比

按寄宿学生比例是否达到该校学生总数20%，将受调查学校划分为寄宿制和非寄宿制两大类。寄宿制学校中，城镇小学3所、城镇初中12所、城镇一贯制学校2所、农村小学50所、农村初中29所、农村一贯制学校10所。寄宿制学校中，各类学校的比例见图1-2。

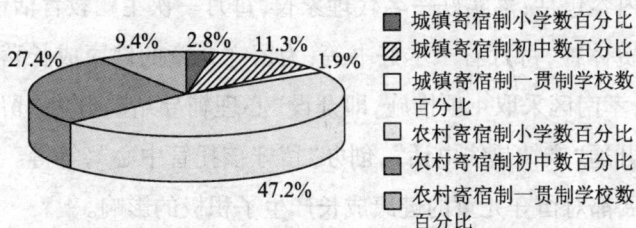

9.4% 2.8% 11.3% 1.9%
27.4% 47.2%

图例：
- 城镇寄宿制小学数百分比
- 城镇寄宿制初中数百分比
- 城镇寄宿制一贯制学校数百分比
- 农村寄宿制小学数百分比
- 农村寄宿制初中数百分比
- 农村寄宿制一贯制学校数百分比

图1-2 各类寄宿制学校占寄宿制学校总数百分比

本次受调查的省级样本已接近我国省、自治区、直辖市总数，而且各县级样本和学校样本的取样方式也符合差异性和随机性原则，因此，调查结果具有科学性。

二、县市级层面及学校层面的基本信息

（一）县级层面上的基本情况

1. 留守儿童比例高

各县适龄儿童有效统计总数为3 484 972人，保留学籍总数为56 139人，占适龄儿童总数的1.6%。留守儿童统计总数为

394 881 人,留守儿童占适龄儿童总数的比例较大,占到近 11.3%。各地区之间留守儿童占学生总数的比例存在差异。在中西部地区的某些县(市),留守儿童的比例占到将近一半。比如陕西志丹县,该县义务教育阶段学生总数为 27 753 人,留守儿童为 12 589 人,留守儿童占学生总人数的比例高达 45.36%;湖北阳新县,该县义务教育阶段学生总人数为 200 430 人,留守儿童为 80 000 人,留守儿童比例达到39.91%。而东部地区这一比例相对较小。

近几年来,随着经济欠发达地区外出打工人员不断增加,留守儿童的比重也在明显上升。留守儿童的广泛存在对当地的教育部门提出了更高更细致的要求,调查中我们了解到很多县政府都出台了一系列措施关爱留守儿童。如湖北阳新县建立专门的留守儿童服务中心,其服务内容包括:落实好一名代理家长,每月一次主题教育活动,每年一次免费体检,每月看一本好书等,为留守儿童的健康成长营造温馨的港湾;孝南区采取 4 项措施,即开设"心理辅导站",开办"留守家庭学校",开通"亲情热线电话",创办"留守孩托管中心",等等。这些措施的开展都对留守儿童的健康成长产生了积极的影响。

2. 外聘管理人员问题不容忽视

受调查的各县教师总人数为 339 700 人,其中在编不在岗教师5 005 人,外聘教师 12 360 人,分别占教师总数的 1.7% 及 4%。调查可见,在编不在岗教师比例较小,但是外聘教师仍然大量存在,并且成为受绩效工资等影响较大的群体。当然,以上两项指标在各县(市)间存在较大差异,调查得到的有效统计结果见表 1-3。

表1-3 教师比例的有效统计列表

省份	县(市)	在编不在岗教师(%)	外聘教师(%)
江苏	邳州市	0.04	0.76
	赣榆县	5.87	0.54
福建	龙海县	0.53	0.03
辽宁	凤城市	0.78	6.47
山西	孝义市	0.10	1.98
黑龙江	七台河市	0.22	1.00
湖南	慈利县	0.69	2.25
海南	东方市	0.54	0.86
江西	余干县	3.17	2.54
湖北	郧县	0.26	0.85
河南	济源市	0.70	3.40
	临颍县	3.06	0.46
内蒙古	霍林郭勒市	0.38	4.31
甘肃	秦安县	0.77	5.07
宁夏	灵武市	2.10	0.94
	隆德县	0.84	6.35
云南	巍山彝族回族自治县	0.98	7.65
青海	湟中县	2.68	5.53
四川	邛崃市	0.98	0.62

在调查中,我们得到外聘管理人员的统计总数为 12 360 人。经计算,得出外聘管理人员总人数与教师总人数的比例大约为 1：28。可见,就整个群体来看,外聘管理人员的存在不容忽视。我们根据调查得到的有效数据,将各地区具体比例在表 1-4 中列出。

表1-4　各地区外聘管理人员与教师人数的比例

省份	县（市）	外聘管理人员与教师人数之比	省份	县（市）	外聘管理人员与教师人数之比
江苏	邳州市	2:309	江西	余干县	1:19
	赣榆县	1:37		丰城市	1:53
	金坛市	1:27	湖北	当阳市	1:6
浙江	安吉县	1:6		孝南区	1:11
	平阳县	1:2		郧县	1:31
福建	龙海县	1:66	河南	孟州市	1:11
	永春县	1:29		济源市	1:7
广东	翁源县	1:14		临颍县	1:22
辽宁	凤城市	1:85	内蒙古	霍林郭勒市	1:5
山西	宁武县	1:6		包头市土默特右旗镇	1:18
	孝义市	1:17	甘肃	秦安县	1:140
	岚县	1:6	宁夏	灵武市	1:361
	夏县	1:59		隆德县	1:50
黑龙江	七台河市	1:48	云南	隆阳区	1:34
湖南	慈利县	1:9		巍山县	1:17
	冷水江市	1:125		富源县	1:71
山东	青州市	1:39	陕西	安塞县	1:11
安徽	怀宁县	1:42	青海	湟中县	1:73
	潜山县	1:38		民和县	1:18
	和县	1:34	四川	邛崃市	1:12
	凤台县	1:240		荥经县	1:13
海南	东方市	1:370			

由此,可以看出各地外聘管理人员在教职工中均占有一定的比例。当然,各县市之间这一比例存在差异,有些县(市)这一比例很小,可能很多学校都没有额外聘请职工,而另一些县(市)这一比例很高,势必会带来经费筹措等方面的问题。

正如以上统计数据所示,我们发现在编不在岗教师、外聘教师及外聘管理人员的问题在各地间虽然有较大差异,但是不可否认它们的存在是具有普遍性的,外聘管理人员的经费支出问题需要得到妥善解决。

(二)校级层面上的基本情况

1. 受调查学校学生及教师构成情况

受调查学校学生总数为 331 462 人,保留学籍学生数为 6 654 人(占学生总数的 2%),留守儿童人数为 37 514 人(占学生总数的 11.3%),寄宿生总数 63 528 人(占学生总数的 19.2%);教师总数为 19 858 人,在编不在岗教师数为 566 人(占教师总数的 2.9%),外聘教师数为 476 人(占教师总数的 2.4%),外聘管理人员数为 729 人(与教师之比为 1∶27);2007 年前,危房总数 4 146 间,2007 年改造率为 43.9%,剩余率为 56.1%。表 1-5 列举了不同地区的部分样本学校关于学生基本信息的统计情况,表 1-6 列举了这些样本学校关于教职工基本信息的统计情况。

表1-5　部分样本学校关于学生基本信息的统计情况

地区	所在地名称	学校名称	类别	学生基本信息			
				学生总数（人）	保留学籍学生百分比（%）	留守儿童百分比（%）	寄宿制寄宿学生百分比（%）
东部地区	江苏省金坛市	第二中学	城镇初中	3 228	0.00	0.00	15.49
	广东省翁源县	龙仙第三小学	城镇小学	2 000	5.00	0.00	0.00
	江苏省赣榆县	第三中学	农村初中	733	0.00	1.36	0.00
	福建省永春县	第四中学	农村初中	978	2.04	20.45	12.27
	福建省云霄县	火田中学	农村初中（寄宿制）	1 280	1.17	3.91	41.41
	江苏省金坛市	岸头实验小学	农村小学	1 260	0.00	19.05	0.00
	浙江省平阳县	鳌江一小	农村小学	500	0.00	0.00	0.00
	浙江省安吉县	杭设小学	农村小学（寄宿制）	1 421	0.00	26.88	81.49
中部地区	湖北省当阳市	玉阳中学	城镇初中	1 100	0.00	9.09	0.00
	辽宁省普兰店市	铁西小学	城镇小学	981	1.02	8.15	0.00
	安徽省潜山县	棋盘中学	农村初中	1 100	0.00	40.00	9.09
	江西省丰城市	筱塘初中	农村初中（寄宿制）	836	1.56	60.05	52.75
	辽宁省凤城市	草河中学	农村初中（寄宿制）	530	4.72	10.94	79.25
	湖北省孝南区	夹沟小学	农村小学	141	2.13	39.72	0.00
	安徽省怀宁县	月山中心小学	农村小学	807	0.00	17.47	0.00
	河南省孟州市	汤庙小学	农村小学（寄宿制）	300	0.00	2.67	36.67
西部地区	陕西省神木县	第八中学	城镇初中（寄宿制）	2 400	0.00	0.00	29.17
	内蒙古霍林郭勒市	第一小学	城镇小学	1 160	0.00	0.00	0.00
	重庆市巫溪县	通城初中	农村初中（寄宿制）	378	5.29	9.26	49.47
	贵州省遵义县	鸭溪镇初级中学	农村初中（寄宿制）	1 951	0.00	8.87	44.85

续表

地区	所在地名称	学校名称	类别	学生基本信息			
				学生总数（人）	保留学籍学生百分比（%）	留守儿童百分比（%）	寄宿制寄宿学生百分比（%）
西部地区	陕西省安塞县	沿河湾初级中学	农村初中（寄宿制）	626	0.00	0.00	92.97
	重庆市北碚区	静观中心小学	农村小学	980	0.00	40.82	0.00
	内蒙古乌海市海南区	桃花小学	农村小学	152	38.16	16.45	0.00
	贵州省凤冈县	大水小学	农村小学（寄宿制）	251	0.00	44.62	22.31

从表 1-5 可以看出各地区均有一定比例的保留学籍的学生,但是这个比例与其他部分的比例相比相对较小。在对各县教育局长的访谈中,已经发现留守儿童的现象广泛存在,对各样本学校校长的访谈又验证了这一结果。根据表 1-5,东部地区这 8 所学校中,有 3 所学校留守儿童比例达到近 20%;中部地区 8 所学校中,几乎每所学校均有较大比例的留守儿童,甚至其中 3 所学校留守儿童的比例超过了 40%;而在西部地区 8 所学校中,整体上来讲,可能各校留守儿童比例相对中部地区较小,但其中有 2 所学校留守儿童比例超过了 40%。由于留守儿童父母常年不在身边,学校的教育和监管对于留守儿童就显得更为重要。

同样,从表中我们发现,与广泛存在的留守儿童现象相对应的是寄宿制学生数量增多。往往是留守儿童比例较高的寄宿制学校中,寄宿学生的比例也较高。除此之外,交通不便的偏远地区寄宿制学校的寄宿生比例较高。将孩子寄宿在学校由学校全天候地加以培养和教导,这对于那些常年在外打工的家长或上学交通不便的学生的家长来说可能是一个较好的选择。在实地调研和访谈中,我们发现,在对学生实施寄宿制管理后,其学习成绩、与人交往能力等各方面都得到了很好的提高,但是学生管理中的安全问题和心理问题也不容忽视。

表 1-6　部分样本学校关于教职工基本信息的统计情况

地区	所在地名称	学校名称	类别	教职工基本信息			
				教师总数(人)	在编不在岗教师百分比(%)	外聘教师百分比(%)	外聘管理人员与教师总数比
东部地区	江苏省金坛市	第二中学	城镇初中	215	1.86	0.00	1∶54
	广东省翁源县	龙仙第三小学	城镇小学	100	0.00	0.00	0
	江苏省赣榆县	第三中学	农村初中	74	0.00	0.00	0
	福建省永春县	第四中学	农村初中	173	0.00	0.00	1∶58
	福建省云霄县	火田中学	农村初中(寄宿制)	111	0.00	0.00	0
	江苏省金坛市	岸头实验小学	农村小学	96	0.00	0.00	1∶11
	浙江省平阳县	鳌江一小	农村小学	72	0.00	2.78	1∶12
	浙江省安吉县	杭设小学	农村小学(寄宿制)	102	7.84	3.92	1∶5
中部地区	湖北省当阳市	玉阳中学	城镇初中	91	0.00	0.00	1∶10
	辽宁省普兰店市	铁西小学	城镇小学	56	0.00	0.00	0
	安徽省潜山县	棋盘中学	农村初中	50	0.00	4.00	0
	江西省丰城市	筱塘初中	农村初中(寄宿制)	51	0.00	0.00	0
	辽宁省凤城市	草河中学	农村初中(寄宿制)	46	0.00	0.00	1∶12
	湖北省孝南区	夹沟小学	农村小学	13	7.69	0.00	1∶2
	安徽省怀宁县	月山中心小学	农村小学	57	0.00	0.00	0
	河南省孟州市	汤庙小学	农村小学(寄宿制)	21	0.00	0.00	0
西部地区	陕西省神木县	第八中学	城镇初中(寄宿制)	112	1.79	0.89	1∶7
	内蒙古霍林郭勒市	第一小学	城镇小学	69	5.80	0.00	0
	重庆市巫溪县	通城初中	农村初中(寄宿制)	38	0.00	0.00	0

续表

地区	所在地名称	学校名称	类别	教职工基本信息			
				教师总数(人)	在编不在岗教师百分比(%)	外聘教师百分比(%)	外聘管理人员与教师总数比
西部地区	贵州省遵义县	鸭溪镇初级中学	农村初中(寄宿制)	98	4.08	0.00	0
	陕西省安塞县	沿河湾初级中学	农村初中(寄宿制)	65	0.00	4.62	1:65
	重庆市北碚区	静观中心小学	农村小学	80	0.00	0.00	0
	内蒙古乌海市海南区	桃花小学	农村小学	20	10.00	0.00	0
	贵州省凤冈县	大水小学	农村小学(寄宿制)	12	0.00	0.00	0

2. 受调查学校的生师比

生师比是反映师资资源是否充足、教学质量是否得到基本保证的重要指标。我们各列举东、中、西各地区的8所学校来说明问题,这8所学校包含了各类学校,详细数据见表1-7。

表1-7 部分学校的生师比列表

地区	所在地名称	学校名称	类别	生师比
东部地区	江苏省金坛市	第二中学	城镇初中	15:1
	广东省翁源县	龙仙第三小学	城镇小学	20:1
	江苏省赣榆县	第三中学	农村初中	10:1
	福建省永春县	第四中学	农村初中	5.7:1
	福建省云霄县	火田中学	农村初中(寄宿制)	11.5:1
	江苏省金坛市	岸头实验小学	农村小学	13.1:1
	浙江省平阳县	鳌江一小	农村小学	7:1
	浙江省安吉县	杭设小学	农村小学(寄宿制)	14:1

续表

地区	所在地名称	学校名称	类别	生师比
中部地区	湖北省当阳市	玉阳中学	城镇初中	12：1
	辽宁省普兰店市	铁西小学	城镇小学	17.5：1
	安徽省潜山县	棋盘中学	农村初中	22：1
	江西省丰城市	筱塘初中	农村初中（寄宿制）	16.4：1
	辽宁省凤城市	草河中学	农村初中（寄宿制）	11.5：1
	湖北省孝南区	夹沟小学	农村小学	10.9：1
	安徽省怀宁县	月山中心小学	农村小学	14.2：1
	河南省孟州市	汤庙小学	农村小学（寄宿制）	14.3：1
西部地区	陕西省神木县	第八中学	城镇初中（寄宿制）	21.4：1
	内蒙古霍林郭勒市	第一小学	城镇小学	16.8：1
	重庆市巫溪县	通城初中	农村初中（寄宿制）	10：1
	贵州省遵义县	鸭溪镇初级中学	农村初中（寄宿制）	20：1
	陕西省安塞县	沿河湾初级中学	农村初中（寄宿制）	9.6：1
	重庆市北碚区	静观中心小学	农村小学	12.3：1
	内蒙古乌海市海南区	桃花小学	农村小学	7.6：1
	贵州省凤冈县	大水小学	农村小学（寄宿制）	21：1

根据教育部 2002 年颁布的《中小学班标准与每班配备教职工数参考表》中农村中小学教职工平均配备比为 17.79：1 的标准看，大部分学校的教师配备比高于这一标准。就我们调查的 278 所学校来看，有 96 所学校的生师比超过这一标准，即占总体 34.5% 的学校超过这一标准。但是在那些理论上师资充足的学校中，仍有大量学校需要雇佣外聘教师来解决师资不足的问题，这就存在着教师资源分配不均衡。实际上，甚至超标准的学校也有外聘教师的存在。比如浙江省安

吉县杭设小学,该校生师比为 14:1,但是该校仍有 3.92% 的外聘教师;又如陕西省安塞县沿河湾初级中学,该校生师比为 9.6:1,但是该校也有 4.62% 的外聘教师。导致这些问题产生的原因可能是很多学校有在编不在岗教师的存在,调查得到的数据显示有近 1/3 的学校存在在编不在岗教师。另外的原因可能是社会对高质量义务教育的需求导致对教师的需求量增加,原先的生师比标准已经不能满足这个需求。

同时,我们也发现农村义务教育学校的生师比明显低于城镇学校。表 1-7 中,农村学校生师比绝大多数处于 10:1~15:1 之间,而城镇学校的生师比基本上都是处于 15:1~20:1 之间。由此可见,以往农村学校师资不足、生师比过高等问题目前已得到改善,甚至出现生师比过低的现象。这一方面是由于农村劳动力向城市转移,部分务工人员将子女带到城市上学;另一方面是由于部分家庭经济条件较好的农村学生从农村学校转移到了城镇学校。所以,目前出现了农村学校不缺教师、反而缺学生的现象。

第二章　农村义务教育经费支出

一、县级层面上的经费调查

"两免一补"政策实施情况总体较好,91.8%的县(市)评价良好,8.2%的县(市)评价一般,没有实施较差的县(市)。

(一)县级层面上的生均公用经费现状

为了反映"两免一补"政策对义务教育经费的影响,我们将这项政策全面实施前(2005年)以及全面实施后(2008年)各县(市)的生均公用经费情况汇总,见表2-1。

表 2-1　各县(市)义务教育生均公用经费情况汇总表

省份	县(市)	生均公用经费(单位:元)					
		小学			初中		
		2005 年	2008 年	年平均增长率	2005 年	2008 年	年平均增长率
江苏	邳州市	10	200	171.4%	11	497	256.2%
	赣榆县	190	300	16.4%	290	500	19.9%
	金坛市	90	356	58.1%	133	503	55.8%
浙江	安吉县	250	400	17.0%	330	550	18.6%
	平阳县	90	365	59.5%	110	490	64.5%
福建	龙海县	17	307	162.4%	33	483	144.6%
	永春县	246	289	5.5%	329	404	7.1%
广东	翁源县	400	450	4.0%	700	750	2.3%
	潮南县	450	480	2.2%	650	725	3.7%
辽宁	本溪县	384	433	4.1%	609	645	1.9%
	凤城市	310	310	0.0%	440	440	0.0%
山西	岚县	190	404	28.6%	260	584	31.0%
	夏县	232	254	3.1%	343	392	4.6%
黑龙江	七台河市	345	645	23.2%	380	700	22.6%
	鸡东县	300	605	26.3%	300	654	29.7%
湖南	慈利县	150	260	20.1%	195	400	27.1%
	冷水江市	45	250	77.1%	70	300	62.4%
山东	冠县	210	295	12.0%	300	445	14.0%
	高唐县	240	295	7.1%	340	445	9.4%
	青州市	250	345	11.3%	440	495	4.0%

续表

省份	县(市)	生均公用经费(单位:元)					
		小学			初中		
		2005年	2008年	年平均增长率	2005年	2008年	年平均增长率
安徽	怀宁县	68	248	53.9%	89	459	72.8%
	潜山县	66	266	59.1%	88	458	73.3%
	和县	89	790	107.1%	82	1 280	149.9%
	凤台县	11	59	75.0%	17	42	35.2%
海南	东方市	150	300	26.0%	250	450	21.6%
江西	余干县	67	301	65.0%	95	500	73.9%
	丰城市	40	300	95.7%	60	500	102.7%
湖北	孝南区	110	300	39.7%	180	500	40.6%
	阳新县	98	300	45.2%	130	500	56.7%
	郧县	128	300	32.8%	280	500	21.3%
河南	孟州市	100	230	32.0%	135	510	55.7%
	济源市	16	233	144.2%	31	384	131.4%
	临颍县	10	150	146.6%	15	350	185.8%
内蒙古	霍林郭勒市	470	613	9.3%	795	861	2.7%
	海拉尔区	158	278	20.7%	194	612	46.7%
	包头市土默特右旗镇	61	451	94.8%	70	642	109.3%
	乌海市海南区	297	310	1.4%	384	430	3.8%
甘肃	秦安县	70	250	52.9%	85	380	64.7%
	平川区	96	241	35.9%	116	376	48.0%
	民勤县	60	240	58.7%	82	375	66.0%

续表

省份	县(市)	生均公用经费(单位:元)					
		小学			初中		
		2005 年	2008 年	年平均增长率	2005 年	2008 年	年平均增长率
宁夏	灵武市	177	254	12.8%	330	390	5.7%
	隆德县	143	243	19.3%	165	309	23.3%
	盐池县	40	326	101.2%	50	457	109.1%
云南	隆阳区	209	419	26.1%	430	580	10.5%
	巍山县	348	429	7.2%	270	489	21.9%
	富源县	250	280	3.8%	375	425	4.3%
陕西	神木县	30	280	110.5%	40	425	119.8%
	安塞县	50	150	44.2%	63	213	50.1%
贵州	遵义县	71	248	51.7%	101	400	58.2%
	凤冈县	71	248	51.7%	101	399	58.1%
青海	湟中县	220	250	4.4%	275	390	12.4%
	平安县	140	260	22.9%	160	300	23.3%
	民和县	150	300	26.0%	200	400	26.0%
四川	邛崃市	205	300	13.5%	320	500	16.0%
	彭山县	15	345	184.4%	33	428	135.0%
	荥经县	210	263	7.8%	260	403	15.7%
新疆	木垒县	91	317	51.6%	124	387	46.1%
广西	永福县	67	269	58.9%	113	406	53.2%
	横县	156	273	20.5%	219	436	25.8%
重庆	北碚区	75	846	124.3%	271	1 231	65.6%
	巫溪县	120	300	35.7%	180	680	55.7%
	彭水县	120	300	35.7%	300	500	18.6%

随着生均公用经费的增长，在教师发展的投入上也有了较大幅度的提高。2005 年，各县（市）教师培训费用平均一年为 293.6 元／人，2008 年增加到 511.1 元，年平均增长率达到 20.3%。且调查样本中 88.1% 的县（市）教师培训由县（市）教育局统一安排支出。

（二）县级层面上的困难寄宿生补助情况

2007 年 11 月，经国务院批准，财政部、教育部完善了义务教育保障机制的有关政策，其中包括进一步落实农村义务教育阶段家庭经济困难寄宿生生活费补助政策。对中西部地区，中央出台基本的补助标准，小学生每天 2 元，初中生每天 3 元，按每年 250 天计算，从 2007 年秋季学期起执行，所需资金中央按照 50% 的比例给予奖励性补助；东部地区所需资金主要由地方财政承担，中央财政给予奖励性补助。

为了调查困难寄宿生生活补助标准在全国范围内的落实情况，课题组也对各县（市）困难寄宿生补助水平进行了调查。根据调查得到的统计数据显示，88.9% 的县（市）采用按人直接将补助发放到学生手中的方式，而只有 11.1% 的县（市）采用统一安排的方式发放补助。各县（市）小学寄宿生困难补助标准差异见图 2-1。

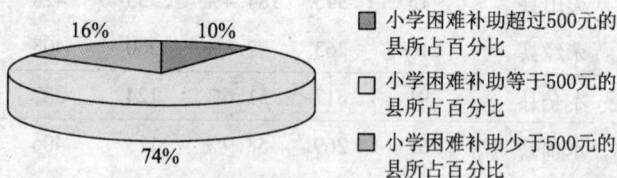

16%   10%   ■ 小学困难补助超过500元的县所占百分比
□ 小学困难补助等于500元的县所占百分比
74%   ■ 小学困难补助少于500元的县所占百分比

图 2-1　各县（市）困难寄宿生（小学生）困难补助标准差异

除了小学困难寄宿生补助实际标准存在差异外，各地初中困难寄宿生补助实际标准也存在差异，如图 2-2 所示。

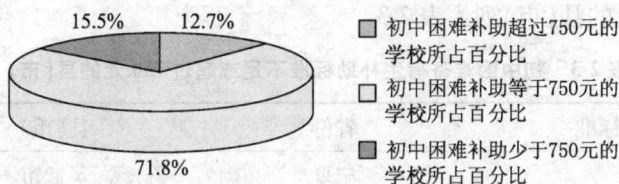

15.5%   12.7%

■ 初中困难补助超过750元的
学校所占百分比

□ 初中困难补助等于750元的
学校所占百分比

■ 初中困难补助少于750元的
学校所占百分比

71.8%

图 2-2   各县(市)困难寄宿生(初中生)困难补助标准差异

将对小学困难寄宿生未按国家标准发放补助,即年补助超过或不足 500 元的县(市)列入表 2-2。

表 2-2   小学困难寄宿生补助标准不足或超过 500 元的县(市)

标准	省份	县(市)
不足 500 元	宁夏	灵武市
		隆德县
	甘肃	秦安县
	云南	富源县
	黑龙江	七台河市
	青海	湟中县
		平安县
	湖南	冷水江市
	浙江	安吉县
		平阳县
超过 500 元	辽宁	凤城市
	福建	龙海县
		永春县
		云霄县
	陕西	神木县
	青海	民和县
	湖北	当阳市

将对初中困难寄宿生未按国家标准发放补助,即年补助超过或不

足 750 元的县（市）列入表 2-3。

表 2-3　初中困难寄宿生补助标准不足或超过 750 元的县（市）

标准	省份	县（市）
不足 750 元	宁夏	灵武市
	甘肃	秦安县
	云南	富源县
	黑龙江	七台河市
	贵州	凤冈县
	青海	湟中县
		平安县
	湖南	冷水江市
	浙江	安吉县
		平阳县
超过 750 元	江苏	金坛市
	辽宁	凤城市
	福建	龙海县
		永春县
		云霄县
	陕西	神木县
	青海	民和县
	湖北	当阳市
	河南	济源市

（三）实施义务教育经费保障机制对经费需求的影响

访谈中，有 76.4% 的县（市）教育局长认为财政能按时、按标准拨款，有 23.6% 的县（市）教育局长认为财政不能按时或按标准拨付教育经费。对于后一种情况,在问及财政不能按时拨款的原因时,有76.5%的教育局长认为主要是县级财政困难;17.6%的教育局长认为是省级财政拨款不及时;还有5.9%的教育局长认为主要是中央财政拨款不及时、不到位。

在经费上,对样本的有效统计数据数显示,有52.2%县(市)的农村义务教育经常性、建设性经费拨款能满足需求,还有47.8%的县(市)认为不能满足需求。经费缺口主要是建设性经费,同时在公用经费、人员经费、设备及危房维修经费上也存在缺口。各项经费缺口占总缺口的比例如图2-3所示。这说明,我国的农村义务教育新保障机制只是低标准的、初步的,应当随着国家财力增强而逐步提高。

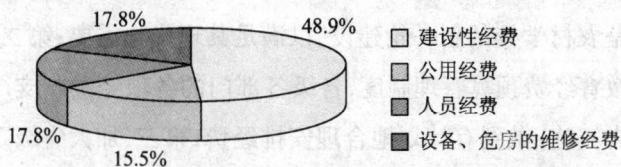

图2-3　县市教育局各项经费缺口在总缺口中的百分比

此外,对样本县(市)教育局的负债调查表明,有38个县(市)教育局向我们公开了债务状况,其中有26个县(市)存在负债,债务总额达105 580.4万元,平均负债达40 60.8万元,负债的形成主要是筹措建设性经费。近半数的县教育局长认为庞大的债务已经影响到该县或所属相关学校的正常运转。

在征求各地区县(市)教育局长对义务教育经费保障机制的意见时,只有22.8%的教育局长认为新机制的实施基本不存在问题,大多数认为实施过程存在问题。其中70.2%的教育局长认为新机制的实施产生了经费不足的问题,7%的教育局长则认为经费拨付不及时是主要的问题。在对改进建议的征询中,我们将主要建议总结如下:加大义务教育投入、完善预算制度、扩大公用经费适用范围、省级统筹安排经费。各项建议在建议总数中所占百分比如图 2-4 所示。

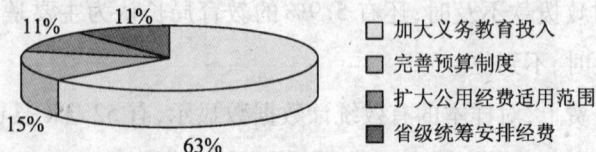

图例：
- □ 加大义务教育投入
- ▨ 完善预算制度
- ▩ 扩大公用经费适用范围
- ■ 省级统筹安排经费

百分比：11%，11%，15%，63%

图 2-4　改善经费现状的各项建议在建议总数中的百分比

综上所述，实施新机制后，义务教育经费还是普遍不足，数额较大的建设性经费短缺的问题尤其严重。研究认为：第一，目前中央财政仍需适当加大对义务教育经费特别是建设性经费的投入，一来可以缓解基层教育部门在债务上的压力，二来可以更有效地保障义务教育学校特别是农村学校的新一轮建设，以满足其现代化需要；第二，逐步完善义务教育经费预算管理制度，各级各部门的各项经费收支严格按照预算报告实施，做到有计划地合理安排经费；第三，加大省级财政的统筹力度，合理安排和大力监督有限经费的使用，优先支持省内教育贫困地区，不断缩小省内差距。

二、校级层面上的经费调查

（一）经费缺口调查

调查显示，2007 年以来基本建设经费及危房改造经费明显增加的学校占 79.6%，经常性、建设性经费拨款能基本满足需要的学校占59.7%，90.2% 的学校反映教育经费能够按时、按标准支付。

经费缺口主要还是存在于建设性经费方面，同时公用经费、人员及教师培训经费、设备及危房的维修经费、教学设备经费这几个方面也存在一定缺口。学校各项缺口经费的百分比如图 2-5 所示。

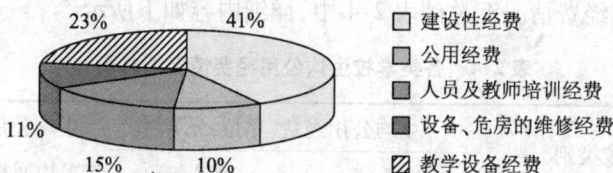

图 2-5　学校各项缺口经费的百分比

调查中,148 所学校向我们反映了他们的债务情况,其中负债学校达45.3%,债务总额达 5 114.6 万元,平均负债76.3 万元。在调查债务对学校运转的影响时,有 108 所学校作出了回应,可以推算出的实际负债学校比例高于45.3%。但是,近2/3 的学校表示现有债务还不至于影响学校的正常运转。

(二)生均公用经费

调查生均公用经费标准时,有效数据来自 251 所学校,近90%的学校认为与所在县(市)兄弟学校的生均公用经费标准相同。另外,还有 10%的学校则认为拨付标准上存在差异,这当中,8.1%为农村学校(其中 4.8%表示其生均公用标准高于兄弟学校),1.9%为城镇学校(其中 1%表示其生均公用标准高于兄弟学校)。因此,各地区同一县(市)的城镇学校与农村学校在生均公用经费上没有明显差异。

2005 年受调查学校平均收到生均公用经费189.4 元,2008 年平均收到生均公用经费增加到 358.3 元。学校总体生均公用经费年平均增长率达到23.7%。分类来看,2005 年受调查小学平均收到生均公用经费154.5 元,受调查初中学校平均收到公用经费 231.5 元,受调查一贯制学校平均收到公用经费 255.9 元;2008 年小学生平均公用经费增加到 293.4 元,初中增加到 456.2 元,一贯制学校增加到 387.9元。作为调查样本的小学、初中和一贯制学校的生均公用经费的年均增长率分别达到23.8%,25.4%及 14.9%。我们将各类样本学校的生均公用经费情况汇总到表 2-4 中，详细内容如下所示。

表 2-4　各类学校生均公用经费情况汇总表

学校类别	生均公用经费（单位：元）		生均公用经费年平均增长率（%）
	2005 年	2008 年	
总体情况	189.4	358.3	23.70
小学	154.5	293.4	23.80
初中	231.5	456.2	25.40
一贯制学校	255.9	387.9	14.90
寄宿制学校	202.8	411.5	26.60
城镇小学	188.4	319.7	19.30
城镇初中	218.3	422.5	24.60
城镇一贯制学校	335.5	452.2	10.50
城镇寄宿制学校	216.4	409.5	23.70
农村小学	138.9	280.8	26.40
农村初中	236.7	469.6	25.70
农村一贯制学校	221.8	360.4	17.60
农村寄宿制学校	201.6	409.2	26.60

正如表 2-4 中所示，2008 年各类义务教育学校生均公用经费与 2005 年相比有很大的增长。在 2005 年到 2008 年期间，总体上生均公用经费增长率达到 23.7%，远远超过我国各地区 GDP（Gross Domestic Produt，国内生产总值，简称 GDP）增长率。由于 2006 年农村义务教育保障新机制的实施，受调查的农村义务教育学校生均公用经费在数额上已接近城镇学校，而且增长态势超过城镇学校，这将大大促进我国农村义务教育的公平性。同时，我们也发现，无论是在农村还是城镇，与其他类别学校相比，一贯制学校生均公用经费的增长率略微偏低。

（三）困难寄宿生补助

在对困难生补助的调查中，统计结果显示98.8%的学校对困难寄宿生的补助都是按人头拨付的。在发放补助时，89.4%的学校直接将补助发放给学生，其他10.6%的学校将补助统一支配，如发放餐券等。但是，各校困难寄宿生补助并未完全按照国家标准发放，统计数据如表2-5所示。

表2-5　各学校困难寄宿生补助发放情况

	有效统计个数	未达到国家补助标准的学校数	未达到国家补助标准的比例（%）
小　学	75	43	57.3
初　中	87	47	54.0
一贯制学校	19	11	57.9

全国各地区各县市超过半数的学校都反映了实际发放补助未达到国家标准的情况，而且很多学校实际发放额与标准之间的差距相当大。

有些学校在发放困难寄宿生补助标准上反映的情况与县（市）教育局提供的数据并不完全吻合。比如，江苏省金坛市教育局提供的数据显示对初中困难寄宿生的补助标准为800元/人，超过国家标准50元/人，但是该市儒林中学提供的数据显示该校对困难寄宿生的补助仅为80元/人，两方数据相差很大；再如湖北省阳新县教育局表示他们按国家标准给困难寄宿生发放补助，但是该县实验中学对其困难寄宿生实际发放的补助仅为135元/人。

（四）实施义务教育经费保障机制对学校经费需求的影响

61.2%的校长认为"两免一补"政策对教师津贴没有产生影响。外聘教师、外聘管理人员等方面的额外开支的来源主要是公用经费、财政拨款、勤工俭学经费、教育局下拨经费等。分别用以上经费来进行额外开支的学校的百分比如图 2-6 所示。

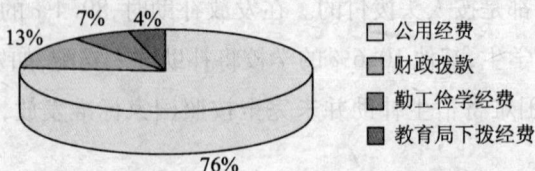

图 2-6　用各种经费进行额外开支的学校的百分比

51.4% 的校长认为实施义务教育经费保障机制后经费方面不存在问题，而其余的校长则认为经费上主要存在以下几方面的问题，如经费不足、经费拨付不及时、学校对经费支出缺乏自主权等。

因此，我们发现义务教育经费保障机制实施后，学校层面上还是存在这样或那样的经费问题。除前文中所分析的建设性经费问题外，学校公用经费也存在较多问题。首先，从绝对数量上来讲，我国义务教育学校公用经费还是存在不足。其次，随意挪用等不合规的现象普遍存在，比如将公用经费用作对外聘教师和管理人员的支付等。针对这些现象，可采取以下措施：第一，可由地方财政以政府采购服务的形式进行支付，也可以由中央设立专项转移支付进行安排；第二，进一步规范公用经费的使用，不能因为随意挪用而影响学校的正常运转。

第三章　我国义务教育绩效工资的实施情况调查

一、义务教育阶段实施绩效工资的背景

随着我国经济和社会的快速发展,社会对人才的需求十分迫切,对人的素质的要求越来越高。要把13亿的人口大国转变成人力资源强国,必须有一批高素质的教师队伍。而要把优秀的人才留在教育行业,首先需要把教师职业打造成具有吸引力的职业。我们一直把教师比喻成人类灵魂的工程师,给老师很多的光环和崇高的荣誉,从精神上予以慰藉,这些当然是必要的,但如果没有相应的物质报酬和社会地位则很难留住教师,更难把教师留在贫困的农村地区。因此,制定与教师工作性质相适应的绩效工资制度,提高教师待遇特别是贫困农村地区的教师待遇,具有十分重要的意义。

随着城乡一体化的推进,各类教育资源经过整合后,农村中小学的办学条件得到了极大的改善,在硬件设施上,城乡学校的差异已进一步缩小。但是,我国义务教育阶段教师工资偏低,城乡学校教师待遇差距仍较大。特别是在一些贫困的农村地区，教学条件差、教师待遇低、师资流失严重、教师队伍不稳定。部分教师不安心于农村教育，千方百计往城里调，或辞职出去打工，或考研究生，农村学校好不容易培养了一些经验丰富的教师，就这么远走高飞，实在令人心痛。农村地区学校难以吸引优秀人才，制约了农村义务教育的发展。

我国目前教师的薪酬主要是按照教龄与职称来确定工资级别的，这种薪酬制度比较呆板，计薪方式单一，工资与付出的努力不相称，出色的表现不能得到相应的报酬。在这种工资制度下，一个兢兢业业、教学效果突出的教师并不比工作态度消极怠慢的教师所领的工资多。教师干多干少一个样，干与不干一个样，导致分配上的平均主义，无法激励教师的工作热情，这种工资制度客观上成为"鼓励平庸"的保护伞。所以在义务教育阶段进行绩效工资改革已经势在必行。

2006 年修改后的《中华人民共和国义务教育法》第 44 条规定，义务教育经费投入实行国务院和地方各级人民政府根据职责共同负担，省、自治区、直辖市人民政府负责统筹落实。从 2007 年开始，农村义务教育阶段实施"两免一补"政策，学校不能向学生收取学杂费，导致学校自主支配的经费很少，教师的代课费和奖金等经费没有来源，学校失去了调节教师收入的能力，一定程度上难以调动教师的工作热情。

针对上述种种情况，为了吸引各类优秀人才投身教育事业，并鼓励现有教师长期从教、促进教育事业发展，2008 年 12 月，国务院总理温家宝主持召开国务院常务会议，审议并原则上通过了《关于义务教育学校实施绩效工资的指导意见》。即从 2009 年 1 月 1 日起，在全国义务教育学校实施绩效工资制度，确保义务教育阶段教师平均工资水平不低于当地公务员平均工资水平，坚持多劳多得、优绩优酬，重点向一线教师、骨干教师和作出突出成绩的其他工作人员倾斜。这是继义务教育阶段全部免除学杂费之后，国家做出的保障义务教育发展的又一重要举措。教育部发布的《关于做好义务教育学校教师绩效考核工作的指导意见》(下文简称《意见》)指出，义务教育学校教师的绩效工资分配将以绩效考核结果为主要依据。《意见》明确规定，教师绩效考核的主要内容是：教师履行《中华人民共和国义务教育法》、《中华人民共和国教师法》、《中华人民共和国教育法》等法律法规规定的教师法定职责，以及完成学校规定的岗位职责和工作任务的实绩，包括师德和教育教学、从事班主任工作等方面的实绩。《意见》指出，对履行了岗位职责、完成了学校规定教育教学工作任务的教师，全额发放基础性绩效工资；对有突出表现或作出突出贡献的教师，视不同情况发放奖励性绩效工资；要根据绩效考核结果，合理确定奖励性绩效工资分配等次；坚持向骨干教师和作出突出成绩的教师倾斜，适当拉开分配差距。绩效考核结果也要作为教师资格认定、岗位聘任、职务晋升、培养培训、表彰奖励等工作的重要依据。《意见》要求，实施绩效考核工作应遵循几个基本原则：第一，以人为本，尊重教育规律，尊重教师的主体地位，充分体现教师教书育人工作的专业性、实践性、长期性特点；第二，以德为先，把师德放在首位，注重教师履行岗位职责的实际表现和贡献，完善绩效考核内容；第三，激励先进，促进发展，鼓励教师全身心投入教书育人工作，引导教师不断提高自身素质和教育教学能力；第四，绩效考核要客观公正、简便易行。

二、绩效与绩效工资的概念与内涵

何谓绩效、绩效工资呢？绩效中的"绩"在汉语中有"业绩"的意思，"效"有"功效、效果、效率、效益"的意思。绩效(Performance)在英文中的意思是"履行、执行、成绩、性能"之意。对绩效的内涵，目前主要有两种观点。一种是伯纳丁和贝蒂基于结果对绩效所作的定义。他们认为，绩效是在特定时间内，在特定工作职能、活动上生产出的结果记录。另一种是以行为为基础的绩效定义。如墨菲对绩效的定义，他认为绩效是"一套与个人所在组织或小组的目标相关的行为"。这种绩效"行为"观所持的理由是：员工的产出（即结果）可能会受到如环境、机会等自身不可控制的多种因素的影响；过分强调短期结果会使员工目光狭隘，特别是在教育等领域，最终对学生的发展不利。由此我们可以认为，绩效即工作主体在一定时间与条件下为完成某一任务所进行有效的活动及结果。

所谓的绩效工资，就是按成绩、效益计算工资，给予不同报酬。绩效工资（Performance Pay）是指在对员工的工作业绩、工作态度、工作技能等方面评估的基础上发放工资的一种工资制度。它对员工的业绩进行考评，然后以之为基础计算工资水平，既体现了客观公正，又推动了员工之间的竞争，从而推动组织或团体提升业绩。绩效工资制度的前身是计件工资制度，是由"科学管理之父"弗雷德里克·泰勒（Frederick W. Taylor）创造的。但它不是简单意义上的工资与产品数量挂钩的工资形式，而是建立在科学的工资标准和管理程序基础上的工资体系。《意见》中的表述是，"坚持多劳多得、优绩优酬，重点向一线教师、骨干教师和作出突出成绩的其他工作人员倾斜"。

三、 我国实施义务教育绩效工资的现状及问题分析

我们对 25 个省 77 个县（市）的教育局局长和 279 个学校的校长，就我国义务教育绩效工资实施过程中的 7 个问题进行了深度访谈，为下一阶段国家义务教育财政政策的改进和完善提供决策依据。

（一） 义务教育阶段教师绩效工资的落实情况

从县级层面上来看，在对 77 个县（市）教育局领导的访谈中，只有

22个县(市)的教育局领导表示已根据国家的相关政策在义务教育阶段实施了绩效工资制度;48个县(市)的教育局局长表示在义务教育阶段尚未完全实行绩效工资制度,未实施的比例达到69%。对于已经实施绩效工资制度的县市,都有具体的实施方案。其中一半县(市)的教师绩效工资是按照国务院的规定来执行的,即把绩效工资划分为基础性工资和奖励性工资两部分。基础性绩效工资主要体现在地区经济发展水平、物价水平、岗位职责等因素,占绩效工资总量的70%,具体项目和标准由县级以上人民政府人事、财政、教育部门确定,一般按月发放。奖励性绩效工资主要体现在工作量和实际贡献等方面,在考核的基础上,由学校确定分配方式和办法,占绩效工资总量的30%。根据实际情况,在绩效工资中设立班主任津贴、岗位津贴、农村学校教师补贴、超课时津贴、教育教学成果奖励等项目。以云南为例,2009年8月云南省发布了《云南省义务教育学校绩效工资实施意见》,按照教师平均工资水平不低于当地公务员平均工资水平的原则,云南省义务教育学校绩效工资分为基础性和奖励性两部分,其所占比重按国务院的规定执行,同时校长与学校普通工作人员奖励性绩效工资的比例暂定在2.5∶1。另外一半的县(市),在实施义务教育绩效工资中所采用的方法各不相同。如,内蒙古海南区部分学校已开始尝试实施类似的积分奖励制度,具体做法是学校先把教师平均工资基数的20%作为积分奖金,然后通过对教师日常工作的全过程从德、能、勤、绩四方面进行量化积分,学期末时再按积分高低分为不同档次进行奖励。再如,山西省夏县的做法是,每月从每位教师的津贴中提取300元作为绩效工资,依据教师在本月内的出勤和业绩来确定发放数额。

从学校层面上来看,在访谈的279所学校中,有181所学校在义务教育阶段还未实施教师绩效工资制度,未实施的比例高达70%。

因此，义务教育阶段教师绩效工资落实情况并不理想。随着国家政策的出台和改革的深入，多数未实施的县（市）表示尽快研究和出台相关政策，积极推进绩效工资制度的落实。

（二）实施义务教育绩效工资的意愿

1. 从被调查的 77 个县（市）的实际情况来看

只有 2 个县（市）的教育局对实施绩效工资的意愿不是很强烈。究其原因，陕西某县教育局局长认为，通过测算，如果要实施绩效工资，那么部分教师的工资将会比原来的工资低，实际上是降低了部分教师的收入水平，不利于调动教师的工作积极性；内蒙某区的教育局局长认为，现行的绩效工资是拿出教师工资的津贴部分进行改革，教师工资的"总盘子"并没有增加，结果确实造成了一些教师的工资比原来低，教师们对这种做法不满。教师希望财政另外拿出一部分钱作为绩效工资，按绩效考核的结果进行分配。从对 77 个县（市）的教育局局长的访谈结果来看，愿意实施绩效工资的教育局局长的比例高达 97%。如此高的意愿与还没大范围实施绩效工资的现状形成了强烈的反差。

那么，实施绩效工资会带来哪些好处呢？通过调查，77 位局长们各抒己见，主要的几种观点如图 3-1 所示。

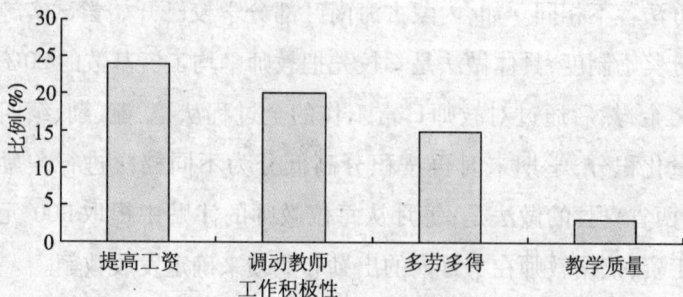

图 3-1　愿意实施绩效工资的原因（局长）

　　由图 3-1 可知,24 位局长认为如果实施绩效工资将较大地提高义务教育阶段教师的收入;20 位局长认为绩效工资将教师的薪酬收入与个人业绩挂钩,促使教师加大工作投入,激发优秀教师的潜能,充分调动教师的工作积极性;12 位局长认为实施绩效工资改革更能体现多劳多得、按劳分配的原则,即工资额与工作量挂钩。总之,绩效工资的实施,使教师们的工作成绩可以得到充分体现并获得肯定,低职称教师工作业绩好的也能拿高薪,更加体现公平,教师们将会尽力提高工作绩效,提高教学质量。

　　2. 从对 279 位校长的访谈结果来看

　　各校校长普遍反映十分愿意实施绩效工资制度,这个比例高达 93%。校长们希望实施绩效工资的意愿是一致的,但究其原因却是不尽相同的。从图 3-2 可以看出,提高教师工资待遇、体现多劳多得的收入分配原则、调动教师工作的积极性和提高教学质量 4 个因素被更多的校长所关注。

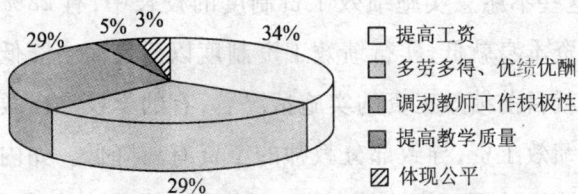

图 3-2　愿意实施绩效工资的原因(校长)

　　第一,因为长期以来义务教育阶段的中小学教师工资偏低,如果实施教师绩效工资制度则可以整体提高教师的收入。第二,绩效工资体现了多劳多得的原则,即工资额与工作量挂钩,现在的情况是中小学的骨干力量是中青年教师甚至主要是青年教师,他们付出最多,收入最少。老教师工作少、工作轻甚至不工作,但是拿的工资却是青年教师的一倍还多。现行的工资制度也不能够体现教学质量优劣，他们希望工作的质和量两方面都能够在工资上有所体现，更加彰显公平。第三，"绩效"也顾名思义与教学效果相关，优秀教师的特别贡献、优秀教学成果等均会提升绩效工资数，所以教师的积极性必然会大大提高。第四，在绩效工资运行体制下，教师们的工作成绩可以得到充分体现并获得肯定，教师将教育当成自己的一项事业来完成，学校教育质量的提高将会有一个质的飞跃。另外有校长认为实施绩效工资制度有利于学校的管理，以前无论教师工作做得好不好，都领同样的工资，不便于管理。实施绩效工资后，教师的表现和工资挂钩，有利于教师队伍的稳定。多年来，一些地区，特别是农村地区，教师因为条件差、待遇低，或千方百计往城里调，或辞职出去打工，或考研究生，农村学校好不容易培养了一些经验丰富的教师，却又因为待遇等问题，远走高飞，实在令人心痛。

但是，仍然有7%的校长不希望实行这一制度。从访谈的结果来看，在这些不愿意实施绩效工资制度的校长中，有28%的校长认为教师工资本身就低，实行绩效工资制度以后反而会降低教师的收入。因为就目前绩效工资的实施情况看，有的学校拿出教师工资的30%作为绩效工资，导致部分教师的工资有所降低。如内蒙古某中学的校长认为教师工资本来就低，把教师应得到的部分拿出来，大家想不通。陕西某县有些教师不愿意实行绩效工资改革，因为实行这一制度后，地方津贴一律取消了，很多教师不能接受。而且教师绩效工资有高有低，一些教师虽然也辛苦工作但是仍然拿不到全额的绩效工资，挫伤了教师的工作积极性。有的校长认为绩效工资的数额不大，没有多大的激励作用。在教师中，不赞成实行绩效工资制度的多为上了年纪的教师，他们教学经验丰富，但这些教师一般都有自己的家庭需要照顾,每天被自己家庭中的琐事牵扯着精力,而且在体力方面也不能和年轻的教师相比。他们担心实施该项制度后会使自己竞争不过那些年轻的教师或者因为在竞争中不落后而破坏了生活和工作之间的平衡。由于精力和体力方面的不足,导致这些年龄相对大一些的教师反对实行绩效工资。还有人认为,对于任课多和担任班主任职务的老师来说,他们希望通过实行绩效工资来获得更多的报酬。但一些相对课时数少的课程的教师,如美术、音乐等课程的教师对此制度将存有顾虑。

(三)绩效工资制度难以实施的原因

义务教育学校的绩效工资制度是我国当前在基础教育领域改革的方向,是推动基础教育健康发展的需要,是一项基本国策。尽管多数教育局局长和学校的校长以及老师们都赞成这项改革,支持绩效工资制度在义务教育学校推广,但在实施的过程中存在各种各样的困难和阻力,教育主管部门和义务教育学校深感力不从心,瞻前顾后,顾虑重重。一项好的制度和政策实施起来为什么如此困难呢?难道这项政策是镜中花、水中月,没有得以立足的基础和赖以生存的条件吗?带着这些疑虑,课题组在访谈中对教育局领导和学校校长进行了追问,希望探究其深层次的原因。在对 77 个县(市)的教育局局长进行了深度访谈之后,统计发现:53% 的县(市)教育局局长认为绩效工资的考核指标难以确定,制约着绩效工资制度的顺利开展;33% 的县(市)教育局局长认为县级和地方财政确实存在具体的困难,难以保障绩效工资的实施;另外 14% 的县(市)教育局局长认为在绩效考核过程中的一些不公平问题还没有解决,很可能会导致矛盾的激化,不利于学校的和谐发展。

第一,绩效考评指标是义务教育绩效工资制度实施的前提和保障,也是义务教育未来发展的指挥棒,具有导向性作用,影响义务教育的未来走向,一旦偏离了方向,将会影响一代人的发展。怎样客观、科学地设计指标体系是关系到义务教育质量和学生的身心健康发展的大事,不可小视。在我们的实际调研中也发现在实施绩效工资制度的学校中存在着学校绩效考核指标设置单一的情况。如有些学校的考核指标不系统,大多针对教师的显性工作,如课时数、考勤等实际工作量,而忽视了一些难以量化的指标如师德,课堂的教学质量,教师的行为对学生的思想引导、品德的熏陶。这样,导致考核结果难以反映教学的本质特征。指标不能有效衡量教师的绩效,做得好的教师反映不出来,做得一般的教师反而绩效分数高,这样长期下去必然会伤害一部分教师的工作积极性。那么,这样的绩效指标不仅没能发挥应有的作用,反而起着相反的作用。因此,绩效指标是绩效评价得以成功的重要工具。

第二,长期以来义务教育经费不足是制约义务教育,特别是贫困农村地区义务教育发展的重要因素,当然,也成为制约义务教育绩效工资制度实施的瓶颈。如贵州省的丹凤县和望谟县教育局回应当前还没有实行绩效工资制的原因是县级和地方财政确实存在具体的困难,难以一次性拿出一定数量的资金支持义务教育学校实施绩效工资制度。江西的吉水县教育局回应认为,相关的经费支持不能尽快到位是绩效工资制度未能立即实施的重要原因。按照县级为主、省级统筹、中央适当支持的原则,吉水县财政负担相当重,而就该县目前的经济发展状况来看,短期内仍旧难以将负担的绩效工资资金划拨到位。福建省永春县教育局提供信息认为,目前当地教师平均工资大约为2 000元/月,当地公务员的人均工资大约为3 000元/月,希望通过绩效工资制度的实施,能提高教师的工资待遇,向公务员看齐,但由于受金融危机及其他经济因素的影响,县财政预算有限,经费不足,由县级财政拨付绩效工资无法落实。

第三,绩效考核过程中的一些不公平问题,很可能会导致学校内部职工之间、教师与管理层之间的矛盾。在教学工作中,谁的劳动量大,质量高,谁就能在分配中享有优先权,获得优酬。这一点从理论上讲是无可非议的,也是最公平的分配原则。但教师的劳动对象是活生生的人而不是物,这就决定了教师劳动的特殊性,它不像工厂计算工人劳动可以计件那样看得见、摸得着,简单可行、易操作。教师的劳动无论是数量上还是质量上都具有模糊性,难操作性。这样,教师的劳动量也就成了可以由人任意加减的"虚指标"。谁拥有确定教师劳动量的权力谁也就拥有了决定教师绩效工资收入的权力,而这个人很可能就是学校的一校之长。因此,在看似公平的绩效工资制度面前,校长的权力被放大了。如果一个人一旦拥有了决定教师利益的权力,而这种权力又缺乏有效监督,必然会产生腐败,导致分配不公,使本该向一线教师倾斜的分配原则有意无意地倾向部分领导。最终还可能会使国家实施绩效工资制度的初衷化为泡影,甚至背道而驰,破坏社会的和谐。这种情况已经在上海、江苏等已经实施义务教育绩效工资制度的地区有所显现。

在本次调查中,对义务教育绩效工资制度难以实施的原因进行了归类统计,具体情况如图 3-3 所示。

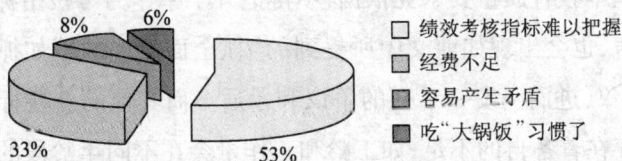

8%　6%

□ 绩效考核指标难以把握
□ 经费不足
■ 容易产生矛盾
■ 吃"大锅饭"习惯了

33%　　　53%

图 3-3　难以实施绩效工资的原因

从上面的调查结果可以看出，难以实施绩效工资制度，原因是多方面的，最主要的是绩效考核指标的确定难以把握，其次是义务教育经费不足，绩效工资难以兑现。在访谈中，几乎所有的被访谈县（市）的教育局局长都表示应该采取全面的评价指标体系来考核教师的工作绩效，而且要分类考核，不同的工作岗位考量指标应该有所不同，这样才能够照顾到岗位的特殊性和差异性，在最大限度上保证公平。然而全面考核应该以哪些指标为重？不同指标的分数比重应该如何安排，这又是一个颇有争议的话题。教学业绩（又以考试成绩为主）是多数学校领导眼中绩效考核的主要指标。"用成绩说话"也是目前绩效考核中更能让人信服，且对各类老师都适用的一种方式。在目前教育竞相追求高升学率的背景下，教学业绩自然也就成为老师证明自身教学水平与能力的最有力证据。但在调查中我们也发现目前对教师教学业绩的考察过多地偏向于考试成绩而非学生的全面素养，这就容易导致片面强调考试成绩和升学率，忽视学生其他能力的培养。

教育部2009年2月5日发布的《关于做好义务教育学校教师绩效考核工作的指导意见》指出，教师绩效考核内容为教师履行《中华人民共和国义务教育法》、《中华人民共和国教师法》、《中华人民共和国教育法》等法律法规规定的教师法定职责，以及完成学校规定的岗位职责和工作任务的实绩，包括师德和教育教学、从事班主任工作等方面的实绩。对教学效果的考核，主要以完成国家规定的教学目标、学生达到基本教育质量要求为依据，不得把升学率作为考核指标。对于教师而言，也会出现如前文中所提到的"抓全面发展的不如抓考试成绩的"现象，进而引发一系列的争议和矛盾。而其他的一些标准的制定也都存在着各自的不足，如工龄和工作量会在不同年龄段的教师间引发争议，工龄对于年轻老师显得不公平，而年老的教师则在工作量上处于劣势;师德和班级管理适用于所有老师,但是难以量化,不好评分;等等。正因为如此,要确定一个比重合理、内容全面的绩效考核评价体系就显得比较困难。由于绩效考核标准难以把握,造成绩效考核考什么,教师就重视什么,而绩效考核考不到的地方就会放松。目前还没有出现一个可以参照的具体可行的绩效模式,如何考察绩效,大家还处于观望、商讨阶段。如果绩效考核的指标难以做到公平、公正,随之而来的就是在教师之间产生矛盾。绩效搞不好,影响人心稳定,因此各学校不敢轻易执行。这就是为什么许多学校到现在还没有落实教师绩效工资制度的原因。

(四) 是否可以从现行工资中拿出部分作绩效工资

1. 县教育局长的观点

我国中西部大多数贫困地区(也包括东部落后地区)的财政捉襟见肘,难以保障对教育投入的"三个增长",提高教师的工资变成一种奢望。在这种情况下实施义务教育绩效工资的源泉是什么,只能是在教师现有的工资中做文章,即从现有工资中拿出一部分搞绩效。在我们所调查的77个县(市)中,有61%的县(市)教育局局长认为,不应该再从教师的工资中拿出部分作为绩效工资。原因是目前教师的工资本身就很低,低于公务员的工资,再拿出一部分工资作绩效工资,势必使一些教师的工资比现在的还要低,不利于调动教师的工作积极性。财政应该另外拿出资金作为绩效工资。39%的县(市)教育局局长认为可以从教师的工资中拿出部分作为绩效工资,至于从现有工资中拿出哪一部分作绩效工资,他们的看法不一,其中有72%的人认为从工资总额中拿出30%作绩效,有14%人认为可以从薪级工资中拿出一部分作绩效工资,还有14%的人认为可以从职务补贴中拿出一部分作为绩效工资。

2. 校长的观点

如果说教育局局长是从全县教育管理协调发展的角度来看问题，那么各位校长则是从学校自身管理和教师发展的角度来考虑问题。对于绩效工资来源这一问题，从对 279 位校长的访谈结果来看，65% 的校长们认为不应该从现行工资中拿出一部分来按绩效分配。因为教师的工资本身就很低，现有的工资本来就属于教师所得，而将教师现行工资中的一部分拿出来按绩效分配，必然会引起教师的抵触情绪，使绩效工资制度在学校难以执行，学校与教师之间的矛盾加剧，而教师把这种不满情绪带入课堂势必会影响教学质量。政府另外拿出一部分资金用于教师津贴才是合理的，这才应是绩效工资的来源。只有 35% 的校长认为可以从教师的现行工资中拿出部分作绩效工资，他们有的认为可以拿出工资中的津贴部分，有的认为可以拿出工资的30%，有的认为可以拿出奖金，有的认为可以拿出工资的 15%，也有的认为可以拿出工资的 20%，等等。

3. 小结

从被调查的 77 位教育局局长和 279 位学校校长的访谈结果来看，61% 的局长和 65% 的校长均不赞同从教师现有的工资中拿出一部分来作绩效工资。特别是对农村教师和偏远落后地区的教师而言，他们环境艰苦、收入较低，从本来就没有吸引力的工资再拿出来一部分作绩效工资，将会无形中失去一部分教师资源。同时，也会导致教师内部之间的矛盾，产生很多纠纷，不仅不能起到正面的激励作用，反而可能会使他们被一种不公平和不满的情绪所笼罩，降低教师工作的热情，教育质量自然就没有了保障。循化县有部分学校实行过此法，但效果并不理想，老师们的热情非但没有提高，反而有下降的趋势，很多老师意见很大，因为工作比以前努力了，工资反而不如从前。另外

39%的县(市)教育局局长和35%的校长们认为可以从现行工资中拿出一部分来按绩效分配。被调查的77位教育局局长和279位校长认为,如果政府从财政中拿出专项资金来执行此制度,对于很多人来说可能意味着涨工资,那么教师是同意的;然而,如果是要拿教师工资的一部分来做绩效工资,按绩效分配,肯定是很难执行的。此前高唐县实行过此类方法,就是因为拿教师现行工资的一部分来执行,被太多教师反对而终止。

(五) 评价教师绩效应当有哪些指标

对于绩效工资的评价指标更是"仁者见仁,智者见智"。有的提出,以课时和班级管理为考核老师绩效工资的标准;有的认为,以工作量、工作成绩、日常出勤考核、每周课时、班级学生人数、工作态度、教育教学质量水平等作为考核老师绩效工资的标准;有的同意多劳多得的说法;还有的从学校的软管理和制度来考察教师的绩效,提出师德、服务态度、出勤、业务检查等指标。

从实际的调研情况来看,对绩效工资的考核指标有"德、勤、能、绩"。"德"主要指教师对学生的人格、道德等的影响力和教育,可以依据学生对教师的评价和教师行为来测评,因为中小学阶段正是学生品行的形成时期,作为教师就应该起到指导教育和言传身教的作用;"勤"主要指工作量(每周课时、班级学生人数)和工作出勤、科目数量、超课时等表现,作为一名教师必须对自己的岗位尽职尽责;"绩"主要指工作业绩和教学成果,完成教学工作的情况、教学质量、学生成绩、教学效果等,作为一名教师应该不断提高自己的教学水平,为孩子的学习和成长奠定坚实基础;"能"则主要是依据教师的科研成果和论文发表、教育教学能力、优秀教育教学成果等来鉴定。还有其他一些评价指标如专业基础知识、学历、职称、上课氛围、工龄、继续教育、对学生的全面教育、教学过程、工作岗位等。

1. 县(市)教育局长视野下的教师绩效工资评价指标的选择

在实行教师绩效工资制度的过程中,应该采用什么标准来度量绩效是一个需要解决的难题。县(市)教育局局长作为全县(市)教育系统的最高与直接管理者,对教师绩效考核标准的制定和绩效工资的意义与价值有不同于其他人的理解。因此,基于局长层面的调查不可忽略。哪些指标最能调动教师工作积极性,被访谈的教育局局长反映工作业绩、工作量、教研、师德等内容是考核的主要方面。

在对 77 位局长进行访谈后,把局长们提到的主要指标进行分类统计,结果发现教学质量、工作量、师德、学生成绩等几项指标的概率最大,为多数局长所认可。具体各个指标的认可度见图 3-4。

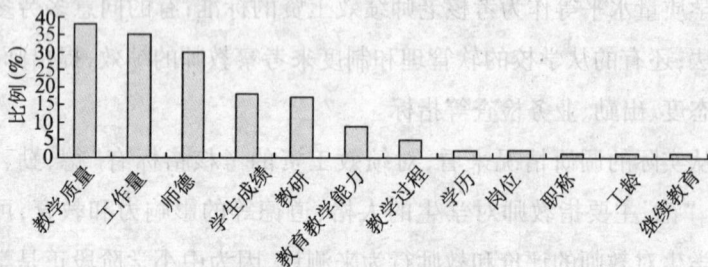

图 3-4 绩效工资考核指标的认可度(局长)

2. 校长视野下的教师绩效工资评价指标的选择

校长作为一所学校的直接管理者,每天与教师和学生在一起,对学校的教学和管理情况最熟悉,也对教师的生活和工资状况最了解,他们本身也是教师,最具代表性,最有发言权。被访谈的 279 位校长,从不同的角度提出了教师绩效工资的考核指标,指标数多、覆盖面广。包括有工作量(主要表现为课时的多少)、教学成绩、师德、工作态度、考勤、工作业绩(班级成绩、教学任务、升学任务的完成情况、农村的辍学率)、班主任工作、工龄、学历、科研成果(论文、科研的发表情况)、学生成绩、学生家长对教师的评价等。在对这些指标进行分类统计后,可以看出(见图3-5)各个指标的出现概率不同,排在最前面的4个指标是:工作量、教学质量、师德和出勤。与教育局长们提出的指标具有较好的一致性,但也不完全相同。

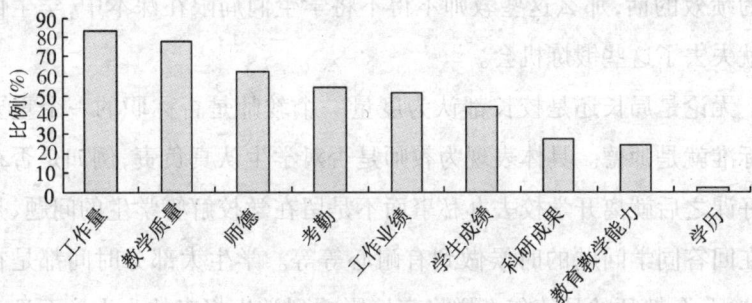

图3-5 绩效工资考核指标的认可度(校长)

3. 小结与评论

从上面的调研结果可以看出,对哪些指标最有利于调动教师的工作积极性,教育局局长和校长的态度稍有不同。局长把提高教学质量和工作业绩放在首位,而校长把工作量放在首位。原因可能是局长是处于更加宏观的角度去看待问题,而绩效工资的具体落实环节还是在校级层面上,所以校长可能更加倾向于把便于操作的工作量放在首位。

工作量、教学质量、工作业绩、学生成绩几乎被所有被访者所提到过,并且此4种指标更容易被量化,但以此4者为标准也存在一些问题。例如很多教师认为工作业绩并不能准确地反应一个教师教学质量的好坏。因为在教学的过程中,每个教师都有自己的教学特点。有的教师更加偏向于对学生学习兴趣、创新能力、演讲能力、组织能力等的培养，因此在平时上课的时候就有可能设计一些和本科目有关的题目将同学分组竞赛以培养同学的学习兴趣，也可能组织一些活动比如辩论赛、情景模拟等来锻炼同学们的反应能力。这样的教师无疑是对学生更加负责的教师，因为学生在这些活动中学到的是课本中学不到但是又对每个同学都很重要的东西。如果仅仅用成绩来度量一个教师的绩效的话，那么这些教师不得不将学生们局限在课本中，学生们也就失去了这些锻炼机会。

无论是局长还是校长都认为度量一个教师是否称职的一个重要的标准就是师德。具体表现为教师是否对学生认真负责，例如是否在上好课之后就离开学校去办私事而不是留在学校解答学生的问题、是否在回答同学问题的时候做到有耐心等等。学生大部分时间都是在学校，一个教师的品德怎么样将直接影响到学生将来的为人。而且学生的品德从重要性上来讲丝毫不亚于学生的知识水平，但一个教师的师德如何是难以度量的。如在访谈中，一位初中校长说："我觉得师德量化很难，但可以确定一个底线。"现在老师的工作量普遍偏大，不仅要上课，对一些生病缺课或跟不上的学生，还要再个别补课。"学校里的老师都是这么做，也不是说谁特别伟大，不能简单用金钱衡量。"这位校长表示，有几种行为，作为一个有师德的教师不应该犯。比如暗示或明示自己的学生到校外参加自己组织的有偿家教、向家长索取礼品、打骂学生、不遵守作息时间、上课不认真等。

"十年树木，百年树人"，教育是推动国家发展的重大事业，但是教育本身是一个过程，很难制定出量化指标进行考量，这样很容易陷入应试化教育的泥潭。我们主张进行素质教育，对教师的考核指标关系到教师教学方式的变革，也是教育改革当中的重点问题。特别是一些农村中小学，往往注重升学率，注重学生学习成绩，考核教师也容易将考量面窄化到成绩,这样就更容易增加学生的学习压力与学习负担,从长远来看不利于学生素质的全面提高。而不以成绩为维度的评价指标虽然对于教育的长远来看是有利的,但是其信度与效度又难以把握,公平性与可操作性难以兼顾。怎样既能实现绩效工资的实施初衷,激励全体教师的工作积极性又不损害一部分教师的工作热情;怎样制定全面科学的评价教师绩效工资的指标体系是下一步我们需要重点关注的内容之一。因此,要想顺利地推进绩效工资制改革,就务必要确立一套完整的绩效考核规章制度,使绩效考核有章可循,有据可依,从而避免不必要的纠纷和争议,保证改革的稳定性和连续性。

(六)绩效考核要不要拉大教师间的工资差异

1. 县教育局长的态度

在关于实施绩效工资是否要拉大教师工资差异的问题上,也是众人各有见解。

(1)教师工资差异不应该拉大

在被访谈的77位县(市)教育局局长中,有41%的县(市)教育局局长认为教师工资差异不应该拉大,原因主要如下:第一,不利于和谐,教育需要团结、和谐的氛围,工资差距过大易造成教师间矛盾,不能安心投身教育。第二,对于绩效工资中工资较低的教师会产生心理不平衡和落差感,影响工作效率,直接导致教学质量下降;不利于教学质量的整体提高,毕竟一个学生的综合素质的提高需要众多教师的共同努力。第三,与教师职业的特殊性有关。教师这一行业本身的特殊性、教师本身的性质决定,一定限度上的差异可以起到激励作用,但一旦拉大,势必会出现急功近利的情况,教师势必会以提高绩效考评分数作为工作的唯一目标,热衷于绩效考核的项目,而忽视其他难以量化、非绩效考核的部分。第四,挫伤低工资教师工作积极性,教师绩效工资有高有低,一些教师虽然也辛苦工作但是仍然拿不到全额的绩效工资,这样会挫伤教师的工作积极性。这3方面所占的比重见图3-6。

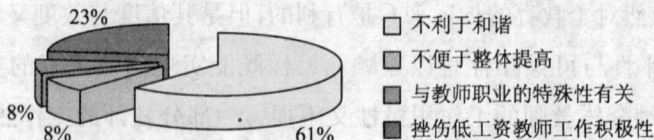

- □ 不利于和谐
- ☐ 不便于整体提高
- ☐ 与教师职业的特殊性有关
- ■ 挫伤低工资教师工作积极性

图3-6 教师绩效工资不应该拉大的原因分类(局长)

(2) 教师工资差异应该拉大

在被访谈的77位县(市)教育局局长中,有39%的县(市)教育局局长认为教师工资差异应该拉大,因为工资差异拉大可以调动教师工作积极性,避免干多干少一个样,有利于提高教学质量。如贵州省凤冈县的教育局局长认为,既然是绩效就应拉大差距,形成你追我赶的竞争意识,以达到激励的作用。这3方面所占的比重见图3-7。

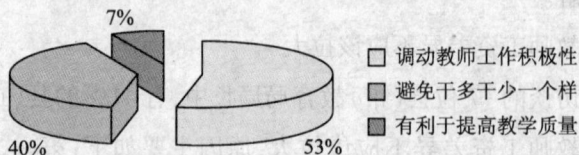

- □ 调动教师工作积极性
- ☐ 避免干多干少一个样
- ■ 有利于提高教学质量

图3-7 教师绩效工资应该拉大的原因认可度(局长)

(3) 教师工资差异在合理范围内

在被访谈的77位县(市)教育局局长中,有20%的县(市)教育局局长认为教师工资差异应该控制在一个合理的范围内。原因如下:第一,差距太大容易产生教师间的恶性竞争,差距太小不足以调动教师的工作积极性;第二,教学的考核有很多不确定的因素,与教师职业的特殊性、教师的教学质量与学校办学条件、生源质量、当地的经济发展情况都有一定的关系,义务教育注重基础,工资差异不宜过大,应适度差异、适度奖罚。如内蒙古海南区的教育局局长认为合理的工资差异既有利于调动教师的工作积极性,也有利于教师之间形成良性竞争的和谐工作氛围。安徽省潜山县的教育局局长认为教师间的工资差异应划在一个合理的范围内。教师的月工资差异在 100～200 元之间较为合理,这样既可以调动教师的积极性,进一步提高教学质量,又有利于教师间的团结和谐,从而强化素质教育。

2. 义务教育学校校长的态度

当谈到是否应该拉大教师之间的工资差距时,在被访谈的 279 位校长中,有 51% 的校长表示不愿意拉大,愿意拉大的占 41%,表示不宜过分拉大的占 8%。具体比重见图 3-8。

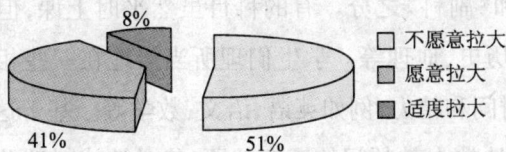

图 3-8 对绩效工资差异的态度(校长)

第一,在被访谈的 279 位校长中,有一半的校长表示不愿意拉大。其中,22% 的校长认为拉大教师绩效工资会增加教师之间的矛盾,78% 的校长认为拉大教师绩效工资会挫伤低工资教师的工作积极性。我们所调查的凤冈县的校长认为教育有太多东西不能用定量的标准来考核,如果教师本身态度是端正的,用硬性标准考核出来的结果不一定能真实、完全反映实际,绩效工资制度的实施不能拉大教师工资差距。

第二,41% 的校长认为教师绩效工资差异可以拉大。他们认为老一套工资方案对年老教师及职称高的教师工资偏向太多,而实际工作量大、成绩优的教师大多是年轻教师,这样不利于激励年轻教师。他们认为工资差异应该拉大,以最大限度地调动教师的积极性,起到奖优罚劣、奖勤罚懒的作用。现在有些学校也会主动对优秀教师做一些精神上的鼓励和支持，但这远远不够，物质上的刺激必不可少，这样才能激励先进、鞭策落后。

第三，8%的校长表现出中庸的态度，认为教师的工资差异要适度拉大。在被访谈的 279 位校长中，8%的校长认为教师间的工资差异不宜太大，也不宜过小。他们认为工资差距太大容易产生教师间的恶性竞争，而差异太小又不足以调动教师的工作积极性。只有适度拉大教师间的工资差距，才能既加大教师间的良性竞争，又有效地促进教师的工作积极性，提高教育教学质量。考虑到中小学的教学过程中存在着"主科"和"副科"之分。有的科目虽然平时上课，但在中考中要求很低，例如历史、地理等。学生们理所当然地在一些相对重要科目上投入大量时间和精力，例如英语、语文、数学等。基于这样的现实情况，如果一味地拉大教师间的工资差距，势必造成对这些教师的不公平，也不利于相对弱势学科的发展和学生素质的全面发展。所以教师的工资差异要控制在合理范围内，不能过分悬殊。

3. 小结

从上面的访谈结果可以看出，在教师绩效工资差距拉大的态度上，持有"不可以拉大"态度的局长和校长数量占了最大的比重。究竟是什么原因呢？这些局长和校长认为教师工资差距拉大容易导致以下不良后果：首先，部分教师过于功利，将热衷于绩效考核的项目，而忽视其他难以量化、非绩效考核的部分，如与学生间的有效沟通等；而部分教师过于注重数量的累积，忽视了实施绩效工资制度的本质是为了创造更好的教育环境。其次，绩效工资鼓励教师之间的竞争，过大的工资差距会破坏教师之间的信任和团队精神，教师之间会封锁信息，将自身良好的教育经验及教学办法保密。教育需要团结、和谐的氛围,工资差距拉大易造成教师间的矛盾,使他们不能安心投身教育。基于以上种种缺点,所以41%的县教育局局长和51%的校长认为教师间的工资差异不应该拉大。

(七)与公务员相比教师的工资状况

早在几年前我国就出台了《中华人民共和国教育法》、《中华人民共和国教师法》两部相关法律,法律明确规定"教师平均工资水平不得低于当地公务员平均工资水平"。根据《意见》的规定,从2009年1月1日起,在全国义务教育学校实施绩效工资,确保义务教育教师平均工资水平不低于当地公务员平均工资水平。实施绩效工资后,教师的平均工资与当地公务员的平均工资相比到底如何?通过对各个县(市)的教育局局长和校长的访谈结果可以作一个判断。

1. 局长对教师平均工资情况与公务员平均工资相比较的判断

在被调查的77个县(市)中,有35个县(市)对绩效工资进行了粗略的估计,并与实施前进行了比较;其余42个县(市)大多数由于未实施绩效工资制度,所以对教师绩效工资平均大约是多少,他们自己也说不清楚,所以对绩效工资的估计值没有给予正面回答。从调研的有效结果来看,实施绩效工资制度的县(市),教师的平均工资基本上都提高了几百元、上千元不等。大多数局长认为,教师工资仍然低于同等级别的公务员工资,但差距不大。

2. 校长对教师平均工资情况与公务员平均工资相比较的判断

在对279所学校的校长访谈中,只有134所学校的校长对教师绩效工资情况有正面回答。他们认为实施教师绩效工资制度之后教师工资比之前有所提高,但据校长们的估计,教师平均工资水平普遍低于当地公务员平均工资水平,而且差距近千元。

3. 小结

从上面的访谈结果来看，无论是局长还是校长都认为教师的平均工资低于当地公务员的平均工资水平。考虑到公务员的福利也是优于教师的，所以在工资福利方面教师还是低于公务员水平。想要使教师的工资福利和当地的公务员水平持平，仍然需要在加强制度保障的基础上，加大政府财政支持力度。

四、总结

（一）绩效工资制度还需要进一步落实

绩效工资制对义务教育阶段的中小学教师来说应该是一件大好事，尤其是农村中小学教师都普遍期待着能借这次绩效工资的东风实现与城里教师同工同酬，在此基础上再进行绩效，实现"优绩优酬"。其实，早在几年前就出台了《中华人民共和国教育法》、《中华人民共和国教师法》两部相关法律，法律明确规定"教师平均工资水平不得低于当地公务员平均工资水平"，但这一政策长期没有得到落实。从调查的 77 个县（市）的 279 所学校来看，有 69% 的县（市）和 70% 的学校尚未实施绩效工资制度，义务教育阶段的教师绩效工资制度的落实还有一段艰难的路要走。

（二）绩效考核指标难以量化，绩效工资制度难以操作

教学是培养人的活动，这个过程必然充满了偶然性、可变性和情境性，在教师的业绩、师德等方面难以找到对应的可量化的指标加以考查。那么在实际中，许多学校为了简单起见，采用几个简单的可量化的指标来评价，如教师的工作量、考勤情况等。指标不全面，也不能抓住绩效的内涵，因此，完全量化的指标难以奏效。还有一些学校热衷于用学生的考试成绩来衡量教师的教学质量，忽视了教师对学生的思想引导、品德熏陶、人格养成等方面的教育，考核结果难以反映教学

的本质特征。教育作为一种培养人的过程,有些东西是很难量化、很难考核的,更多的是一种良心活。考核指标要把教师的绩效体现出来,是一件有挑战性的工作,需要专家学者和教育主管部门共同努力,在试点实验的基础上不断完善。

(三)绩效工资制度的内涵如何体现素质教育的宗旨

绩效工资制度的实质是工作业绩工资制度,也就是说在发放工资之前,必须先确定教师的工作业绩。当然,用学生考试成绩来量化一个教师的工作业绩最简单、最具可操作性。然而,我们目前正大力推行素质教育,素质教育的核心就是提升学生的综合素质,而不是唯成绩论、唯分数论,分数高并不代表学生的能力强,并不代表学生的素质高,应试教育带给孩子的伤害早就显露无遗。尽管教育部强调不能用分数衡量教师的工作绩效,但当前学校中片面追求分数、追求升学率的做法仍然盛行。学校如果用分数来衡量教师的工作绩效,恐怕老师们绝大多数都不会反对。因为多少年来,唯分数论的观念至今在教师的心目中仍然根深蒂固,所以许多学校为了推行绩效工资制度,为了能够量化教师的绩效,为了能在指标设计上在绝大多数教师中取得共识,就把学生的分数作为唯一或主要考量指标。这种做法严重背离了教育的本质,歪曲了绩效工资的内涵。因此,如何化解这一对矛盾,既要体现效率优先的分配原则,又要实行好素质教育,不给学生制造太多压力,在二者之间找到一个平衡点,是我们实行绩效工资制度首先必须面对的问题。

(四)绩效工资制度如何引导教师面向未来健康发展

即使实施绩效工资的地区,绩效工资的价值取向也存在着一些偏差,绩效工资的首要目的是全面提高教育质量,促进教师教学技能的提升,其次才是将考核结果运用于工资和奖惩等方面。在绩效考核的价值取向上,一些学校只注重鉴定、激励、选拔、管理等作用,未能起到促进教师专业发展的功能;在考核内容上,更多的是对过去业绩的衡量,属于一种终结式考核,而不是面向未来,侧重于教师专业发展的考核。

(五)绩效工资制度能否真正实现公平、公正

当前,我国正致力于构建和谐社会。在这个大背景下出台的绩效工资制自然也要适应时代主旋律的要求,为和谐社会的构建增砖添瓦。但在绩效工资实施过程中,教师工作量的核算方法能否客观公正地反映教师的劳动付出;怎样评价教师的劳动质量;由谁来评价教师的绩效;教师的绩效如何与工资挂钩;教师的绩效申诉制度是否健全。这些问题能否得到解决,直接关系到绩效工资制度的客观公正性。因此,教师绩效工资的考核机制和监督机制的制定和实施就显得尤为重要。

五、对策

根据实际调研的客观情况,针对我国义务教育阶段教师绩效工资方面存在的问题,借鉴国外实施教师绩效工资的经验,我们可以尝试建立综合考评体系,以促进我国义务教育阶段教师绩效工资制度的顺利实施。

(一)解决财政资金到位难的问题

第一,公开政府财政预算。《意见》指出,"义务教育学校实施绩效工资所需经费,纳入财政预算",而且"县级财政要优先保障义务教育学校实施绩效工资所需经费"。相关部门能否真正落实《意见》的内容,最好的监督就是公开政府财政预算。长期以来,很多地方政府对于财政预算都是采取封闭的做法,这样做缺乏对纳税人知情权的尊重,更可能会有损利益相关人的权利。通过公开财政预算,不仅可以督促地方政府确保绩效工资所需资金到位,而且可以促使预算制定更加科学、

合理。如果各级政府用于发放绩效工资的具体预算资金,以及这些资金在不同区域、不同学校的分配方案等都能公开体现在财政预算中,我们相信会改善义务教育学校实行绩效工资制度所需财政资金不足的状况。

第二,改革义务教育经费划拨方式。在具体的教育经费下拨方式中,目前的做法是,中央政府把钱划到省里,省里划到县里,这种层层拨款的体系,把拨款权集中在政府部门手中,学校要钱必须不断跑政府,也给政府部门截留、挪用资金提供了可能。近年来中央政府、省级政府转移支付被层层挪用的现状表明,我国的教育拨款体系应进行改革,建立把绩效工资从省级财政直接划拨到教师个人账号上的工资支付路径。可资借鉴的例子是法国,其中央财政甚至通过国民教育部把义务教育阶段教师工资直接划拨到教师的个人账户,从而承担了70%以上的义务教育阶段的经费。

第三,将"教师工资不低于公务员"改为"将教师纳入公务员工资序列,与公务员工资实行统一保障"。这样做就是像法国、德国、日本等教育发达国家一样,将义务教育阶段教师纳入公务员范畴,使教师的工资待遇具有与公务员同等的刚性保障,再也不用以"不低于公务员"为限,不必看"公务员标准"的"脸色"行事。只有这样,才能从根本上改变教师的待遇弱势和权利贫困,吸引更多优秀人才像报考公务员那样参与教师职位的角逐;才能如温家宝总理所愿,"吸引全社会最优秀的人来当老师",真正造就一大批"一辈子献身教育、学为人师、行为世范、让学生永久铭记"的教师和教育家,"让尊师爱生的传统美德在全国城乡蔚然成风"。

第四,完善义务教育经费保障问责机制。我国教育法规难以落实,关键在于缺乏一套类似于"安全问责制"的有效监督机制。没有压力和监控,法律自然很难落到实处。对于政府部门履行《中华人民共和国义务教育法》所规定的教育经费投入责任的问责，应该由同级人大负责，人大应审批义务教育经费预算投入，监督政府执行教育经费投入的情况，并可视责任对相关责任人进行罢免。不妨设想一下，假如也对教育经费来个"首席负责制"一票否决制，还会让那么多教师饱受生活的清苦和精神的压力吗？如是，政府才可能从根本上重视法律责任、履行法律责任，而不是视法律为儿戏，公然挑战法律的权威，并由此千方百计推托政府责任。

（二）建立多元化的综合绩效考核指标

根据教育部的《意见》，各地要积极探索、创新绩效考核的机制与方法，规范考核程序，健全考核组织。绩效考核工作一般由学校按规定的程序与年度考核结合进行，可采取定性与定量相结合，教师自评与学科组评议、年级组评议、考核组评议相结合，形成性评价和阶段性评价相结合等方法，同时适当听取学生、家长及社区的意见。指标要充分发挥校长、教师和学校在绩效考核中的作用。要不断完善绩效考核载体，可采取指标要素测评、业务知识测试、建立教师发展档案、开展争先创优活动等多种形式完善教师绩效考核载体，通过多种形式全面反映教师的业绩和贡献。

第一，综合评价是对教师绩效考核最重要的标尺。综合评价打破了"唯学生成绩"评价教师的传统做法，将教师的职业道德、专业技能，学生的发展过程、综合素质纳入对教师多角度、全方位的考核之中，是对教师进行绩效考核的重要标尺。这种考核方式促使教师更加关注学生的需要，尊重学生，理解学生，解放学生，帮助学生，更加注重学生的全面发展，培养学生的学习兴趣、情感和技能；使课堂教学更加活泼，根除了罚写、罚站、罚款等无效违规现象；符合素质教育工作中"把时间还给学生，把健康还给学生"的要求。在综合评价的助推下，学校开全了音、体、美、信息技术、综合实践、校本课程,并且做到了专人专职,有计划、有落实、有监督、有检查、有评定。综合评价要求每个教师都能按照《职业道德规范》和各项规章制度规范自己的教育教学行为。

第二,综合评价,统筹兼顾,让每位教师公平参与。学校工作任务繁重,头绪繁多,评价不当会打击教职工的工作积极性,给学校全局工作带来负面影响。因此,我们在制定考核评价方案时应充分考虑到每位教师的工作性质和特点,按照分工不同、统筹兼顾的原则,将学校工作人员分 3 个系列进行考核。一是教师系列,二是教辅系列,三是班主任系列。每个系列都涉及德、能、勤、绩 4 个方面,并结合各个岗位特点,每个模块的权重会有相应的调整。如,对音、体、美教师进行考核时,一部分依据评议分进行转化;另一部分依据辅导学生活动情况进行量化,根据活动效果进行评议计分,然后对教师的全年情况进行累计。

第三,综合评价催生了课堂教学改革之花。在评价方案中,将教研教改作为一项重要指标进行考核。要求教师积极参加学校和上级组织的各种教研活动,积极参与课堂教学改革活动;要求教师重视教育教学理论学习,写业务笔记、学习心得;要求教师积极申报各级课题,及时开题,优化课题研究的每个环节,做好过程性研究。在考核方案的引导下,广大教师参与教研教改的积极性空前高涨,许多教师深入研究课堂教学,为学校在开展"自主、合作、当堂达标教学模式"的构建方面提供了许多可以借鉴的优秀课例。

第四,设立附加分值,激活教师的潜能。学校除了规定的常规工作以外,还会有一些额外的工作,如安全工作、教育宣传及指导各类兴趣小组等。尽管这些工作平时并不引人注意,但却与学校的发展密不可分。为激发相关教师的工作积极性,在考核方案中应该增加附加分,有效解决额外工作不愿干的尴尬局面。如教师本人或辅导的学生作品在各级报刊上发表则给予计分。在以人为本的教学管理理念的引导下,对教师进行绩效考核是一种必然趋势。重建教学管理体系,建立旨在促进教师专业成长的考评制度和民主科学的教学管理制度,才能更好地实施绩效工资制,打破大锅饭,不以升学率考核教师,科学发放绩效工资。教学管理应适应其发展,除了出勤、课时等可以量化的指标外,教学效果的考核是关键。不与升学率直接挂钩,并不意味着放弃对教育教学质量的管理,这就要求教师建立起高效自主的课堂教学模式。在不加重学生课业负担的前提下,更加注重教学研究、教改实验、创造性教学方式,建立由学生、家长、同行、校外人员参与的考核制度,对教师进行考核。也可引进其他教学评价机制,对教师进行评价。或对学生基本情况量化后,以提升率、巩固率等指标来衡量。这些都值得探讨。教育部门应突破发放绩效工资的瓶颈,实行综合评价,发放教师绩效工资,有利于调动全体教育工作者的工作激情,有利于实践操作,有利于办好人民满意的教育,从而积极引导教师步入"有利于提高学生素质,关爱每个学生"的轨道上来。

(三) 制定更加详细具体的教师绩效标准

绩效工资制度的效果有赖于绩效考核,而绩效考核则有赖于一个科学详细的量化标准。教师必须知道他们需要达到多少数量、质量的工作标准,以及达到后有多大的工资增长。同时,教师还必须看到达到绩效标准与获得工资增长的必然联系。所以,学校首先必须制定出详尽的教师绩效标准,以作为绩效考核的依据。通常绩效工资制度必须同时满足以下几个条件:绩效必须能精确地衡量(测量);绩效标准必须公平合理;增加工资必须是员工看重的结果;必须清楚地说明工作绩效与绩效工资之间的关系;必须有利于改进绩效,使绩效工资真正对员工起到激励作用;准确、公平的绩效评估是绩效工资有效发挥作用的关键, 所以, 学校只有保证教师的工资与业绩的一致性, 才能真正发挥绩效工资的激励作用。

(四)做到透明、公正、合理

任何一项政策的推行都会受到类似的质疑,消除担忧的最好办法就是"阳光"——信息公开,将政策的整个执行过程公开。政策的执行包括若干程序,笔者认为,最应该公开的有如下几个方面。

第一,要公开各层级的实施意见和实施办法。《意见》要求:"省级人民政府人事、财政、教育部门按照本指导意见和国家有关规定制定本行政区域内义务教育学校绩效工资的实施意见,报人力资源社会保障部、财政部、教育部备案。市、县级人民政府人事、财政、教育部门制定的具体实施办法,报上级人民政府人事、财政、教育部门批准实施。"这一备案与批准制度是上级对下级的监管,具有重要的意义。笔者认为,如果能将这种监管进一步向社会开放——让政策相关人知晓政府各层级的实施意见与实施办法,将有利于克服下级对上级负责中可能出现的诸如信息不对称等弊端。

第二,要公开学校的绩效工资分配办法。绩效工资最终的落实是由学校来具体操作的。在保证资金到位、实施办法可行的基础上,学校对教师的考核、对绩效工资的分配起着最为直接的作用。《意见》要求:"根据教师、管理、工勤技能等岗位的不同特点,实行分类考核。根据考核结果,在分配中坚持多劳多得,优绩优酬,重点向一线教师、骨干教师和作出突出成绩的其他工作人员倾斜。"怎样来判定"多劳"与"优绩"不是一件容易的事。《意见》中明确指出:"学校要完善内部考核制度","学校制定绩效工资分配办法要充分发扬民主,广泛征求教职工的意见。分配办法由学校领导班子集体研究后,报学校主管部门批准,并在本校公开"。这样的公开与广大教师最为贴近,各校不仅仅要公开最终由"学校领导班子集体研究"后的分配办法,而是在"研究中"就要敞开大门,除了要广泛听取意见,还要积极协调,让最终公布的分配办法能够切实提升教师的职业荣誉感与幸福感。

第三,让每位教师公平参与。由于学校工作任务重,头绪多,评价不当则会打消教职工的积极性,影响到教学质量,给学校全局工作带来不利的影响。因此,在制定考核评价方案时应充分考虑到每位教师的工作性质和特点,按照分工不同、统筹兼顾的原则,结合各个岗位特点,对考核指标的权重进行相应地调整。比如同是一线教师,有的科目有学生考试成绩,有的没有,这时我们应该进行灵活的变通。

(五) 要对评价者进行相关的培训

评价者就是在绩效评价中对评价对象的绩效表现做出评价的人。绩效评价的效果与评价者的评价能力关系极大。评价者的主观失误或对评价指标和评价标准的认识出现误差,都会在很大程度上影响评价的准确性,进而影响绩效工资发放的有效性。绩效评价的意义并不仅仅在于为教师发放绩效工资提供依据,还在于提供一种行为引导,使教师的工作行为符合教育教学要求,从而有利于教师与学生的共同发展。评价者对于评价系统的认识不仅会影响到评价结果的准确性,而且会影响教师对于学校期望的理解,从而对于整个学校的绩效产生影响。目前还没有哪种手段可以对教师的绩效作出十分精确的评价。评价主体对评价手段、评价目的的理解在教师绩效评估中具有重要的意义,要保持各个评价者在理解上的一致性,否则会产生评价上的误差。在实际培训过程中,可通过电脑多媒体的形式向受训者提供一些有关工作评价的案例,并要求他们对案例中的人进行评价,然后把每位受训者的评价结果以图解的形式表示出来,逐一讲解各种不同的错误,并对受训者在评价过程中所犯的错误进行分析。这样才有助于对教师作出较为准确的评价。

(六) 建立及时、全面、有效的沟通机制

鉴于主管部门对实际教学完成情况不是非常了解,所以在一轮绩效考核结束后,应该及时与教师进行有效的沟通,提出反馈意见和建议,以便教师改进教育教学方式,促进教师教学能力的提升。对于评价结果要及时和教师进行反馈交流。绩效工资应该有助于促使教师积极提高业绩,而不能成为在绩效管理过程中管理者威胁教师的手段。如果管理者不能与教师进行有效的交流,使考核行为成为一种暗箱操作,教师对绩效工资的公平性和合理性就会产生疑问,那么绩效工资就失去了原有的激励作用,而且还会招致教师的不满和怨恨。要重视评价结果的反馈与认同,使评价的反思、调控功能得到充分的发挥,使评价对象处于主动地位,要注意保护教师的自尊心和自信心。教师绩效评价工作一方面要实现其区分的目的,即帮助学校通过对教师工作成效、风格、潜质等的区分,运用行政导向手段,实施奖惩措施;另一方面通过教师绩效评价,帮助教师从多个方面、多个角度发现自身存在的不足,促使教师经过不断完善而得到发展。

第四章　农村中小学的财务制度建设情况

2006年国务院《关于确保农村义务教育经费投入加强财政预算管理的通知》明确指出：为确保农村义务教育经费保障机制改革顺利进行，必须加强农村义务教育经费管理，各级政府必须做到明确各级责任，足额安排农村义务教育经费；加强县级预算管理，建立健全农村中小学校预算编制制度；加强监督检查，确保资金落实到位。农村义务教育经费使用和管理的制度建设是新机制在实施和运行过程中不可或缺的制度保障，所以本次调研对此部分特地进行了调查和访谈，依托制度建设现状，分析目前我国农村中小学在义务教育经费的使用和管理方面的成绩、存在的问题及其原因，从而为国家进一步完善农村义务教育经费保障制度建设寻找对策。

一、义务教育经费使用和管理的制度建设现状

2006年新颁布的《中华人民共和国义务教育法》对农村义务教育经费的保障作出了新的规定，使政府成为义务教育经费负担的主体，

明确了各级政府在经费负担中的责任。依据调研情况,我们将展示县级政府和义务教育学校这两个基层主体在执行经费新机制中的实施状况。

1. 预算编制制度实行状况

为深化义务教育经费保障机制的改革,财政部和教育部对义务教育经费的财政预算管理作出了明确规定,要求加强县级预算管理,建立健全农村中小学校预算编制制度。按照农村义务教育"以县为主"管理体制的要求,对农村中小学经费实行"校财局管",各项收支都要统一编入县级财政预算,并由县级财政部门按照规定办理资金支付。

根据此政策,我们调研了农村义务教育学校的预算编制情况,如图4-1所示。

在接受调研的25个省中,16个省全部实施了预算编制制度(占调研总体的64%),8个省部分实施(32%),1个省(广东)未实施;具体到调研的77个县(市)中,63个县(市)实行了预算编制制度(占调研总体的81.81%),9个县(市)没有实行(11.69%),6个县(市)未说明(6.49%);279所接受访谈的中小学校中,243所学校有编制经费预算(占调研总体的87%),27所学校未编制(10%),9所学校未说明(3%)。

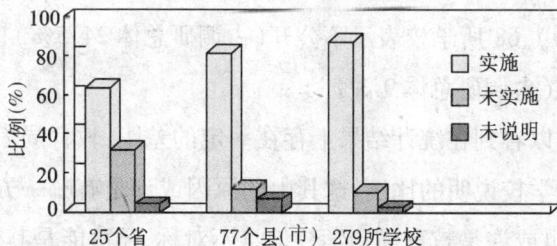

图4-1 农村义务教育学校预算编制实施情况

而其中实行预算编制的 63 个县(市)是否又都是按照"两上两下"的程序进行的呢？调查结果显示：7 个县(市)没有按照程序(11.11%)，6 个县(市)未说明(9.52%)，其余(80%)的县(市)全部按照程序进行；有趣的是调查的广东省两县未实行预算制度，却有"两上两下"的程序。

由此我们可以看到，预算编制制度和"两上两下"的程序在全国范围内得到了很好的贯彻和落实，大部分县(市)都是依照国家规定执行义务教育经费使用的，经费使用和管理的规范程度也有了较大程度的提高。

2. 财务公开制度实施状况

鉴于政策实施透明化和民众监督的需要，我们对实施义务教育经费管理新规定的县(市)进行了财务公开制度和公开方式的调研，针对教育局和中小学校我们分别对不同的问题进行了访谈。

(1) 首先关于是否采取了财务公开制度，有两个统计结果需要特别说明：一是在对教育局的采访中，我们得知在 77 个县(市)中，有 70 个县(市)教育局局长表示实施了财务公开制度(占调研总体 90.9%)，2 个县(市)没有公开制度(占调研总体 2.6%)，5 个县(市)未填(占调研总体 6.5%)；二是在对各中小学校长采访中，有 184 所学校表示县(市)义务教育财政收支情况会定期向学校公开(占调研总体 66.2%)，68 所学校表示不公开(占调研总体 24.5%)，27 所学校未说明情况(占调研总体 9.3%)。

我们可以看到在统计结果上存在一定的差距，教育局表示公开的比例要大于学校说明的比例，这其中的原因或许是有哪一方存在不诚实的回答，也或许是教育局和学校信息不对称，还可能是其他原因，但这里的不一致确实应该引起我们的注意。

（2）其次是在 70 所表示采取了财务公开制度的县（市）中,针对调研问题我们就其公开方式、公开范围、公开内容依次进行分析。

① 公开情况:在对教育局的采访中,我们将财务公开情况划分为 6 种,作为多项选择,各选项的选择数量和所占比重结果如表 4-1 所示。

表 4-1　财务公开情况统计表

公开方式	向全社会公开	向全县教职员工通报	在校长层面上公开	向教育局及以上部门公开	公开各大类收入支出账目	公开每类各项明细账目
选择数量(个)	29	27	16	18	19	15
所占比重(%)	41.4	38.6	22.9	25.7	27.1	21.4

② 公开层次:从以上选项中,我们可以看出"向全社会公开"是属于透明度最大的,选择这个选项的学校比重也最高,这说明我们国家县(市)级财政部门在执行义务教育经费运用时还是比较透明和公开的。

③ 公开内容:从选项中我们看到后两项(公开各大类收入支出账目或公开每类各项明细账目)其实是指财政公开的程度和内容,多数被采访者没有说明或作出选择,即使在已作出选择的学校中只公开大类账目的比重也略大于公开每类明细账目的,说明民主化程度依然有待提高。

④ 公开方式:不管公开的层次或内容如何,我们在对校长的采访中,针对 184 所明确表示县义务教育财政收支情况会定期向学校公开的学校做了进一步调研,了解财政公开方式,我们将回答统计为以下几种结果,如图 4-2 所示。

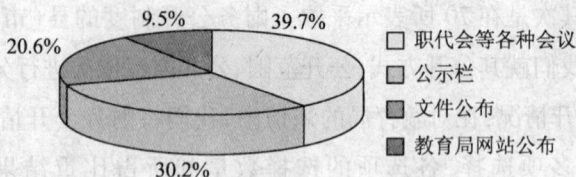

图4-2　各种财政收支公开方式

3. 制度建设情况

在调查中我们了解到,在77个县(市)中,有57个县(市)制定了制度(占调查总体的74%),20个县(市)未制定自己的管理制度(占26%)。大部分被访谈县(市)基本都按照国家规定制定了一系列规章制度,以保障经费使用和管理能够落实到位,比如湖北郧县建立了一整套完善的财务管理制度,严格按照"以县为主"的管理体制要求,对中小学校经费实行"校财局管";再如安徽省凤台县出台了《凤台县义务教育经费保障机制改革工作监督检查制度》、《农村义务教育经费拨付管理制度》、《关于规范财务开支严肃财经纪律的意见》等文件。

各个县(市)首先都会以省和市里相关部门的规定文件为指导来执行新机制,同时自己也会因地制宜地制定一些使用和管理制度方面的相关规定,总的来说各县(市)的相关制度建设还是比较到位的。我们把各地的制度作了如下整合统计,主要涉及以下4个方面,如图4-3所示。

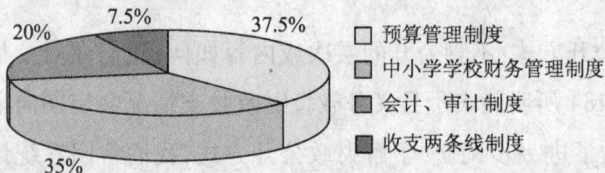

图4-3　县级机关制度的经费使用和管理制度统计图

而在最基层的执行单位——学校,也就是经费的直接使用和管理者,这一层因为直接涉及经费的运用问题,所以应该有更多的管理制度和相关细节规定,我们对主要的、涉及频率比较高的制度作了整合统计,主要包括以下几个方面,如图4-4所示。

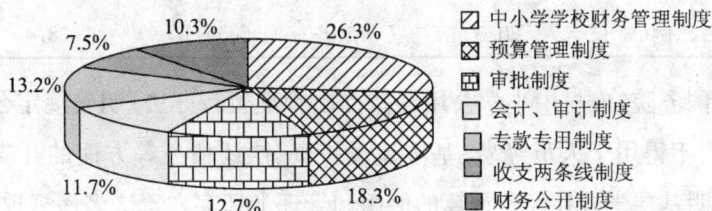

图4-4 学校主要的经费使用和管理制度

图例:
- ☑ 中小学学校财务管理制度
- ⊠ 预算管理制度
- ▤ 审批制度
- ☐ 会计、审计制度
- 专款专用制度
- 收支两条线制度
- 财务公开制度

图中数据:26.3%、10.3%、7.5%、13.2%、11.7%、12.7%、18.3%

当然,除了这些出现频率比较高的制度以外,各个学校自己制定的相关制度还有很多种,比如三审两报制、支出会签制、校长一支笔、重大支出行政会集体研究、办公品采购制度、接待费制度、差旅费报销制度等等。各种各样的管理制度都是学校依据自己学校和当地实际状况量身订制的,这些都表明:我国农村义务教育中小学校在执行经费运用新机制的过程中,都认真地贯彻了国家政策并做到秉公办事。

4. 经费使用方面存在的情况

总结以上可以看出,在这次调查过程中,不管是县级财政还是学校的管理,基本都能做到使用严格、管理到位、开支透明。但能做到这些并不代表没有问题,我们在经费使用方面所做的调研就使我们看到了很多问题。首先我们把国家明令规定不能挪用义务教育公用经费的主要方面做了如下罗列(见表4-2),结果278所中小学校反映出来的情况使我们十分震撼。

表 4-2　公用经费非正规使用情况表

经费使用方向	发放职工的奖金或补贴	偿还债务	基本建设	聘请代课老师和管理人员
选择频次	72	54	128	101
所占比例（%）	20.3	15.2	36.1	28.4

国务院《农村中小学公用经费支出管理暂行办法》明确规定公用经费"不得用于人员经费、基本建设投资、偿还债务等方面的开支"。这说明基层学校在经费预算的使用和管理上还存在着诸多违规现象，这不仅反映出各个学校的相关制度建设不完善，没有严格地按照程序和规章来使用和管理经费，还说明各个学校在执行过程中存在着管理问题和困难。

5. 财政统一收支意见反应情况

在国家执行的义务教育经费管理新规定中，义务教育的财政转为由县级财政统一收支，那么这样一种运行方式是否合适或是否得到地方和基层的支持了呢？就此对县（市）教育局局长和中小学校长展开访谈。

在接受访谈的 77 个县（市）中：有 55 个县（市）认为由县（市）级财政统一收支是合适的（占总体的 71.43%），17 个县（市）认为不合适（占比 20.08%），5 个县（市）未说明（占比 6.5%）。其中，在 17 个认为不合适的县（市）中，未进一步说明由谁统一财政收支比较合适的有 9 个，余下的 8 个作出的选择为：选择中央的有 2 个，选择省的有 6 个，选择乡的有 1 个。

在 279 所调查学校中：有 204 所学校校长认为学校经费由县（市）级财政统一收支和核算有利于学校发展（占总体的 73%），54 所学校校长认为不利（占比 19.5%），21 所学校校长未作选择（占比 7.5%）。

这样的数据反映出大部分县级政府和中小学校都还是认同由县级财政统一收支的方法的,但我们并不能忽视不同意和未做选择的意见,因为这在另一方面说明了县级财政统一收支是有利有弊的。

二、 义务教育经费使用和管理制度建设取得的成绩

总体来说,全面实施义务教育新机制、落实"两免一补"政策以来,各级地方政府部门纷纷以此为契机优先保证并不断加大对农村义务教育的资金保障力度,确保了农村义务教育经费投入总量上有较大幅度增长。而且,本次调查发现义务教育经费的使用和管理制度建设还是相当不错的,学校都非常谨慎地遵循和制定了相关政策和规定,基本做到了专款专用和财务透明。概括起来,其成绩主要表现在以下 3个方面。

1. 预算编制制度贯彻良好

在农村中小学建立科学规范的预算管理制度,是确保农村义务教育经费保障机制改革顺利实施的重要举措,是规范农村中小学经费管理的关键环节。此次被调查地区的大部分义务教育学校都依照国家政策贯彻实施了预算编制制度,并按照"两上两下"的审批程序运行。

各县(市)和各学校还根据各自实际情况,在制定义务教育学校预算编制制度方面出台了不少实际方案,如广西永福县的《永福县免除农村义务教育阶段学生学杂费和补助农村义务教育阶段中小学公用经费工作实施方案(试行)》《永福县农村中小学公用经费支出暂行办法》等系列管理制度;安徽省和县的《和县农村中小学公用经费管理暂行办法》《和县农村中小学预算管理暂行办法》等。这些方案的出台说明了地方政府和教育部门对高效使用和管理义务教育经费的重视。

2. 公用经费得到妥善使用和管理

为保证国家义务教育经费使用和管理的严肃性、严格性，我国各地县级政府以中央或省级政府下发的义务教育经费使用和管理意见、规定为依据，分别建立和执行了收入管理、支出管理、财务管理，以及资产管理等一系列制度，以监督和管理公用经费的使用。如安徽省针对公用经费的使用分别制定了不同的管理办法，如《安徽省农村中小学公用经费支出管理暂行办法》、《安徽省农村中小学校舍维修改造专项资金管理暂行办法》、《农村中小学危房改造实施办法》等。这里重点介绍一下公用经费使用和管理方面的两点经验。

（1）专款专用：在公用经费的使用方面可能最值得我们关注的便是经费的使用效率问题，即能否做到专款专用，这一方面的制度建设情况也让我们看到了政府工作成绩所在。根据财政部、教育部《农村义务教育经费保障机制改革中央专项资金支付管理暂行办法》的通知要求，各地方政府都相应地实行了不同方式的管理办法，确保专款专用。如甘肃省秦安县财政局在银行开设了义务教育经费专项资金"特设专户"。每学期开学前，县财政局和教育局相互协作，及时分解、下达各校义务教育经费，将专项资金由"特设专户"直接拨付局直学校、各学区核算账户，并联合下发农村义务教育专项资金管理使用的通知，还对各级各类学校校长、相关财务人员的职责和权限、经费支出的范围和各类票据的审核作了明确规定。辽宁省各县区教育局建立了教育财务审核监督管理小组和教育经费结算中心，统筹管理本县区义务教育公用经费；四川荥经县则成立了教育系统集中收付核算中心。

（2）教育收费：笔者认为在教育问题中，百姓最敏感也最关心的应该是教育收费问题，在这方面的制度建设，很多学校把它概括为"资金收支两条线"。在收费方面：虽然不收取教材费，但练习本费、学生集体购买的辅导用书、考试教材等费用全部上缴,不允许自收自支,必须有正式的单据为凭。山东省冠县则更要求做到"执行收费政策坚定不移,落实收费标准不折不扣"、"坚决杜绝乱收费行为";实行收费许可证和收费公证制度,做到"一证、一卡、两公开、四统一";每项收费均有物价部门核定发证,统一使用财政票据。所以几年来该地都没有发生教育乱收费问题,2008年冠县荣获了"山东省规范教育收费示范县"荣誉称号。在支出方面,经费由县财务中心集中管理和支付,学校的日常经费按计划统一拨付,基建等项目经费根据申请经费数额凭票据支付。

3. 县级义务教育财政收支公开、公正

义务教育经费使用的透明化和执政监督的需要,使我们关注县级义务教育财政收支的公开性和公正性。调研发现各县(市)教育局大部分会定期公开财务,只是公开的方式、内容、范围略有不同,但一般都是选择教育信息网、公示栏、学校张榜或教师代表大会等形式公布开支项目,将收费项目、标准、依据、投诉电话予以公示,增加收费和经费使用透明度。

另外有些地方教育局或中小学校也会制定自己在财务公开相关方面的具体规定,例如甘肃民勤县要求重大项目由学校研究通过,一般超过1 000元的开支由学校行政会议研究决定;超过2 000元的开支实行招标采购。山东省冠县教育局还与各学校校长分别签订治理教育乱收费责任书,逐级落实责任,并在每学期下发《致学生家长的一封公开信》,公布举报电话,主动接受社会监督。

以上这些成绩都使我们看到了政府在促进我国农村中小学义务教育建设方面所做的努力,也使我们感受到了国家在实行义务教育新机制以来各个地方的支持与配合。这是令人欣慰的,但有成绩并不代表没有问题,相对而言,在看到成绩的同时或许我们更应该关注的是问题,因为这才是我们今后的基础教育事业进一步发展的基础。

三、 义务教育经费使用和管理制度建设存在的问题

义务教育新机制实行几年来,各个地区在取得不同成绩的同时,也都存在着不同程度和不同方面的问题,本次调研对出现和发现的问题进行了如下几方面的总结,以便为新机制的健康良性运行提供政策参考。

1. 预算编制有待进一步健全

首先,在义务教育学校预算编制制度建设和实施过程中,虽然绝大部分地方都实行了预算编制制度,但各县(市)略有不同,有些地区实施情况并不理想,甚至没有实行。从政府和教育局的层面来看,各县(市)基本都不同程度地建立了一些制度和规定;但从学校层面来看,在经费的使用和管理上,制度建设情况是有一定差异的。有的学校有比较完备的制度,而有的学校的制度建设就相对比较模糊。此外,有的学校编制的一些预算编制制度,其科学性、规范性还有待考究。这说明目前的预算编制制度落实情况还存在着一定的漏洞,需要进一步完善。

其次,已经实施预算编制制度的地区,并没有完全(80%)严格按照"两上两下"的程序来落实,也存在学校教育经费预算编制"两上两下"难实行的状况。由于部分学校财务预算管理不规范,预算编制机制不完善,无法合理、准确地编制预算,向上级部门汇报申请时往往不能通过。而上级教育部门与财政部门之间的审批工作也必须在县财政实际情况的基础上对各个学校的申请作出批复。因此,学校和上级主管部门之间难以达成一致意见,即使学校得到了最终经费还是与当初的预算有相当大的差距。

2. 公用经费使用不规范,存在挪用、占用现象

中小学义务教育公用经费是指保证农村中小学正常运转,用于教育教学和后勤管理服务等方面开支的费用。支出范围包括:教学业务与管理、教师培训、实验实习、文体活动、水电、取暖、交通差旅、邮电、仪器设备及图书资料的购置,房屋、建筑及仪器设备的日常维修和维护,劳务费等。

在调查中基本上每个学校都会将公用经费或多或少地用于基本建设,部分学校都没有很好地区分基本建设投资与建筑物的日常维修、维护费用;有的还会部分用于偿还债务、人员经费,比如发放职工奖金或补贴,尤其是寄宿制学校,存在食堂、宿舍等管理人员的支出需要,经费不足就经常会占用公用经费。

尽管存在各种规范的教育经费使用管理制度,但是现实情况中公用经费挪用、占用现象仍然较为普遍,这说明了现行的教育经费使用管理制度缺少足够的监督和约束力。

3. 经费核算力量薄弱

尽管县(市)财政局设有教育经费会计核算中心,负责学校的年度财务预算和控制,但由于工作人员编制有限且工作量繁多,核算中心所有会计和出纳都是兼职,他们无论在业务熟练程度上还是在责任心上都存在较大的缺陷,由此造成教育经费核算缺乏精确度和管理力度。

4. 财务公开状况不够透明

国务院在 2006 年明文规定"各级人民政府在安排农村义务教育经费时要切实做到公开透明,要把落实农村义务教育经费保障责任与投入情况向同级人民代表大会报告,并向社会公布,接受社会监督",在调查中我们也发现有 90.9% 的县(市)推行了财务公开制度。但是

他们中对全社会财政公开的只占到了40%，县级机关通常只对教育职工，甚至只面向教育局及以上部门公开，并且通常只公开大类收入支出账目，所以财务公开的层次和内容还有待拓宽和发展。当然最为糟糕的是，现在还有些地方没有公开财务，未能使制度落实到实处，经费使用缺乏透明度。

还有一个值得注意的现象，我们在前面统计财务公开现状时已经提到，就是教育局局长和校长回答结果的差异。教育局局长绝大部分都表示已经推行了农村中小学财务公开制度，而且确实有的县（市）在公开层面上达到了最高透明度的"向全社会公开"。但是在对中小学校的调查中，很多接受访谈的校长反映他们并不清楚所在县（市）的经费收支情况，县（市）的财政收支情况也没有定期向学校公开。这说明各县（市）教育部门在财务公开工作上还有所疏漏或"庇护"，这其中可能是宣传不到位，或者是信息不对称，也可能是学校自身没有去主动了解，在上情下达这一环节上还有待进一步完善。而且，据一些偏远地区农村学校的校长反映，他们只知道财政收支的情况在教育网上公开，却查不到具体信息，而多数学校也不会刻意搜集这些信息。

5. 经费管理过于僵化、拨付的灵活性有待加强

很多地区在实行"校财局管"的义务教育经费管理体制之后，各项经费的使用和管理更加规范，学校的经费拨付也更有保障，同时也很好地规避了经费贪污等问题的发生。但是严格管理有可能造成的不利结果便是管理僵化、灵活性不高。调查中有很多基层学校的负责人表示现有经费管理过于僵化，限制了学校的自主权，并对学校的正常运行造成了一定的困难。另外，有些县（市）的经费拨付和管理在财政局、教育局和校长之间没有进行合理分工，造成教育管理部门和校长在经费统筹和管理环节很难发挥各自作用。

县(市)级财政往往管理过严、过死,缺乏灵活性,这一点在肯定这种管理模式的受访者中也得到了广泛的认同。可见"校财局管"的经费管理模式在以后的运行中应该尽量地厘清权利和责任,精简审批程序以提高审批效率,增强学校经费拨付的灵活性,保证学校日常运行所需的各项经费能够按时足额地拨付到位,努力寻找从严管理与兼顾学校自主权的平衡点,做到原则性与灵活性相统一。

6. 对经费使用效益缺乏关注

教育管理部门和各中小学校对经费都建立了预算编制和使用管理制度,却对之后的使用效益缺乏科学评估与管理。为了提高经费的使用效率,我们应该全程监督和管理经费的使用和支出情况,包括对使用结果的评估。这种效益评估将会提高下一步经费的准确预算和使用效益,确保经费最大化地保障教育事业的发展。

7. 县级财政统一收支的利与弊

在面对学校经费由县财政统一收支和核算是否合适、是否有利于学校发展这个问题时,被采访者基本上都存在两种不同的看法,也就是政策有利有弊。

一方面,县级财政统一收支可以过滤学校的非正当开支、控制乱收费现象,保证经费安全运行。再者由于学校缺乏专业的会计核算人员或学校领导自身素质方面的原因,使经费使用存在随意性较大的问题,这时县级财政统一收支就加强了对校领导的监督和管理,有效防止了擅用、挪用公款的现象,有利于学校的廉政建设。另一方面,与之对应,这项制度最大的弊端在于其灵活性不够,繁琐的程序严重影响学校办事效率。各个学校的自主权变小,没有在允许范围内自由使用经费的空间。当出现预算外支出,学校急需用钱的情况时,由于校长无权使用资金,经过上报、审核、批复等一系列程序之后,往往会耽误解决问题的最佳时机。而且，因为各个学校的情况是不同的，如果由财政按同样标准统一支付会影响灵活度，造成学校发展的差异。

抛开调查中政策执行者是否支持县级财政统一收支这样的制度不谈，被采访者还反映了很多该制度可能出现的问题，我们对此做了以下总结。

（1）经费拨付不能充分切合学校的实际情况。毕竟县级财政不可能完全了解学校情况和需要，就像如果学校有大的购买支出需要，由县级政府统一采购的话，有时在性能、质量等方面就可能不完全符合学校具体要求，这样就造成资源浪费。而且统一标准拨付的话在教育中怎样加大和体现对薄弱学校的支出倾斜，怎样扶助支持特色学校和临时存在困难的学校将很难衡量。

（2）经费不能足额、按时到位，会影响学校的正常运转。目前有很多县级财政比较困难，配套资金不能及时、全部到位，例如山西省夏县就是实行经费拨付之前，各校先自己垫付资金保证学校运转，等上级通知拨付开始之日，各校相关负责人携带前期支出的票据到教育局审批，然后到县财政核算中心报销。若票据数额超出划拨经费，则多出部分本学期不予处理，留待下学期拨款时再予以报销。这样的程序，无疑给学校的正常运转带来很大负担。

（3）财政经费由县级政府统一收支，则经费在由国家到达学校的过程中需要经过多重部门和手续，假如财政公开透明度不够的话，经费的截留现象就难以杜绝，造成经费贪污现象，并使学校实得经费大幅度减少。

（4）影响地区义务教育均衡发展。我国地域辽阔，各地区发展水平差异很大，不同地区县市之间经济发展不平衡，差距可能达上百倍。如果由县级财政统一收支，义务教育经费的配套资金就会受到当地经济水平的制约,进而使得教育经费在不同地区间差距拉大,不利于义务教育的均衡、可持续发展。

四、问题产生的原因和解决思路

(一)问题产生的原因

前面我们提到,学校在经费的使用上仍然存在一些违规使用和挪用问题。存在问题的主要原因在于,实行"两免一补"政策之后,学生不交费了,而县级财政对于教师的补贴和其他管理人员的工资等费用又没有专门的预算而是需要学校自己解决。对于学校而言,没有其他经济来源,所以为了这些费用,很多学校都会挪用公用经费来支付,这也是许多学校共同的无奈之举。但究其根本原因其实还是义务教育经费投入不足,经费投入不足是影响农村义务教育发展的突出问题。就目前国家财政性教育投入占 GDP 的比例而言,经济欠发达的国家也达到4.1%,而我国仍未达到4%。在调查中很多学校的校长都反映,实行义务教育经费保障新机制以来,学校的经费有了基本的保障,但所拨付经费只能保证学校基本的正常运转,基础设施建设和学校发展依然存在很大的资金缺口。经费不足使学校只能在低水平、低标准下运行,这将直接影响我国的基础教育质量。除了财政原因之外,也许还存在工作人员素质和条件所限的原因,调查中发现一些学校尤其是规模较小的学校一般不设专职会计人员,而是由教师或后勤人员兼任。这些人员缺乏专业财务知识,也很少有机会参加专业的业务、岗位培训,所以对于上级财务部门的经费管理制度缺乏准确的理解和专业的执行素质,致使很多学校经费开支无准确预算,收支缺乏规范。所以,具有专业素质的工作管理人员、队伍的配备与培训对于工作的顺利推进也是必不可少的,这就需要我们强化基层学校财务管理培训,提升会计人员整体素质,使其知识和技能不断更新。

（二）解决思路

本书想在此特地提出调研过程中发现的一些笔者认为比较好或比较成功的做法，以供今后成功面对今天义务教育新机制执行过程中出现的问题，也为我国义务教育政策改革提供借鉴。

（1）山东省高唐县执行县级财政统一收支办法，但该县的创新之处在于，财政不是由财政局而是由教育局负责，即由教育部门专门管理资金账户，当地称之为"教育统筹"。这样做的好处是教育局可以相对更好地在全面了解各校情况的基础上进行收支，做到了体恤学校和控制经费开支两不误。笔者认为该方法具有可借鉴之处，避免了制度执行中一些不必要的弊端。另外，该地还实行中心学校管理的方法，中心学校专门统一管理各自区域内的学校财政收支和其他内容，作为缓冲和调解者，其可以更好地为学校和县级政府服务。

（2）湖南省涟源县于 2008 年 8 月成立了教育经费管理中心，全县义务教育经费管理实行"统一领导、集中管理、分校核算、财政支付"的管理体制，以年度预算为依据，财政按季分月拨款，年终决算，资金拨付实行中心集中支付制度和核定预算单位小额备用金制度。"以学校为核算单位，分校预算，分校设账，资金直接拨入各所中小学的账户，并由中心学校统一到县财政局进行国库集中支付"的财务运转模式，使得教育经费管理中心作为专业的工作队伍，在教育局的直接领导和财政部门的指导下开展工作，依法履行教育系统内的财务核算、指导、监督和管理等职责。

在现行教育经费管理体制下，教育局还可以及时掌握各个核算单位的财务状况，并对核算单位的财务进行动态的监督和管理，有利于教育主管部门作出正确的判断和决策。各个预算单位的资金在支付局集中累积和管理，较大地提高了财政资金的使用效益，加强了财政部门对各预算单位的监督和管理,使得一些不合理支出得到及时的纠正和制止,也使得教育经费管理水平上了一个新台阶。

（3）云南省巍山县还印发了《农村义务教育经费保障机制改革校长应知应会卡》,做到人手一份,其中明确指出国家给学校的钱有哪些,学校应如何要钱,学校应如何花钱,公用经费可以用来干什么,学校应如何发放家庭经济困难寄宿生生活补助费,学校还能收哪些费,如违反国家有关规定校长应负什么责任等问题,细化了措施,明确了责任。提出这几点的主要原因是针对当前一些学校校长和经费管理人员专业素质较低和意识薄弱的情况,开展专门教育,提高管理者素质。有了好的制度的同时,还要有好的驾驭者,才能使我国的义务教育新机制得到良好贯彻。

另外,对学校经费由县级财政统一收支和核算的问题,有学者提出改革义务教育经费财政转移支付的方式,由中央和省级财政直接通过义务教育经费专用账户拨付给学校,减少不必要的审批环节。在采访中,江西省吉水县教育局局长也认为义务教育经费由省级统筹最好,通过全省的资源统筹,根据中央统一的拨付标准,结合各县(市)义务教育中小学的发展情况拨付款项,使教育经费在江西全省范围内达到均衡,进一步使全省各县(市)所有农村中小学师资力量、教学设施、生均义务教育经费标准不因地区发展不平衡而受到限制。

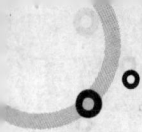

第五章　农村寄宿制学校

一、实施农村寄宿制小学的背景

（一）实施农村寄宿制小学的原因

　　近年来,农村义务教育阶段学生的住宿需求大幅增加,主要是受地理条件等因素的限制,很多农村家庭离学校较远,为方便就读,只能在学校住宿。随着农村中小学布局调整工作的推进,农村义务教育学校为提高教育质量逐步集中办学,增加了一些寄宿生。大量农村人口到外地务工,其中一部分外出务工人员的子女留守在家乡,没有人照顾,需要在学校住宿。近年来,国家先后实施了农村寄宿制学校建设工程、中西部农村初中校舍改造工程等一系列重大工程项目,重点支持中西部部分地区的农村寄宿制学校的建设,但这远远满足不了农村寄宿生增加的实际需求。中西部的一些边远山区均存在学生宿舍容量不足、条件简陋,至今还有两三个学生挤一张床铺的现象,食堂、厕所等生活设施更是严重紧缺。有些学校由于没有操场,只能在公路等公共场所上体育课,师生安全没有保障。由于不能在学校住宿,不少农村中小学学生在校外租房或投亲靠友住宿,存在很大的安全隐患。这样的情况在中西部地区都具有普遍性,据调查,目前中西部地区有近1 100万名农村学生在校外租房住宿。由于上学路途太远,有些学生的家离乡镇中学或中心小学有一定距离,每天来回费时费力,上学不方便,所以为了保障孩子上学方便和安全,一些学生选择寄宿。另外,一些小学的教学点分散导致资源配备不足和教育质量不均促使学生选择中心小学,而其中必然会有离家远的偏远农村的学生,所以这也是因路途远而寄宿的原因之一。在农村很多家长会忽视对孩子放学回家后的管理和教育,只关注考试成绩而不抓好平时的教导,并且有些农村家长可能由于学识有限而不能给孩子所需的正确指导,认为不如让孩子寄宿在学校,交给学校和老师,也方便统一管理和教育。

(二)国家对寄宿制的政策

2004年开始的"农村寄宿制学校建设工程"作为《国家西部地区"两基"攻坚计划》的重要组成部分,在帮助西部地区整体实现"两基"目标中发挥了重要作用。与此同时,直接关系到农村贫困学生切身利益的农村寄宿制学校学生补贴政策也逐步得到发展与完善。作为"两免一补"政策(2007年起我国中西部地区开始实施教育"两免一补"政策,"两免"指免除学杂费,免除课本费;"一补"指补助寄宿制学生生活费)的一部分,农村寄宿制学校补贴政策和其他相关经费保障政策一起,从经费方面为进一步扩大农村学生特别是贫困学生的受教育机会、进一步促进教育公平提供了有力保障。

二、基本信息的描述

我们在77个县(市)的1 549所寄宿制学校中抽取了106所学校进行了调查,调查的寄宿制学校占寄宿制学校总数的6.8%。我们对农村小学生实行寄宿制的原因进行调查，然后统计比较，结果如表 5-1 所示。

表 5-1　实行寄宿制的原因

原因	提高教育质量	规范化管理	教师不愿下乡	减少辍学	执行上级政策
所占百分比	69%	14%	13.2%	13.6%	5.6%

三、 寄宿制小学对学生的成长带来的积极影响

（1）提高了学生的学习成绩。对农村小学生实行寄宿制后，学生学业成绩的提高情况如表 5-2 所示。

表 5-2　对学生学业成绩的影响

选项	有很大提高	有较大提高	不显著	无提高，且增加了工作量
所占百分比	19.7%	72.1%	6.6%	1.6%

（2）能培养学生的独立自主精神。提高生活自理能力，不仅是指生活中饮食起居的自理能力，还包括一些问题上的决策能力。现在的孩子大多是独生子女，这些孩子一直处于家长的庇护中，碰到关键问题，自己拿不定注意、优柔寡断。而在寄宿制学校，孩子出于本能地减少了求助、依赖的意识，很多事情学会自己做主，独立能力显著增强，家庭教育中对独生子女过分包容、娇宠的缺憾也得到了弥补。

（3）有助于提高孩子的自控能力。自控能力是指个体在没有外界监督的情况下，适当控制、调整自己的行为，抑制冲动，抵制诱惑，延迟满足，坚持不懈地保证目标实现的一种综合能力。现在许多家长出于对"独苗"的疼爱，对孩子的各种要求总是尽力满足，这使得很多孩子养成了任性的毛病，同时没有机会学习控制自己的欲望。而在寄宿制学校，通常是一个老师面对三四十个孩子，无暇照顾到每一个人的感受，同学之间也要更好地学会如何与他人相处。因此，每个人都需

要不同程度地控制自己：适度地控制自己的欲望,控制自己不满情绪的表现,控制以自我为中心的做法等。自控能力的提高,成为他们今后立足社会的一个非常重要的条件。

（4）加强孩子集体观念,促进孩子与同伴交往。普通学校里,孩子们下课后各自回家,同学之间缺乏交往,联系也不密切。但是在以集体生活为主的寄宿制学校里,同学之间朝夕相处,孩子不再被隔绝在一家一户,形单影只,他们可以更多地从与同伴的沟通交往中学会理解他人及如何与他人相处。

四、对学校管理增加的压力、对学生身心健康的不利影响

首先,众多寄宿学生的存在给学校的管理提出了更高的要求,寄宿制学校面临着更大的管理压力。在调查中我们了解到,学校的管理压力主要集中在以下几个方面,如图 5-1 所示。

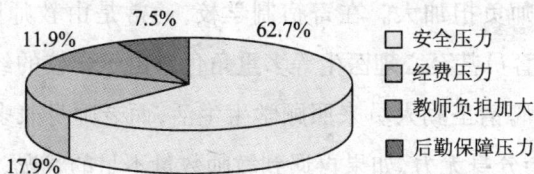

图 5-1　实行寄宿制学校面临的各项压力

（1）安全压力。学生在学校一分钟,学校就要为学生负一分钟的安全责任,尤其是在课外休息等学生自由活动时间里。正如当阳县教育局的沈科长所言,每天下午放学后到第二天早上上学这段时间是学校管理压力最大的时间。这是学生自由活动的时间段,虽然安排有早晚自习,但是相对来说学生受到的约束减少了,安全事故发生的几率也相应地增加了,管得太紧,学生会抱怨没有自由,管得松了,又留下了安全隐患的空隙。除此之外,还有对各种突发事件的处理,如学生打架、突发疾病等。这些都给寄宿学校的安全管理带来了比非寄宿制

学校更大的压力。

（2）经费压力。寄宿学生吃住都在学校,学校还要负责其安全,在生活上对其进行照料,这也就不可避免地给学校造成不同程度的经济压力。从2009年开始,如湖北省将逐步实行农村寄宿制学校免收寄宿费政策,这在给贫困家庭学生带来实惠的同时也给寄宿制学校的运行带来了一定的压力,虽然国家有"两免一补"等政策对寄宿制学校及其学生进行经济补助,但是这些拨款并不一定能够满足学校日常运行的全部需要,如果再遇到拨款不及时或者被挪用等情况,那学校的运行就更加困难。增加了学校开支——不管是工作人员的工资支付,还是学生宿舍的修造费用,都给学校在费用有限的情况下带来了开支增长的压力。各个学校的拨款是同样的,而寄宿制学校则要承担更多的开支压力,使得学校更难发展。

（3）教师负担加大。在寄宿制学校,通常是由教师同时扮演老师、家长、保育员甚至心理医生等多重角色。由于学校的经费有限,往往不能专门聘请工勤人员来照顾学生生活,而老师身兼多职,其精力有限,难免会分身无力,如果再遇到教师数量不足的状况,人员压力就更加明显。

（4）后勤保障压力。在调研的一些学校中,没有校医、保育员,专业的艺术老师、美术老师等。学生生病了只能由老师带去医院,有的甚至走几十里山路去医院给学生看病,这大大加重了教师的负担,也延误了孩子们的病情。因此,给寄宿制学校配备至少两名校医势在必行。据调查的几个学校得知,几乎每天都有孩子生病的,因此配备两名校医白天黑夜两班倒是非常有必要的。

其次,对农村小学生实行寄宿制后,对学生的身心健康也有一定的不利影响。学生在校时间长,在家时间短,与家人的沟通交流少,缺少亲情的关怀与父母的照顾,容易形成孤僻的性格。还可能由于管理方面的因素,造成学生休息不好,生活质量下降,影响身体健康。因为学生年龄小生活自理能力差,再加上学校的生活条件不好,营养可能跟不上,对孩子的成长也有不良影响。从调查的实际情况来看,影响学生身心健康的主要方面如图 5-2 所示。

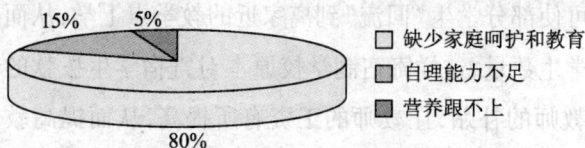

15%　　5%

- □ 缺少家庭呵护和教育
- □ 自理能力不足
- ■ 营养跟不上

80%

图 5-2　影响学生身心健康的主要方面

五、对"中心学校 + 教学点"模式的态度

由于寄宿制的种种缺点,有人建议,政府可以对农村小学采用"中心学校 + 教学点"的模式,即在偏远地区设立教学点,由中心学校派教师轮流下乡,将寄宿制学校对学生拨款的部分转为对下乡教师的补贴,解决小学生寄宿制带来的各种问题。从被调查的 100 所寄宿制学校的情况来看,45.5% 的校长认为"中心学校 + 教学点"模式是可行的,47.5% 的校长认为"中心学校 + 教学点"模式不可行,还有 7.3% 的校长认为"中心学校 + 教学点"模式应因时因地制宜。具体如表 5-3 所示。

表 5-3　"中心学校 + 教学点"模式的可行性统计

	认为"中心学校 + 教学点"模式可行	认为"中心学校 + 教学点"模式不可行	认为"中心学校 + 教学点"模式应因时因地制宜
所占百分比	45.5%	47.2%	7.3%

第一,赞成"中心学校 + 教学点"模式的校长认为,实行"中心学校 + 教学点"的教学模式可以给我们带来以下好处:(1) 方便农村小

学生上学,中心学校的教师到教学点轮流下乡既能使偏远地区的学生就近入学,又能使更多的学生享受到优质的教育。(2)由于中心学校老师的教学水平和知识构成较高,中心学校教师轮流下乡有利于提高学生的学习成绩。这种方式在一定程度上可以缓解边远地区因教师缺乏而造成的学生无人管理、教学质量差等问题。提高教学点的教学质量后还可使部分学生"回流"到离家近的教学点上学,从而减少中心小学寄宿学生数量,这样寄宿制学校原本对寄宿学生拨款的部分可转为对下乡教师的补贴,让教师的工资有所提高,从而提高教师下乡的积极性。(3)减轻农民负担。由于学生就近上学,回家吃饭,可以节省伙食费用。这3方面所占比例如图5-3所示。

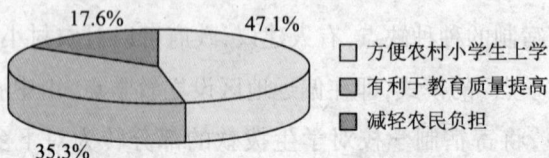

17.6%　47.1%
35.3%

□ 方便农村小学生上学
▨ 有利于教育质量提高
■ 减轻农民负担

图5-3　赞成"中心学校＋教学点"模式的原因

第二,从被调查的100所学校来看,不赞成"中心学校＋教学点"模式的原因主要在于以下几个方面的弊端,如图5-4所示。

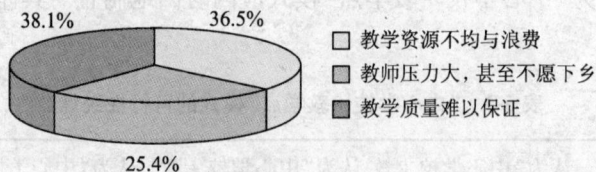

38.1%　36.5%
25.4%

□ 教学资源不均与浪费
▨ 教师压力大,甚至不愿下乡
■ 教学质量难以保证

图5-4　不赞成"中心学校＋教学点"模式的原因

(1)教育资源不均与浪费。教学点教学水平较为低下,尽管有中心学校的教师轮流下乡,但终究是不稳定的,接受的教育也是不系统的。群众偏向于在中心学校接收优质的教育,教学点的学生数量较少,教师轮流下教学点耗费太大,而且得到的收益较小,是资源的浪费。

(2)教师压力大,甚至不愿下乡。一方面,中心学校的教师大多数不愿意为了这点补贴而下到偏远的山区,只有通过强制执行,但是这对教师的工作积极性和工作质量有很大的影响;另一方面,中心学校的美术、音乐等副科教师本身就不足,这就导致这些老师根本不可能流动到交通不便的教学点。

(3)教学质量难以保证。如果教师轮流下乡过于频繁,对学生情况的熟悉程度不够,其责任心也不会很强,不利于连续性教学,而学生也难以适应老师的教学方法,不利于学习。这就要求学校对下乡教师的教学任务作出妥善安排,使不利因素降到最低。而且,鼓励教师到教学点任教不能解决根本问题,学生全面素质的培养难以实现。学校的文化氛围对于学生来说很重要,只有系统的教学思想、教学理念才能更好地促进学生世界观的形成,这不是只靠下乡教师提供一点科学文化知识所能解决的。

六、政策建议

笔者认为只有将"以人为本,科学发展"的理念贯彻到农村寄宿制学校的日常教学和管理中,目前的农村寄宿制小学教育和管理中所存在的问题才能有效得到解决。主要可以从下几个方面着手。

(1)建议投入专项资金,解决农村寄宿制学校条件不足问题。首先,有关部门应该结合当前扩大内需、改善民生的形势和需要,继续加大力度投入资金,继续实施农村寄宿制学校建设工程,集中新建、改扩建一批农村寄宿制学校,重点加强学生宿舍、食堂、厕所等方面的建设,解决农村义务教育阶段学校存在的住宿拥挤和学生校外租房的问题,引导和支持地方积极解决目前农村学生寄宿需求不能得到满足的问题,改善农村留守儿童学习、生活条件。以《2001 年教育事业统计年鉴》中的农村中小学校舍现状的相关数据为依据测算,如果要达到2008 年住房和城乡建设部、国家发展和改革委员会发布的《农村普通中小学校建设标准》,目前中西部地区农村中小学寄宿制学校生活用房面积缺口 24 996 万平方米,至少需要投入 2 700 亿元建设。其次,是不断提高农村义务教育经费保障水平,推动农村学校从维持基本运转向提高教育质量转变。建议建立农村义务教育学校公用经费的稳定增长机制,进一步提高农村中小学的公用经费保障水平。要加强对农村家庭经济困难寄宿生的资助力度,提高补助标准,适当扩大补助范围。在充分考虑目前农村中小学存量危房及新增危房改造需要的基础上,适当提高农村中小学校舍维修改造补助标准,吸取"5.12"汶川大地震的经验教训,按照新的抗震设防标准,考虑农村中小学校舍的维修和加固问题,确保师生安全。同时,加大基础教育投入力度。要完善适合寄宿制学校学生生活各种配套生活设施,使农村寄宿制学校真正成为寄宿学生学习生活的安乐家园。学生宿舍应尽量配备集中供暖设施,杜绝夜间使用煤炉取暖。在教师配备上,应根据不同年级学生的特点,安排生活老师负责学生日常起居,培养他们良好的生活习惯。针对目前在农村寄宿制学校中生活教师素质较低的现状,要切实提高对生活教师的素质要求和工作待遇。解决教师的后顾之忧,提高教师工资,改善教师的工作、生活及住房条件,让他们能安居乐业。

(2) 给予学生集体的温暖。孩子远离父母,时常会有孤独感,会有莫名其妙的烦恼,因此我们要创设宽松和谐的班集体,充分发挥集体的教育功能。同时,在学习方面,除老师热心辅导外,班级也可以组建学习小组,或者使高年级的学生与低年级的形成一对一的帮扶,以

便遇到学习困难时能够得到及时解决,让寄宿的孩子在生活学习上体会到集体的温暖。

(3) 多与家长沟通,彼此了解孩子的情况。通过及时沟通,向家长宣传正确对待和教育子女的方式,让他们对子女的期望适中,不断提高家长的教育意识与水平。学校要建立家校联系卡,要求每周与家长联系反馈一次。同时,家长也可以及时从教师那里获取有关自己孩子的信息。有些家长会觉得把孩子送入寄宿制学校由老师管教就什么都不用操心。其实这是一种误解,因为老师再周到的关心也无法替代父母的关爱。所以我们要通过老师更好地传递亲情,通过老师来更迅速地了解自己的孩子。

县(市)篇

报告一：江苏省金坛市、邳州市、赣榆县农村义务教育财政政策调查

前 言

　　金坛市是中国经济发展较快的县级市之一,是中国农村综合实力百强市。2008 年全市地区生产总值 263 亿元,人均地区生产总值达48 257元,在江苏省处于较高水平。金坛市共有义务教育学校 52 所,其中小学 30 所,初中 22 所,在本市上学的义务教育适龄儿童大约有9 646人,流出外地并保留学籍的儿童约有 154 名,全市留守儿童估计有1 604名。全市无寄宿制小学,所有小学均为走读制;所有的初级中学寄宿制和走读制并存,全市寄宿的初中生大约有 7 375 名。全市中小学教师约有4 037人,无在编不在岗的教师,无外聘的代课教师,外聘的宿舍管理、食堂服务等人员大约有 150 人。

　　邳州市 2008 年的人均 GDP 为 8 000 元,在全省处于中游水平。邳州市义务教育学校 211 所,其中小学 156 所(另有办学点 79 个),初级中学 32 所,特殊教育学校 1 所,民办学校 3 所,国有民营学校 2 所。全市现有中小学教师 16 559 人,小学在校生 141 039 人,初中在校生113 688 人。全市小学和初中入学率为100%。在 2008 年义务教育适

龄儿童大约有 18 万人,流出外地并保留学籍的儿童约 1 200 名,全市留守儿童估计有 3.2 万名。全市义务教育学校中,在编不在岗的教师 6 人,外聘的代课教师 150 人,外聘的宿舍管理、食堂服务等人员大约有 110 名,无农村寄宿制小学生。

赣榆县则是江苏省贫困县。赣榆县的义务教育阶段的学校大概有 37 所,在校的学生大概有 137 161 人,其中寄宿生大概有 40 157 人。中小学老师有 11 012 人,在编不在岗的教师 646 人,外聘的代课教师有 60 人,外聘的宿舍管理、食堂服务等人员大约有 300 人。义务教育阶段公立学校的小学生大约有 81 041 名,初中生大约有 50 065 名。

一、被访谈县（市）的义务教育经费收支情况及问题分析

（一）义务教育经费收支情况

从调查的两市一县的实际情况来看,在 2007 年全面实施义务教育保障新机制后,大部分学校的基本建设、危房改造等专项经费均有明显的增加。

经济较发达的金坛市,学校的经常性经费拨款能满足学校的支出需要。2005 年小学生均公用经费大概是 150 元,2008 年比 2005 年大概增加 190 元;2005 年初中生均公用经费大概是 11 元,2008 年比 2005 年大概增加 486 元。县城实验小学一年大约增加 70 万 ~ 80 万元/年。总体上,农村小学专项经费增加较少,少部分村学校的经费有所增加,但增加幅度不大,个别学校没有明显增加。"两免一补"政策实施后,学生不缴费对教师的津贴没有影响。教师的课时津贴、奖金、外聘管理人员的工资等费用均由教育局统一拨款,因此并未动用学校的公用经费。金坛市 2008 年全市家庭经济困难寄宿生生活补助标准为小学生 50 元/月,初中生 80 元/月。寄宿生困难补助均按人头拨付到学校,学校再发给学生本人。金坛市中小学教师培训由市教育局统

一安排。2007年,金坛市编委对原有的教学研究、教师培训机构进行了整合,于2007年4月成立了金坛市教育研究与培训中心,中心内设办公室、小学研训部、中学研训部、综合研训部、教师继续教育办公室等部门,中心承担全市的教研、科研、师训、电教、语言文字等方面的研究与管理工作,履行研究、指导、培训、管理、服务等职能。

中等水平的邳州市,经常性经费拨款(公用经费和人员经费)、建设性拨款基本上能满足义务教育支出的需要。2005年生均公用经费大概是150元,2008年比2005年增加了150元。中央和省级财政经费一般能按时、按标准拨付到市,但从市财政拨到教育局存在拨款不及时的现象,学校的经常性经费拨款(公用经费和人员经费)、建设性经费拨款不能满足学校的支出需要。真正用到农村中心小学的资金很少,每人每学期仅有10元的拨付标准。而经常性拨款不及时,建设性拨款不到位,负债大约400万元。无论是县城学校还是农村中小学均有建设性经费拨款不能满足学校支出需要的问题,其中建设性经费缺口较大。农村小学校舍老化,抗震设防要求达不到规定,每年需维修改造的校舍较多,资金不能得到保障。学校的经费收支方面也存在一些问题:由于农村小学除了义务教育经常性拨款,没有任何收入来源,而县(市)级财政经费存在着收不及时、不全额,支出不符合公用经费范围等问题。农村小学与县镇小学的经费拨付额也有差距。在经费使用上,学校管理、支配、统筹权限较小。该市教育局长建议对于义务教育经费由教育部门扎口管理,进一步上划财政保障层次,建立省级保障、部门直属的体制。邳州市和赣榆县从"两免一补"政策实施后,学生不缴费了,教师的课时津贴、奖金,外聘代课教师的代课费,外聘管理人员的工资等,学校从日常公用经费、办公经费中支出。在义务教育新机制实施后,学校经费只能满足日常办公需求,没有资金从事校舍等的投入。邳州市义务教育中小学教师培训由各个学校自行安排,2005 年人均支出大约是 1 500 元,2008 年比 2005 年大约增加 1 300 元。

相对贫困的赣榆县,公用经费能按时、按标准拨付,但农村学校的经常性经费短缺。在全面实施义务教育保障新机制后,生均公用经费从 2005 年的 300 元增加到 2008 年的 550 元,但学校的基本建设、危房改造等专项资金未有明显增加,不能满足学校的基本建设需要。同样,"两免一补"政策实施以后,教师没有津贴和奖金。据该县被访谈的中学校长反映,学校的经费收支由上级按学生人头拨付,虽然上级财政都能按时、按标准拨付,没有拖欠现象,但学校的一切支出均包含在内,包括日常的办公经费、学校建设、教师福利、奖金等,学校的经费支出存在很大的缺口。学校的师资培训、日常学生活动的正常开展都不能得到保证,经费不能满足学校一年的开支。在赣榆县,学校教师到其他学校听课或者有其他的活动都需要自己掏腰包,也没有额外的补偿,这在很大程度上限制了教师工作的积极性。

（二）义务教育经费收支中存在的问题

1. 中学公用经费城乡差异大

金坛市 2005 年小学生均公用经费约为 90.03 元,2008 年约为 355.67 元,比 2005 年增加了 265.64 元。2005 年初中生均公用经费大约是 133.04 元,2008 年约为 503.08 元,比 2005 年增加了 370.04 元,但是初中生均公用经费的城乡差异大于小学城乡差异。

据对金坛市的 4 所学校的调查,2 所小学的公用经费都已划拨到位,且基本没有差异。但儒林中学 2005 年生均公用经费约为 200 元,2008 年比 2005 年增加了约 50 元;而金坛市第二中学 2005 年生均公用经费约为 350 元,2008 年比 2005 年增加了约 200 元。办学条件薄弱的儒林中学并未得到相应较多的公用经费,反而比市镇的中学少得多,这反映出教育局并未把该暂行办法实施到位,还需要加强落实。邳州市也存在着类似的情况。而且,在公用经费的数额上,局长的回答和各个学校校长的回答不一致,如邳州市局长的回答是 2005 年小学生均公用经费大概是 10 元,2008 年比 2005 年大概增加了 190 元;2005 年初中生均公用经费大概是 11 元,2008 年比 2005 年大概增加了 486 元。校长的回答是 2005 年小学生均公用经费大概是 80 元,2008 年比 2005 年大概增加了 200 元;2005 年初中生均公用经费大概是 350 元,2008 年比 2005 年大概增加了 150 元。

在公用经费划拨过程中,市区学校很容易因为教学质量高、教学效果显著、升学率高等因素而获得政府更多的公用经费,而农村学校则由于没有上述优势,获得的公用经费就相对较少。公用经费不足,农村学校的教学设备、教学资源无法及时更新,教学质量也相应地无法提高,长此以往就容易形成恶性循环。

2. 公用经费被挪作他用

对于经济发达的金坛市不存在公用经费挪作他用的问题,而邳州市和赣榆县都存在着公用经费挪作他用的问题,如教师的课时津贴、奖金,外聘代课教师的代课费,外聘管理人员的工资等,部分学校从日常公用经费、办公经费中支出。据调查显示,原因可能如下。

(1)实行“一费制”使原本农村义务教育投入不足的矛盾更加明显。自从实施了“一费制”,学校除了上级的公用经费拨入之外,没其他收入来源。

(2)危房改造加重了农村中小学的债务负担。对于经济较发达的金坛市,学校的建设基本由市财政拨款,而对于相对落后的邳州市和赣榆县而言,县级财政本身就很紧张,拨款相对较少。

（3）建设经费严重不足。从调查的三个地区的实际情况看,学校建设经费严重不足。特别是邳州市和赣榆县,由于缺乏经费干脆不投资,尤其是对农村小学,该建的不建,该添的不添,该换的不换,严重制约了农村小学教学质量的提高,有违教育公平的政策。

二、 被访谈县（市）的义务教育中小学教师绩效工资实施情况及问题分析

目前,被调查的两市一县都没有实行绩效工资制度。金坛市教育局局长称目前各项工作都在筹备之中,将在2009年9月份实施;邳州市教师绩效工资方案正在申报中。从调查的实际情况来看,广大教师是愿意实行绩效工资改革的。因为实行绩效工资可以鼓舞优势教师的干劲,充分调动教师的积极性。也有人认为,老一套工资方案,对年老及职称高的教师工资偏向太多,而实际工作量大、教学成绩优的教师大多是年轻教师,这样不利于调动年轻教师的干劲。应该最大限度地调动教师的积极性,起到奖优罚劣、奖勤罚懒的作用。教师间的工资差异应适当拉大,体现按劳分配原则。

但是实行绩效工资制度还存在很多困难,如教育体制不顺,受限太多,尤其是校长管理权限受到约束,外界干扰严重,行政管理事务上,教育部门不能说了算;实行绩效工资后难于管理并且核算复杂,这将给学校的管理工作带来很大的困难;若是绩效工资处理不好,还将影响学校的稳定;同时,教师的职业特点决定评价标准是一把软尺子,很难公平合理。

对于该拿哪部分的钱来实行绩效工资,邳州市教育局局长认为可以将教师的现行工资中的薪级工资部分拿出来,按绩效分配;一部分校长认为可以将地方部分全部拿出来,或者将工资的20%～30%拿出;也有部分教师认为不可以,因为本身教师现行工资就很低,只能够

解决温饱问题,而现行工资也是教师的劳动所得,如果想奖励教师的干劲,奖励先进,政府可以另外拿出资金进行分配。对于绩效工资的评价指标更是"仁者见仁,智者见智"。有的提出以课时和班级管理为考核老师绩效工资的标准;有的认为以工作量、工作成绩、日常出勤考核、每周课时、班级学生人数、工作态度、教育教学质量水平等作为考核老师绩效工资的标准;有的同意多劳多得的说法;还有的建议从学校的软管理和制度方面来考察教师的绩效,提出如师德、服务态度、出勤、业务检查等标准。

有一位被调查的校长明确提出,教师的绩效工资不宜拉大,要保持在适当的范围内。差异过大易导致以下不良后果:(1) 工资差异过大易造成教师间矛盾,不能安心投身教育;(2) 影响绩效一般的教师的教学积极性,容易造成部分教师心理失衡,影响工作效率,直接导致教学质量下降;(3) 部分教师过于功利,热衷于绩效考核的项目,而忽视其他难以量化、非绩效考核的部分,如与学生间的有效沟通与交流等,而部分教师过于注重数量的累积,忽视了实施绩效工资的本质是为了创造更好的教育环境;(4) 不利于学校的管理和稳定。

如果邳州市实行绩效工资制度,教师平均工资大约是 2.76 万元/年,较以前提高 570 元/月,当地公务员的平均工资大约是 2.5 万元/年,约 2 100 元/月,比教师工资低 200 元左右。

三、被访谈县(市)的义务教育农村寄宿制学校的发展情况及问题分析

金坛市和邳州市没有农村小学寄宿制学校。赣榆县大概有 30 余所寄宿制学校。农村小学的寄宿学生大约 3 055 名,约占公立学校学生数的 3.7%。全县小学生有 81 041 名,初中生有 50 065 名。所调查的学校中有一个是寄宿制学校,调查的另外一个学校也很希望成为寄

宿制学校，但由于实现寄宿制学校的资金不足而暂且作罢。赣榆县的寄宿制学校之所以有很大的发展空间，主要有农村留守儿童多、家庭疏于管理、辍学现象严重、教学点分散、资源有限导致的配备不足等原因。

从实际情况看，对偏远地区的农村小学生实行寄宿制的出发点，按重要性排序的意见基本是一致，如下所示：

(1) 由于教学点分散，资源配备不足，教育质量不高；

(2) 由于农村留守儿童多，家庭疏于管理，辍学现象严重；

(3) 出于加强对教师和教育的规范化管理的需要；

(4) 由于教师不愿下乡，为此只能减少农村教学点；

(5) 以上都不是，是为了执行上级政策。

偏远地区的农村小学生实行寄宿制后，学生的学业成绩是否显著提高？有人认为有较大提高，也有人认为无提高，反而增加了管理工作量。农村小学实行寄宿制，给学校管理增加了很多压力，如安全保障压力，宿舍、餐厅等硬件难以完善，设施设备难以健全，日常管理难度加大，师资编制压力大（因为目前没有因实施寄宿制而增加编制的规定）。而且学生离开父母时年纪太小，难以自理，使学校的工作量加大，而学生的身心健康难以保障，并且由于缺少父母的关心、家庭的温暖，容易使学生产生心理问题，进而厌学等。

政府可以通过对农村小学采用"中心学校＋教学点"模式，即在偏远地区设立教学点，由中心学校派教师轮流下乡，将寄宿制学校对学生拨款的部分转为对下乡教师补贴的方式，解决小学生寄宿制带来的各种问题。当然这也是仁者见仁，智者见智，一部分校长认为由于教学点比较小，比较偏僻，很多优质的教学设备配备不齐，师资力量薄弱，远不如中心学校的配备，教学质量也难以得到保障。实行寄宿制能够充分利用现有的教学资源和中心学校的教学设备,使学生接受高素质教师的教育。实行寄宿制,可以更好地加强对教师和教育的规范管理,也可以减少辍学率。也有一部分校长认为,对农村小学采用"中心学校＋教学点"模式的优点可以解决小学生寄宿制带来的各种问题,但总的来说各地应因地制宜,综合考虑。

四、 被访谈县(市)的义务教育经费使用和管理的制度建设情况及问题分析

被调查的两市一县都实行了义务教育学校预算编制制度,且均按照"两上两下"的程序进行,基本达到预算管理4个方面的总体要求。金坛市4所学校在经费使用方面都没有违规现象,均没有将公用经费用于发放教职员工的奖金或补贴、偿还债务、基本建设和聘请代课老师及宿舍、食堂、校园的管理人员。调查发现,对于财务公开制度,金坛市各学校和教育局之间的说法不尽相同。教育局长称全市已推行了农村中小学财务公开制度,向全社会公开,但通常只公开各大类收入支出账目。但被调查的4所学校中有3所学校称市义务教育财政收支情况并没有定期向学校公开,学校也不清楚市教育财政情况。导致这种情况的原因可能是财务公开政策落实不到位,或者市教育局的相关文件可能不够公开、透明、细致,下发到各学校的过程中也可能存在一些问题,进而导致该情形的发生。邳州市的义务教育经费使用管理制度建设方面也存在类似的问题,局长说在县级义务教育经费的使用和管理上是按照《江苏省中小学公用经费管理暂行规定》的制度来执行的。学校在资金使用和管理上按《会计法》、《义务教育经费管理制度》、《邳州市教育系统会计集中核算暂行办法》等制度办事。但有些校长不知道要按哪些制度实行,学校公用经费使用情况存在发放教职员工的奖金或补贴;偿还债务;用于基本建设;聘请代课教师和宿舍、食堂和校园管理人员等现象。赣榆县的公用经费使用情况类似。

从调查的实际情况来看，可能是由于金坛市的经济发展水平较高，财政更有保障，各校校长和教育局长均认为学校经费由市级财政统一收支和核算有利于学校发展。以前义务教育财政分摊到各乡镇，而各乡镇财政收入情况参差不齐，很容易造成地区不均衡。如果由市级财政统一收支核算，则解决了这个问题，使得较落后地区的义务教育也能跟上全市同一水平。而邳州市政府经常挪用教育经费，邳州市教育局局长和各校校长认为，当前义务教育经费由县级财政统一收支不太合适，由省级统一收支更能保障资金到位。

五、内容总结与政策建议

从这三个地区的实际情况看，义务教育阶段生均公用经费的划拨比 2005 年明显增加，"两免一补"政策实施落实到位，2008 年家庭经济困难寄宿生生活补助都按人头拨到学校。实行了农村中小学预算编制制度，且能按照"两上两下"的程序进行；农村义务教育经费保障新机制推广后，教师绩效工资正在准备实施。在义务教育经费管理和使用的制度建设方面，基本按制度办事。

但还存在一些突出的问题，如学校债务问题，城乡公用经费划拨标准不一致，绩效工资不能及时兑现等。虽然学校都编制经费预算，但义务教育财政收支情况没有定期向学校公开，大多数学校没有明确的经费使用和管理制度。邳州市和赣榆县还存在着将公用经费部分用于发放教职工的奖金或补贴、基本建设、聘请代课教师和宿舍、食堂、校园的管理人员，偿还债务等情况，这与上级公用经费的用途分配存在差距。且依调查发现，对于学校的资金使用和管理中所遵循的制度，部分学校的校长没有很明确的答复，只说是按上级的制度办，但是具体是什么制度，他们也说不清楚。这就证明学校在经费的使用和管理上存在盲点。调查发现,邳州市存在着乱收费问题,小学在 2009 年的作业本费,每人 20 元;教辅用书,一、二年级 24 元/人,三、四五年级 36 元/人,六年级 43.5 元/人。下面就上述问题提出一些建议,以供参考。

(1) 学校债务问题,归根结底是资金不足的问题。首先,省级政府在资金的保障上,要负责统筹落实,到达各县(市)的经费应该及时足额划拨,不能层层打折。其次,市政府也可以开辟其他途径筹措资金,对于经济发达的金坛市,企业捐资助学不失为一个值得尝试的方法。政府可以向企业,特别是向当地民营企业及急需建立良好品牌形象、提高企业知名度的公司寻求资助。相对的,市政府应对其捐赠行为进行大力嘉奖,增加这些企业的媒体曝光度。这样一来,可以加强企业的宣传效果,将大量的广告费用转投于教育产业,为企业建立良好的社会公益形象,更能促进其他企业效仿,从而形成良性循环。同时县政府也可以在法律允许的范围内,在政策上对这些具有社会服务意识的企业有所倾斜。再次,进一步细化教育投入预算,对教育的投入需充分考虑地域、师资、生源等各方面因素。全面考量公用经费的补助方法,在考虑学生人数的前提下,可以适当综合考虑学校教师人数,保障偏远农村学校在校舍维修、教育器材的购置、教师培训投入等方面的资金。由于赣榆县是江苏省的贫困县,县财政没有足够的力量给予学校充足的经费,中央和省政府应加大拨款力度。

(2) 城乡公用经费划拨标准不一致的问题。根据《农村中小学公用经费支出管理暂行办法》第 4 条,地方各级财政、教育部门分配农村中小学公用经费,应主要依据在校学生人数,同时又要兼顾不同规模学校运转的实际情况,适当向办学条件薄弱的学校倾斜,保证较小规模学校和教学点的基本需求。因此,政府不应只着重于几所重点学校或是市区学校,对于农村学校,政府更要加强投入,力促城乡间教育资源的均衡。对农村学校的投入,也许短期内看不到很大成效,但教育是一项长久的事业,是一项育人的事业,不可以仅仅贪图眼前短期的升学率等,而忽视了全市教育的整体发展。

(3)建立健全义务教育经费使用和管理制度。县财政和学校都要定期或不定期地向社会公开,实现公用经费使用透明化管理。

(4)尽快贯彻落实《国务院办公厅转发人力资源部和社会保障部、财政部、教育部关于义务教育学校实施绩效工资指导意见的通知》〔国办发(2008)133号〕和《江苏省义务教育学校绩效工资实施意见(试行)》〔苏政办发(2009)84号〕等有关文件精神,确实调动教师的工作积极性,建立公平合理、公开透明、有效激励的内部分配机制。特别是对于贫困的赣榆县,县级以上人民政府人事、财政、教育部门在核定义务教育学校绩效工资总量时,要合理统筹,原则上同一县级行政区域义务教育学校绩效工资水平大体平衡。对农村学校特别是条件艰苦的学校要给予适当倾斜。

(5)义务教育阶段的教育资源应当进一步优化,具体考虑该县的软硬件条件,向处于弱势的地区和人群倾斜,均衡教育发展,确保教育公平的实现。

(惠祥凤、李丹丹、黄燕)

报告二：宁夏回族自治区隆德县、盐池县、灵武市农村义务教育财政政策调查

前　言

（一）宁夏隆德县义务教育基本情况描述

隆德县 2008 年人均 GDP 为 16 465 元,在全省处于中等水平。全县 2008 年义务教育适龄儿童大约有 31 913 人,在本县上学的儿童有 31 839 人,流出外地并保留学籍的儿童约 70 人。全县留守儿童估计有 15 人。全县义务教育学校中小学教师 1 905 人,在编不在岗的教师有 16 人,外聘的代课教师有 121 人,外聘的宿舍管理、食堂服务等人员大约有 38 人。全县义务教育阶段没有公立寄宿制小学,初中生大约有 2 420 名。

被调查学校的情况:4 所被访谈学校流出外地并保留学籍的儿童大约有 177 人,留守儿童大约有 112 人,在编不在岗的教师约 9 人,外聘的代课教师 4 人,外聘的宿舍管理、食堂服务等人员大约有 3 人。

（二）宁夏盐池县义务教育基本情况描述

盐池县 2008 年人均 GDP 为 11 595 元,在全省处于中等偏下水平。全县 2008 年义务教育适龄儿童大约有 11 515 人,在本县上学的

儿童有 10 625 人,流出外地并保留学籍的儿童约 890 人。全县留守儿童估计有 35 名。全县义务教育学校中小学教师有 1 719 人,在编不在岗的教师有 21 人,无外聘代课教师和宿舍管理、食堂服务等人员。全县义务教育阶段公立寄宿制学校的小学生大约有 1 482 名,初中生大约有 7 101 名。

被调查学校的情况:4 所被访谈学校流出外地并保留学籍的儿童大约有 1 500 名,留守儿童大约有 335 名,在编不在岗的教师约 6 人,外聘的代课教师 4 人,外聘的宿舍管理、食堂服务、图书室等管理人员大约有 2 人。

(三) 宁夏灵武市义务教育基本情况描述

灵武市 2008 年人均 GDP 为 37 804 元,在全省处于上等水平。全县 2008 年义务教育适龄儿童大约有 38 000 人,在本县上学的儿童有 37 100 人,流出外地并保留学籍的约 900 名。全县留守儿童估计有 321 名。全县义务教育学校中小学教师有 1 806 人,在编不在岗的教师有 38 人,外聘代课教师有 17 人,外聘的宿舍管理、食堂服务等人员大约有 5 人。全县义务教育阶段公立寄宿制学校的小学生大约有 4 239 名,初中生大约有 591 名。

被调查学校的情况:4 所被访谈学校流出外地并保留学籍的儿童大约有 148 名,留守儿童大约有 512 名,无在编不在岗的教师,无外聘代课教师,无外聘的宿舍管理、食堂服务、图书室等管理人员。

一、被访谈县 (市) 的义务教育经费收支情况及问题分析

(一) 宁夏隆德县的义务教育经费收支情况

根据对教育局局长的访谈得知,实施义务教育保障新机制前后,义务教育生均公用经费的划拨情况为:2005 年小学生均公用经费大概是 146.23 元,2008 年比 2005 年大概增加 99.77 元。2005 年初中生均

公用经费大概是 164. 62 元,2008 年比 2005 年大概增加 144. 3 元。义务教育中小学教师培训由县教育局统一安排,2005 年人均支出大约是 120 元,2008 年比 2005 年大约增加 40 元。义务教育"两免一补"政策能够落实到位。2008 年家庭经济困难寄宿生生活补助标准是:小学年人均 280 元,初中年人均 750 元,均按人头发放到学校。各级政府(中央、省、县)的财政性教育经费能按时、按标准拨付。义务教育保障新机制实施后,经常性经费拨款(公用经费和人员经费)、建设性经费拨款还是不能很好地满足义务教育支出的需要。缺口主要在危房改造和基础建设方面。全县义务教育的债务有 300 万,但对正常的教学影响不大。全县的义务教育经费收支基本不存在问题。

根据对 4 所学校校长的访谈,基本情况如下:2007 年全面实施义务教育保障新机制后,学校的基本建设、危房改造等专项经费有明显增加。学校的经常性经费拨款、建设性经费拨款基本能满足学校的支出需要,个别校长反映学校经费的主要缺口在住宿学生的开水供应、取暖用煤等方面。学校的债务基本都已化解,学校能够正常运转。只有一个学校反映有少量债务,但对学校正常运转影响不太大。上级财政经费基本能按时、按标准拨付,基本没有拖欠。只有一所学校反映上级财政经费不能及时按标准拨付,有拖欠现象,主要拖欠的是绩效工资这一块。2005 年生均公用经费估算大概在 160 ~ 319 元,2008 年比 2005 年大概增加的幅度在 160 ~ 260 元。所在学校公用经费的拨付标准与本县城乡兄弟学校相同或基本相同,只有一个学校反映城镇小学与农村小学的拨付标准稍有差异。2008 年家庭贫困的寄宿生生活补助标准为:每人每年 300 ~ 750 元。寄宿生困难补助是按人头拨到学校,由学校统一支配。"两免一补"政策实施后,学生不缴费对教师的津贴基本没有影响,因为有的学校教师除工资外,基本没有什么津贴,还有的校长认为教师的津贴也来源于财政拨款,与学校收不收费没什么关系。只有个别校长认为学生不缴费对教师津贴有很大影响,学校只能从其他收入中支付这笔钱。义务教育保障新机制实施后,学校的经费收支方面存在问题不大。反映出的问题主要是学校没有给班主任老师班级管理津贴,以及学校在经费管理和使用方面不够科学等。

(二)宁夏盐池县的义务教育经费收支情况

2005年小学生均公用经费大概是40元,2008年比2005年大概增加286元。2005年初中生均公用经费大概是50元,2008年比2005年大概增加407元。义务教育中小学教师培训是由县教育局统一安排的。2005年人均支出和2008年人均支出情况不清楚。义务教育"两免一补"政策能够落实到位,全县所有中小学全部免除学杂费,免除教科书及教辅材料费用,农村中小学寄宿生全部享受寄宿生生活补助,县城部分学生也享受寄宿生生活补助。2008年家庭经济困难寄宿生生活补助标准是:小学年人均500元,初中年人均750元,均按人头发放到学校。各级政府(中央、省、县)的财政性教育经费能按时、按标准拨付。义务教育保障新机制实施后,经常性经费拨款(公用经费和人员经费)、建设性经费拨款均能满足义务教育支出的需要。全县义务教育的债务已全部化解,没有影响到正常的教学。全县的义务教育经费收支不存在问题。

根据对4所学校校长的访谈,基本情况如下:在2007年全面实施义务教育保障新机制后,学校的基本建设、危房改造等专项经费有明显增加。学校的经常性经费拨款、建设性经费拨款还不能完全满足学校的支出需要,主要原因是:(1)随着物价的大幅提高,学校的经常性经费支出增多,如冬季取暖费大概就占全年公用经费的40%左右;

（2）还有的学校反映生源太少,政府不够重视;（3）学校办学规模不断扩大,信息化设备等方面的经费需求越来越大,并认为由于经费不足已经影响到学校的正常运转。学校的债务基本都已化解,个别学校反映还有大约 3 万元的少量债务。上级财政经费基本能按时、按标准拨付,没有拖欠现象。2005 年生均公用经费估算大概在 30～270 元,2008 年比 2005 年增加的幅度大概在 70～290 元。所在学校公用经费的拨付标准与本县城乡兄弟学校基本相同,只有一个学校反映城镇小学经费拨得少,农村小学拨得多。2008 年家庭贫困的寄宿生生活补助标准为:每人每年 200～500 元。寄宿生困难补助是按人头拨到学校,由学校统一支配。"两免一补"政策实施后,学生不缴费对教师的津贴基本没有影响,因为有的学校教师的课时津贴、奖金等由学校考勤奖惩扣款支付;还有的学校教师除了工资,很少有课时津贴和奖金等。有个别学校反映学生不缴费后,教师津贴、外聘代课教师费、奖金等根本无法发放。义务教育保障新机制实施后,学校的经费收支方面还存在不同程度的问题,表现为:（1）有的学校生源过少,教师过剩;（2）除了上级拨付的经费,学校没有额外收入,支出只能按上级规定执行,学校不能自主支配;（3）公用经费依然紧张,制约学校的正常运转,学校无经费来源,无法兑现课时津贴、奖金等;（4）学校校舍维修和改造资金短缺。

（三）宁夏灵武市的义务教育经费收支情况

实施义务教育保障新机制前后,义务教育生均公用经费的划拨情况为:2005 年小学生均公用经费大概是 177 元,2008 年比 2005 年大概增加 77 元。2005 年初中生均公用经费大概是 330 元,2008 年比 2005 年大概增加 60 元。义务教育中小学教师培训是由县教育局统一安排的,2005 年人均支出大约是 31.45 元,2008 年比 2005 年增加大约 290

元。义务教育"两免一补"政策严格按上级政策实施。2008 年家庭经济困难寄宿生生活补助标准是：小学年人均 250 元，初中年人均 468元，按人头发放到学校。各级政府(中央、省、县)的财政性教育经费能按时、按标准拨付，但是市(县)财政教育附加费不能按时拨付。义务教育保障新机制实施后，经常性经费拨款(公用经费和人员经费)、建设性经费拨款均能满足义务教育支出的需要。全市义务教育的债务已全部化解，没有影响到正常的教学。对于全市的义务教育经费收支，认为义务教育经费支出规定较死，应该用于提高教师培训费用比例方面。

根据对 4 所学校校长的访谈，基本情况如下：在 2007 年全面实施义务教育保障新机制后，学校的基本建设、危房改造等专项经费有明显增加。学校的经常性经费拨款、建设性经费拨款还不能满足学校的支出需要，缺口主要在教学楼冬季取暖费用、学校办学条件改善费用、建设性经费等方面。学校的债务已在 2008 年全部化解，学校基本能够正常运转。上级财政经费能按时、按标准拨付，没有拖欠现象。2005 年生均公用经费估算大概在 20～170 元，2008 年比 2005 年大概增加的幅度在 20～240 元。所在学校公用经费的拨付标准与本县城乡兄弟学校完全相同。2008 年家庭贫困的寄宿生生活补助标准为：每人每年 500～750 元。寄宿生困难补助按人头拨到学校，学校如数发给学生本人。"两免一补"政策实施后，学生不缴费对教师的津贴还是有一定影响，表现为：有的学校从公用经费中拿出一部分发放教师津贴；有的学校反映已停发教师课时津贴和奖金；还有的学校反映学校的个别小部分奖金从勤工俭学收入中支出；另有学校反映，因为没有办法发放外聘教师代课费，所以学校只好把所有外聘教师全部辞退。义务教育保障新机制实施后，学校的经费收支方面还存在一些问题，主要为:(1) 不能及时发放课时津贴和结构月工资考核津贴;(2) 因教师津贴和奖金不能发放,故无法体现多劳多酬、优劳多酬的原则,不能有效提高教师的工作积极性;(3) 学校经费不足,而且受限较多,学校发展存在困难。

(四) 3 个县(市) 义务教育经费收支问题分析

1. 根据对教育局长访谈的情况,主要反映出以下问题

第一,从对 2005 年小学生和初中生生均公用经费以及 2008 年比 2005 年增加的额度的估算来看,3 个县(市)的教育局局长提供的数据有较大差别(具体差别见前文),这里的原因可能是:(1) 教育局长对一些基本数据把握不够清楚;(2) 有的局长想突出说明 2008 年比 2005 年生均公用经费有明显增加;(3) 各县(市)对生均公用经费支配方法有差别。

第二,从义务教育中小学教师培训支出来看,各县(市)情况也有不同,隆德县 2005 年的支出额度就较高,但 2008 年对比 2005 年增加的幅度较小;盐池县则均没有提供两项数据,表示不太清楚;灵武市 2005 年的支出额度不太高,但 2008 年对比 2005 年增加的幅度却很大。这反映出各县(市)对中小学教师培训的重视程度有差别,有的县(市)重视一些,有的县还不够重视。

第三,从对家庭经济困难寄宿生生活补助标准来看,各县(市)反映的情况也都有不同,这里的原因可能是:(1) 教育局局长对一些基本数据把握不清;(2) 各县实际给学生补助的额度可能真存有差别。

第四,就义务教育保障新机制实施后,经常性经费拨款、建设性经费拨款是否满足义务教育支出需要的情况来看,也有差别。盐池县和灵武市认为可以满足,而隆德县则认为还不能满足,主要缺口在危房

改造和基本建设方面。这里的原因可能是：隆德县地处地震比较活跃的固原地区，危房改造和基本建设的任务可能都比较艰巨，所以感觉到经费有困难。

第五，就义务教育保障新机制实施后，全县义务教育经费收支存在的问题而言，略有差别。隆德县和盐池县认为基本不存在问题，而灵武市则认为上级把义教经费支出规定较死，应该提高教师培训的费用比例。这里的原因可能是：灵武市地处川区，经济比较发达，教育水平相对较高，对教育的要求也相对高一些，因此更希望通过加强教师培训来提高教育、教学质量。

2. 根据对 3 个县(市)12 所学校校长访谈的情况，主要反映出以下问题

第一，就学校的经常性经费拨款、建设性经费拨款是否满足学校支出需要的情况而言，各县(市)校长们的观点有所不同，隆德县认为能满足或基本满足，有少量缺口；而盐池县和灵武市则认为还不能满足，缺口较大。主要原因可能是盐池县和灵武市学校合并重组的力度较大，因而基建任务较重，还有就是川区和靠近川区的县市教育现代化的速度相对要快一些，要求也高一些，需要更多的教育投入。

第二，关于学校债务化解的问题，只有灵武市反映全部化解，其余两个县(市)均反映个别学校还有少量债务。这说明有的县(市)的义务教育债务化解工作做得可能还不够彻底，或者是在原来债务化解后，学校因为发展的需要，又欠了新的债务。总之，关于这个问题，可能还需要国家和政府进一步下大力气彻底解决。

第三，关于上级经费能否按时、按标准拨付，是否有拖欠的问题，只有隆德县反映有拖欠现象，其他两个县(市)均无此现象。这可能是因为绩效工资制度刚开始实行，有的县可能文件已经下达，但财政拨

款还没有及时到位,相信随着绩效工资制度的实行走上正轨,这些问题应该会得到圆满的解决。

第四,对生均公用经费的估算,各县(市)也有差别,这可能还是反映出校长们对一些基本教育数据的把握不够准确。

第五,关于家庭贫困寄宿生生活标准的补助,各县(市)也有差别,这一方面反映出估算上的问题,另一方面可能与当地经济发展水平有关,川区相对高一些,山区相对低一些。

第六,关于学生不缴费后对教师津贴的影响问题,各县(市)反映有所不同,但总的趋势是虽然影响不大,但还是有一定影响。一方面,这说明很多学校过去给教师发放的津贴,还是主要来源于学生学费这一块,所以学生不缴费后,教师津贴就停发了;另一方面,从此次访谈中暴露出一个问题就是:农村义务教育阶段,教师的津贴水平非常低,有的学校甚至从来没有给教师发过什么津贴,所以也就认为学生缴不缴费跟教师津贴关系不大。

第七,关于义务教育保障新机制实施后,学校在经费收支方面总的看来问题不大,但也暴露出一些问题,比如,学校自主支配经费的权力受限、公用经费依然紧张、教师津贴发放受限造成教师工作积极性受到影响等。

二、 被访谈县(市)的义务教育中小学教师绩效工资实施情况及问题分析

(一)宁夏隆德县的义务教育中小学教师绩效工资实施情况

根据对隆德县教育局局长的访谈,基本情况如下:该县尚未开始实行教师绩效工资制度,但广大教师非常愿意实行绩效工资改革,因为这样可以体现多劳多得的原则。如果真的实施了绩效工资制度,标准又难以把握。而且认为不能把教师现行工资中的一部分拿出来按绩效分配,因为教师现行工资本身就低,如果再拿出一部分,那么很多教师的生活就会有问题了。认为评价教师绩效应当有3个指标:工作量、成绩和科目系数,而且这些指标也是最有利于调动教师工作积极性的。但又认为教师之间的工资差异不宜拉得过大。因为该县尚未实行教师绩效工资制度,所以对于实行以后教师的平均工资是多少也不能准确地估计,比以前能提高多少也不太清楚。只知道当地公务员的平均工资大约是2 300元/月。

根据对4所学校校长的访谈,基本情况如下:其中3所学校正在筹备实行义务教育教师绩效工资制度,只有1所学校尚未启动这一制度。教师希望实行绩效工资,因为它可以调动教师的工作积极性,体现多劳多得,按劳、按绩分配,打破"一刀切"现状。3名校长认为可以将教师现行工资中的一部分拿出来,按绩效分配。具体拿出哪一部分,只有1名校长认为拿出月度奖比较可行,其他两名校长没有明确提出。还有1名校长认为不应该将教师现行工资中的一部分拿出来按绩效分配。2名校长认为教师间的工资差异可以拉大,认为拉大才能体现多劳多得,优绩优酬。2名校长认为可以适度拉开,但不要拉得过大,因为不同岗位的教师都很尽力。校长们认为在实行绩效工资后教师平均工资能达到2 200~2 500元/月之间,比以前提高200~300元,而当地公务员平均工资为2 600~2 800元/月之间。

(二)宁夏盐池县的义务教育中小学教师绩效工资实施情况

根据对教育局局长的访谈,基本情况如下:该县已经开始实行教师绩效工资制度。具体情况为:2009年年初经自治区安排,由教育厅和财政厅调研、摸底、上报数据,2010年6月份又进一步核查不在岗人员。为此,县里成立专门组织,召开中小学校长会议,研究讨论、制定具体办法。并在此基础上制定了《盐池县义务教育学校实施绩效工资办法》,从而落实了基础性绩效工资。广大教师非常愿意实行绩效工资改革,因为这样做不仅工资额发生正增长,而且将收入与岗位奉献结合起来,真正体现了岗位管理多劳多酬,有激励竞争、推动工作的巨大作用。但是认为实施也有难度,主要原因是岗位绩效考核困难,年龄差别与绩效考核矛盾会挫伤教师的积极性,而且认为不能把教师现行工资中的一部分拿出来按绩效分配,具体原因没有讲。他们认为评价教师绩效的指标应该包括师德、教学技能、教学效果、教育教学成绩等,在这些指标中,教育教学成绩是最有利于调动教师工作积极性的。但又认为教师之间的工资差异不宜拉得太大,因为这样有可能会挫伤一部分人的积极性。实行教师绩效工资后,该县教师平均工资为:基本工资1 538元/月,自治区规定补贴643元/月。但因奖励性绩效工资尚未兑现,所以当前工资未增长。当地公务员的平均工资大约是:基础工资1 047元/月,补贴同教师相当或略高。

根据对4所学校校长的访谈,基本情况如下:其中3所学校已经实行义务教育教师绩效工资制度,只有1所学校从2009年1月起开始启动这一制度。3名校长认为教师希望实行绩效工资制度,因为它首先能体现教育公平、多劳多得原则,缩小教师与公务员之间的差距;其次,对工作突出、有贡献的教师发放奖励性工资,向骨干教师倾斜,适当拉开分配差距,有利于调动教师工作积极性。1名校长认为,"绩效工资"对部分教师来说,并不理解其对教师本人的利弊,教师最关心的问题是自己究竟能拿多少,最不希望工资低于以前或被学校用于发奖金等。4名校长都认为可以将教师现行工资中的一部分拿出来,按绩效分配。具体拿出哪一部分,2名校长认为拿出年度奖比较可行,1名校长认为拿出奖励性绩效工资比较可行,还有1名校长没有明确提出。评价教师绩效,他们认为以下指标最有利于调动教师的工作积极性：平时工作表现、工作量、教学成绩、工作态度；同时要从职称、资历、业绩等方面综合考核。2 名校长认为教师间的工资差异应该拉大，应主要从业绩方面考虑，拉大差距才能调动教师工作积极性；1 名校长认为可以拉大，但不易过大，差距过大会严重挫伤部分教师积极性，不利于教育的健康发展；还有 1 名校长没有表态。3 名校长认为在实行绩效工资后教师平均工资能达到 2 300～2 492 元/月之间，比以前提高 200～300 元，而当地公务员平均工资为 2 500 元/月左右。只有 1 名校长认为实行绩效工资制度后，教师平均工资比以前没有什么提高，职称高的教师工资有所提高，职称低的教师工资还有所下降，没有真实反映出教师的绩效来。

（三）宁夏灵武市的义务教育中小学教师绩效工资实施情况

根据对教育局局长的访谈，基本情况如下：该市已经开始实行教师绩效工资制度，而且 2009 年 1 月—6 月的绩效工资已经补发。该市人事、教育、财政部门制定了义务教育学校绩效工资考核发放办法，绩效工资的发放按该办法执行。广大教师非常愿意实行绩效工资改革，认为这一改革一是解决了干与不干一个样、干多干少一个样、干好干坏一个样的问题；二是大多数教师的待遇提高了。他们认为将教师现行工资中的月度奖金、绩效工资预支和年终 13 月工资拿出来进行绩效分配比较可行。认为评价教师绩效的指标应该包括德、能、勤、绩等方面，在这些指标中，工作业绩是最有利于调动教师工作积极性的。但又认为教师之间的工资差异不宜拉大，因为在差异拉开的同时还要讲和谐和大体公平。实行教师绩效工资后，本市教师平均工资大约为 2 700 元/月左右，比以前平均提高了 332 元/月，与当地公务员的工资基本持平。

根据对 4 所学校校长的访谈，基本情况如下：其中 2 所学校已经实行义务教育教师绩效工资制度,其余2所学校正在筹备,暂时还未实行。4名校长均认为教师希望实行绩效工资,因为实行绩效工资后,教师工资有所增加,而且可以打破平均分配机制,体现"多劳多得,优绩优酬"的公平原则,充分调动教师工作积极性。3名校长认为可以将教师现行工资中的一部分拿出来,按绩效分配。具体拿出哪一部分,1名校长认为拿出月度奖比较可行,1名校长认为拿出绩效工资比较可行,1名校长认为把教师现行工资中机动的部分拿出来比较可行;还有1名校长认为不可以将教师现行工资的一部分拿出来按绩效分配。评价教师绩效,以下指标最有利于调动教师的工作积极性:教师月工作考核、工作量、教育教学成绩、出勤、学期教学工作评估数据、班主任工作、教学质量、师德。4名校长均认为教师间的工资差异应该适当拉大,但不易过大,因为教师间的工作量差距不大,大家都很辛苦,拉得过大会造成教师管理矛盾复杂化。3名校长认为在实行绩效工资后教师平均工资能达到2 000~2 600元/月之间,比以前提高100~400元。当地公务员平均工资为2 100~3 000元/月左右。只有1名校长认为学校暂时未实行绩效工资制度,所以不清楚实行后的情况。

(四)3个县(市)义务教育中小学教师绩效工资实施问题分析

根据对教育局局长和校长访谈的情况,反映出的问题主要有:

首先,关于绩效工资制度的实施情况,因为我们调研的时间有早有晚,所以各县的实施情况有所不同,这是可以理解的。

其次,关于绩效工资制度的实施方法,看来还非常值得讨论。比如如何评价教师绩效的问题;教师之间的工资差距要不要拉开甚至拉大的问题;教师工资与公务员工资相比,应该高还是低的问题;到底应该把教师工资中的哪一部分拿出来进行绩效分配的问题等,都需要很好地去探讨。

三、被访谈县（市）的义务教育农村寄宿制学校的发展情况及问题分析

（一）宁夏隆德县义务教育农村寄宿制学校的发展情况

根据对教育局局长的访谈得知,该县无农村小学寄宿制学校。但其仍对偏远地区的农村小学实行寄宿制的出发点进行了选择,认为第一要素是由于教学点分散,资源准备不足,教育质量不高;其次,是由于农村留守儿童多,家庭疏于管理,辍学现象严重;再次,是由于加强对教师和教育的规范化管理的需要;最后,是由于教师不愿下乡,为此只能减少农村教学点。他认为对偏远地区的农村小学生实行寄宿制后,学生的学业成绩并无提高,只是增加了管理工作量。首先是安全管理难度加大,如人身安全、饮食安全、取暖安全、用电安全、健康等方面。其次是对学生心理发展不利,寄宿后学生缺少了亲情和爱心,与父母的沟通减少,对家庭生活的艰辛体会不到,也缺少了劳动锻炼,对生活常识的学习也受到影响。认为通过采用"中心学校＋教学点"的模式解决小学生寄宿制带来的各种问题也不合适。因为教师轮流下乡,只能应付差事,缺少责任心;而且教学质量无法衡量,无法评价教师的劳动;再者,教师轮流,学生难以适应他们的教学风格。还不如增加乡村教师的工资(每月增加约500元),让他们安心教书更可行。

根据对4所学校校长的访谈,基本情况如下:3所学校无农村寄宿制小学生,1所学校有寄宿制初中生,大约110人。对于农村小学生实行寄宿制的出发点中的几个因素(① 由于教学点分散,资源准备不足,教育质量不高;② 出于加强对教师和教育的规范化管理的需要;③ 由于教师不愿下乡,为此只能减少农村教学点;④ 由于农村留守儿童多,家庭疏于管理,辍学现象严重;⑤ 以上都不是,而是为了执行上

级政策),校长们的重要性选择各有不同,分别为①、③、④、②;①、④、⑤、③、②;①、②、③、④、⑤;②、①、④、③。其中有 3 名校长都认为对农村小学生实行寄宿制的首要出发点是教学点分散,资源准备不足,教育质量不高。3 名校长认为对农村小学生实行寄宿制后,学生的学业成绩有较大提高,1 名校长认为有很大提高。对农村小学生实行寄宿制后,学校管理增加的压力主要体现在以下方面:学生安全管理、心理教育、习惯养成、饮食、健康等。对学生身心健康的不利影响主要有:缺少亲情体验,学生有困难不能及时向家长倾诉。对有人提出的政府可以通过对小学采用"中心学校 + 教学点"模式解决小学生寄宿制带来的各种问题,2 名校长认为此建议不好,不利于教学,而且也会造成教师责任不明、教学任务难以完成的后果,也给学生适应不同教师的教学风格、思维方式带来困难,因为教育本身是一项复杂的工程,有一定的时效性、长远性、稳定性。另 2 名校长则认为此建议比实行寄宿制好,有利于调动教师积极性,提高教学质量。

(二)宁夏盐池县义务教育农村寄宿制学校的发展情况

根据对教育局局长的访谈,基本情况如下:全县共有 22 所农村小学寄宿制学校,住宿学生大约占 12%。他们认为对偏远地区的农村小学生实行寄宿制的出发点主要有二:一是由于教学点分散,资源配备不足,教育质量不高;二是出于加强对教师和教育的规范化管理的需要。并认为通过对偏远地区的农村小学生实行寄宿制后,学生的学业成绩有较大提高。但是对农村小学生实行寄宿制后,学校管理的压力增加了,主要表现为缺宿舍管理人员编制、教师负担重、学校经费开支相应增大,对学生身心健康倒无不利影响。局长们认为通过对农村小学采用"中心学校 + 教学点"模式解决小学生寄宿制带来的各种问题不可行。原因是按照国家义务教育经费保障机制政策规定,对寄宿制学生的拨款补助要兑现于每一学生，不能转为对教师的补贴。

根据对 4 所学校校长的访谈，基本情况如下：2 所学校无农村寄宿制小学生；2 所学校有寄宿制小学生，一共大约 144 人。对于农村小学生实行寄宿制的出发点中的几个因素（① 由于教学点分散，资源准备不足，教育质量不高；② 出于加强对教师和教育的规范化管理的需要；③ 由于教师不愿下乡，为此只能减少农村教学点；④ 由于农村留守儿童多，家庭疏于管理，辍学现象严重；⑤ 以上都不是，而是为了执行上级政策），有 3 名校长都认为对农村小学生实行寄宿制的首要出发点是由于教学点分散，资源准备不足，教育质量不高。1 名校长认为对农村小学生实行寄宿制后，学生的学业成绩有较大提高，2 名校长认为不显著。对农村小学生实行寄宿制后，学校管理增加的压力主要有：安全责任对学校的压力，社会、家长给学校的压力，饮食方面的压力等。对有人提出的政府可以通过对小学采用"中心学校＋教学点"模式解决小学生寄宿制带来的各种问题，3 名校长都认为此建议不可取，主要原因有：（1）当前情况下，中心学校教师根本不愿下乡，即使上面强制派下去，工作也是敷衍了事，根本不认真，更谈不上提高教学质量；（2）不能从根本上消除寄宿制带来的各种问题，只有加强寄宿学校硬件设施建设，强化学校内部管理，调动教师教书育人的积极性，才是促进农村小学教育健康发展的有效措施。

（三）宁夏灵武市义务教育农村寄宿制学校的发展情况

根据对教育局局长的访谈，基本情况如下：全市有 7 所农村小学寄宿制学校，住宿学生大约占 22%。认为对偏远地区的农村小学生实行寄宿制的出发点：首先，是由于教学点分散，资源配备不足，教育质量不高；其次，是出于加强对教师和教育的规范化管理的需要；再次，由于教师不愿下乡，为此只能减少农村教学点；第四，由于农村留守儿童多,家庭疏于管理,辍学现象严重;最后,也是为了执行上级政策的需要。认为通过对偏远地区的农村小学生实行寄宿制后,学生的学业成绩有较大提高。但是学校管理的压力也增加了,主要表现在学生食宿安全和课余生活两方面;对学生身心健康的不利影响主要是亲情呵护缺失,学生想家,个别学生因挑食而进食不足,生活不能自理等。认为"中心学校＋教学点"模式和寄宿制方式均有利弊,而且不是长久之计,这一问题最终应同新农村建设一并考虑和解决似乎才是上策。

根据对 4 所学校校长的访谈,基本情况如下:3 所学校无农村寄宿制小学生;1 所学校有寄宿制小学生,大约 290 人。对农村小学生实行寄宿制的出发点中的几个因素(① 由于教学点分散,资源准备不足,教育质量不高;② 出于加强对教师和教育的规范化管理的需要;③ 由于教师不愿下乡,为此只能减少农村教学点;④ 由于农村留守儿童多,家庭疏于管理,辍学现象严重;⑤ 以上都不是,而是为了执行上级政策),有 3 名校长都认为对农村小学生实行寄宿制的首要出发点是由于教学点分散,资源准备不足,教育质量不高。2 名校长认为对农村小学生实行寄宿制后,学生的学业成绩有较大提高,1 名校长认为提高不显著。对农村小学生实行寄宿制后,学校管理增加的压力主要有:安全管理压力、财务管理压力、校产管理压力、学生冬季取暖的经费压力、教师晚上管护学生的压力、学生生活自理的压力等。对学生身心健康的不利影响主要有:缺失亲情呵护和家庭的教育,不利于学生健康成长。对有人提出的政府可以通过对小学采用"中心学校＋教学点"模式解决小学生寄宿制带来的各种问题,2 名校长认为此建议可行,因为有利于实现教育资源的整合,有利于提高教育质量,体现教育公平,实现教育均衡发展;1 名校长认为设立教学点还不如设立完小,加强教师管理、学校管理,将补助投入到学校硬件建设上,也符合现在提倡的小班额教学的政策。

（四）3 个县（市）义务教育农村寄宿制学校的发展问题分析

关于农村寄宿制学校的发展问题，大部分的局长和校长认为，学校进行重组合并，实行寄宿制后，学校的教学质量和学生的学业成绩都有较明显的提高，但也有个别局长和校长认为没有明显起色。对于实行寄宿制后的管理问题，几乎所有的局长和校长都认为增加了管理的难度，加重了管理的任务，并且对学生的身心发展也有一定消极影响。但对于有人提出的"中心学校＋教学点"模式，大部分的局长和校长又表示不认同，认为不能从根本上解决问题，而且也无助于教学质量和水平的提高。所以，到底怎么解决这些问题，还需要国家和政府很好地去规划。

四、被访谈县（市）的义务教育经费使用和管理的制度建设情况及问题分析

（一）宁夏隆德县的义务教育经费使用和管理的制度建设情况

根据对教育局局长的访谈，基本情况如下：该县正在筹备实行义务教育学校预算编制制度。县里已经推行了农村中小学财务公开制度，通常只公开各大类收入支出账目。在县级义务教育经费的使用和管理上，主要建立和执行了《隆德县深化农村义务教育经费保障机制改革实施方案》《隆德县农村义务教育经费保障改革专项资金支付管理暂行办法》等制度。局长认为当前义务教育经费由县级财政统一支付比较合适。

根据对 4 名校长的访谈，基本情况如下：3 名校长认为学校要编制经费预算，只有 1 名校长说学校没有编制经费预算。学校在经费使用方面存在的情况是：2 名校长认为公用经费可用于聘请代课教师和宿舍、食堂和校园管理人员，1 名校长认为公用经费可用于偿还债务。学校在资金使用和管理上遵循的制度和规定有：县财政局、发改委、教育局联合下发的有关文件以及学校的财经制度。县义务教育财政收支情况定期向学校公开，公开的方式有发文件、公示栏张贴公示、教职工大会宣读并公示。3 名校长认为学校经费由县级财政统一收支和核算有利于学校发展，只有 1 名校长认为不利于学校发展。

（二）宁夏盐池县的义务教育经费使用和管理的制度建设情况

该县已经实行了义务教育学校预算编制制度，并按照"两上两下"的程序进行。县里已经推行了农村中小学财务公开制度，并向全社会公开。在县级义务教育经费的使用和管理上，主要建立和执行了《盐池县确保农村义务教育经费投入，加强财政预算管理暂行办法》、《农村中小学公用经费支出管理实施细则》、《农村中小学校维修、改造专项资金实施细则》、《义务教育阶段学生免除学杂费的实施管理细则》等制度。局长认为当前义务教育经费由县级财政统一支付是合适的。

根据对 4 名校长的访谈，基本情况如下：4 名校长均认为学校要编制经费预算。学校在经费使用方面存在以下情况：1 名校长认为公用经费部分用于发放教职员工的奖金或补贴，偿还债务，基本建设以及聘请代课教师和宿舍、食堂和校园管理人员的情况都有；1 名校长认为公用经费有用于发放教职员工的奖金或补贴和基本建设的情况；1 名校长认为公用经费有用于偿还债务和基本建设的情况。学校在资金使用和管理上遵循的制度和规定有：自治区财政制度的相关规定、《盐池县学校预算管理制度》、《盐池县中小学公用经费管理办法》等。县义务教育财政收支情况定期向学校公开，公开的方式有教职工大会宣读并公示、专栏张贴公示。4 名校长均认为学校经费由县级财政统一收支和核算有利于学校发展。

（三）宁夏灵武市的义务教育经费使用和管理的制度建设情况

根据对教育局局长的访谈，基本情况如下：该市尚未实行义务教育学校预算编制制度。该市已经推行了农村中小学财务公开制度，并向全社会公开。在县级义务教育经费的使用和管理上，主要建立和执行了《中小学学校财务管理制度》、《农村义务教育专项资金管理制度》等制度。局长认为当前义务教育经费由县级财政统一支付是合适的。

根据对4名校长的访谈，基本情况如下：4名校长均认为学校要编制经费预算。学校在经费使用方面存在以下情况：1名校长认为公用经费有部分用于发放教职员工的奖金或补贴；1名校长认为公用经费有用于基本建设的情况。学校在资金使用和管理上遵循的制度和规定有：收支两条线，专款专用；资金审批制度，转账制度；妥善保管凭证、支票、印鉴；义教经费和公用经费实行"县管校用"的制度；重大开支向上级主管部门申请的制度；学校其他收入先纳入财政专户，待返回学校后方可使用的制度；购置单价2 000元以上，总价10 000元以上的物品，实行政府集中采购的制度；《灵武市学校公用经费管理办法》，《农村义务教育学校预算编制》，《关于印发〈灵武市教育系统经费管理办法〉的通知》等。3名校长认为县义务教育财政收支情况会定期向学校公开，公开的方式有公示栏、专门的财务会议、报表、教育局财务人员向学校公开等；只有1名校长认为从来没有公开过。2名校长认为学校经费由县级财政统一收支和核算有利于学校发展，可以杜绝挪用现象；1名校长认为如果县级财政配套相关资金当然有利于学校的发展，否则应由教育局或学校核算收支；还有1名校长认为这样做不利于学校的发展。

（四）3个县（市）义务教育经费使用和管理的制度建设问题分析

首先，关于义务教育学校预算编制制度，各县（市）实施的情况不理想,只有盐池县反映已经实行,其他两个县(市)都还未实行。从学校层面来看,有的学校自己编制了一些预算编制制度,但其科学性、规范性怎么样,还不得而知。

其次,在县级义务教育经费的使用和管理方面的制度建设,各县(市)的情况也有不同。从教育局的层面来看,各县基本都不同程度地建立了一些制度和规定,有的县的制度和规定还比较具体和规范。但从学校层面来看,在经费的使用和管理上,制度建设情况是有一定差异的。有的学校有比较完备的制度,而有的学校的制度建设就相对比较模糊,没有很明确一些经费的使用规定。

最后,关于义务教育经费由县级财政统一支付是否合适的问题,所有的局长都认为比较合适,有利于统一管理。但一些校长认为不利于学校的自主发展。这个问题有必要认真研究。

五、 内容总结与政策建议

宁夏义务教育总体的情况是好的,发展的速度比较快,政府的重视程度在增加,各项经费的额度在增加,并且幅度比较大;在经费支配和使用方面的制度建设在不断发展和完善中,对国家的相关政策贯彻和落实得比较好,经费使用和管理方面的程序相对比较规范;教师的工资水平在不断提高,尤其是实行绩效工资制度后,工资待遇更可望有比较大的提升。但从本次访谈中,也发现一些共同存在的问题,主要表现为:局长和校长对教育发展方面的一些基本数据信息把握还不够清楚;各县(市)对教师培训的重视程度还有差别;各县(市)对义务教育保障新机制的实施情况有差别,尤其是学校层面,公用经费还有用于化解债务、发放教师津贴和基本建设等问题,这反映出制度实施和监督的力度还有待加强;义务教育在收支方面在不同程度上存在问题;对教师绩效工资制度的实施方法,各县(市)也有不同意见,很难达成共识；在义务教育学校预算编制制度的建设方面,相对比较滞后,有的县(市)还没有开始实行,所以对里面的一些专业术语还不能很好理解和把握；对农村寄宿制学校的发展问题还有不同意见,对于暴露出的一些问题,还不能找到很好的解决办法；等等。

针对以上问题,我们提出以下政策建议:

第一,建议举办国家级和省级的教育局局长培训,提高教育局局长的政策水平和领导水平；举办国家级和省级、县(市)级的校长领导和管理能力培训,提高校长的政策水平和领导、管理水平。

第二,各级教育行政机关应建立比较完善的监督机制,对一些经费使用制度和政策的实施情况进行定期的检查、指导和督促。

第三,国家和各省、自治区、直辖市应重视教师的职后培养和培训,并形成制度,着力提高教师的工资待遇,最大限度调动教师工作积极性。

第四,对教师绩效工资制度的实行,能拿出一套真正有效的实施方案,确保教师多劳多得,优绩优酬。

第五,对农村寄宿制学校的发展问题,国家还要认真进行研究,拿出切实可行的方案,以保证学校布局调整后教学质量能有明显提高,学生身心健康能有保证。

最后,国家和政府对于教育领域经费的管理和使用,应该有更好的制度和政策,确保钱能花在刀刃上,确保专款专用,同时又能调动学校发展的积极性,在一定程度上给予学校自主发展的空间。

(郝振君)

报告三：内蒙古自治区乌海市海南区、包头市土默特右旗、通辽市霍林郭勒市(县)、呼伦贝尔市海拉尔区农村义务教育财政政策调查

前 言

(一) 内蒙古乌海市海南区义务教育基本情况描述

乌海市海南区(以下简称海南区)位于内蒙古自治区西部,总面积1 004.95 平方千米,常住人口 9.47 万人,其中农牧业人口 2.3 万人,以蒙古族为主体的回、满、达斡尔等 15 个少数民族共 0.62 万人。2008 年人均 GDP 为 11 785 元,在全区处于中等水平。目前,全区共有中小学 23 所,在校生 11 888 人(中学 3 910 人、小学 7 978 人),教职工1 317 人(高中 23 人、初中 464 人、小学 830 人),教师学历合格率为 100%。

2004 年以来,海南区政府按照"超前构建,统筹安排,重点突破,分步实施"的教育发展思路,全面推行了以校长聘任制、教师全员聘用制为核心的中小学人事制度改革和以"多劳多得、优劳优酬、奖优惩劣"为目标的分配制度改革,建立了"人员能进能出,职务能上能下,待遇能高能低"的激励竞争和管理机制,并建立了"乡校区办,村校乡办,分级管理,以县为主"的义务教育管理体制和义务教育经费保障制度。

近三年累计投入近 7 000 万元改造中小学校园,新建校舍面积 48 230 平方米,增购了图书、仪器、器材设备,更换了师生桌椅,建立了远程教育网,基本实现了校舍楼房化、设备标准化、校园花园化和教学手段现代化的目标。2005 年开始对农牧区、城镇低保家庭的义务教育阶段学生和特殊教育学校学生实行"两免一补"政策,并在每学期开学前将免补资金及时、足额发放到各学校。2007 年春季新学期开始,对义务教育阶段所有学生实行"四免一补"政策(即免除学生的学杂费、课本费、练习册费、寄宿学生住宿费,并为寄宿学生补助生活费),实现了真正意义上的全员免费义务教育。

(二)包头市土默特右旗义务教育基本情况描述

包头市土默特右旗(以下简称土右旗)位于内蒙古自治区中南部,总面积 2 369 平方千米,常住人口 35 万人,其中农牧业人口占84.1%,以蒙古族为主体的 16 个少数民族占总人口的 3.3%。2008年人均 GDP 为 20 000 元,在全区处于中上等水平。目前,全旗共有中小学 38 所(普通高中 1 所、完全中学 1 所、职业中学 1 所、普通初中 2 所、九年一贯制学校 3 所、小学 21 所、幼儿园 1 所、青少年活动中心 1 所、教师进修学校 1 所、教学点 6 个),有在校生 31 056 人,教职工2 700 人,教师学历合格率为 100%。

2007—2008 学年全旗适龄儿童入学率达 100%,初中升学率达93.7%;小学生辍学率为 0,初中生辍学率为 1.18%,均低于国家和自治区的最低控制线。2008 年,全旗投资 6 980 万元完成中小学校重点基建项目 15 个,建设面积总计达 46 030 平方米。2008 年,全旗共发放"两免一补"资金 1 853.8 万元,受益学生达 26 575 人。

（三）通辽市霍林郭勒市义务教育基本情况描述

通辽市霍林郭勒市（以下简称霍林郭勒市）位于内蒙古自治区东部，面积585平方千米，人口7.63万人，居住着汉、蒙、满、回、朝鲜等20多个民族，其中蒙古族人口占总人口的37.8%，农牧业人口1.1万人。2007年人均GDP为6.79万元，居自治区蒙东旗县（市）第四位。全市现有中小学15所，专任教师1 177人，在校生13 898人。普通高中招生654人，在校生2 112人；初中招生1 086人，在校生3 049人；普通小学招生36 578人，在校生10 637人；幼儿园5所，招生407人，在校生896人。2006年以来，全市义务教育事业稳步发展，九年义务教育普及率进一步提高，学生辍学率明显下降，学龄人口受教育程度进一步改善，小学适龄儿童入学率100%，毕业生升学率100%；初中毕业生升学率95.24%，比上年度提高1.23%。

近年来，市政府每年把财政支出的10%用于发展教育、卫生和社会保障事业。自2006年起，已累计投入1.03亿元用于改善义务教育办学条件。从2005年开始落实家庭经济困难学生资助政策，实施了"三免一补"（即免除学杂费、书本费、作业本费，对寄宿生进行生活补贴）政策，先后有1 502名学生享受到"三免一补"政策。为落实"两免一补"政策，市财政部门及时测算并落实扶持资金，2007年共安排补助资金140万元；2008年，在对义务教育阶段的学生全面落实"两免一补"的基础上，实施了免除义务教育阶段学生作业本费、免费为每一名学生提供一套学习用具、免费为每一名学生办理医疗保险的"三免"教育惠民工程，还规定外来工就读子女与本地学生享受同等待遇，此外，由市财政投资150万元免除高中阶段学生的学费，率先实现免费高中教育。

（四）呼伦贝尔市海拉尔区义务教育基本情况描述

呼伦贝尔市海拉尔区（以下简称海拉尔区）位于内蒙古自治区东北部，面积1 440平方千米，有蒙古、汉、回、满、达斡尔、鄂温克、鄂伦春、俄罗斯等24个民族，人口约27万人。2007年人均GDP为30 199元，居自治区前列。全区现有普通中学16所，全年招生5 430人，在校生22 045人，毕业生7 661人；小学18所，招生2 328人，在校生16 675人，毕业生402人；特殊教育学校1所，招生12人，在校生150人。截至2007年底，小学教师专科以上学历达92%，初中教师本科以上学历达77.5%。

2003年以来，区政府把教育摆在了优先发展的战略地位，提出教育工作"3年全市一流，5年自治区一流"的奋斗目标，几年来，为教育发展投入资金3亿多元，基础设施建设基本实现"四化"（城区校园楼房化、郊区学校暖气化、教学手段现代化、校园环境人文化）。2005年义务教育入学率已达到100%；2006年，区政府落实"两免一补"保障资金47万元（小学、初中公用经费22万元，免杂费补助资金25万元），区属哈克中学和光明学校等11所农村中小学享受到了这一政策带来的实惠，同时，还为城市低保家庭的606名贫困学生免除杂费和课本费共计3.2万元，为贫困家庭的163名寄宿生资助了生活补助费2.8万元，真正做到了对贫困家庭学生该免的免，该减的减，每分钱都花在刀刃上。2008年教育支出达到1.8亿元，彻底改变了义务教育学校基础薄弱、设施落后的面貌，实现了城乡全面、均衡、协调发展。

这4个调研地区的基本情况如表3-1所示。

表 3-1　被调研地区基本情况

调研项目	乌海市海南区	包头市土默特右旗	通辽市霍林郭勒市	呼伦贝尔市海拉尔区
总人口(万人)	10.5	35	7.626 8	26.300 5
土地面积(平方千米)	1 004.95	2 369	585	1 319.8
GDP(亿元)	78.81	102	20.08	78.926 3
人均GDP(元)	11 785	33 005	174 700	30 199
教育支出(万元)	9 200	2 440	8 800	18 000
农牧业人口数(人)	10 586	133 728	10 676	17 611
农(牧)民人均收入(元)	7 475	7 102	7 894	7 451
义务教育适龄儿童数(人)	11 216	33 251	7 549	24 508
在校中小学生数(人)	11 888	33 251	7 387	24 830
中小学专任教师数(人)	919	1 737	1 300	
寄宿学生数(人)	546	10 064	657	
学校占地面积(平方米)	334 881			
校舍建筑面积(平方米)	39 176			

数据来源:内蒙古2007,2008年统计年鉴;各盟市旗县2007,2008年政府统计年报、政府工作报告。

一、义务教育经费收支情况及问题分析

调研发现,近几年来随着自治区经济社会发展水平的不断提高,各级政府对于教育事业,尤其是义务教育的扶持力度逐年加大。新机制实施后,各地方政府纷纷制定实施相应的保障性政策以确保中央政策的贯彻落实。本次调查所选的4个样本地区的16所各类义务教育学校的公用经费拨款情况都比较好,2008年各学校的经常性经费(公用经费和人员经费)、建设性经费等拨款到位率均为100%,各级学校办学条件普遍得到不同程度的改善。

1. 经费投入以政府拨款为主

海南区2005年义务教育生均公用经费为小学生284元/年、初中

生 338 元/年;2006 年新机制实施后,经费有所增加;2008 年分别增长为 297 元/年和 384 元/年。从 2006 年开始区政府严格执行"两免一补"和"四免一补"政策,各项资金及时、足额拨付到学校,仅 2009 年第一季度就拨付"四免一补"资金 113 万元。2008 年,对家庭经济困难寄宿生生活补助标准提高到小学生人均 500 元/年,初中生人均 750 元/年,并按人头足额发放到学校。此外海南区现有 1 所农村寄宿制小学,有住宿生 218 人,2007 年全部实施了义务教育阶段"四免一补"政策,共补助寄宿生住宿费 3.1 万元,住校生生活费 12.8 万元。2008 年开始,政府对贫困家庭寄宿生改补助住宿费为补助生活费,补助标准由原每生每年 40～100 元,提高到 300～450 元,在校贫困寄宿制学生补助覆盖面达到 100%。

各级政府下拨的财政性农牧区义务教育保障经费做到了 100% 拨付,有效缓解了各学校在运转中经费不足的压力。据统计,截至 2008 年 6 月,海南区义务教育债务仍有 8 146 万元,虽然债务较多,但是在与"新机制"同时实施的一系列保障政策的监督下,经常性经费拨款(公用经费和人员经费)、建设性经费拨款仍能按时、足额拨付,且满足义务教育基本支出的需要,并未影响各中小学教学工作的正常开展。

土右旗从 2004 年秋季开始实施"两免一补"政策后,辖区内农牧区义务教育阶段学生,包括学校布局调整后农村牧区生源集中到旗县所辖城镇公办学校寄宿就读的义务教育阶段学生,以及各旗县辖域内接受特殊教育的学生均基本享受到了免费义务教育,标准为:免费教科书,每学期每名小学生 35 元、初中生 70 元、特殊教育学生 35 元;免杂费,每学期每名小学生 40 元、初中生 60 元、特殊教育学生 60 元;补助寄宿生住宿费不低于自治区规定的相关标准。2008 年,全旗共发放"两免一补"资金 1 853.8 万元,受益学生达 26 575 人,还为 1 248 人次发放扶困助学资金 113 万余元,基本形成了覆盖全体贫困中、小学生的救助体系。2007 年起旗政府将全旗 156 所农村小学一次性撤并成 22 所寄宿制学校(含教学点),住宿生占在校生的 50% 左右。在"撤点并校"的同时,政府进一步加大义务教育学校基础设施建设力度,投资 2 990 万元兴建维修了食堂、教学楼、教室、宿舍共 18 460 平方米,并分两次招聘了 200 名师范类院校的应往届毕业生充实到了农村各个学校。此外,对于留守儿童,政府也给予高度重视,2008 年为所有寄宿制学校都配备了专职生活老师,使 526 名留守儿童全部住校生活和学习,从根本上解除了留守儿童父母的后顾之忧。2009 年再次加大"两免一补"资金的发放和监督检查力度,提高民族中小学民族学生补助标准,小学每人每月 120 元,初中每人每月 150 元。以上政策的实施使全旗义务教育整体水平大幅提升。

2. 经费投入呈持续增加趋势

2006 年以来,海南区政府出台相关政策,教育经费总支出数、财政对教育拨款数均有大幅度提高,办学条件总体上有了很大改善,生均公用经费逐年增长,取消了义务教育阶段公办学校学生饮水、胸卡、自行车管理、体检等各种收费,这些费用均在公用经费和住宿费中支出。2006 年,海南区为农牧区 1 149 名小学生,312 名初中生和 11 名特教生免除学杂费和补助公用经费资金共计 18 万元;对农区家庭经济困难的寄宿制学生生活费进行了补贴,补贴标准一步到位,小学生 300 元/人,初中生 450 元/人,补贴资金 10 万元,全部由区级财政承担,资金也全部到位。这一政策的实施,标志着海南区所有义务教育阶段的学生都享受到了免费义务教育。

霍林郭勒市 2006 年全面落实"三免一补"政策,支出文教事业费 4 928 万元,完成年度调整预算的 101.2%,同比增加 1 315 万元,增长

36.4%,支出补贴资金 85.9 万元,使全市 1 502 名学生享受到政策补贴,对部分危改校舍进行了维修,对新建校舍给予资金投入,并进行了教育网络工程建设和教学设备更新,极大地改善了办学条件。2007 年,市文化、体育、传媒和教育预算支出 5 468 万元,同比增加 1 688 万元,增长 44.6%。2008 年,市教育基础设施和信息化建设总投入 3 500 万元,再创历史新高,义务教育阶段学生全部享受"四免一补"政策,部分学校则实行了"四免两补"政策,其中新增"一补"是交通费(学生只需付 20%,其余 80% 由学校支付),真正实现了中小学生完全免费就学。2008 年开始,政府对高中阶段学生也实施了免除学杂费与住宿费的措施,后续还将会免除书本费。2009 年,政府发放中小学"四免一补"资金 75.4 万元,使 1 735 名学生享受到政策补贴,此外还投入专项资金对辖区内各学校校园环境和教学设施进行修缮,使各校办学条件得到全面改善。

海拉尔区从 2006 年开始,三镇中小学校的 3 191 名学生全部享受"两免一补"政策,小学生每人每年免交书费 70 元,免交杂费 120 元;初中生每人每年免交书费 140 元,免交杂费 160 元;同时享受国家补助公用经费约 110~130 元/年。对于特困学生的助学活动,政府采取政策性助学、教育助学、社会助学等措施给予不同程度的补助。

调查还发现,各地区政府和教育行政部门对中小学师资培训也予以高度重视。2005 年以前,各地区教师培训经费还是市财政、学校以及个人按一定比例分担。到 2008 年无论是上级部门组织的师资培训,还是教育行政部门组织的继续教育,经费全部都由财政统一拨付,而学校自己组织的教师培训经费也都超过了自治区规定的公用经费的 5%。在培训内容上除了定期安排一些业务培训外,还不定期邀请一些专家、学者来校作专题讲座或派老师外出学习,随之带来的一些新的管理理念、思想以及学校具体的管理模式,起到了很好的辐射作用。例如海拉尔区近 4 年来仅教师培训经费投入就达到 360 多万元,小学教师专科化水平由 2002 年的 65.8% 提高到 86.3%;初中教师本科化水平由 2002 年的 38% 提高到 71.5%;高中教师学历合格率由 2002 年的 69.1% 提高到 85.6%。

3. 基本实现"零收费"、"全覆盖"

从 2005 年开始,海南区率先对辖区内农牧区、城镇低保家庭的义务教育阶段学生和特殊教育学生实行免杂费、免课本费、补助寄宿生生活费的"两免一补"政策,当年惠及学生 7 637 名,免补总金额达 213 万元。2006 年,启动了农牧区义务教育经费保障机制改革工作后,政府将农牧区义务教育全面纳入了公共财政保障范围,惠及农牧区所有学校的 3 998 名学生,当年经费补助金额为 365 万元(包括校舍维修改造专项资金 242 万元)。2007 年,乌海市第五次党代会首次作出了在"十一五"期间实行免费义务教育的重大战略决策,即对全市纳入义务教育阶段的 56 000 多名学生实行"免杂费、免书本费、免作业本费、免食宿费和补助寄宿生生活费"的"四免一补"政策。2008 年,政府为全区 12 051 名中小学生免除和补助"四免一补"费用 544.7 万元,全面落实了义务教育阶段家庭经济困难学生的资助政策,做到了"全覆盖"。一系列政策的实施取消了义务教育阶段所有收费项目,并从根本上遏制了教育乱收费行为,使海南区义务教育阶段学校实现了真正意义上的"零收费"、"全覆盖"义务教育。

海拉尔市从 2006 年开始全面落实新机制和"两免一补"政策,为确保相关资金及时、足额拨付到位,政府和教育行政部门采取了一系列保障措施:一是区级财政设立农村义务教育经费保障特设专户,强化贫困学生的救助工作。仅 2007 年就为 3 790 名农村中小学生落实保障资金 123.6 万元,为 600 名城市低保家庭贫困学生争取上级专项资金 16 万元,为 163 名贫困寄宿生解决生活补助费 5.6 万元,为贫困家庭的学生减免各类费用 7 万多元。二是畅通社会捐资渠道,设立捐资助学资金和捐助热线。妇联、红十字会等部门也加大工作力度,近几年共募集资金达 100 多万元、物品 30 000 多件,资助 50 多名贫困生完成学业。三是加强学校收费管理,杜绝乱收费行为。严格执行教育收费"收支两条线"管理,规范实施教育收费公示和举报制度,确保学校收费收入全部用于学校公用事业支出。

被调研地区生均经费、教师人均培训经费、困难寄宿生补助的情况如表 3-2 所示。

表 3-2　被调研地区生均经费、教师人均培训经费、寄宿生补助的情况

		乌海市海南区	包头市土默特右旗	通辽市霍林郭勒市	呼伦贝尔市海拉尔区
生均公用经费（元）	2005 年 小学生	297	61	470	158
	初中生	384	70	795	194
	2008 年 小学生	310	451	613	318
	初中生	430	642	861	612
中小学教师人均培训经费（元）	2005 年		276		150
	2008 年		481		400
2008 年困难寄宿生补助（元）	小学生	500	500	500	500
	初中生	750	750	750	750

注:数据截至 2009 年 8 月。

综合以上分析,由于自治区各级政府认真贯彻执行了国家"两免"政策,从而有效遏制了教育乱收费行为的发生,基本实现了"零收费"和"全覆盖",违规收费已基本不复存在。这无疑从根本上促进了自治

区义务教育的健康稳步发展,保障了全区所有农村牧区适龄儿童有学可上的愿望,一定程度上减轻了中低收入家庭的经济负担,切实降低了义务教育阶段中小学的辍学率,广大农牧民得到了实实在在的好处。但是,我们也应该看到,第一,部分县(市)教育经费投入总量不足,且以上级投入为主,导致部分学校公用经费仍然短缺,使一些学校遇到本应从公用经费中支出的项目如学生参加体检、观看爱国主义影片等活动时,有的向学生收费,有的则干脆不开展此类活动。第二,由于自治区农村牧区义务教育总体发展的起点低,办学基础十分薄弱,新机制实施以来,多数县市的财政只能靠转移支付来维持运转,地方负责、分级管理的教育投入体制虽然在总数上保持了教育投入呈逐年增长的趋势,但与国家提出的"三个增长"的要求还有一定差距。其主要原因是西部地区义务教育投入的80%左右由县级财政负担,而当前各县(市)大多存在财政收入少而支出多的被动局面,加之农村公共财政服务体系还不完善,由弱小的财政支撑庞大的教育责任,显得很不协调。第三,越是经济欠发达县(市),其多渠道筹措社会资金的难度就越大,民办教育发展几乎处于停滞状态,这使得该地区义务教育发展受到很大制约。第四,自治区大部分县(市)因为地广人稀,学校布局分散,农村牧区学生中有50%以上需要寄宿就读,部分学校使用多种语言文字授课等因素也增加了生均教育成本,使得原本就投入不足的教育只能长期处于低水平状态,维持运转。

二、 义务教育中小学教师绩效工资制度实施情况及问题分析

被调研地区中,海南区已经于2008年开始实施义务教育阶段教师绩效工资制度,具体做法是把教师工资津贴按比例拿出一部分,到学期末按个人考核成绩分档次发放。实施绩效工资制度后,教师平均工资约为2 500元/月(仍然低于当地公务员平均3 400元/月的工资

水平)，较之前增加了 1 000 元/月左右。虽然工资有所增加，但教师普遍认为：首先，现行绩效工资制度只是把教师应得的津贴工资进行二次分配，他们更希望政府能够在保证教师正常工资的前提下另外支出一部分专项资金用于绩效考核和二次分配，体现多劳多得原则，调动工作积极性。其次，实施绩效工资后教师工资差异不应该过大，合理的工资差异既有利于调动教师工作积极性，也有利于教师之间形成良性竞争的和谐工作氛围。土右旗、海拉尔区尚未实施绩效工资制度，主要原因是当地政府尚未出台与国家和自治区政策相适应的更加细致可行的地方政策。但无论地方教育行政部门还是各学校教师大多希望绩效工资制度能早日实施。霍林郭勒市各中小学虽然没有全面实施绩效工资制度，但部分学校已开始尝试实施类似的积分奖励制度，具体做法是学校先把教师平均工资基数的 20% 作为积分奖金，然后通过对教师日常工作的全过程从德、能、勤、绩 4 方面进行量化积分，学期末时再按积分高低分为不同档次进行奖励。

调查发现，各被调研地区教师普遍接受并希望实施绩效工资制度，主要原因有二：一是实施后教师整体工资水平会有明显提高；二是实施后能够真正体现奖勤罚懒，有利于调动教师工作积极性，并更好地开展教育教学工作和提高学生成绩。但是，在具体实施过程中会遇到以下问题：一是考核评定难，教师工作的对象是一个动态群体，有许多隐性工作如师德修养难以用量化的方法考核，容易造成学校考核哪些指标教师就重视哪些方面，不考核或所占考核比例低的部分就被忽略，因此往往造成实施初衷好、实施过程难、实施效果差的现象；二是绩效划档难，不同档次的绩效工资之间应保持多大差距，如果差距太小不足以体现多劳多得的原则，如果差距太大又可能会影响部分教师的正常收入，甚至可能会激发部分教师的消极情绪，并影响到正常教学工作的开展;三是实施管理难,具体实施显然不能简单地搞"一刀切",由于一些历史原因导致不同年龄教师的竞争力不同,因此在制定绩效分级时应充分考虑不同年龄、职称段教师的差距。

三、义务教育农村寄宿制学校发展情况及问题分析

从 2003 年开始,自治区按照国家有关政策进行了"合乡并镇"、"撤点并校"等一系列农牧区义务教育改革。"撤点并校"政策全面实施以来,农村牧区义务教育学校整体面貌发生了很大改观,尤其是在整合教育资源、改善教学条件、实现规模办学、优化学校布局、改造薄弱学校等诸多方面都已发生了质的飞跃。到 2007 年,自治区 101 个旗(县)已全面实现了"两基"目标,全区九年制义务教育人口覆盖率达到 100% ,初中阶段毛入学率达到 102.7% ,义务教育学校危房全部完成改造,有效地促进了教育机会的平等化。但是,随着义务教育办学水平快速提高的同时,一些潜在的问题如地方财政投入压力加大、资源配置不合理导致的校际差距加大,尤其是偏远地区学生寄宿制管理难度加大等问题逐渐浮出水面。

调查发现,对于偏远地区农村牧区小学生实行寄宿制管理这一备受社会关注的政策,由于地理、经济、教育发展水平和人口构成差异较大,所以各县(市)在实行此项政策时的初衷不尽相同,大多认为主要是为了整合分散的教育资源和规范教育管理。寄宿制政策实施几年来,农村牧区寄宿生的学业成绩确实有较大提高,而且由于教师监管时间的延长使这些学生的行为习惯、卫生习惯等都有了较大的改观。但是,实行寄宿制后也带来了一系列不可回避的问题:首先,学生的家庭教育有所减弱,致使学生出现心理健康问题的可能性大大增加;其次,大大增加了教师的工作量,教师不仅要教书育人,还要照顾学生的饮食起居,使教师的工作时间和工作量大大增加;第三,给学校安全管

理增加了很大压力,家庭管理的缺失使学生自由支配的时间和权力大大增加,因此出现各种安全问题的机会也会有所增加;第四,对于一些偏远贫困地区的寄宿生来说,虽然学校已经在免除学杂费的基础上提供了一定的生活补助,但对于他们来说,寄宿生活费仍然是较重的家庭负担;第五,学校财务压力加大,在新机制中对于薄弱学校基本建设经费,外聘教师、临时用工等额外支出的经费保障仍然不足,资金供给的充足性和稳定性难以保证,而当前各寄宿制学校普遍面临的问题是急需改善学生的饮食环境和住宿条件,致使部分学校的财务支出中存在资金真空,最终只能挤占、挪用其他公用经费来弥补空缺;第六,各学校的宿舍、食堂管理人员多为临时聘用,其业务能力、道德水平参差不齐,也不利于学生管理的科学化、规范化、安全化。

针对寄宿制学生管理中存在的问题,有学者提出可以采用"中心学校+教学点"的模式,即在偏远地区设立教学点,由中心学校派教师轮流下乡,将寄宿制学校对学生拨款的部分转为对下乡教师补贴的方式,解决小学生寄宿制带来的各种问题。但是,被调查地区认为这种方式不宜实行,究其原因,首先是难以监管,由于教师间业务能力、道德修养、身心素质等差别较大,对于下乡教师教学效果的监管有很大难度,不利于教育教学管理的规范化和科学法;其次是不利于学生长远发展,经常更换任课教师会在一定程度上降低学生的学习效率,而且长期处于偏远地区也使学生不能充分享受到更多的现代化教育资源,不利于学生的长远发展。

被调研地区农村寄宿制学校基本情况如表3-3所示。

表3-3　被调研地区农村寄宿制学校基本情况

	乌海市 海南区	包头市 土默特右旗	通辽市 霍林郭勒市	呼伦贝尔市 海拉尔区
寄宿制小学数(所)	1	22	1	3
寄宿学生数(人)	218	5 401	657	417
食堂就餐学生数(人)	218	5 401	667	417
留守儿童人数(人)	50	526	130	

注:数据截至2009年8月。

被调研地区实施寄宿制改革重要性排列如表3-4所示。

表3-4　被调研地区实施寄宿制改革出发点重要性排列

	乌海市 海南区	包头市 土默特 右旗	通辽市 霍林郭 勒市	呼伦贝 尔市海 拉尔区
教学点分散,资源配备不足,教育质量不高	1	1	1	1
处于加强对教师和教育的规范化管理的需要	2	2	2	2
由于教师不愿下乡,为此只能减少农村教学点	5	3		
由于农村留守儿童多,家庭疏于管理,辍学现象严重	4			3
以上都不是,是为了执行上级政策	3			

注:重要性程度按1—5降序排列。

四、义务教育经费使用管理制度建设情况及问题分析

2006年自治区全面实施新机制改革,落实"两免一补"政策,惠及全区260万中小学生。各级地方政府部门也纷纷以此为契机优先保证并不断加大对农村牧区义务教育的资金保障力度,确保了农村义务教育经费投入总量上有较大幅度增长。

调查发现，为了保证各项经费核拨到学校后能够被合理使用，各被调研地区都采取了县教育行政部门集中管理的方式（即"校财局管"）。具体做法是在县教育行政部门内部设立会计核算机构对辖区内各学校义务教育经费的收支进行"统一开户预算，分校核算报账"式管理，并且按有关要求实行了财务公开制度。旗县教育行政部门通过年终工作总结、公示、下发文件等形式定期向各学校公开经费使用情况，而学校则采用年终工作总结、学期末财务公示等形式对教职工公布经费使用情况。以海南区为例，2006年开始实行义务教育学校预算编制制度，由区教育局按照"两上两下"的程序向区财政局上报经费预算，财政局依据必须保证学校日常教学管理工作正常运转的标准直接把经费按时、足额划拨到各学校，学校则按照本校预算和实际情况合理使用各项经费。

几年来随着社会经济的不断发展，区财政投入到义务教育方面的经费逐年增加，已基本能够满足各学校正常运转，但是，仍有部分学校存在把部分公用经费用于发放教职工的奖金、补贴，或用于偿还债务和基本建设等情况。究其原因，各基层学校虽然在资金使用与管理上都制定了较为详细且操作性较强的财务制度，但由于受人员编制等条件所限，一些学校尤其是规模较小的学校一般不设置专职会计人员而是由教师或后勤人员兼任。而这些人员很少有机会参加新的业务、岗位培训，所以对于上级财务部门的经费管理制度缺乏准确的理解，致使很多学校经费开支无准确预算，列支缺乏规范，甚至出现了"有多少花多少，给多少花多少，没有就借钱花"的情况，如被调查学校中有近50%存在把公用经费用于基本建设或偿还债务的情况。

针对上述问题，要通过改革农村义务教育经费管理模式来彻底解决。首先,结合农村义务教育经费保障机制改革,强化基层学校财务管理培训,提升会计人员整体素质,使其知识和技能不断更新。其次,根据中央和自治区有关要求,完善以"以县为主"、"校财局管"为基础的农村中小学预算编制制度,促进学校财务行为规范化和科学化。第三,充分利用上级财务部门的审批、审计,上级行政部门的监察、汇报,学校内部的民主决议、公示等多种形式对学校经费管理实施监管。

五、 调查总结与政策建议

新机制是国家为解决农村牧区义务教育"学有所教"这一问题而采取的重大举措,"两免一补"政策是实现教育公共资源向贫弱群体倾斜的重要手段。本次调查发现,新机制改革对提高农村义务教育经费的保障程度、降低农村牧区家庭的义务教育经济负担有重要作用,对实现义务教育公用经费的保障有突出作用。新机制改革进一步强化了各级政府的农村义务教育经费投入责任,提高了各级教育行政部门和学校管理、使用义务教育经费的规范程度。

但是,当前自治区农村牧区义务教育正在经历由"有学上"向"上好学"转变的关键时期,绝大多数学校教学条件总体水平还较差,发展也不均衡,教育经费的"三个增长"还没有完全落实;以政府投入为主、多渠道筹措农村牧区教育经费的渠道仍然不够畅通,符合市场经济体制和政府公共财政体制的财政教育拨款政策和成本分担机制还不够完善;教育管理体制还需要进一步理顺和完善。因此,要彻底改善以上局面,必须从改革教育经费的筹措、使用、管理体制入手。

第一,各级政府应进一步强化农村牧区义务教育的投入责任。由于自治区东西部经济社会发展存在差异,"以县为主"的义务教育经费投入模式并未真正全部落实,对于 31 个国家贫困县来说,存在较大困难。因此为了进一步保障义务教育经费投入,保证"免、补"的范围与力度,应该实施动态投入比例和项目灵活的经费分担模式,例如对于经济实力较强的县可以由中央、省、县按30%,30%,40%的比例分担,而对于经济相对落后的贫困县则可以适当调整分担比例为40%,40%,20%,以此实现各级政府对农村牧区义务教育支出的最低保障。

第二,进一步完善农村牧区义务教育经费监督机制。应从以下两方面入手:一是完善农村牧区教育财政法律法规,进一步从法规的角度明确各级政府、教育行政部门、学校在进行义务教育经费预算、支出、管理等各个环节的权利义务、工作程序和监督办法。二是完善农村牧区教育财政信息定期公开制度,各级政府、教育行政部门、学校定期通过公报、新闻媒体、公示等多种形式向公众公开各自掌握的农村教育的各项经费变化情况、教育经费的预决算情况、经费使用情况等有关教育经费的全部信息。三是切实加强经费管理人员的专业素质,校长有义务根据相关法规选用业务能力强、管理能力高的经费管理人员,而相关人员也应不断积累经验,努力加强自身的业务素质训练,以便更好地做好校长的"贤内助"、好帮手,起到参谋与监督作用。

第三,适当扩大学校经费自主权,提高经费使用效率。现行管理体制中财权与事权不统一,学校在部分经费的使用上缺乏必要的自主权,甚至缺乏话语权。虽然县(市)财政部门会把各项经费及时、足额拨给学校,但这些经费的分配权和管理权都由县(市)级教育行政部门统一决策,学校在正常使用经费时也要层层上报审批,尤其是那些偏远乡镇的学校由于交通不便、信息不畅等原因,往往要耗费几天时间才能完成经费审批,有时甚至会出现经费审批完成时已误了事的现象,这就使农村牧区学校使用经费的灵活性和效率都大打折扣。针对以上问题,各级政府应该考虑改变部分经费的投入方式,除了一些保证学校正常运转的刚性投入必须由相关部门层层审批外,还应逐步提高学校在一些柔性经费使用安排上的统筹权,即把部分经费和使用权同时划拨给学校,由校委会、董事会、教职工代表大会、工会等机构共同决策、管理,以提高经费使用效率和工作效率。

(刘文霞、王欣瑜)

报告四:辽宁省凤城市、本溪县、普兰店市农村义务教育财政政策调查

前　言

辽宁全省 2008 年小学适龄儿童入学率达到 99.9%,初中适龄人口入学率达到 99.9%,与 2005 年相比,初中适龄人口入学率提高了 0.1%。全省共有小学 6 987 所,在校生 2 367 350 人,专任教师 151 039 人;初中 1 707 所,在校生 1 437 573 人,专任教师 101 369 人。

凤城市 2008 年小学入学率 100%,巩固率 99.8%,毕业率 99.5%;初中入学率 95.8%,巩固率 96.5%,毕业率 91.4%。2008 年中考考生 4 091 人,数量为历史最高。农村中小学生免费标准为:农村小学 140 元/年,农村初中 200 元/年。对贫困家庭学生实行"两免一补"标准为:农村小学教科书每人平均 155 元/年,农村初中教科书每人平均 230 元/年。贫困住宿生困难补助为每人 300 元/年。2007 年农村中小学公用经费标准分别为 420 元/人、300 元/人。

本溪县 2008 年的人均 GDP 为 29 024 元,处于全省中等水平。全县 2008 年义务教育适龄儿童大约有 23 186 人,义务教育阶段公立寄宿制学校的小学生大约有 14 374 名,初中生大约有 8 812 名。全县中

小学教师共有 2 110 人。义务教育保障新机制实施后,义务教育生均公用经费有所提高,2005 年小学生均公用经费是 384 元/年,2008 年比 2005 年增加了 49 元;2005 年初中生均公用经费大概是 609 元/年,2008 年比 2005 年增加约 36 元。伴随着"两免一补"政策的实施,2008年家庭经济困难寄宿生生活补助标准为:有特困证的每人补 800 元/年,无特困证的每人补 400 元/年,小学生与初中生一致,按人头发放到学校。本县已经实施教师绩效工资制度,但在实施过程中遇到一些困难,正处于摸索与调试阶段。

普兰店市现有小学和初中共 246 所,初中 31 所,在校学生 30 270人;小学 215 所,在校学生 50 525 人。另外,小学、初中适龄儿童、少年入学率达到 100%,小学巩固率为 100%,初中巩固率达到 93.7%,九年义务教育完成率达到"普九"标准。全市中小学共有教职工 6 870 人,其中,小学专任教师学历达标率为 95%,初中专任教师学历达标率为99.9%。2004 年,普兰店县全面落实农村义务教育管理体制,对教师工资、教师管理、资源配置实行"县级统筹",全面加快普兰店市教育发展。

一、 被访谈县(市)的义务教育经费收支情况及问题分析

(一)凤城市义务教育经费收支情况

(1)实施义务教育保障新机制前后,义务教育生均公用经费的划拨情况如表 4-1 所示。

表 4-1　被调查学校的生均公用经费(元)

	东方红小学	大堡中心小学	草河中心小学	草河中心中学
2005 年	380	200	200	360
2008 年	320	300	300	420

从以上调研数据看,该市城乡兄弟学校的公用经费拨付标准基本

相同。市教育局数字显示,2005 年小学生均公用经费大概是 310 元,2008 年与 2005 年相比没有增加;2005 年初中生均公用经费大概是 440 元,2008 年与 2005 年相比没有增加。

(2) 该市义务教育中小学教师培训是由市教育局统一安排,2005 年人均支出大约是 254 元,2008 年与 2005 年相比没有增长。

(3) 该市从 2005 年开始实施"两免一补"政策,每年有 6 359 人获得补助。2006 年春季开始,农村义务教育阶段学生免除学杂费,2007 年春全县义务教育阶段小学免除学杂费,2008 年义务教育阶段学生免除课本费。市教育局的统计数字显示,2008 年家庭经济困难寄宿生生活补助标准是:小学年人均 550 元,初中年人均 800 元。在调研中发现大堡中心小学的寄宿生生活补助标准是每人每年只有 300 元。

(4) 各级政府的财政性教育经费基本能按时、按标准拨付,没有出现拖欠现象。

(5) 义务教育保障新机制实施后,经常性经费拨款、建设性经费拨款不能满足义务教育支出的需要。经调研,经费缺口主要表现在各学校的冬季取暖费不足,尤其是农村寄宿制学校的冬季取暖费不足;房屋维修以及校舍扩建费用不足。2007 年全面实施义务教育保障新机制后,学校的基本建设、危房改造等专项经费虽有增加,但明显不够。被访谈学校的债务多少不一,但对正常教学都有不同程度的影响。

(二) 本溪县义务教育经费收支情况

(1) 实施义务教育保障新机制前后,义务教育生均公用经费的划拨情况如表 4-2 所示。

表 4-2 被调查学校的生均公用经费（元）

	小市镇中心小学	碱厂小学	高官镇中心小学	第二中学
2005 年	220	220	220	609
2008 年	315	317	295	645

从以上访谈数据看,该县城乡兄弟学校的公用经费拨付标准没有明显差异。县教育局统计数字显示,2005 年小学生均公用经费大概是 384 元,2008 年与 2005 年相比增加 49 元;2005 年初中生均公用经费大概是 609 元,2008 年与 2005 年相比增加 36 元。

（2）该县义务教育中小学教师培训是由县教育局统一安排,2005 年人均支出大约是 250 元,2008 年与 2005 年相比增长 100 元。

（3）该县 2008 年家庭经济困难寄宿生生活补助标准是:无特困证的小学生年人均 400 元,有特困证的小学生年人均 800 元。初中与小学标准一致。

（4）各级政府的财政性教育经费基本能按时、按标准拨付,没有出现拖欠现象。

（5）义务教育保障新机制实施后,经常性经费拨款、建设性经费拨款不能满足义务教育支出的需要。建设性经费少部分来自省市的拨付,大部分经费需要学校自筹。经调研,经费缺口主要表现在各学校的冬季取暖费不足。尤其是农村寄宿制学校的冬季取暖费不足;房屋维修以及校舍扩建费用不足。2007 年全面实施义务教育保障新机制后,学校的基本建设、危房改造等专项经费虽有增加,但明显不够。被访谈学校的债务均能自身解决,对正常教学没有构成影响。

（二）普兰店市义务教育经费收支情况

（1）实施义务教育保障新机制前后,义务教育生均公用经费的划拨情况如表 4-3 所示。

表 4-3　被调查学校的生均经费(元)

	铁西小学	大潭镇中心小学	第五中学	无寄宿制学校
2005 年	340 元	260 元	300 元	
2008 年	390 元	350 元	400 元	

从以上访谈数据看,义务教育保障新机制实施后,生均公用经费都有所增加。

(2) 该市义务教育中小学教师培训是由市教育局统一安排,2005年人均支出大约是 60 元,2008 年比 2005 年大约增加 63 元。

(3) 义务教育保障新机制实施后,各级政府的财政性教育经费能按时、按标准拨付,但仍不能满足义务教育支出的需要。主要表现为在大型基建维修和设备购置上经费不足。随着物价水平的不断上涨,生均公用经费标准显得偏低,另外学生人数年递减幅度较大,按照学生人数拨付公用经费,各个学校公用经费总量呈递减趋势,尤其是学生少的学校,公用经费非常不足。

(四) 存在的问题及原因分析

存在的问题主要为:(1) 预算内生均公用经费偏低。实施新机制后,中西部地区农村中小学公用经费虽比改革前有所提高,但只能维持学校基本运转,不能满足实际需要。(2) 校舍等基本办学设施还相对不足。一些农村学校的宿舍、食堂、运动场地和卫生设施达不到基本要求,至今还有两三个学生挤一张床铺的现象。(3) 一些地区的教师实际收入有所下降。实行新机制后,由于严控了公用经费开支范围并制止了乱收费,一些地区教师实际收入有所下降。(4) 对贫困寄宿学生的生活补助覆盖面小、补助标准低。目前,全国享受寄宿生生活补助的学生约占寄宿生总数的 29%,补助标准约为每人每年 300 元,平均每天只有一元钱。

　　从上述调研情况不难看出,教育经费不足是各地区各学校共同存在的问题,对这一问题的产生,笔者作了以下几方面的分析。

　　(1) 在新机制实施后,学校的收费被严格限制,并且补助资金不能用来归还教育负债,"普九"欠债成为地方一个普遍的沉重话题。辽宁省也不例外。调研组发现,农村义务教育学校大部分欠债,凤城县中小学教育债务总额为 7 268.70 万元,其中,走访的草河中学教育债务为 16.80 万元,大堡中心小学的债务为 20 万元。

　　在农村税费改革前,学校通常将所收的教育费附加以及部分学杂费用于归还借款利息或部分本金。随着农村教育费附加取消,学杂费也大幅度减少,同时新机制规定,补助资金不能用于归还欠债,学校还债的压力进一步加剧。

　　(2) 教育经费主要包括 3 个支出大项:教师工资、公用经费和校舍建设维修经费。其中,工资支出没有列入农村义务教育经费保障机制的分担范围,仍按原体制由地方承担。调查表明,教师工资恰恰是义务教育经费支出中最大的一项,在教师工资由县财政统一支付以后,基本工资部分基本能够到位,除此之外的补助和津贴取决于各地的财政状况,不同省、不同县,甚至不同乡镇之间都存在较大差异。特别是乡镇学校原来发放的课时津贴、绩效考核奖励等没有了资金来源,教职工实际收入有所减少。实行新机制后,学校没有经费来源,无法兑现地方性津贴、补贴。

　　(3) 对于共用经费和危房等基建经费的解决,在新机制中明确为中央和省级财政要承担"大头"责任。但实际情况是,上级政府负担的分量中存在很大缺口,部分学校运转困难。

二、被访谈县（市）的义务教育中小学教师绩效工资实施情况及问题分析

中小学教师绩效工资既是此次访谈的热点问题，也是难点问题。所走访的 3 个县城中，凤县还没有具体实施教师绩效工资制度，正在筹备过程中。本溪县和普兰店市虽然已经实施教师工资绩效，但是效果并不理想，出现了很多问题以及不满情绪。被访谈对象都认为不可以将教师现行工资中的一部分拿出来按绩效分配，也不同意拉大教师间的工资差异。对实行绩效工资认可的一点是其能够体现按劳取酬的公平性，能够提高教师的工作积极性。

（一）绩效工资实施情况

（1）总体上看，目前还没有出现一个可以参照的具体可行的绩效工资改革模式，对于如何操作，大家还处于观望、商讨阶段。绩效搞不好，会影响人心稳定，各学校不敢放手操作。以致部分学校到现在为止还没有落实教师绩效工资制度。

（2）对于绩效工资的实施初衷，大部分教师能够理解。义务教育阶段的学校已经没有了收费的权力。教师收入方面也相应地受到了影响，使教师工作的积极性下降。再从教师入职阶段考虑，一些年龄大、资历老的教师往往也存在职业倦怠上的情绪，而围于这些问题，国家出台有关义务教育阶段教师绩效工资的实施政策有利于刺激教师教学的积极性，使各个年龄段的教师都能以更为积极的姿态投入教学当中。基层的教师也希望能够有新的政策机制推动教师待遇方面的改善，特别是一些新上岗的年轻教师往往处于入职期，需要更多的动力推动其进步。绩效工资的实行使得那些刚入职的教师增加了教学积极性，能够更认真细致地面对教学工作及相关工作，有利于促进年轻教师的快速成长与职业发展。访谈中一些年轻教师非常赞成实行

绩效工资制度。

（3）关于绩效工资的资金来源，通过访谈发现大部分教师不同意从教师现行工资当中拿出一部分按绩效分配。他们认为这在鼓励一部分教师的同时打击了另一部分教师的工作积极性。许多教师认为绩效工资由国家按人头拨发的初衷是好的，促进了资金的有效到位与公平；但是这样的拨款形式使得部分教师有了难解的"心结"，认为被鼓励教师得到的绩效工资是从自己本该得到工资中的一部分，特别是一些老教师心里更是不平衡，回想自己把青春奉献给了学校的教育事业，但是到了现阶段因为自己的效率低而从自己的工资当中扣除一部分补助给其他教师，心中难免有不满的情绪。他们认为这部分工资不应该从教师现行工资当中拿出一部分进行再分配，而应该由中央统筹专项拨款下发到各个学校，再由学校根据教师工作的具体情况进行再分配。这就涉及评价教师绩效工资的指标。

（4）关于评价教师绩效工资的指标。通过访谈发现，教师认为评价指标应该严格按照教师教学质量及工作态度来制定。但是具体谈及细化的指标，教育局的领导及各校长都不免存在疑问。这与教师职业的特殊性有关，"十年树木，百年树人"，教育大业是推动国家发展的重大事业，但是教育本身是一个过程，很难制定出量化的指标进行考量，这样很容易走进应试化教育的泥潭。我们主张进行素质教育，对教师的考量指标关系到教师教学方式的变革，也是教育改革当中的重点问题。特别是一些农村中小学，往往注重升学率，注重学生学习成绩，考量教师容易将考量面窄化到成绩，这样就更增加了学生的学习压力与学习负担，从长远来看不利于学生素质的全面提高。而不以成绩为维度的评价指标虽然对于教育的长远来看是有利的，但是信度与效度又难以把握，其公平性与可操作性难以兼顾。怎样既能实现绩效工资的实施初衷，激励全体教师的工作积极心又不损害另一部分教师的工作热情；怎样制定全面科学的评价教师绩效工资的指标体系是下一步我们需要重点关注的内容之一。

（二）绩效工资实施的难点分析

首先，是教师绩效工资改革当中老教师的问题，随着在职年限的增加，老教师往往已经获得了各级职称，教学方面取得了很大的成绩，同时也有教师面临着"职业高原期"的现象。表现为教学积极性下降，管理方式单一，难以找到进步的途径等。实施绩效工资使得他们在利益再分配阶段不再占有优势，许多老教师认为这是否定了他们过去几十年工作上的成绩，难以接受。出现这样的情况是在情理之中的，我们既然按绩效走，就是希望效率优先，鼓励一部分人的同时不可避免地会触及另一些人的利益。笔者认为应对这样的情况既需要鼓励老教师调整好自己，以健康积极的心态投入工作当中，密切与新生力量的关系，主动加强与新教师的联系，把自己的经验真诚地传递给急需进步的新教师，同时也要努力向他们学习新的教育思想和管理办法，不断提高自己的优势。同时也需要学校能够做好老教师的工作，学校应该利用这个契机，密切新老教师的关系，促进学校各项事业更好的发展。

其次，访谈中很多教师谈到了教师职业的特殊性，以及在教师队伍中效仿企业实施绩效工资这一制度本身的合理性。教师们认为在企业实施绩效工资比在教师当中实施更具有可操作性，企业有严格的产出比例可以进行较为科学公正的量化处理，然而教师从事的教育行业的特殊性决定了难以对教师的工作进行量化分析。如果实施不到位的话，不但不能鼓励教师的工作积极性反而会损害教师的工作积极性。

再次,许多校长谈及教师岗位分配过程中本身已经考虑到了公平性的问题,在本身已经较为公平的岗位分配基础上再进行比较,更加大了制定指标的难度。如本溪县小市镇中心学校校长就谈到了在已有的岗位分配上已经考虑到教师工作量的公平,如主科教师因为课时多而安排所带的班级数量就少于副科教师;副科教师虽然课时少,但是带班的数量整体就比较大,这样教师的工作量就基本持平。在这样的基础上再制定评价指标会更增加难度。

最后,关于绩效工资的实施基础,大家普遍认为教师绩效工资的实施应该以地区经济较为发达,各方面有保障为前提。由于所访谈的地区经济基础不同,有些经济欠发达的地区认为教师工资与同地区的公务员等其他职业的工资相比还存在较大差距。在这样的前提下再拿出教师工资当中的一部分进行绩效分配不免引起教师队伍的不满情绪,容易破坏现有的稳定情绪,反而适得其反。绩效工资的实施是大趋势,但是怎样更好地避免矛盾,促进和谐仍然是需要我们思考的问题。

三、被访谈县(市)的义务教育农村寄宿制学校的发展情况及问题分析

所走访的 3 个县(市)中,只有普兰店市没有农村小学寄宿制学校,这与当地的经济发展有关;本溪县有 8 所农村小学寄宿制学校,寄宿学生大约占 50%;凤城市有 16 所农村小学寄宿制学校,住宿学生大约占 38%。农村小学生实行寄宿制有助于解决教学点分散、资源配备不足、教育质量不高等问题,偏远地区的农村小学生实行寄宿制后,学生的学业成绩都有了很大提高。与此同时,学校管理方面的压力也在不断增加,比如安全方面、后勤方面、冬季取暖方面、传播性疾病控制方面,都是寄宿制学校发展所面临的挑战。

(1) 学生安全保障难。寄宿制学校一般覆盖几个自然村,每逢放假,学生从家到学校路途远、时间长,为保证学生路途安全,学校要求家长接送,并安排老师上路督察,教育学生及其家长拒乘"三无"车辆和农用车。但是,由于山区交通不便,学生及其家长违规乘坐"三无"车辆和农用车的现象仍屡禁不止,存在严重的安全隐患。除此之外,学生在校的安全问题也存在隐患,诸如学生宿舍安全隐患,烧开水安全、用电安全、早操安全、夜间自习安全等等都给学校管理者带来极大的压力,加之学校用于学生后勤和保育方面的费用不能及时到位,造成学校管理人员短缺,更是不利于学生安全保障工作的开展。

(2) 低龄寄宿生保育跟不上。寄宿生中的低龄学生较多,日常生活需要人照料,生活设施建设的滞后,给低龄寄宿生的保育工作增加了难度。而对于保育员,学校一般都没有编制,只能聘用社会人员。按50名学生聘一个保育员的比例,寄宿费仅够支付保育员工资,水电、洗漱等方面的费用还要学校补贴。

(3) 教师超负荷工作,精力难支。学生吃住都在学校,学校对学生管理的时间就由8小时变为24小时。有的学校没有经济能力聘请专门管理人员,有的学校聘请了保育员,但保育员多没有经过正规培训,必须要教师参与管理。所以,农村寄宿制学校教师(尤其是班主任)每天的工作时间大多在14小时以上。工作时间过长,很多教师精力难以维持,学校却没有能力发加班补助。

(4) 学生单调生活改善困难。由于学校文体活动、娱乐活动器材普遍不足,结果学生的校园生活除了学习还是学习,生活单调,不利于培养学生的健全人格。且长期不和家长在一起,一些学生养成孤僻、不合群的性格,较难转化。

(5) 冬季取暖难度大。寄宿制学校不同于一般的学校,学生长期在校,这就决定供暖时间要长于一般的学校,而政府只按取暖面积拨款,没有考虑到时间问题,致使寄宿制学校背上沉重的取暖负担。

四、被访谈县(市)的义务教育经费使用和管理的制度建设情况及问题分析

被访谈的县(市)都实行了义务教育学校预算编制制度,并遵循"两上两下"程序进行。农村中小学推行财务公开制度,通常采取向全社会公开,向教育局以上部门公开的形式,公开的内容为每大类各项目的明细账目。县级义务教育经费的使用和管理以下发的《中小学财务管理工作实施意见》为依据,建立和执行了收入管理、支出管理、财务管理以及资产管理等制度。各县区教育局建立教育财务审核监督管理小组和教育经费结算中心,统筹管理本县区义务教育公用经费。中小学公用经费实行预算管理,县区教育局每年年底前要编制下一年度义务教育学校经费预算,在核定学校经费预算时充分体现了以教学为中心的原则,以确保学校正常运转和事业发展的需要。在访谈中了解到,凤城市的教育经费来主要来自省里的拨付,市里基本没有拨付。虽然省里对各学校的教育经费作了充分仔细的预算,但很多时候还是难以满足学校发展的需要。此外,对于当前义务教育经费由县级财政统一收支的做法,也是看法不一。原因在于教育局的领导认为财政部门对教育情况并不十分了解,由财政统一收支教育经费不利于学校在特殊情况下的自主发展,一致呼吁教育经费应该由教育部门统一核算。

各学校对教育经费实行编制预算,但在经费使用方面都不同程度地存在不足。比如公用经费部分用于发放教职工的奖金或补贴、偿还债务、基本建设等。各学校在资金使用和管理上基本遵循上级规定的财政制度,很少有依据本学校的实际情况制定特定的经费使用和管理制度。

对于被访谈县(市)的教育经费在使用和管理中还存在的问题进

行了以下分析。

（1）上级经费分配标准单一。上级对各学校的经费拨付按规定执行，缺乏对各学校实际情况的考察。应该合理确定不同类别的中小学公用经费定额标准，兼顾不同规模学校的实际，适当向薄弱学校和教学点倾斜，以确保各学校正常运转。此外，对省、市拨付经费不足的部分，县财政是否应该安排资金补充。

（2）义务教育公用经费使用不规范。中小学义务教育公用经费是指保证农村中小学正常运转，用于教育教学和后勤管理服务等方面开支的费用。支出范围包括：教学业务与管理、教师培训、实验实习、文体活动、水电、取暖、交通差旅、邮电、仪器设备及图书资料购置、房屋、建筑及仪器设备的日常维修及维护、劳务费等。有些学校将此经费用于人员经费、基本建设投资、偿还债务等方面。

（3）学校各项经费额度控制不严格。严格控制各项经费使用标准，学校年度公用经费中每年用于教师培训的为5%；用于校舍维护及校园绿化美化的为20%；用于教学仪器、电教设施、图书及其他设备购置的不少于20%。以上经费应该实行专项管理，严禁挤占挪用，结余资金结转下年度继续使用。县区教育经费结算中心要切实加强招待费的管理，严格控制学校招待费支出，中小学年度招待费支出标准和管理办法由各县区教育局和当地政府有关部门研究确定。

（4）中小学预算管理制度有待进一步健全。按照预算编制要求，以学校为单位编制，各项收支都要纳入预算，做到完整、准确、公开、透明，清晰反映学校所有收支科目，严格按批准的预算执行。

（5）对经费使用效益缺乏关注。学校对经费使用做了预算，却对使用效益缺乏科学管理。笔者认为学校应该成立民主的理财小组，由有责任心的教师组成，对学校的公用经费使用情况每月末在校内公布,采用上墙公示等形式,确保财务全面公开。

五、 内容总结与政策建议

所调查的 3 个县从总体上看义务教育基本情况比前些年有了较快的发展,义务教育财政方面也逐渐好转。经济较发达的地区在财政方面存在相对较少的问题,这与近年来国家加大义务教育财政投资力度有很大关系。我国义务教育规模庞大,教育经费严重短缺,主要体现在政府投入不足。

(一) 内容总结

在 2007 年全面实施义务教育保障新机制后,被调查学校的基本建设、危房改造等专项经费都有了明显的增加,但是均不能满足学校的支出需要。义务教育投入不足、教育经费短缺导致教职工福利待遇较低、"普九"债务问题普遍存在、办学条件不能有效及时地得到改善等。

所调查县(市)的大部分学校已经开始着手实施教师绩效工资改革,但整体实施状况不佳,距离真正意义上的绩效工资制还有较大差距。教师对绩效工资实施的初衷能够理解,但是对于绩效工资的支出来源普遍存有质疑,很大一部分教师不同意从现有工资中拿出一部分作为绩效工资进行再分配。关于绩效工资的指标各个学校还没有统一的看法,基本上同意按照教师的工作量及对校务工作的担待量作为绩效工资测量标准。

各个县(市)在义务教育经费使用与管理制度建设方面执行状况良好,基本全部能够定期公开财政支出状况,并且各个学校都制定了关于经费使用与管理的具体切实可行的规定,收效甚佳。各县(市)基本认同学校经费由县级财政统一收支与核算,促进了学校的发展;普遍认同对农村中小学经费实行"校财县管",县级教育部门作为农村义务教育经费的直接管理者和使用者,真正实现了事权和财权的统一,有利于学校的发展。

大多数学校认为实施寄宿制以来小学生成绩有了较大提高，但是对于寄宿制学校如何兼顾学生学业成绩的提高与心理健康发展方面都存在普遍的困惑。认为小学生过早离开家庭开始寄宿制的生活对其身心的健康发展存在消极影响。此外，寄宿制学校普遍存在关于学生安全、保育工作人员工资支出、取暖费用、食宿设施等方面的压力。对于"中心学校＋教学点"模式的建议，多数校长认为可行性较低，既不能保证教学点基本硬件设施的完善，也不利于教学质量的提高，对课时安排及教学计划能否顺利完成存在疑虑。

（二）政策建议

1. 加大政府支出在教育支出中的比重

义务教育首先是政府的责任，理应由政府而不是社会力量提供投入保障，要建立起义务教育经费由各级政府共同分担的机制。要在两个层面提高教育支出在政府财政支出中的比重：一是在国家层面，提高教育支出在国家财政支出中的比重；一是在地方层面，推进凤城、本溪、普兰店3个县（市）县域公共财政的构建。

2. 转变思维，努力拓宽教育筹资渠道

政府与县级教育机构都要转变思维，努力拓宽教育经费的筹措渠道，如政府可以依靠发行教育国债、发行教育彩票等形式筹措资金，县级部门可鼓励社会捐助、大力发展民办教育、减少经费的浪费、解决超编问题等等。

3. 政府建立绩效工资的长效保障机制与具体的操作机制

绩效工资的实施应体现效率与公平并重原则，就是要围绕学校的战略发展目标，坚持以人为本的理念，全力推进学校专业技术、管理、工勤技能3支队伍的协调发展。在优质资源向优秀人才倾斜的同时，让全校教职员工,包括离退休员工,共享学校事业发展的成果,努力形成广大教职员工各尽其能、各得其所而又和谐相处的良好局面。政府部门应该使教师明晰绩效工资的实施初衷,颁布操作的具体办法,统一考量教师绩效的标准,加大绩效工资的可操作性。此外还要做好新旧制度的对接,逐步优化收入分配,做好各项配套工作,分步骤推进绩效工资的实施。

4. 加大对农村寄宿制学校的投资、补助与管理

政府在加大对农村寄宿制学校的投资力度的同时还应该关怀寄宿制学校孩子们的身心发展情况,学习成绩的提高不是我们对孩子们的最高要求,我们更希望看到将来从农村寄宿制学校里成长起来的孩子们是聪明健康、充满活力的新一代。这既需要政府的努力,同时也需要寄宿制学校的领导者与管理者拓宽思路,踏踏实实地为孩子们的健康成长出力献策。

5. 加强农村义务教育经费使用管理制度的建设,加大监督管理力度

首先,各级政府要增强义务教育拨款的透明度,进一步完善教育资金管理制度。这就要求各级政府部门制定明确的规章制度,定期公开教育经费各项开支状况,使得教职员工了解学校运转的基本情况,体现教职员工监督义务教育经费的使用情况的权利。此外,还要加大对义务教育经费使用过程的监督力度。学校要严格按照规定范围与标准使用经费,定期公布收支情况,对侵占挪用义务教育经费的行为实行个人追究责任制。要采取法律手段将长期占用的教育资金强行收回,确保教育资金的保值增值,不断提高教育资金的使用效率,促进教育事业稳步发展。

（于静、李倩）

报告五：甘肃省民勤县农村义务教育财政政策调查

前　言

　　调查小组于 2009 年 7 月 10 日—7 月 15 日对甘肃省民勤县教育局和三所义务学校进行实地调查。本次调查采用访谈、实物收集方法，在努力掌握大量翔实的第一手资料的基础上，对该县教育局和三所学校的经费收支情况、教师绩效工资实施情况、农村寄宿制学校建设、经费使用管理制度建设等问题作了深度访谈。

　　自 2006 年以来，民勤县严格落实国家"两免一补"政策，义务教育阶段的学生全部免除学杂费，受益学生达 56 000 多人；各级财政为中小学下拨杂费 471.7 万元，下拨公用经费 92 万元。春季开学，全县共为 30 540 名中小学生发放了免费教科书，占学生总数的 54%，免费教科书价值达 113 万元；下达寄宿生生活补助费 210.02 万元，实际到位资金 50 万元。秋季开学，全县共为 33 784 名中小学生发放了免费教科书，占学生总数的 59.7%，免费教科书价值达 131.6 万元。"两免一补"政策的实施，有效地解决了义务教育阶段贫困家庭学生"上学难"的问题。

一、 被访谈县的义务教育经费收支情况及问题分析

自 2007 年全面实施义务教育保障新机制后,该县的义务教育经费基本上可以维持学校的正常运转;学校的经常性经费拨款、建设性经费拨款也可以满足支出需要;上级财政经费也能按时、按标准拨付。据调查,2005 年小学生人均公用经费约 60 元,2008 年增加到 180 元;初中生人均公用经费约 82 元,2008 年增加到 293 元。对于家庭经济困难寄宿生的生活补助,县教育局按人头发放到学校,具体为小学年人均 500 元,初中年人均 750 元。

但目前该机制也存在很多问题,如农村微型学校经费不足,取暖费不足、拖欠债务等。因此,该县领导希望上级部门加大对农村学校经费的投入,提高农村学校的经费标准,特别是农村学校的取暖费补助。从被调查的 3 所学校来看,中学的基本建设、危房改造等专项经费有明显增加,小学则无明显增加。而中学在校学生人数远远多于两所小学。这说明人越多,需要的各方面投入就越多。

二、 被访谈县的义务教育中小学绩效工资实施情况及问题分析

目前该县还没有实行教师绩效工资制度。但广大教师希望能加快实施该制度,一方面是为了更好地调动教师工作积极性,另一方面是为了提高教师个人收入。但有的学校领导认为不可以将教师现行工资中的一部分拿出来按绩效分配,这样会拉大老师之间的收入,由此会产生一些不平衡心理;有的学校领导认为可以将教师现行工资中的津贴和补贴拿出来按绩效分配,这样可以刺激教师工作的积极性,以便使其更好地服务于教育事业。被访谈学校对绩效工资中的指标尚不清楚,但他们希望能进一步缩小教师之间工资的差距。

三、 被访谈县的义务教育农村寄宿制学校的发展情况及问题分析

该县有 23 所农村小学寄宿制学校,住宿学生大约占学生总数的 35%。从所调查的情况来看,大部分教师认为,对偏远地区的农村小学生实行寄宿制的出发点:首先是教学点分散,资源配备不足,教育质量不高;其次是出于加强对教师和教育规范化管理的需要;同时对学生的成绩提高也许会有很大的帮助。但是也存在一些问题,如实行寄宿制后会给学校的管理带来以下压力:在偏远地区,一般在校老师不多,这样让校方很难解决老师的食宿问题;对学生而言,因为年龄较小,无法适应新的学习环境和大锅饭,很多小孩还需要老师陪睡;另外对于校方来说,学生的安全也成问题。有些老师认为"中心学校 + 教学点"的模式可取,即在偏远地区设立教学点,由中心学校派教师轮流下乡;而有些老师认为这种方式不可取,原因在于偏远地区的学生太少,这样会浪费很多人力资本。另外,大部分老师都认为将寄宿制学校对学生拨款的部分转为对下乡教师的补贴的方式是不可取的。

四、 被访谈县的义务教育经费使用和管理的制度建设情况及问题分析

该县实行了义务教育学校经费编制预算制度,并按照"两上两下"的程序进行。同时也推行了农村中小学财务公开制度,这种公开方式是采取校长层面上的公开。在使用和管理县级义务教育经费上,该县建立和执行了许多制度,主要有《民勤县人民政府关于深化农村义务教育经费保障机制改革的实施意见》、《民勤县农村中小学公用经费支出管理暂行规定》、《民勤县农村义务教育阶段学生免收学杂费的实施管理暂行办法》等。教育局领导认为当前义务教育经费由县级财政统一收支这一方案可行。被访谈的学校每年都编制经费预算,学校在资

金使用和管理上完全按照主管部门和县级财政的有关规定,不折不扣地执行,做到专款专用。重大项目上由学校研究通过,一般超过1 000元的开支由学校行政会议研究决定;超过2 000元的开支实行招标采购。此外,每年放假时向全校教师公布学校的财务收支情况。

学校在公用经费使用方面并不存在以下情况:如用于发放教职员工的奖金或补贴;偿还债务;基本建设;聘请代课教师和宿舍、食堂、校园管理人员等。但是总的来说,学校在制度和管理上还是比较缺乏民主的,基本上是校长或以校长为代表的领导班子享有最终决定权,而教师则较为缺乏发言权。在当今世界教育思潮进步发展的大环境中,教育的民主化已成主题,因此,很有必要加强学校在决策机制中的民主制度建设。只有这样才能提高教师的工作热情,增加他们的学校归属感和主人翁意识,使他们以更大的热情投入到一线教学当中。

五、内容总结与政策建议

(1)该县的义务教育经费基本上满足,但仍有缺口。主要是农村的微型学校经费不足和取暖费短缺。因此,要加大对农村学校的经费投入,努力提高农村学校的经费标准。目前工作的重点是农村义务教育阶段的保障:保障教师的工资水平、学校的正常运转。努力提高生均公用经费和师均人头费、补齐学校的资金缺口、缩小办学条件差距,将教师财政工资、工资外收入、学校办公费用、校舍维修费用全部纳入公共财政体系。建立科学透明、管理规范、以学生为基础的教育财政拨款体系和预算制度,敦促每个县区教育经费、各个学校每年财务状况的透明化,并建立公示制度。

(2)目前该县尚未开始实行教师绩效工资制,这一政策还在酝酿之中。对于绩效工资制中的有关指标,许多教师还不清楚。所以,县教育局在执行该项制度之前,应该很好地向各所学校说明,目的是让全体老师更好地了解该制度,从而提高教师工作的积极性。绩效考核在微观上要发挥对教师的激励导向作用。

为使绩效工资的考核与分配充分发挥对教师的激励导向作用,上级部门应根据教师、管理、工勤技能等岗位的不同特点,实行分类考核。根据考核结果,在分配中坚持多劳多得,优绩优酬,合理确定奖励性绩效工资分配等次,重点向一线教师、骨干教师和作出突出成绩的其他工作人员倾斜,适当拉开分配差距。绩效考核结果也要作为教师资格认定、岗位聘任、职务晋升、培养培训、表彰奖励等工作的重要依据。绩效考核在宏观上要促进义务教育均衡发展。中央财政要进一步加大转移支付力度,对于中西部及东部部分财力薄弱地区农村义务教育学校实施绩效工资制度给予适当支持;省级财政也要强化责任,加强经费统筹力度;县级财政则要优先保障义务教育学校实施绩效工资所需经费。

(3) 对于农村寄宿制学校,该县还存在很多问题。一方面学校的管理难度加大,另一方面学生的生活难度加大。主要表现为教师的吃住、学生的食宿和安全问题,学生无法适应新环境等;管理质量也很难保障,会造成过多的管理盲区,形成安全隐患。建议采用以下做法来提高寄宿效果:

① 实行教学部和住宿部"两班倒"。既要减轻教师的工作负担,又要保证没有管理上的盲区。学生在校时,学校能全方位、全时段地对其进行管理。

② 根据寄宿制的特点制定新的、适用的制度。比如《晚自习制度》、《宿舍管理制度》、《用膳制度》、《课外活动制度》、《值日制度》、《晚睡检查制度》、《回家登记制度》等,并和家长签订《住宿生来校、回家安全协议书》,有效地约束学生的行为,为学生提供一个行为准则,

让学生养成良好的行为习惯,同时进一步落实责任,明确学校、教师、家长、学生在整个管理体系中的权利、义务与责任。

③ 安全工作常抓不懈。食品安全、冬季取暖安全、交通安全、传染病的预防等等,要建立一系列的管理制度,做到防患于未然。

④ "课内"、"课外"互促进。学校在学生的课余时间可以适当地安排一定的学习时间,预习、复习、完成老师布置的"家庭作业"等。成立学习小组,好、中、差学生搭配,个性互补,相互帮助,共同进步。组织学生观看一些有益的电影、电视剧、动画片及《科普》宣传片等。发挥学校图书室、阅览室的功能,语文教师根据《课标》的要求,给学生列出必读的课外书籍,让学生利用大量的课余时间来完成这一任务。

(4)学校在经费使用和管理上未能做到民主、透明。县教育局落实农村义务教育经费保障机制与投入情况要向县人民代表大会报告,并向社会公布,设立举报电话,接受社会监督,切实做到公开透明。各部门要加强对农村义务教育经费的安排使用,积极推行农村中小学财务公开制度,主动接受师生员工的监督。要把农村义务教育经费使用和管理作为教育督导的重要内容,充分发挥教育督导部门督政、督学的功能。通过齐抓共管,真正使农村义务教育经费使用和管理成为德政工程、民心工程和阳光工程。

(潘晓婷)

报告六：山西省夏县、宁武县、岚县、孝义市农村义务教育财政政策调查

前　言

本次被调查县(市)为宁武县、岚县、孝义市、夏县。其中宁武县、岚县属国家级贫困县;夏县属省级贫困县;孝义市属全国县域经济基本竞争力百强县。被访谈各县(市)的义务教育基本状况如下:

各县(市)义务教育正常开展,义务教育适龄儿童在本县上学的比例均在 90% 以上。流出外地并保留学籍的儿童占很小比例:夏县 0.8%,宁武县 1%,岚县 3.95%,孝义市 3.6%。各县(市)留守儿童数量均占适龄儿童总数的 3% 以下。义务教育学校除宁武县在编不在岗教师占 12.4% 外,其他各县(市)在编不在岗教师人数均在 1% 以下。宁武县外聘代课教师占 7.2%,其他各县(市)外聘代课教师均低于 2%。外聘宿舍管理、食堂服务等人员情况:夏县 52 人,占教师编制的 1.7%;宁武县 320 人,占教师编制的 15.3%;岚县 290 人,占教师编制的 18.9%;孝义市 300 人,占教师编制的 5.9%。义务教育阶段公立寄宿制学校的学生(包括小学生及初中生)占适龄儿童总数的 30% 左右。

一、被访谈县（市）的义务教育经费收支情况及问题分析

1. 义务教育财政性教育经费的拨付情况

山西省的财政性教育经费拨付标准是：中央与地方按 8∶2 的比例分担；地方分担经费的部分，省、市、县按 5∶2∶3 的比例分担，基本能按量拨付。如 2009 年宁武县"两免一补"资金 6 281 053 元，其中中央财政负担 5 024 840 元，占全部资金的 80%。山西省财政负担 628 110 元，忻州市财政负担 251 240 元，宁武县财政负担 376 863 元，共占全部资金的 20%。地方分担部分基本实现了按照由省、市、县 5∶2∶3 的比例分担的目标。与兄弟省份相比，山西省教育经费的拨付对中央财政的依赖比较大。

经常性教育经费与建设性教育经费基本能满足学校的支出，用于日常办公、教师培训、水电费等公用经费基本能够满足支出需要，但是危房改造费、冬季取暖费、现代化设施的建立费用、人员经费等方面就显得有些紧张。由此导致的后果有：夏县禹王中学除新建的一栋宿舍楼（33 间）外，其他校舍（360 间）均属 B 级危房，该县大部分学校都存在着或多或少的危房；冬季取暖费缺乏问题在高寒地区显得尤为严重，随着近几年煤价的上涨，样本县（市）中取暖费不足成为一大难题；学校的现代化建设没有得到重视，宁武县有的学校甚至没有一台电脑设备，即使有电脑设备的学校，其数量也与学校学生数相差甚远，不能满足教学使用。"两免一补"政策实施后，学生不缴费了，再加上国家规定的公用经费不能用于发放教师的课时津贴、补助、奖金，教师的部分工资不能得到保障，教育人员经费投入不足，严重影响教师的工作积极性。

在经费拨付方式方面存在着不规范的"校财局管"局面，"报账式"的经费拨付方式，使学校在支出方面没有自主权。这不仅加大了经费的浪费，使得本来急缺的经费缺口不断加大，也给学校管理带来

了诸多的不便,造成财政资金难及时拨付、延误工程进程。表 6-1 为宁武县财政性教育经费的拨付标准。

表 6-1　宁武县财政性教育经费的拨付标准

	中央	省	市	县
拨付数额(元)	7 862 846	1 019 894	348 366	522 548
所占比例(%)	80.6	10.5	19 3.6	5.3

2. 义务教育生均公用经费基本标准的落实情况

义务教育保障新机制实施后,义务教育生均公用经费有明显提高,较教育保障机制省定的预算内公用经费的标准有了很大提高。虽然各县(市)都能做到各个兄弟学校基本相同,从表 6-2 中看到公用经费的拨付也得到很大的提高,但是与中央出台的基准定额标准还有一定的差距,农村与城市的拨付标准也有很大的差异。但可喜的是到了2008 年,岚县、孝义市的城镇生均公用经费已经达到国家标准,宁武县、夏县已经距国家标准不远了。调查表明在公用经费的支出方面存在着以下一些问题:公用经费部分用于发放教职员工的奖金或补贴;偿还债务;聘请宿舍、食堂和校园管理人员等。

表 6-2　中小学生均公用经费统计(元)

	农村小学(2005 年)	城镇小学(2005 年)	农村初中(2005 年)	城镇初中(2005 年)	农村小学(2008 年)	城镇小学(2008 年)	农村初中(2008 年)	城镇初中(2008 年)
国家标准					300		500	
宁武县					254	284	392	427
岚县	240	190	230	260	280	404	330	584
孝义市					404	584	434	619
夏县	127		128	314	164	254	约400	392

3. 义务教育"两免一补"政策的实施情况

山西省从 2005 年开始实行"两免一补"政策,到 2007 年全省农村义务教育阶段家庭经济困难学生全部享受"两免一补"政策。样本县(市)各级政府义务教育"两免一补"政策落实情况良好,已经实现了免课本费,对家庭困难寄宿生生活补助标准为:小学生人均 500 元/年,初中生人均 750 元/年,均按标准、按人头发放到学生手中。

4. 其他方面的情况

样本县(市)义务教育教师培训基本上是由本县教育局统一安排,只有孝义县的教师培训是学校根据实际情况对本校教师进行培训。教师培训费用的支出各县有所不同,但呈现明显增加状态。最典型的是夏县教师培训费用的支出由 2005 年人均约 200 元增至 2008 年人均约 400 元,而在宁武县教师培训费用是由教师本人自理的。因此,在宁武县许多教师参加培训的积极性不够,逃避现象时常出现。

样本县(市)中有些县(市)的负债比较严重,而岚县、孝义市基本无负债,经费比较充足。负债原因主要有:建校时所欠的债、"普九"时所欠的债、取暖费债务、部分无法化解的债(如差旅费、教师等的集资款等)等。这些债务也会成为阻碍学校发展的主要因素。

二、 被访谈县（市）的义务教育中小学教师绩效工资实施情况及问题分析

（一）各县(市)实施情况及问题分析

目前,4 个县(市)都没有实施绩效工资制度,样本县(市)公务员工资约 2 600 元/月,而教师平均工资只有 1 600 元/月左右。各县(市)都在按照《意见》积极部署,在这个过渡阶段,有些县(市)的工资发放形式已经向绩效工资制靠近。从 2007 年起夏县曾作过一次类似绩效工资制度的尝试:每月从每位教师的津贴中提取 300 元,称作"结

构工资"。依据该教师在本月内的出勤和业绩确定这 300 元发到每人手中多少。据访谈对象(系教育局相关领导及中小学校长)陈述,这次尝试效果并不理想:一是因为这样的制度在各单位的实行过程中只体现出"少劳少得",而"多劳"者获得的工资数额仍与原来基本相等。二是本次制度实施奖惩力度不大,各位教师工资与原先差别不大,因此激励效果不甚明显。三是学校并没有统一的考察标准,学校要顾及教师的面子等因素,使其只是流于形式,并没有起到积极促进的效果。对难以实施绩效工资的原因也有以下两方面:第一,评价绩效工资的标准不能做到定量定性,很难有一套具体的评价标准。第二,实行绩效工资制度后必然会触动部分教师的利益,所以他们会千方百计地阻挠这一政策。

（二）对绩效工资的认识情况

通过访谈得知,多数教育局领导和校长愿意实行绩效工资改革,但不认可从现行工资中取出一部分按绩分配。原因在于实行绩效工资的本质是在提高教师平均工资的基础上打破"干多干少一个样"的状况,给教师一个明确的考核标准,真正使能者、劳者按绩取酬,调动广大教师的工作积极性。如果从现行工资中取出一部分,势必会使学校的工作难以执行,教师之间的矛盾加剧,造成教师之间产生不满情绪,这种不满情绪带入课堂必然会影响教学成绩和教学质量。校长们担心绩效工资改革会带来一些负面影响,诸如拉大工资差异是否会存在影响教师的心理("少劳者不劳"的怠慢心理)和工作、工资的标准是否会使同样工作量中的教师都不愿意带大班等问题。在对教师考核标准的认识中,大多数校长认为工作业绩、工作技能、教学教研成果、工作量、课堂教学成绩、工作态度、出勤率、班主任工作还是必不可少的。总之,由于目前各县的绩效工资实施方案尚未明确,相当一部分教师对绩效工资的概念还认识不清,因而他们对该项制度尚处在观望阶段。

三、 被访谈县（市）的义务教育农村寄宿制学校的发展情况及问题分析

（一）寄宿制学校的发展情况

1. 寄宿制学校的建设情况

各县(市)都有农村寄宿制学校,是在原有乡镇学校基础上改扩建或是新建而成的。

（1）宁武县:现有农村寄宿制学校 50 所,寄宿学生占总人数的31%。

（2）岚县:现有农村寄宿制学校 12 所,寄宿学生约占总人数的30%。

（3）孝义市:现有农村寄宿制学校 34 所,寄宿学生占总人数的14%。

（4）夏县:现有农村寄宿制学校 42 所,寄宿制学生占总人数的20%。

2. 寄宿学生的补助情况

（1）补助标准:2008 年,宁武县、岚县、孝义市、夏县相同,小学人均500 元/年,初中人均750 元/年。

（2）发放办法:经费按人头拨付到各寄宿学校,学校根据学生困难情况核定补助标准,然后造册签名后发放到学生手中。

① 享受补助人数的确定:按寄宿人数比例确定。如宁武县按寄宿人数的23%确定,岚县按寄宿生的1/3 确定。

②"家庭经济困难生"标准的确定:学校根据上级确定的名额自行制定标准。

（二）寄宿制学校对义务教育事业的良好推动作用

笔者调查的这4个县（市），从教育局、学校、教师到家长，都认为推行寄宿制学校是一项很好的政策。具体原因按主次顺序排列如下：（1）由于教学点分散，资源配备不足，教育质量不高；（2）由于多数教师不愿下乡，因此减少农村教学点是趋势；（3）出于加强对教师和教育的规范化管理的需要；（4）留守儿童，家庭疏于管理，辍学现象严重。

在推行农村寄宿制学校、实施集中办学后，各县（市）整合了教育资源，发挥规模办学的优势，有效地解决了教育人力、物力资源配置不合理的问题，破解了教育发展不均衡这一难题，使学校得到持续发展，学生得到全面发展。本次调研主要针对农村寄宿制小学。各县（市）都建成了寄宿制中心小学，整修和改建了学生宿舍，添置了教学设施和生活设施，使学生进得来、留得住、学得好。所有教职工集中管理，整体优势得以显现，使得小学生的课程设置更加科学系统，教育方法更加专业，办学效益日益提高。家长一致反映说："娃儿到学校寄宿，学校的条件比以前的村小强多了，吃的、住的都比家里好，白天老师管学习，晚上保育管睡觉，我们做家长的放心。"

集中办学，搭建了一个提升教育管理水平、推进新课程改革、提高教师育人能力、促进学生学习兴趣的新型平台。规范的学校管理、良好的学习氛围、优越的教学环境、齐全的教学设施使教师的整体优势得以发挥，学生的学习兴趣得到充分调动，也为新课程改革提供了必须的物质保障，为教育教学质量的提高奠定了坚实的基础。孩子到中心小学后，接触面广了，胆子也大了，学习成绩特别是综合素质提高很快。可见，建好农村寄宿制学校，实施全员寄宿集中办学对于义务教育事业的发展起着好的推动作用。

（三）农村寄宿制学校发展中存在的问题

1. 学校运转和管理中存在的问题

（1）办学资金严重不足

一是建设资金缺口大。学校实行寄宿制后，必将增加大量的学生，原有的设施无法满足全部学生的就学需求，教室、宿舍、食堂、活动场地是学校建设的重点，财政虽然安排了专项资金，但对于国贫县（如宁武县、岚县）来说，实际实施过程中仍存在严重的资金缺口。主要原因是上级拨款不能及时到位，地方配套无法保证，地域、天气等因素导致建设成本加大等。

二是维持学校基本运转的资金无来源。例如，宁武县属于高寒地区，各中小学冬季都采取煤炭取暖，每年取暖时间都在 5 个月左右，由于煤价持续走高，冬季取暖费成为各学校，尤其是规模较小的学校的一大难题。实行寄宿制后，取暖费用急剧增加。此外，该县地处山区，许多农村中小学都无自来水供应，有的村庄甚至地下水也不够用，致使许多农村地区的学校，尤其是寄宿制学校必须通过买水来解决吃水问题。这些费用学校支付起来很困难，因此转变为学校日益增加的债务。学校不同于企业，没有偿还债务的能力，长此下去学校将无法维持正常运转。

（2）教职工编制落实困难

学校实行全员寄宿后，寄宿生的年龄参差不齐，一、二年级的学生年龄太小，生活无法自理，这就要求学校增加生活教师、保卫、校医等专业岗位。但是，目前这些人员的编制无法落实，学校不得不自行解决人员安排和工资待遇问题，然而这笔费用对于贫困县的学校而言很难负担。这样的情况造成贫困县寄宿学校生活老师严重短缺。比如在岚县，被调查的 4 所学校中，没有一所学校有生活教师。

（3）学校管理难度大

寄宿制学校建成后,学生相对集中,年龄结构发生变化,低龄学生增加无疑会给学校的管理增加难度。首先体现在低年级学生的独立生活能力较差,吃饭、穿衣、睡觉、洗手洗脸甚至是伤风感冒,每一个细节都需要老师的精心照顾。其次是不同年级学生的作息时间和课程结构不同,不同年龄阶段学生在睡眠、课时、活动安排等方面也存在差异。

（4）医疗条件匮乏

农村寄宿制小学由于住校学生多,学生年龄小,自我保护意识较差,时常会生病。但现有的寄宿制学校几乎都没有医疗室,遇到学生生病的情况,学校只好到医院请医生或将学生送到医院进行治疗。因此,一旦学生生病,学校就会措手不及,尤其是突发性疾病,尽管学校领导、教师全力以赴,但贻误治疗时机的情况恐怕在所难免。

（5）学生往返安全难保障

寄宿制学校的学生大部分居住在偏远地区,往返学校的交通安全不容忽视。以宁武县薛家洼乡贾家窑中学和龙泉山小学为例,这两所学校的生源主要集中在薛家洼乡的各个自然村,服务半径为 20 公里左右,90% 的道路是山路,尤其逢下雨或下雪之后,孩子们往返学校的交通安全成为家长和学校共同担心的问题。

2. 学生身心健康问题

寄宿制学校一个生活老师要面对多个学生,而且一、二年级学生年龄过小,很多身心不适的状况不会自己表达,再加上学校的医疗条件有限,低龄学生的身心健康问题堪忧。

另外,由于采取封闭式管理模式,学生每一两周回家一次,路途远的甚至一两个月才能回一次家,长期缺乏与父母的沟通和亲情的呵护,许多孩子变得比较孤僻。

3. 寄宿生补助发放中存在的问题

(1) 补助金额和范围不足以解决寄宿生生活困难

第一,补助缩水。调查中发现,各县教育局提供的寄宿生补助标准是相同的,即小学生人均500元/年,初中生750元/年。然而,各寄宿制学校的校长提供的实际寄宿生补助金额都或多或少低于此标准。如2008年,访谈到的寄宿制学校贫困寄宿生生活补助标准如下:岚县岗城小学人均500元/年;上明中心学校(初中)人均150元/年;夏县城内小学人均420元/年、禹王初中人均630元/年;宁武县龙泉山小学人均360元/年、贾家窑中学人均295元/年;孝义市柱濮小学、贾家庄中学人均100元/年。显然,补助缩水现象普遍存在。

第二,补助金额不足。如宁武县农村小学困难生补助为500元/年。该县的龙泉山小学,按正常伙食标准,每生每月需交纳120元伙食费,而政府补助的500元/年只够一个学期的伙食费。

第三,补助范围有限。仍以宁武县为例,该县农村寄宿生补助人数只占全部寄宿生的23%,而事实上就宁武县的实际情况来看,就读于农村地区的寄宿制中小学生基本上都是家庭困难、无力支付外出上学费用的学生。以龙泉山小学为例,全校共有90名小学生,其中6名是孤儿,还有14名是单亲家庭孩子,其他孩子的家庭也非常贫困,多数人连每月的伙食费也交不起。目前的补助范围不足以包括所有贫困学生。

(2) 补助政策实施过程中缺乏规范程序和资格认定标准

农村寄宿制学校学生补贴政策的补助对象是贫困寄宿生,因此,如何界定贫困学生就成为能否公正和公平地实施该项政策的关键。中央有关政策规定:补助寄宿生生活费资金由地方承担,补助对象、标准及方式由地方人民政府确定,因此在实际操作过程中,各地认定贫困生资格的标准和做法存在很大差别。笔者调查的4个县(市),都是直接把确定贫困生标准的责任再次下放到下级教育行政主管部门甚至学校。

尽管各县(市)情况不同,但必要的标准仍是科学公平地执行决策的关键。从调研的实际情况看,缺乏界定贫困生科学的资格认定标准仍然是困扰地方政策执行者的主要问题之一。究其原因,一方面是农村家庭的收入很难用现金测算,而且大部分贫困家庭尤其是国家贫困县学生的家庭贫困状况相似,因此,很难准确界定学生的贫困程度,而且,在补助范围不足以包括所有贫困学生的情况下,很难从中科学地取舍应该接受补助的学生人选;另一方面是学校和教育主管部门缺乏学生资料,特别是缺乏对学生家庭经济背景资料的长期积累,因此给"两免一补"政策的操作带来不便。在缺乏科学的资格认定标准及对受助对象情况准确了解的背景下,在对农村寄宿制学生进行补贴的时候,目前各地比较通行的做法是按照地方能够拿出的补助款数额,确定补助比例。比如宁武县按寄宿生补助标准的32%补助。这种做法在补助金额有限的情况下有一定的操作性,但难以科学有效地确定真正贫困的、需要救助的学生。

四、被访谈县(市)的义务教育经费使用和管理的制度建设情况及问题分析

(一)学校预算编制制度

1. 学校预算编制制度实行情况

笔者所调查的4个县(市),大多数都没有很好地实行学校预算编制制度。例如2008年,夏县被调查的4所学校均未编制过预算;孝义市(县)只有个别县城小学编制了预算;宁武县被调查的4所学校均编制了预算,但校长都反映说编制预算只是个形式,县级拨款基本不以

学校编制的预算为参照。

2. 财政经费由县级财政统一收支的利与弊

国家实行"两上两下"的经费预算编制制度后,财政经费由县级政府统一收支。这一政策有其优势:规范票据,便于监督学校经费收支情况,便于提高义务教育经费的使用效度。

但是,通过调查发现,这样的制度也存在一定的弊端。

第一,由于学校是财政经费的直接使用者,财政经费由县级政府统一收支管理之后,经费的拨付不能充分切合学校的实际情况。学校大的购买支出,由县级政府统一采购,有时在性能、质量等方面不完全符合学校具体要求,而且价格有可能偏高,造成某种程度上的经费浪费。

第二,财政经费由县级政府统一收支,存在经费不能足额、按时到位的情况,影响学校的正常运转。例如夏县的义务教育经费拨付程序是:国家划拨的经费由县级财政统筹,每学期在一定时间(具体时间不确定)拨付给各校。经费拨付之前,各校先自己垫付资金保证学校运转,等到上级通知拨付开始之日,各校相关负责人携带前期花费的票据到教育局审批,然后到县财政核算中心报销(小学是到称作"中心学校"的机构报销)。若票据数额超出划拨经费,则多出部分本学期不予处理,留待下学期拨款时再予报销。这样的程序,无疑给学校的运转带来很大负担。

第三,财政经费由县级政府统一收支,则经费由国家到达学校的过程中需要经过多重"门槛",对于经费的截留现象难以杜绝,造成学校实得经费的大幅度减少。

(二) 财务公开制度

笔者调查的 4 个县(市)中,有些推行了财务公开制度,如岚县,定期召开校长会议,向各学校公开每大类项目的明细账目;孝义市,定期通过教师大会、财务公开栏、报表等形式向各学校公开财务收支情况。

但也有的县没有很好地推行财务公开制度。如夏县，县级教育财政部门主要在广播、报纸及相关会议中传达国家义务教育财政政策以及在义务教育财政方面的新举措(如今年全县将实行对每位寄宿生补助住宿费和车费共计 500 元)，而对于本县义务教育的各大类收支具体情况基本不定期公开。宁武县也未推行财务公开制度。

(三) 其他制度

调研结果表明，各县(市)在财务收支方面都有相应的制度，但大部分学校甚至教育局主要只是转发和执行上级下达的相关制度性文件，自己制定的制度较少。被访的 4 个县(市)中，只有孝义市给出了具体的财务收支制度，内容如下：

(1) 严格执行先进管理制度，加强往来款项的管理，定期及时结算有关款项。对预借的差旅费及购置费等要及时清算，无特殊情况不得跨月。所有借款必须由校长批准并填写借款凭证。

(2) 严格审核原始单据的合法性。各种原始凭据必须是正式凭证，且内容完整、数字准确、价格合理、大小写金额相等、数字和文字填写清楚、印章齐全。

(3) 凡属购买的固定资产、图书、仪器设备等，必须由有关管理人员登记后方可报销。一般消耗品由总务处负责购置，由物资保管登记后方准报销；百元以上的购置必须有两人共同购置并签字，方可报销。

(4) 所有原始凭证必须由当事人、分管领导、校长签字。

(5) 根据上级规定，凡属政府采购的项目，需事先编制计划，上报上级有关部门批准，按批准计划执行。

(6) 学校大型基建费年初编制预算，项目完成后需经审计后进行决算。小项维修需由办公会决定，工程完成后依据有关合同或审计结果进行决算。

(7) 严格控制接待费用,实行定点订餐制,不经校长批准自行安排的接待,学校拒绝支付费用,报销时必须附有申请审批单。

(四) 存在的问题及原因分析

调研结果表明,上述 4 个县(市)在义务教育经费使用和管理方面存在如下的问题:

(1) 经费收支程序不规范,没有很好地实行学校预算编制制度,并按"两上两下"程序进行;

(2) 财务透明度不够,没有规范地实行财务公开制度;

(3) 各中小学财务人员专业素质偏低。

调查中发现,由于财务收支由县级财政统一收支,很多学校都不设专职财务人员,例如,宁武县各中心学校(或县直学校)设一名财务人员(会计兼出纳)。这些财务人员基本上都是由原来的教师转任,或者由后勤人员兼任,他们会计基础知识很少,专业财务知识也相当缺乏,对各中小学的财务状况及经费使用和管理非常不利。

对于不实行预算编制制度的原因,笔者曾询问过夏县的各位校长,他们的回答是,因为财政经费由县级财政统一收支,拨付多少经费由"县里说了算",学校编制预算的意义不大。

五、 内容总结与政策建议

从对 4 个县(市)的访谈中可以得出,4 个县(市)均存在不同程度的财政性经费拨付不足的问题。经常性教育经费只能满足基本需要,建设性教育经费缺口比较大,义务教育经费使用和管理方面也存在着一些问题。但是各县(市)都已经落实了"两免一补"政策,农村寄宿制学校也得到了良好的发展。目前各县(市)都在加大力度宣传绩效工资,积极准备实施绩效工资。但农村义务教育仍存在着一些问题,对此,笔者提出了一些自己的建议。

(1) 加大义务教育经费投入,提高危房改造等建设经费以及寄宿生补助的拨付标准。

国家的财政转移支付对贫困地区的义务教育、"两免一补"政策的落实、危房改造工程等起到了积极的促进作用。然而,在农村学校的调查中,仍然可以看见大量危房的存在。改造危房,还学生一个安全、安静的学习环境,依旧任重道远。因此,需要加大转移支付力度,增加危房改造拨付金额来解决这一问题。

"两免一补"政策落实过程中,各级政府在经费投入方面已作出了很大努力并取得了阶段性成果,但寄宿生生活困难补助额度低,补助范围窄仍然是比较普遍的现象。因此,在按照中央政府既定计划继续执行农村寄宿制学校学生补贴政策的同时,应该进一步提高寄宿制学生生活费补贴标准并扩大补助范围。

(2) 出台相关政策,明确规定教职员工的奖金、课时津贴以及宿舍、食堂和校园管理人员的工资等有利于明确学校发展的经费的支出渠道。

长期以来,由于各个学校聘请的宿舍、食堂、校园管理人员等外聘人员比较少,这部分人员的工资大都是从公用经费中拨付。这样不仅使得这些人员的工资标准比较低,也加大了经费缺口。增加财政性人员经费的拨付,出台相关政策,明确宿舍、食堂、校园管理人员的工资支出渠道。

(3) 改革经费拨付方式,规范义务教育经费使用和管理制度。

首先,应把部分资金直接划拨给学校。这样不仅增加了学校的自主支配权,也防止了一些资金的浪费现象。其次,资金应在学期初划拨到学校。这样,学校免于对本学期的支出项目垫支,有利于学校的正常运转。

在改革经费拨付方式的同时,要使有限的经费发挥最大的效用,必须规范义务教育经费的使用和管理制度。

第一,规范财务收支程序,严格执行学校预算编制制度,依照"两上两下"程序实行。建议出台政策,敦促县级财政部门依据学校预算编制拨款标准,不能让学校预算编制流于形式。

第二,严格执行财务公开制度,增加财政收支的透明度。建议出台奖惩分明的具体政策,敦促县级财政落实财务公开制度,定期向各学校及社会公开义务教育财政收支的具体项目及额度,确保社会监督有据可循。

第三,加强财务人员培训。在当前编制紧缺的情况下,需出台相关规则,要求各校非专业财务人员参加专业培训,提高业务水平,使其尽快成长为专业财务人员。

(4) 尽快出台教师绩效工资政策,树立合理的绩效观,建立义务教育学校绩效工资正常调整机制。

首先,要明确绩效工资的积极意义,召开领导班子会议和教职工会议,统一思想认识,避免在实施方面可能会出现的抵触情绪。建立一套科学的评价体系。学校的工作可分为管理岗位、教师岗位、服务岗位 3 大类。科学的评价体系就是要对这 3 类岗位作出不同的评价标准,避免管理岗位拿上限、服务岗位只能拿下限的局面。在学校中,这 3 类岗位虽然工作内容不同,但是工作的重要性却是相同的。各部门齐心合作才能发挥出极大的潜能,以人性化的科学评价体系调动学校所有职工的工作积极性,创造学校和谐共赢的工作局面。

其次,在实施绩效工资方案时,扩大义务教育学校自主分配权;把绩效工资与教师年终考核结合起来,对目标任务完成好、考核优秀的教师,可适当增加绩效工资;对目标任务完成不好、考核较差的教师,相应核减绩效工资,进一步调动教师的积极性。为了促进考核的公平,可以把过程考核与结果考核有效结合,充分认可教师的努力程度,强调教师的绩效考核不与学生的学业成绩挂钩。

再次,也要缩短各地区、各学校的教师工资差异,绩效的考核标准在全省范围内应该基本相同,避免教师的非正常流动,真正体现出工资分配的公平。为了真正做到以标准公平考评教师,学校要做到领导评价、教师互评、学生评教,甚至有条件的情况下还可以结合学生家长和社会中的意见,取平均值来避免主观因素造成的差异现象。教师个人绩效工资评估的分数,要在所有教师都在场的情况下即时公示,容许教师提出异议,要对争论作出合理解释,并做好评估工资后的存档工作。同时,提高农村地区及偏远地区的教师待遇也是必不可少的,绩效工资制定应向贫困地区学校、农村学校倾斜。

关于绩效工资的结构与标准,要通过张榜公示的形式进行,做到让广大教师都能心知肚明,明确自己的不足,有的放矢地开展工作。总之,绩效工资的实行要通过政策和法律的保障,考核标准要明确、发放要公开、内部运作要透明,要以公平、公正为出发点,提高教师待遇为最终目标。

(5)完善寄宿制学校管理机制,减轻学校和学生的经济负担。

据报道,前一段时间中央专项资金总额的90%以上"主要用于项目学校主要建筑的建设、改造,优先保证教学用房、学生生活服务用房和教学辅助用房","在优先保证学生用床及学生基本生活设施配置的前提下,可配备适量的课桌椅、图书及教学仪器设备"。[①] 我们认为,

---

① 教育部:《教育部就"农村寄宿制学校建设工程"答问》,http://www.gov.cn。

下一个阶段,政府农村寄宿制学校工作的重点应该由原来的农村寄宿制学校建设转为农村寄宿制学校管理机制的完善。

第一,尽快出台农村寄宿制学校的管理办法。针对寄宿制学校的特点,重点解决学校生活教师和厨师等必要岗位人员的编制和待遇问题,减轻相关费用给学校和学生带来的经济负担。建议充分考虑寄宿制学校运行的特殊成本和因素,如学校食堂、住宿运行费用及厨师、生活教师的工资和补贴等成本因素,把这些成本因素与其他日常运行经费一并纳入财政负担范围,从根本上避免将这些费用转嫁给寄宿生。

第二,完善学生信息系统,制定科学的受助学生资格认定标准和补助标准。

在落实"一补"政策过程中出现的很多问题都源于情况不明、标准不清。在目前经费不足的情况下,该问题引发的矛盾尤为突出。因此,应从完善信息系统和制定标准两方面入手,从根本上解决贫困寄宿生补贴工作中公正、公平的问题。完善学生信息系统,就是要建立学生信息的常规登记系统,学生在入学时建立档案,填写基本情况和家庭基本经济状况。完善的学生信息系统不仅有利于贫困寄宿生补贴工作的开展,也会有利于其他工作的开展。制定科学的学生补贴标准要根据不同地区的财力以及住宿生的实际培养成本,确定合理有效的资助标准。考虑到各地发展极不平衡的状况,我们建议制定统一但不划一的补助标准,以基本补贴为基础,针对地区和家庭情况给贫困学生以额外的倾斜,以期做到公平、高效、透明。

第三,鼓励社会参与,拓宽贫困寄宿生补贴的经费来源。

按照"政府主导、社会参与"的思路,适时出台或鼓励地方政府出台一些政策如免税等,拓宽寄宿生补贴的经费来源。实际上,类似的做法在我国已有先例。2005年财政部和国家税务总局曾经发布文件,对企业以提供免费服务的形式,通过非营利的社会团体和国家机关向"寄宿制学校建设工程"进行的捐赠,准予在缴纳企业所得税前全额扣除。① 可以按照这个思路鼓励社会各界多方参与。在以政府投入为主的前提下,政府还应该考虑建立长效的激励机制,通过某些固定的渠道,如在教育基金会下设专门的办公室,鼓励社会各界关注对农村贫困寄宿生的资助,充分利用社会资源,有效补充政府投入,为农村贫困寄宿生的资助提供更加充足和有效的保障。

第四,鼓励学校因地制宜,改善学生的生活条件。

生活费不足的直接表现为学生吃不饱、吃不好,义务教育阶段的孩子正处于身体发育期,长期营养不良不仅会影响孩子的精力和学习成绩,而且会伤害孩子的体质,并直接影响到未来的民族竞争力。农村寄宿制学校的贫困生是我国中小学生中的弱势群体,理应受到政府的特殊帮助和扶持,因此在目前补助经费不足以满足学生实际需要的情况下,政府应通过各种政策鼓励农村寄宿制学校采取因地制宜的办法改善学生的生活条件,推广已有的有效及有益的典型经验,缓解贫困生生活费不足带来的问题。

(6) 改进学校医疗条件,完善"中心学校 + 教学点"模式,促进学生身心健康发展。

建议在对寄宿制学校的财政拨款中增加医疗室建设和医疗设备购买的项目资金,并加大监察力度,促进寄宿制学校医疗条件尽快完善。被访谈的 4 个县(市)的教育局长以及农村寄宿制小学的校长都认为"中心学校 + 教学点"模式可行。受访者还建议,可采用一至三年

---

① 财政部,国家税务总局:《财政部、国家税务总局关于企业向农村寄宿制学校建设工程捐赠企业所得税税前扣除问题的通知》,《农村财政与财务》,2006 年第 2 期。

级学生在教学点或中心学校就近就读,四年级之后的学生到中心学校寄宿的模式。这样,能使学生在低龄阶段继续享受父母的关爱,而在相对可以自理的阶段也能够享受良好的教育资源,从而既减轻了寄宿学校的压力,又有益于学生的身心发展。

（陈平水、王飞飞、韩敏）

报告七：福建省云霄县、永春县、龙海县农村义务教育财政政策调查

前　言

（一）云霄县义务教育的基本情况

云霄县 2008 年 GDP 总量为 49.46 亿元,在全省中排名为 37(注:福建省内辖 14 个县级市及 45 个县);人均 GDP 为 11 747 元,全省排名为 56,处于下等水平。该县发展速度与全省各县市基本持平,城市化水平较低。

2008 年,云霄县综合排名为 34,教育竞争力排名为 28,并且教育竞争力明显优于工、商、农、林的竞争力。全县义务教育学校中,中小学教师有 3 406 人,没有在编不在岗的教师和外聘的代课教师。全县义务教育阶段公立寄宿制学校的小学生大约有 467 人、初中生大约有 3 680 名。

（二）永春县义务教育的基本情况

永春县 2008 年 GDP 总量为 143.71 亿元,人均 GDP 为 26 662 元;在全省处于中上等水平,排名为 13。

永春县 2008 年义务教育适龄儿童大约有 7 万人,在该县上学的

有 6 万多人,流出外地并保留学籍的儿童约 2 000 名。全县留守儿童估计有 5 000 ~ 6 000 名。全县义务教育学校中小学教师有 2 000 人,没有在编不在岗的教师和外聘的代课教师,外聘的宿舍管理、食堂服务等人员大约有 200 人。全县义务教育阶段公立寄宿制学校的小学生大约有 9 040 名,初中生大约有 18 431 名。

(三)龙海县义务教育的基本情况

龙海县 2008 年 GDP 总量为 244.42 亿元,人均 GDP 为 28 933 元,在全省处于上等水平,排名为 10。在 2008 年 7 月举行的第八届全国县域经济百强县(市)评选中,福建省有 8 个县(市)入围,其中龙海县为第 78 名。

龙海县 2008 年义务教育适龄儿童大约有 88 400 人,在该县上学的有 87 700 人,流出外地并保留学籍的儿童约 668 名。全县留守儿童估计有 3 900 名。全县义务教育学校中,中小学教师有 6 635 人,在编不在岗的教师有 35 人,外聘的代课老师有 2 人,外聘的宿舍管理、食堂服务人员约 100 人。全县义务教育阶段公立寄宿制学校的小学生大约有 1 800 名,初中生有 1 650 名。

一、 被采访县的义务教育经费收支情况及问题分析

1. 义务教育保障新机制下,义务教育经费收支依然存在问题

2007 年全面实施义务教育保障新机制后,学校的基本建设、危房改造等专项经费均有明显增加。上级财政经费也能按时、按标准拨付,无拖欠现象。但学校的经常性经费拨款(公用经费和人员经费)、建设性经费拨款仍无法满足部分山区偏远学校的支出需要。

以永春县第四中学为例:由于学生少,教职工超编,2008 年经费只有 51 万,但债务则接近 100 万,严重影响学校的正常运转。

龙海县的整体情况也反映了上述问题,建设性经费拨款较为不

足,大多数学校都或多或少的有负债,全县截至 2007 年底,债务总额已达 3 500 万元。教育局认为教学仪器设备的购置经费还不足,应加大投资力度,提高公用经费标准。

受访者们表示,学校的经常性经费拨款中,建设性经费及办公费用缺口较大,这已经成为各县学校的普遍问题。造成这种情况主要有以下方面的原因:以永春县第四中学为代表的偏远山区学校,由于当地交通不便,经济发展落后,地方财政来源窄,无法提供必要的经费,有的县甚至通过贷款来拨付相关经费。而云霄县反映,除了县级财政困难直接导致县级拨款困难以外,根据上级有关部门的规定,该县学校不能增加新的债务。从一定程度上来说,这项规定有利于避免学校承担过重的债务负担,但同时这又使得各校资金来源过于死板,仅依赖于县级拨款,无疑给县级政府造成巨大的财政压力。

因此,只有从根本上解决县级财政问题,或者另辟符合相关政策及法律法规的筹款渠道,才能满足学校的基建及办公需要。

2. 义务教育保障机制下,生均公用经费拨付落实到位,但标准仍需提高

在对实施义务教育保障新机制后,义务教育生均公用经费划拨情况的调查中,我们发现三个县的情况基本相同。2008 年小学生均公用经费为 280～300 元,初中生均公用经费大概是 400～500 元,并且以 400～450 元居多,与中西部地区的政策数据相对比(即小学生 300 元、初中生 500 元)仍有所差距。这说明,初中生均公用经费划拨情况虽有好转,但仍有待加强。

家庭经济困难寄宿生的生活补助应是按人头划到学校的专项拨款,大部分学校对困难寄宿生的补助都能按标准实施。自 2007 年以来“两免一补”的政策逐渐得到实施。

但是,据了解,各县也存在像佳洲小学与佳渡小学这样没有对家庭贫困的寄宿生给予任何资金补助的学校。产生这种情况有以下3种可能性:(1)该县小学生家境均较好,寄宿不会造成家庭负担,无需补贴;(2)家境困难的学生均无寄宿于学校;(3)该县针对家境困难的小学生的帮助力度小,对相关政策的落实不到位。

基于佳洲与佳渡两所学校均为农村寄宿制小学,并且所在地人均GDP远低于福建省平均水平的事实,我们有理由相信第三种的可能性更大些。希望教育局能狠抓这部分的缺漏,防止生源的流失,以确保每个学生都有平等接受教育的机会。当然,由于寄宿生基数过小,我们也不能排除第二种可能性。据悉,许多家境困难的学生为了方便在放学后回家帮忙做农活或者其他工作帮补家用,又或者是为了节省住宿开销,而选择走读。基于此,也希望各学校能跟踪落实困难学生是否有出现逃课或跟不上课等情况,同时加强对其亲属的思想教育。

3. 教师津贴、奖金等费用的开支缺乏规范的系统和规范

访谈中也反映了部分县部分学校教师的津贴等各项补助受到影响,部分学校此项经费来源受限,不得不从学校公共经费中划出一部分用于支付教师津贴。这一问题的存在与缺乏统一完善的管理体系有关,各校此项开支来源不同,有的从预算外经费支出、有的由公用经费或县级拨款支出,既不方便各校财政管理,也不方便上级审查。这暴露出较为严重的经费管理问题,有关部门必须对此问题予以重视并逐渐规范教师津贴来源。

二、被采访县的义务教育中小学教师绩效工资实施情况及问题分析

调查表明,教师实施绩效工资的政策是受到广大教师的支持与欢迎的。被访者普遍认为此举体现了按劳分配的原则,优绩优酬,有利

于提高教学热情,提高教育质量。实行绩效工资改革,提高教师整体工资水平是符合广大教师的意愿的。

实行绩效工资后,云霄县3所农村小学教师人均工资约为1 800～1 900元/月,比未实行绩效工资前提高约500元。云霄县当地公务员的人均工资为2 000～2 100元/月,两者工资差距逐渐缩小,但教师工资收入水平依然较低,该政策的实施力度仍然需要加强。

永春县尚未实行教师绩效工资制度,目前教师平均工资大约为2 000元/月,当地公务员的人均工资大约为3 000元/月。该制度难以实行的主要原因是受金融危机及其他经济因素的影响,县财政预算有限,经费不足,由县级拨付的绩效工资无法落实。应立即向上级有关部门反映有关情况,争取资金补助,尽快实行该制度,以稳定教师队伍,避免人才流失。

龙海县平均工资约为每人34 000元/年,相较于绩效工资实行前提高了约每人12 000元/年,与公务员平均工资大体一致。政策实行较为到位,对于获得更多的人才储备有较大帮助。

实行绩效工资存在的问题有以下两点。

1. 是否将教师现行工资中的一部分拿出来,按绩效分配

受访者的反映不一。认为此举可行的受访者表示:比例以30%为宜,但未谈及划分比例的依据。认为此举不可行的受访者认为:(1)在尚未实行绩效工资的地区,教师现有的工资水平过低,与公务员的人均工资差距达33.3%。由于缺乏较为坚实的经济基础,此举是不切合实际的。(2)从现有工资中划出一部分用于绩效分配,意味着教师有可能无法获得全额工资,这会大大降低部分教师的工作积极性。

2. 评价教师绩效的指标以及影响

受访者普遍认为,结合德、勤、廉、绩等因素的评价体系最有利于

调动教师的积极性。其中,评价指标可以细化为职业道德、职务奉献、助人合作、教学效能、教学价值与师生互动等。多所学校校长均认为应将"教学效果"列为绩效工资的评定标准,因为该指标最能准确地反应教师的工作成果。但各方也坦言工资差异不应过大。据分析,教师工资差异过大容易导致以下后果:(1)部分教师过于功利,热衷于绩效考核的项目,而忽视其他难以量化、非绩效考核的部分,如与学生的有效沟通与交流等;部分教师过于注重数量的累积,而忽视了实施绩效工资的本质是为了创造更好的教育环境。(2)绩效工资鼓励教师之间的竞争,但过大的工资差异会破坏教师之间的信任和团队精神,教师之间会封锁信息,将自身良好的教育经验及教学办法保密。(3)打击绩效一般的教师的积极性,易造成心理失衡等问题,严重影响工作效率,最终导致师资大量流失。此外,被采访人员还特别表示,绩效工资应向一线教师倾斜,这样有利于鼓励一线教师努力带好学生,提高教学质量。

根据《绩效·剑》[1]中的阐述,绩效工资的实施需要具备以下条件:(1)工资范围足够大,各档次之间拉开距离;(2)业绩标准要制定得科学、客观,业绩衡量要公正有效,衡量结果应与工资结构挂钩;(3)有浓厚的企业文化氛围支持业绩评估系统的实施和运作,使之起到奖励先进、约束落后的目的;(4)将业绩评估过程与组织目标实施过程相结合,将工资体系运作纳入整个企业的生产和经营运作系统之中。

由此可见,工资差异小是与该措施的第一条实施条件背道而驰的。这极易使得绩效工资沦落为教师增加工资的一种手段,如何把握工资差异度的问题,是当前工作中需要密切关注的要点之一。

---

[1] 李玉萍,许伟波,彭于彪:《绩效·剑》,清华大学出版社,2008年。

三、被采访县的义务教育农村寄宿制学校的发展情况及问题分析

建设寄宿制学校有利于教育资源的整合和集约,进一步优化农村义务教育资源配置。目前,各县寄宿制小学发展缓慢,在义务教育中发挥的作用十分有限。如何尽快将有需要的非寄宿制学校改建为寄宿制学校应是下一步县教育局的工作重点之一。

对偏远地区的农村小学生寄宿制学校的调查结果表明,实行寄宿制最根本的原因是教学点分散,资源配备不足,教育质量不高,另外由于教师不愿下乡,不得已减少农村教学点。同时由于农村留守儿童多,家庭疏于管理,辍学现象严重。而对于各县中学来说,建立寄宿制学校更多是为了执行上级政策,方便家远离学校的学生就读。对于这部分学校,寄宿制的发展已较为完善,其有效模式应成为寄宿制小学的借鉴目标。

通过实行寄宿制,学生的学业成绩均有显著提高。但这对学校管理增加了许多压力:(1) 学校管理费用增加,有的学生生活尚不能自理,需要学校照料;(2) 后勤压力增大,如食品卫生、在校安全等;(3) 住宿亦可能对学生的身心健康有不利影响,如部分学生没有和家人生活在一起,缺乏与父母的沟通,尚未学会独立生活,心理健康上有所欠缺,思想容易出现波动等。这暴露出农村心理卫生方面专业教师缺口大及学校住宿管理不够完善等问题。

关于"中心学校 + 教学点"模式,其可行性并不好。不足之处如下:(1) 教学点的硬件设备无法和中心学校相比,教学质量受到教学条件的制约;(2) 学生少,教学点的师资质量和力量难以保证,教师轮流下乡会影响教学的系统性和连续性,影响到学生的学习;(3) 管理难度加大,经费管理需要重新设计,不利于统筹管理,实行轮流下乡可

能会导致责任落实不到位等问题,影响教学质量;(4)把寄宿制学校对学生的拨款部分转为对下乡教师的补贴不太合理,二者的补贴标准是不同的。如有切实需要设立教学点的地区,可以考虑先试点,并根据试点的具体情况加以分析其可行性及潜在的问题。

四、 被采访县的义务教育经费使用和管理的制度建设情况及问题分析

在义务教育经费使用和管理的问题上,各方分歧比较大,但都认同存在许多问题,其主要表现在以下两个方面。

(1)学校教育经费预算编制"两上两下"的程序难实行。由于被访县多数学校的财务预算管理不规范,预算编制的机制不完善,无法合理、准确地编制预算,以致向上级部门汇报申请时往往不能通过。而上级教育部门与财政部门之间的审批工作,也必须在县财政实际情况的基础上,对各个学校的申请作出批复。因此,学校和上级主管部门之间难以达成一致意见,学校得到的最终经费还是与当初的预算有相当大的差距。2/3受访县没有落实"两上两下"的程序。尽管如此,这部分县依然实行了农村中小学财务公开制度;与此相反,1/3的受访县虽然实施了"两上两下"的程序,却没有推行农村中小学财务公开制度。这值得进一步调查了解其中的联系。

(2)义务教育经费收支管理归属影响地区义务教育均衡发展。多数受访县教育局局长坦言当前义务教育经费由县级财政统一收支并不合适,他们认为:① 不同地区县市之间经济发展不平衡,差距可能达上百倍,义务教育经费由县级财政统一收支则会受到当地经济水平的制约,进而使得教育经费在不同地区间差距拉大,不利于义务教育的可持续发展。② 县级财政目前比较困难,有些配套资金不能一步到位,导致县内的县城学校与农村学校之间可获得经费差距较大,不利于同县义务教育的均衡发展,农村偏远山区义务教育阶段学生无形中被剥夺了公平地获取义务教育资源的权利。③应由省一级财政部门和教育部门统一规划,对全省财政资金作统一的统筹、收支核算,通过全省的资源统筹,根据中央统一的拨付标准,结合各县义务教育中小学的发展情况拨付款项,使教育经费在全省范围内达到均衡,从而使全省各县所有农村中小学师资力量、教学设施、生均义务教育经费标准不因地区发展不平衡而受到限制。

尽管各县受访学校校长对义务教育经费收支管理归属也有不同看法,但多数农村学校认为毕竟县级的财政力量实在有限,而且又有所偏重,资金投入往往向县城中小学倾斜。因此,希望由省级财政部门进行义务教育经费收支管理。

五、 内容总结与政策建议

根据本次采访调研,我们发现福建省县级义务教育财政主要有以下几个问题。

(1)多位校长提及"留守儿童"及住宿学生的心理教育问题。这类问题一直困扰着有关教育部门,同时也暴露出了农村师资力量薄弱,相关教师、辅导员特别是心理卫生方面专业教师缺口大的问题。

对增强农村师资力量,调研小组认为应该:加大教师调配力度,充实师资力量,建立健全鼓励城镇教师、大学毕业生到农村支教、特设教师岗位等制度,努力缓解目前农村学校师资不足的矛盾;农村教师的升职应着重于学校内部或各农村学校间纵向地升迁,即由学校的教育工作者向管理人员转化;县教育局政策上应切忌鼓励将农村优秀教师调往城市,这样易导致农村优秀教师的流失,使农村学校成为教师提高自身业务水平的试验田,并且容易降低其他业务水平一般的教师的工作积极性。

对于心理卫生方面专业教师的缺口问题,调研小组认为:在农村,心理教师的角色通常由班主任担任,但班主任的职责范围过宽,责任过大,往往无法面面俱到。同时,班主任与其他任科老师领取相近薪酬的现状也使许多班主任不愿意承担过多的责任。在2009年8月12日教育部印发的《中小学班主任工作规定》中指明,教师奖励政策将倾向于班主任,建立科学的班主任工作评价体系和奖惩制度。并且规定在选拔学校管理干部时,应优先考虑长期从事班主任工作的优秀班主任。但是对于"留守儿童"的心理教育问题来说,这样的激励只能算是在一定程度上提高了班主任的工作积极性,但更重要的专业问题尚未解决。对此,我们认为,应定期由县教育局牵头,召集班主任共同学习儿童心理教育的基本知识,分析相关案例,交流彼此间实际应用的经验及问题,共同寻找最优的教育策略。只有将班主任转变为比较专业的心理导师,才能更好地帮助"留守儿童",引导其他学生。

(2)学校住宿管理问题。现今,许多农村学校已经与城市中小学结为帮助对子。城市中小学多以号召捐款为主要帮助途径,这只是有形的帮助。农村学校应主动向城市中小学学习高效的管理模式、宿舍管理中可能遇到的问题及相应的解决办法,结合自身特色,加以改造运用。农村学校自身管理水平的提高,才是其教育质量的根本保证。

(3)针对各校教师的课时津贴、奖金等花费的发放问题,我们建议设立专项经费用以支付,做到专款专付,并且由县教育局派遣会计专员辅助管理学校财政。这样,不合理的支出就能清楚地体现,并加以改善,把有限的教育资源发挥到最大的作用。同时,也避免了学校一方面乱花钱,另一方面抱怨没钱的尴尬情况。另外,建议县教育局定期开展评比活动以表彰懂得充分利用资金的校长及其他学校管理者,并直接与其绩效工资及校长奖金挂钩。

（4）对于实行绩效工资所带来的问题，我们认为，较为合理的解决办法是，在实行该政策的过程中，定期对教师间工资差异值及工作满意度进行专项调研。通过数据比较，选取较适宜的工资差异值，充分发挥绩效工资的促进作用，并且保有其余教师的参与积极性。

（5）关于学校资金来源不充裕的问题，我们认为，应在全县范围内大力倡导企业捐资助学这一途径，不应过分依赖于县级政府拨款。《财政部、国家税务总局关于企业向农村寄宿制学校建设工程捐赠企业所得税税前扣除问题的通知》中规定，对企业以提供免费服务的形式，通过非营利的社会团体和国家机关向农村寄宿制学校建设工程进行的捐赠，准予在缴纳企业所得税前全额扣除。这一政策对调动社会各方面参与农村寄宿制学校建设工程有一定的积极作用，县政府应大力推广这一政策，特别是对当地民营企业及急需建立良好品牌形象、提高企业知名度的公司着重宣传。而相对的，县政府应对其捐赠行为进行大力嘉奖，增加这些企业的媒体曝光度。这不仅加强了企业的宣传效果，将大量的广告费用转投于教育产业，更能促进其他企业争相模仿学习。同时，县政府也可以在法律允许的范围内，在政策上对这些具有社会服务意识的企业有所倾斜。

（黄纯纯、陈希）

报告八：云南省富源县、巍山彝族回族自治县、隆阳区农村义务教育财政政策调查

前　言

富源县位于云南省东部,2008 年人均 GDP 为 11 925 元,在全省处于中等水平。该县义务教育适龄儿童大约 149 942 名,在该县上学的儿童有 148 900 名,流出并保留学籍的儿童有 38 名,全县留守儿童大约 50 名。全县义务教育学校中,中小学教师有 32 800 名,在编不在岗的教师有 17 名,外聘的教师有 322 名,外聘的宿舍管理员、食堂服务人员大约有 460 名。全县有小学 241 所,小学教学点 322 个,小学在校学生数为 104 279 人,比上年下降 1.2%;普通中学 23 所,有初中在校学生为 45 663 人,比上年增长 1.1%。学龄儿童毛入学率为 97.1%;初级中学适龄人口毛入学率达到 92.7%。教育投入加大,各类学校办学条件继续得到改善。2008 年全县财政教育支出为 36 569 万元,比上年增长 23.97%,其中投入教育基础设施建设资金达 1.32 亿元。

巍山彝族回族自治县位于云南省西部,2008 年全年 GDP 为 17.8 亿元,人均 GDP 为 5 807.5 元,财政总收入为 1.39 亿元,在云南省处于下等水平。全县 2008 年义务教育适龄儿童大约有 29 396 人,在本

县上学的儿童有29 175人，流出并保留学籍的儿童大约221名，全县留守儿童估计有3 453名。全县义务教育学校中，中小学教师有2 443人，在编不在岗的教师有24人，外聘的代课教师有187人，外聘的宿舍管理、食堂服务人员大约有141人。全县义务教育阶段公立寄宿制学校的小学生大约为6 605名，初中生大约为8 587名。

保山市隆阳区位于云南省西部，2008年的人均GDP为9 295元，在全省处于下等水平。全县2008年义务教育适龄儿童大约有78 966人，在本县上学的儿童有85 256人，流出并保留学籍的儿童约500名，全县留守儿童估计有9 000名。全县义务教育学校中，中小学教师有6 671人，外聘的代课教师有130人，外聘的宿舍管理、食堂服务等人员大约有200人。全县义务教育阶段公立寄宿制学校的小学生大约为13 500名、初中生大约为3 400名。

一、被访谈县的义务教育经费收支情况及问题分析

（一）富源县

富源县享受"两免一补"政策的128 475名贫困学生来自享受城市居民最低生活保障政策家庭、进城务工农民家庭及农村经济困难家庭，他们在享受免杂费政策的同时，还将免费得到教科书，这些学生除买作业本外不花一分钱就可以上学读书。同时，县财政按照小学生每人每年不低于10元，初中生每人每年不低于15元的标准，安排农村义务教育阶段学生的公用经费拨款，农村家庭经济困难的寄宿学生还可得到每人每天1元的生活补助。据介绍，寄宿生生活费将在开学时通过现金、存折等方式陆续发放到学生手中。去年，富源县共免除杂费2 017.58万元，帮助128 475名贫困学生解决了生活费、教科书费等诸多难题。

富源县在落实"两免一补"政策时仍然存在以下一些问题。

（1）部分群众对"两免一补"政策存在曲解。虽然各县对"两免一补"政策已做了广泛的宣传工作，但部分群众对政策仍有误解，认为"农家子弟今后读小学和初中不用交费了"。现行义务教育收费"一费制"中还包括辅导材料费和作业本费等，实际上还需交钱上学的现实与部分群众的认识发生了反差。

（2）"隐形负担"。随着教学形式的转变，教学手段也在不断更新，农村教育也在同城市教育接轨，为了提高学校教学质量，有时学校不得不为学生征订、购买教辅材料，这使得读书的"隐形负担"仍然很沉重。

（3）"读书无用论"。虽然国家大大减轻了农村家庭在义务教育阶段的经济负担，但大学生就业率的下滑，使得个别家长不愿意承担教育投资的风险。各县乡镇民营企业数量的增加、短期经济利益的诱惑使得很多中学生辍学到民营企业打工，每月也有不菲的收入，个别乡镇出现从初一到初三班级人数递减的现象。

（4）办学条件有待改善。虽然各县的义务教育经费机制基本保障了经费的全额准时到位，但农村学校普遍存在着危房问题和教师整体水平不高的问题。富源县计划从2009年9月到2010年6月，分两期完成143个学校、91 174平方米的中小学危房整体改造暨标准化建设任务，其中2009年6月底前完成第一期49个学校45 587平方米，2009年7月至2010年6月完成余下的94个学校45 587平方米。关于师资水平，小学教师大部分是中师生和高中生，专业水平不高，同时由于近年来农村优秀教师考调进城，农村中小学骨干教师越来越少，其教学质量难以保证。

在问到有关经费收支的情况，富源县教育局局长谢红权说，在实行"以县为主"的农村教育管理体制后，乡镇政府片面理解"以县为主"的含义，认为教师工资管理和人员管理都受到县管理，基层对义务教育的责任变小,对教育的管理和投入可以不管,于是乡镇一级政府基本不负担教育投入。当前的教育投入基本上是"中央转移支付、省市基本不付、县市牢骚满腹、乡镇如释重负"的不合理体制。富源县的农村教育经费投入中,县财政承担了80%以上的份额。中央经费拨付较为准时,县财政到学期中才会拨付,经费能基本满足改造危房等支出。

(二)巍山彝族回族自治县

巍山彝族回族自治县在2007年全面实施义务教育保障新机制前后,义务教育生均公用经费有明显增加。从2003年开始至2006年,除城镇三所义务教育学校以外均实行"一费制",小学生为80元/年,初中生为150元/年。2005年还未实施公用经费专项,2006年开始实行公用经费,小学生均公用经费大概是347.63元,2008年比2005年大概增加81元;2005年初中生均公用经费大概是270.04元,2008年比2005年大概增加218.87元。根据调查结果显示,全县各兄弟学校间公用经费的拨付标准相同。同时,全县各学校的基本建设、危房改造等专项经费都有明显增加。义务教育中小学教师培训由县教育局统一安排,2005年人均支出大约为70元,2008年比2005年大约增加200元。

巍山彝族回族自治县2008年家庭经济困难寄宿生生活补助标准为:小学年人均500元,初中年人均750元,县财政按人数核发到学校,各学校按标准发至补助学生本人或由其家长代收,还有部分学校代学生将生活补助用于支付学校就餐费用。"两免一补"政策的实施在全县反响较好。"两免一补"政策的实施,对全县各学校教师的津贴基本无影响,全县大部分义务教育学校教师没有津贴,对于有教师津贴的个别学校,由于不能从公共经费中支出,因此实施"两免一补"政策以后教师津贴有所减少。教师的课时津贴和外聘教师的代课费各学校根据自己的实际情况从不同费用中开支,如学校的预算外收入、人头经费、勤工俭学费用。全县各学校教师都没有奖金,从而不存在此项开支。

中央、省政府的财政性教育经费能够按时、按标准拨付,由于巍山县财政困难,县级政府财政性教育经费按时拨付比较困难。义务教育保障新机制实施后,全县经常性经费拨款(公用经费和人员经费)能满足义务教育支出的需要,而建设性经费则不能满足需要,主要原因为全县危房存量较大而建设性经费拨款不足。根据访谈发现,农村寄宿制小学的建设性经费拨款不能满足学校的支出需要,主要原因为危房面积大,巩固维修支出多,同时由于地处偏远山区,中心外校点多,经费支出较大;农村非寄宿制小学的经费拨款能基本满足学校的支出需要,不存在债务;农村初中的经常性经费和建设性经费拨款基本能满足学校支出需要,个别学校有"两基"欠债,但已由县政府拨筹,未影响学校的正常运转;县城中小学的经常性和建设性经费拨款正常,能满足支出需要,同时没有欠债。义务教育保障新机制实施后,各学校经费收支运转方面都不存在较大问题,但存在教师福利、办学条件、学校环境急需改善等老大难问题。

(三) 隆阳区

隆阳区2005年小学生均公用经费大概是209元,2008年比2005年大概增加210元;2005年初中生均公用经费大概是430元,2008年比2005年大概增加150元;义务教育中小学教师培训2005年人均支出大约是45元,2008年比2005年大约增加200元,区教育局不统一安排教师培训。

对于"两免一补"政策实施情况,隆阳区义务教育阶段公办学校已全部免除杂费、免收教科书费,取消了住宿费、上机费、借读费等行政事业性收费项目,全面实现零收费。2008年家庭经济困难寄宿生生活补助标准是:小学年人均500元,初中年人均750元,经费的发放由教育局专设管理机构,通过调研获得贫困生住宿情况,按省级指标进行合理分配。

各级政府(中央、省、县)的财政性教育经费不能完全及时拨付,除中央负担部分外,省级、市级资金都会出现不及时的情况,尤其是贫困生生活补助拨付时间较晚、资金数额巨大、省级财政负担重是导致这种情况的主要原因。

实施义务教育保障机制后,学生公用经费已能满足教育教学支出,但由于取消了行政事业性收费,学校预算外收入减少,学校人员(尤其是外聘人员)经费缺口较大,另外建设性经费缺口也很大,教育教学中教师工作量考核奖励没有资金支持。

全区的义务教育经费收支中的支出部分存在较多问题,尽管《隆阳区农村中小学校舍维修改造专项资金管理暂行办法》、《隆阳区农村中小学校预算管理暂行办法》、《保山市隆阳区农村中小学校公用经费管理暂行办法》、《隆阳区贫困家庭寄宿生生活补助管理暂行办法》、《关于进一步加强公用经费的管理规定》等规定了支出范围,但不够具体,缺少参照作用。另外,省级财政未制定公用经费支出定额标准,在考核中小学校预算比较宽松或是紧张时缺少参考,使县级无从考核。

二、被访谈县的义务教育中小学教师绩效工资实施情况及问题分析

2009 年 8 月云南省发布了《云南省义务教育学校绩效工资实施意见》,按照教师平均工资水平不低于当地公务员平均工资水平的原则,云南省义务教育学校绩效工资分为基础性工资和奖励性工资两部分,其中,基础性绩效工资占绩效工资总量的 70%,奖励性绩效工资占绩效工资总量的 30%,同时校长与学校普通工作人员奖励性绩效工资的比例暂定为 2.5:1。

富源县绩效工资制度实行 13 个月工资制度,即教师除了正常的工资以外,还根据学期中的表现奖励不同程度的第 13 个月的工资。实行绩效工资制度的资金基本由县财政拨款,由此导致县级财政负担加重。

巍山彝族回族自治县正在拟订绩效工资实施方案,即将实施教师绩效工资。全县绝大部分教师希望实行义务教育教师绩效工资制度,认为绩效工资制度有利于提高教师的工作积极性,更有利于教育教学质量的提高,能够体现按劳取酬原则。根据调查,巍山彝族回族自治县在现行的工资制度中用于教师人均绩效工资分配的资金为每月 550元左右;对于从教师现行工资中拿出一部分来按绩效分配的做法存在不同意见,部分人认为可行,部分人认为没有必要,也有人认为可以但不妥当,建议拿出薪级工资更为妥当。就评价绩效工资的指标,教师也有着不同的看法,总体说来认为包括德、能、勤、绩、廉等指标,其中"勤、绩"指标最有利于调动教师的工作积极性。值得注意的是在教师提出的各项指标中升学率仍然占比较大的比重,不免让人担心义务教育教师绩效工资制度的最后实施会不会只以升学率为唯一评价标准,最终失去了实行绩效工资制度的真正意义。由于教师的教学质量与学校的办学条件、生源质量、当地的经济发展情况都有一定关系,教师间工资差距应适当拉开,但不能太大。实施绩效工资后该县教师平均工资将较以往提高 600 元/月左右,基本与当地公务员工资平均水平持平。

隆阳区尚未实行教师绩效工资制度,由于实施绩效工资改革后整体工资能够有一定上涨,同时工作量的投入能够产生效益,提高工作的积极性,广大教师愿意实行绩效工资改革。出于对绩效工资考核评价机制科学、客观、公正性的考虑,绩效工资制度暂未实行。由于隆阳区现行教师工资已经低于当地公务员平均工资水平,将教师现行工资中的一部分拿出来按绩效分配的做法会导致教师工资水平的进一步下降,因此这种做法是不可行的。据调查,工作量、工作业绩、工作强度这几个指标较利于调动教师的工作积极性。由于教师职业的特殊性、教师群体的广泛性,教师间的工资可以有一定差异但不宜过大,200 元~500 元即可,一定的工资差异即可达到调动教师工作积极性的目的。

三、被访谈县的义务教育农村寄宿制学校的发展情况及问题分析

富源县自创办寄宿制中小学以来,得到了各级政府和教育、民族工作等部门的支持,为民族贫困地区农村教育发展带来了新的希望,但在推进农村寄宿制学校建设中还存在不少问题。一是教育资金“瓶颈”难突破,限制了办学条件,某些学校仍存在安全隐患。国家对农村贫困地区教育一直实行重点投资扶持政策,但由于“点多面广”,导致农村大部分中小学校舍简陋,设备奇缺,办学条件落后。二是由于自然环境有差异,办学条件有差别,师资力量有差距,一个区域里的教育也存在极大的不公平现象。城镇学校办学条件比较好,农村学校特别是边远贫困山区农村小学办学条件非常差,同样是学生,优质的教育资源不能共享,公平性成为制约农村寄宿制学校建设的突出问题。推行教学改革难以实现,教育教学质量难以提升:按规定,小学三年级以上必须开设英语课,小学五年级以上必须开设计算机课,然而农村中小学现有的办学条件无法满足课程改革的需要;教师队伍难以优化,教改教研活动难以开展,教学质量普遍较低;管理措施不到位,宣传力度不够,部门相互协调少,后勤管理服务还须不断提高;部分学校领导对加强寄宿制管理工作的重要性认识不足,机构不全,职责不明,措施不力;教育、财政、民族工作等部门相互沟通联系少,到学校检查、调研次数不多。

巍山彝族回族自治县共有寄宿制小学 52 所,寄宿学生 6 605 人,

大约占全县义务教育范围内学生人数的22%。由于巍山彝族回族自治县地处偏远山区,全县部分村落位于高寒山区,教学点十分分散,资源配备不足,教育质量不高;农村留守儿童多,家庭疏于管理,辍学现象严重;出于对教师和教育加强规范化管理的需要,该县对偏远山区的农村小学实行寄宿制。实行寄宿制之后,学校对学生管理更加集中,从而学生的学业成绩有较大提高。寄宿制在给学生学业成绩带来提高的同时也给学校带来了更多的压力以及更多的工作量。学校的压力主要来自于以下几点:一是教学用房、生活用房不足;二是学生日常管理负担加重,巍山彝族回族自治县寄宿制学校地处偏远山区的特殊地理位置以及危房面积比较大的情况更使安全问题成为首要管理问题;三是教学设备的严重短缺,包括与教学有关的设备和学生进行体育锻炼的器材缺乏。与此同时,集中进行管理的寄宿制学习生活也对学生的身心健康有着不利的影响,与家长沟通的减少以及家庭教育的缺失对于正处于身心发育期的少年儿童来说是非常不利的,也是所谓"家教礼节"难以培养的原因。巍山彝族回族自治县多高山少平坝的地理环境使得村落分布十分分散,部分村落交通不便,所以就目前而言,农村小学中"中心学校+教学点"的模式有着不可替代的地位,该模式既解决了偏远农村适龄儿童的入学问题,也使得教学活动更加灵活,更加安全。随着全县各方面的发展,学校的布局会结合当地具体情况而进行调整。

隆阳区共有160所农村小学寄宿制学校,住宿学生大约占15%。对偏远地区的农村小学生实行寄宿制的主要出发点是:首先,教学点分散,资源配备不足,教育质量不高;其次,加强对教师和教育的规范化管理的需要,教师不愿下乡,为此只能减少农村教学点;最后,农村留守儿童多,家庭疏于管理,辍学现象严重。通过对偏远地区的农村小学生实行寄宿制后发现,学生的学业成绩有很大提高。对农村小学生实行寄宿制后,学校管理工作量增加,下午放学后,学校仍有学生学习、生活,学校管理工作负担加重,安全工作压力增加;低年级学生初始不适应学校群体生活,离开家庭孤独感、畏惧感增加。对农村小学采用"中心学校＋教学点"方式,即在偏远地区设立教学点,由中心学校派教师轮流下乡,将寄宿制学校对学生拨款的部分转为对下乡教师的补贴。由于教师轮流下乡,工作量加大,可能将下乡教学视为负担,导致教学质量难提高;同时由于资金不集中,效益不显著,因此该方法不能完全解决中小学生寄宿制带来的各种问题。

四、被访谈县的义务教育经费使用和管理的制度建设情况及问题分析

在农村中小学建立科学规范的预算管理制度,是确保农村义务教育经费保障机制改革顺利实施的重要举措,是规范农村中小学经费管理的关键环节。从 2006 年开始,云南省全省范围内的义务教育学校预算编制将进行改革,把义务教育学校的各项收支全部纳入预算管理,以独立设置的学校(村小纳入其所属的上级学校统一代编)为基本预算单位进行试编预算,2008 年正式编制预算。

5 月 10 日,富源县财政局完成了全县 178 个义务教育学校的义务教育经费试预算编制任务,并且严格按照"两上两下"的程序进行。按照预算编制,在预算编制的基础上,审核各个支出,在保证项目合理的基础上再下拨经费,这是基本的经费下拨制度。此外,统一发票制度,不准学校设立自己的小金库,大额的经费拨付必须要县教育局教务委员会讨论通过,这是富源县一些基本的资金使用制度。

巍山彝族回族自治县各学校都已经实行了义务教育预算编制制度,并严格按照"两上两下"的程序进行。该县推行了农村中小学财务公开制度,通过向全社会公开,向全县教职员工通报的方式将农村中小学的财务进行公开,接受各方的检查监督。同时县义务教育财政收支情况通过书函及教育信息平台,如教育网站,定期向各学校进行公开,各学校则通过校内公示、教师会议公开。巍山彝族回族自治县印发了农村义务教育经费保障机制改革校长应知应会卡,做到人手一份,其中明确指出国家给学校的钱有哪些,学校应如何要钱,学校应如何花钱,公用经费可以用来干什么,学校应如何发放家庭经济困难寄宿生生活补助费,学校还能收哪些费,如违反国家有关规定校长应负什么责任等问题,细化了措施,明确了责任。但即使是在公用经费的适用范围有详细规定情形下,少数学校仍存在将公用经费用于基本建设、聘请代课教师和宿舍食堂校园管理人员,即有将公用经费挪用的情况出现。当前巍山彝族回族自治县义务教育经费由县级财政统一收支,对该措施各学校的反应不一:部分学校赞成该做法,认为有利于学校发展;而其他学校则认为义务教育经费由县级财政统一收支不合适,不利于学校发展,原因是过程太长、浪费时间且比较麻烦。

隆阳区已实行了义务教育学校预算编制制度,由于时效性原因,按照"一上一下"的程序进行。隆阳区也已推行了农村中小学财务公开制度,定期通过下发文件的方式向全社会公开各大类收入支出账目。隆阳区在义务教育经费的使用和管理上建立和执行了详细的管理制度,制定了《隆阳区农村中小学校舍维修改造专项资金管理暂行办法》、《隆阳区农村中小学校预算管理暂行办法》、《隆阳区农村中小学校免收学杂费的实施管理暂行办法》、《保山市隆阳区农村中小学校公用经费管理暂行办法》、《隆阳区人民政府深化农村义务教育经费保障机制政策实施方案》、《隆阳区贫困家庭寄宿生生活补助管理暂行办法》、《关于进一步加强公用经费的管理规定》等一系列规定。当前义务教育经费由县级财政统一收支较合适,统筹兼顾了时效性和规范性。

五、 内容总结与政策建议

总体而言,云南省义务教育开展情况良好,教育经费使用和收支基本合理透明,义务教育经费的管理基本实行预算制和"两上两下"程序,义务教育教师绩效工资逐步开始实施。但由于云南省地处祖国西南部,贫穷与发展缓慢的问题仍然十分突出,从而其义务教育机制也存在如下问题。

(1)义务教育经费在由县财政向下一级学校拨付时常有不按时的问题。若改由省级或区级财政直接拨付,或许能解决时间问题,从而使各县级学校能按时、按标准收到义务教育经费,及时用于各项建设。

(2)云南省地处高山地带,农村学校危房存量大,各学校的经费有限,在新建及修复危房时比较困难。严格遵守安全第一的原则,若能由州级财政或县级财政设立改善学校危房专项基金,或许能有效改善该问题。

(3)由于云南省近期才发布了《云南省义务教育学校绩效工资实施意见》,具体的义务教育中小学教师绩效工资的实施还未展开。在实施过程中必须避免"只看重升学率"现象的出现,坚决制止"劝留级、劝退学"的行为。可结合学校各老师的相互评价,各兄弟学校的评价以及学生的评价来进行总体评价。

(4)云南省部分农村相对比较恶劣的地理环境使得该县农村小学寄宿制和"中心学校＋教学点"制度双管齐下。寄宿制学校应以改善教学和住宿环境为当务之急,同时也应加强安全等管理;轮派下乡教师可适当提高其补助。国家应区别对待东部沿海地区和西部落后地区,给予落后地区农村学校更多关注。

(5) 各学校的义务教育经费还存在用于规定以外用途的现象。为了解决该问题,除了公开学校财务之外,可尝试以各兄弟学校间相互监督的方式进行规范化,这样可使学校感受按规定使用义务教育经费是一种责任也是一种权利,使各学校规范义务教育经费使用更积极更合理。

现实已经说明,教育不仅决定了农村劳动力的工作效率,也决定了农村劳动力转移到城市以后的适应能力,农民所接受的低水平教育是影响他们收入增长的一个重要因素。研究表明,对农村诸项投资比较中,投资人力资本对提高经济增长率最有效,是一种最为合算的投资方向。经济发展的实践也证明教育是扶贫的最佳手段,教育对农业的增产效果仅次于农业科研,但农业科研的扶贫作用次于教育。政府在不发达地区增加投资,尤其是教育投资,是减少贫困和地区不均衡发展的关键。但农村义务教育的现实令人担忧,特别是农村税费改革后,中央和省级财政如果不大幅度增加对农村义务教育投入,受损害的不仅仅是农民的根本利益,也必将对党的"十六大"确定的全面建设小康社会的奋斗目标顺利实现产生重大影响。因此,国家应把农村义务教育作为提升国家综合国力的基础工程和最大的扶贫工程来抓,要进一步调整和优化我国财政支出结构,重新界定和规范财政支出重点。缩减财政资金中行政管理费、政策性补贴、事业经费等支出,提高教育和科研投入,加大对农村的财政支持力度,逐步改变目前用于支持农村经济和社会事业发展的全部资金仅为财政支出的10%,与我国农村人口占63%的国情不相适应的状况。逐步扭转财政支出存在着越位与缺位并存情况,最终建立以公共支出为主体的支出体系。

(张莹、王慧敏、常婧)

报告九:黑龙江省七台河市、林甸县、鸡东县农村义务教育财政政策调查

前 言

七台河市 2008 年的人均 GDP 为 20 800 元,在黑龙江省处于上等水平。2008 年义务教育适龄儿童大约有 10 900 人,在该市上学的儿童有 10 812 人,流出外地并保留学籍的儿童约 100 人,全市留守儿童估计有 90 人。该市义务教育学校共有中小学教师 8 920 人,在编不在岗的教师 19 人,外聘代课教师 87 人,外聘的宿舍管理、食堂服务等人员大约有 182 人。

林甸县人均 GDP 约为 5 200 元,在全省处于中等偏下水平。林甸县共有义务教育适龄儿童约 47 000 人,教职工人数约 3 100 人。从具体的被调查学校的数据来看,城市儿童与教师的比例要高于农村儿童与老师的比例。经济发达地区城乡间儿童与教师的比例差距要小于经济欠发达地区城乡间儿童与教师的比例。

鸡东县 2008 年人均 GDP 为 18 000 元左右,在全省处于中上水平。2008 年义务教育适龄儿童大约有 25 000 人,占全县人口的 8.3%,没有流出外地并保留学籍的儿童,全县的留守儿童大约有 110

人。全县的中小学共有教师约2 100名,所有教师均为在编在岗人员。

一、被访谈县(市)的义务教育经费收支情况及问题分析

(一)实施义务教育保障新机制后,义务教育经费增加明显

鸡东县初中生的生均经费由2005年的354元提高到了2008年的500元,提高了146元,提高幅度达到41.2%;小学生的生均经费由2005年的300元提高到了2008年的305元,生均经费提高了5元,提高幅度相对较小。七台河市2005年的小学生均经费大概是345元、初中生均经费大概是380元,2008年分别比2005年增长了300元和320元,超出义务教育公用经费生均基本标准。因义务教育公用经费现已由县级财政直接拨付给学校,省去了教育局这一中间环节,保证了经费及时、足额的发放,再加上人均标准的一致性和固定性,使得农村学校和城市学校生均公用经费的平等。这在一定程度上为农村中小学生能够享受到同城镇中小学生一样的教育硬件条件提供了可能性,符合教育资源平等公平分配的原则。新机制实施后,增加了对中小学教师培训的支出,从2005年的1 000元增加到2008年的1 200元,为提高教师的业务素质提供了资金。但是由于原来农村学校和城市学校在学校建设和教师队伍培养等方面就存在着较大差异,因此在相同的标准下拨付生均公用经费只能达到形式上而不是实质意义上的平等享受教育资源。

(二)"两免一补"政策的实施情况

鸡东县学费完全按照国家政策的要求全部免除,困难寄宿生补贴则依照国家标准小学生每人每年500元,初中生每人每年750元。在具体发放方法上,政策要求通过财政直接发放到人头,但农村的实际情况是家庭距离学校较远,考虑到安全和方便问题这种方法不适宜,而学校采取的比较实际而又透明的方法就是召开家长会,在家长会上

将补贴发放下去。

七台河市通过将补助直接发放到学校再由学校转交学生的方式，给予家庭经济困难寄宿生生活补助每人每年324元。这与国家规定补助贫困寄宿生生活费每人每年750元不相符。另外调查结果还显示，由于部分学校因无教师课时津贴等原因，"两免一补"政策的实施并不会对老师津贴造成影响。因此我们可以理解为，"两免一补"政策在没加重学校负担的情况下，给学生带来了直接的帮助。但困难寄宿生补贴政策实施得还不够理想，有待进一步加强。另外，从整体上看学校的收支问题虽然得到了改善，但是各个学校反映，由于很多经费审批程序复杂，许多教学的开支不能及时到位，耽误了部分的教学任务。虽然钱多了，但是却不能更好地办教育，这值得我们在经费改革方面进一步关注。

（三）各级政府的财政性教育经费发放情况

从各教育局的调研结果来看，总体上各级政府的财政性教育经费都能按时、按标准拨付。各级政府的财政拨付同义务教育保障机制实施前相比较不仅数量增加了而且更加及时。各级财政对公用经费、人员经费、基础设施建设投入都给予了很大的支持，基本上已满足学校的需求。校方普遍反映基本建设、危房改造等专项经费都有明显增加，学校在经费上基本不存在缺口和负债的现象，现有经费能保证学校教学的正常运行，不存在违规使用现象。

调查中我们也发现了一些问题。虽然现有公用经费能满足学校现在的需求，但现在的经费也仅够维持现有的教育水平。现有公用经费标准仍是1992年时制定的，多数公用经费标准过低。考虑到义务教育事业未来的长期发展，应该逐渐提高公用经费标准。另外由于黑龙江省地理位置偏北的原因，冬季取暖费用占了学校很大支出，因此建议国家在分配公用经费时能照顾地区间的实际差异,有针对性地增加公用经费额度。

二、 被访谈县（市）的义务教育中小学教师绩效工资实施情况及问题分析

根据对被访谈县(市)教育局以及义务教育中小学校的调查来看,黑龙江省还没在大范围内实行义务教育中小学教师绩效工资制度,尚处于筹备阶段。目前,各省各县(市)义务教育中小学教师的工资水平普遍等于或高于当地的公务员工资水平,教师待遇较为良好。

（一）对实施义务教育中小学教师绩效工资制度的接受程度

调查发现,不同层面上的大多数人还是赞成实行绩效工资制度的。教育局和各学校希望实行绩效工资制度来调动老师们的积极性,从而提高教学和管理质量。对教师的德、能、勤、绩等指标进行综合考核,分配绩效工资,以调动广大教师的积极性。

教师中对于是否实行绩效工资制度存在着赞成和不赞成两种意见。其中赞成的教师多为刚刚从事教师职业没几年的新人,对工作充满激情,而且没有组建家庭,在教书的时候有干劲,体力、精力充沛。他们赞成实行绩效工资制度是因为可以确保自己在这样的制度下多劳多得。他们能够在教书的过程中比其他教师更加尽职尽责,每天备课到深夜;同时也能做到更加关心学生的生活,经常找学生家长沟通,了解学生的学习状态、家庭生活等。而不赞成实行绩效工资制度的教师多为上了年纪的教师,他们教学经验丰富。但由于这些教师一般都有自己的家庭需要照顾,每天被自己家庭中的琐事牵扯着精力,而且在体力方面也不能和年轻的教师相比。由于精力和体力方面的不足,导致这些年龄相对大一些的教师反对实行绩效工资制度。他们担心实施该项制度后会使自己竞争不过那些年轻的教师,或者为了争取在

竞争中不落后而破坏了原来生活和工作之间的平衡。

另一种说法认为，对于任课多和担当班主任职务的老师来说，希望通过实行绩效工资制来获得更多的报酬。但一些相对课时数少的课程的教师，如美术、音乐等教师将对此制度存有顾虑。对于绩效工资来源这一问题，教师们普遍认为不应该从现行工资中拿出一部分来按绩效分配，而是应由政府拿出部分资金来作为绩效工资的资金来源。尽管对于是否应该在中小学教师中实施绩效工资制度还存在诸多疑虑，但是从调查中可以了解到，如果由政府另拿出部分资金来作为绩效工资，那么80%的教师还是愿意接受新的绩效工资制度的。而对教育局和各学校校长来说，他们更愿意通过推行绩效工资制度，调动教师的积极性，从而提高学校的教学质量。

（二）义务教育中小学教师绩效工资制度实施标准

在实行教师绩效工资制度的过程中，应该采用什么标准来度量绩效却是一个需要解决的难题。被访谈的局长和学校校长大多提到了如下几个要素：工作量（主要表现为课时的多少）；工作业绩（班级成绩，教学任务，升学任务的完成情况，农村表现为辍学率）；工作态度（主要表现为出勤情况）；师德（表现在责任心、对学生的关心情况）；教研成果（论文、科研的发表情况）。其中，工作量、工作业绩、工作态度几乎被所有被访者提到过，并且此三种指标更容易被量化，但以此三者为标准也存在一些问题。例如很多教师认为工作业绩并不能准确地反应一个教师教学质量的好坏。因为在教学的过程中，每个教师的教学都有自己的特点。有的教师就更加偏向于对学生学习兴趣、创新能力、演讲能力、组织能力等的培养，因此在平时上课的时候就有可能设计一些和本科目有关的题目让同学分组竞赛来培养同学的兴趣，也可能组织一些活动比如辩论赛、情景模拟等来锻炼同学们的反应能力。这样的教师无疑是对学生更加负责的教师,因为学生在这些活动中学到的是在课本中学不到但是又对每个同学都很重要的东西。如果仅仅用成绩来度量一个教师的绩效的话,那么这些教师将不得不将学生们局限在课本中,学生们也就失去了这些课本外的锻炼机会。除此之外,也有校长认为度量一个教师是否称职最重要的标准就是这个教师的师德如何。具体表现为教师是否对学生认真负责,例如是否在上好课之后就离开学校去办私事而不是留在学校解答学生的问题、是否在回答同学的问题的时候做到有耐心等等。这些校长认为学生大部分时间都是在学校生活的,一个教师的品德怎么样直接影响到学生将来的为人;而且学生的品德从重要性上来讲丝毫不亚于学生的知识水平,因为一个有着丰富知识而又缺乏好品德的人是最可怕的。但一个教师的师德如何是难以度量的。

(三) 义务教育中小学教师绩效工资制度的预计实施效果

局长和各位校长认为绩效工资的工资差距不应拉得过大,工资差距应该不超过工资总量的30%。拉大教师间的工资差距在激励了一部分教师的积极性的同时必然会打击另外一部分教师的积极性。尤其是考虑到中小学的教学过程中存在着"主科"和"副科"之分。学生们理所当然将在一些相对重要科目上投入大量时间和精力,例如英语、语文、数学等。基于这样的现实情况,如果一味地拉大教师间的工资差距,势必造成对这些教师的不公平,也不利于相对弱势学科的发展和学生知识水平均衡提高。但总体上来说,虽然因实行绩效工资后教师间的工资差异可能会拉大,但其带来的效益也是不可忽视的。我们在解决伴随着工资差异拉大过程而出现的一些负面问题的同时,应对在中小学教师中实行绩效工资制度给予肯定。因为它更多地体现了多劳多得、按劳取酬的思想,有利于义务教育事业的发展。

三、被访谈县（市）的义务教育农村寄宿制学校的发展情况及问题分析

调查结果显示,义务教育阶段寄宿制学校的学生约占学生总数的32.21%,如图9-1所示。其中,七台河市义务教育阶段公立寄宿制学校的小学生大约有1 459名,初中生大约有3 450名,占适龄儿童总数的45.03%。鸡东县义务教育阶段公立寄宿制学校的小学生共有3 400人,初中寄宿学生共有3 100,占适龄儿童总数的26%。林甸县义务教育阶段公立寄宿制学校大约有15 300名寄宿学生,占所有适龄儿童的32%。由于东北气候的特殊性,寄宿制学生数量呈现随季节变化的特点。秋冬季节因交通不便等问题寄宿学生数量较多,而夏春季节则寄宿学生相对较少。另外,寄宿制学生主要集中于初中阶段。

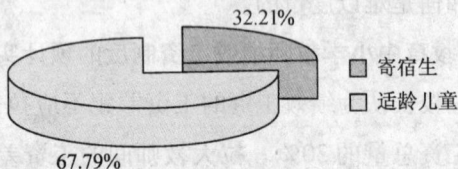

图9-1　寄宿生占适龄儿童的比例

（一）实行农村寄宿制学校的出发点

各个学校的校长对于在农村小学实行寄宿制的必要性和出发点上都持有相似的态度,他们认为寄宿制是一种必要的方式。通过对问卷调查结果按重要性排序,我们发现,"教学点分散,资源配备不足,教学质量不高"这一项被教育局局长和各位校长列为最重要的出发点。其次重要的原因为:"农村留守儿童多,家庭疏于管理,辍学现象严重"和"处于加强对教师和教育的规范化管理的需要"。最后是,"出于执行上级命令的要求"和"由于教师不愿意下乡,只好减少教学点"。这两项原因根据教育局局长和学校校长反映比较牵强,所以认为是最不

重要的影响因素。通过对农村小学实行寄宿制初衷的调查我们可以发现:实行农村小学寄宿制的根本目的在于集中教学资源,提高教学质量,规范管理,让更多的农村孩子可以得到较高水平的义务教育。

(二) 农村寄宿制学校实施效果

从对学生成绩的影响来看,大部分教育局局长和中小学校长认为在实行寄宿制学校制度后学生的成绩得到了大幅度的提高。其中,县教育局局长以及深入农村教学的校长都认为学生的成绩有较大提高,只有部分城镇小学的校长认为学生成绩提高的效果不显著。造成这样的原因可能在于城镇寄宿生住宿后宿舍教师并不能像学生父母那样严格要求学生,而班主任也只能保证学生课堂的出勤率,对于课余时间,只有那些自制力很强的学生才能专心看书学习,而很多学生会把课余时间放在上网打游戏等浪费时间的活动上。相比之下,农村学校学生业余生活相对贫乏,在实行寄宿制后学生大多将精力放在学习上,因而会促进学习成绩的提高。由此我们认定,实行寄宿制可以大幅提高农村学校学生的学习成绩。

从对学生身心健康的影响来看,各位局长和校长的意见较为不统一。有的校长认为寄宿制没有什么负面影响,反而可以提高学生的团队合作能力,让学生更好地与他人相处和沟通;持反对观点的校长认为,寄宿制的实施会造成家庭社会化阶段的不完整,不利于孩子的健康发展,同时,全封闭的寄宿环境会限制孩子的视野,不利于孩子的全面发展。

(三) 农村寄宿制学校存在的问题

寄宿制的实行增加了学校的管理压力。对于寄宿制学校来说,首当其冲的挑战便是寄宿学生的安全问题。住宿条件差是很多寄宿生必须面对的问题。一般一个寝室都会住 6 ~ 8 个学生,甚至更多。由于每个学生在入学前所接受的价值观和人生观方面的教育都不一样，这么多学生住在一起产生矛盾在所难免。因此在寄宿的过程中，常发生打架斗殴现象，给学校的安全管理方面带来很大压力。另外，由于校舍的数量不足，有的学校不得不将寄宿学生分为两部分。一部分住在学校内，另外一部分住在校外。这样对住宿安全管理来说更是一个艰巨的挑战。住在校内的学生比较便于管理，每幢楼会有固定的寝室教师来清查人数，晚上学校大门关闭后禁止学生出入，相对安全。但是对住在校外的学生的管理就要费力很多，时常有学生晚上溜出宿舍去上网或打游戏，这样的行为无疑给学生的安全带来了隐患。

寄宿生给学校带来的另一方面压力就是学生们的交通问题。寄宿生大部分都是每个周五回家待到周日再返回到学校。因为学校与家长之间的责任划分不清晰等原因，学生回家和回学校途中的安全问题自然成为学校需要考虑的问题。大部分学校都针对这种情况设置了"送子车"，专门负责在每个周末接送学生。但是由于各个学生住的地方相距太远，有的学校甚至有很多外地学生，学校不可能面面俱到。因此，寄宿生回家路上的安全问题仍是困扰学校的问题之一。

寄宿生日常生活都在学校里面，学校不可避免要设置食堂供学生用餐。因此饮食安全显得尤为重要。因为一旦学生饮食出了问题，那么对学生的健康和学校声誉所造成的破坏都是不可估量的。因此，如何为寄宿生提供安全的饮食就成了学校面临的又一个难题。

四、被访县（市）义务教育经费使用和管理的制度建设及问题分析

从调查结果来看，预算制度和"两上两下"程序的实施并不完美。有的地区严格实施了义务教育学校的预算编制制度，"两上两下"的程序也得到了严格的实施，每所学校的预算编制工作都是由专职的会计

来完成的;但有的地区被访谈学校中仅有50%的学校实施了预算编制制度。在财务公开制度方面,大部分县(市)教育局都能做到将财务收支情况在教职员工内部通过教职工代表大会的方式加以通报。每年学校都可以派会计在预算会、决算会上了解本县年度的义务教育收支情况。学校方面也通过公示板等方式将义务教育财政收支情况定期向在校教师公开。调查中反映,当前义务教育经费由县级财政统一收支是比较合适的,校方普遍认为学校经费由县级财政统一收支和核算是有利于学校发展的。在教育经费的使用和管理制度方面,从教育局到各级学校都没有非常明确的管理制度,但是根据教育局局长和各学校校长的反映,经费审批制度、账目公开制度、每日结算制度都在具体的工作中有所表现。

调查结果显示,所有城镇中小学均没有将公用经费用于发放员工的奖金或补贴、偿还债务、进行基本建设,或是聘请代课教师、校园管理人员的情况发生。但是在部分农村的中小学公用经费使用中存在将其用于发放员工的奖金和补贴、基本建设,或聘请代课教师、校园管理人员等情况。通过农村和城镇九年义务教育学校在公用经费使用上的差别,我们可以看出农村九年义务教育学校在经费使用上存在公用经费挪为他用的现象。这同时也表明我国的农村九年义务教育阶段的资金仍然不充裕。

五、内容总结与政策建议

(一) 义务教育经费收支方面

我们一方面要注重财政经费拨付的平等性,又要考虑财政经费拨付的公平性与合理性。就目前情况来看,农村中小学同城镇中小学的生均经费已经达到相同的水平。但是通过研究我们发现,城镇中小学还可以额外得到诸如教室的租赁费、转学学生的择校费等其他收入,而农村中小学却没有这部分收入。这正是我们在调查过程中发现的，同样的经费拨付但是农村中小学经费不够用情况出现的原因之一。为解决这一问题，我们建议有关财政部门在审批拨款时应给农村中小学更多的经费拨付。要让农村中小学得到更多的财政资金保证，只有这样农村中小学才能够真正拥有同城镇中小学一样的教学条件。

（二）中小学教师绩效工资方面

实施绩效工资的关键在于能够订立一个合理的标准。要想让这个标准被所有人接受是不可能的，因为教师之间存在着差异，有的教师勤奋育人，有的教师却安于现状。针对前面提及的绩效度量中的几个困难，我们提出以下几个解决方案：

（1）针对教师的精力、体力的不同，义务教育阶段的中小学校可以考虑将教师按照年龄分成几个小组进行横向的竞争。这样每个组内的教师年龄相仿，也就保证了这个组内的教师的精力和体力等大体一样。每个教师的努力程度也就因此成了绩效工资多少的决定因素。

（2）鉴于每个老师教学的侧重点有所不同，考核内容也应涉及得更加广泛，这样对每位教师更加公平。在激励教师培养学生各个方面的能力的同时，也更加全面地考核了教师。义务教育阶段的中小学校可以在每个考核期末让每个教师提交各自认为应该被考核的内容，由教务处进行筛选，最后综合打分，以此来评断教师们的绩效。

（3）由于有的校长认为师德应该纳入考核的范围，针对这种情况，我们认为学生是最了解教师的，因此应该由他们来作出评判。义务教育阶段的中小学校可以在每个考核期末由教务处组织每位学生匿名对教师师德进行打分。

许多其他行业人力资源方面的经验告诉我们，将工作的业绩同工资挂钩有利于激发员工更大的工作动力。教育同样如此，绩效工资一定会激发老师对教学的热情，对于提高教育教学水平一定会有很大的帮助。因此国家以及省级教育主管部门应尽快出台实施绩效工资制度的相应文件，推进义务教育中小学教师的绩效工资制度改革。另外，学校自己也可以先在本学校范围内制定一些规范，奖励先进老师，相信同样可以起到提高教学质量的作用。

（三）义务教育阶段农村寄宿制学校方面

对于义务教育阶段农村学校的寄宿制，我们认为这种形式的存在是必要的。因为外地或住在郊区的学生不可能每天回家，并且寄宿制这种集体生活也可以锻炼同学的适应能力、自立能力和处理人际关系的能力等。针对前面提到的寄宿生安全问题，我们提出以下几点建议。

（1）政府应该加大学校的建设拨款。在调查中我们发现政府在给教育局的建设性拨款方面有所欠缺，这样的短缺直接导致学校宿舍楼的紧张，也就同时增加了学校对寄宿生统一管理的难度。

（2）学校应首先加强对于寄宿生的管理，尤其要确保寄宿生晚间在寝室住宿。学校应该每天晚上检查每个寝室的人数，并严格限制学生夜晚外出。其次，在对学校食堂的管理方面，我们认为学校食堂不可以对外承包。因为那样做会导致食堂管理员为了自己的利益而降低食物的质量，容易引发安全问题。最后，为了解决寄宿生回家途中的安全问题，学校可以多启用几辆车，尽量覆盖全学生回家的路线。另外也可以考虑每个周五提前放学，避开下班的高峰期。

（3）关于"中心学校＋教学点"模式的建议。从教师资源的使用效率立场来考虑，这种做法不可行。因为从资源的使用效率和效果而言，这种方式实际上是一种倒退，又回到了以前那种分散资源教学的模式。而从学生全面发展的立场来考虑，这样做对于解决寄宿制学校学生的心理问题、安全问题是有帮助的。综合考虑以上两种立场,我们认为对于"中心学校＋教学点"这种方式要细化区分小学生的年级再作具体的操作。根据社会化的基本理论,小学生的成长(社会化)是家庭、学校、同龄群体共同建构出来的。年龄越小,家庭在社会化当中起的作用越大;年龄越大,学校、同龄群体在其社会化中起的作用越大。因此,我们认为对于年纪较小的低年级小学生不宜实施全封闭的寄宿制管理,因为这样实际是在强调学校和同龄群体的作用,而忽视了家庭在小学生社会化中起的重要作用,这样难免会对小学生的身心健康产生某些不利的影响。因此,对于三年级以下的农村小学生,由于他们对于家庭社会化以及母爱的需要很大,所以应该设置一些教学点让这些孩子既能接受正规教育同时又可以得到充分的母爱,从而不会造成身心不健康的问题。而对于三年级以及高年级的学生,由于他们已经具备了一定的自理能力,这时候中心学校的寄宿制管理就可以集中资源让他们得到更好的教育。

(四) 义务教育经费使用和管理的制度方面

应该督促有关学校尽快建立严格的预算制度和"两上两下"程序,以期实现义务教育经费使用和管理的公开公正。合理设计财政经费审批手续,简化复杂而不必要的环节,满足学校建设及教学的需要。针对目前政府集中采购教学用品在质量和性能上不能完全满足学校具体教学要求的现象,我们建议在加快政府采购审批手续办理的速度的同时,也应加强对政府采购供应商选择的管理,确保选择具有合法资格的供应商。只有政府、学校和供应商互相配合,才能保证安全、高效的教学用品的供应。

（王泽群、杨拓、解沐洋）

报告十：陕西省神木县、安塞县、志丹县农村义务教育财政政策调查

前　言

（一）神木县义务教育基本情况描述

神木县位于陕西省北部,全县面积 7 635 平方公里,辖 4 乡、15 镇,人口 37.8 万人。2008 年 GDP 为 290.58 亿元,人均地区生产总值为 70 350 元。目前,全县各类学校 81 所,其中,高中 4 所、初中 23 所、职业中学 1 所、小学 35 所、教学点 18 个。2006 年—2008 年全县小学生在校人数分别为：37 443 人、34 473 人、31 237 人；初中在校人数分别为：30 637 人、28 067 人、27 830 人。目前,全县共有教职工 4 931 人。2005 年神木县在全省率先实施了农村义务教育"两免一补"政策,农村近 5 万名中小学生全部免收学杂费,为 15 559 名贫困学生免费提供教科书,6 554 名贫困寄宿生获得了生活费补助。2005 年"两免一补"政策资金共计 960 万,其中县财政投入资金 818 万元。全县2006 年将"两免一补"政策的实施范围扩大到全县所有义务教育阶段学生,为包括城区中小学在内的全县 7 万多名义务教育阶段的学生免除了杂费,且为全部农村中小学和城区 20% 的学生免费提供教科书。

农村所有寄宿生全部享受每天 1.5 元/人的生活补助,城区寄宿生享受生活补助人数不少于 20%,低保户家庭学生每天补助生活费 2.5 元/人。同时加大投入,2006 年县级财政拨款 1 667.2 万元用于教育。2007 年推行义务教育"五免一补"政策,学校不收任何费用,实现了真正意义上的义务教育。2008 年,随着《神木县实行十二年免费教育实施办法》、《神木县实行十二年免费教育实施细则》的实施,全县建构了覆盖城乡、惠及全民的教育发展体系,使教育事业得到了持续健康发展。目前,全县小学学龄儿童入学率和小学毕业升学率均为 100%;初中毕业生升入高中阶段的比例达 100%;学前三年幼儿纯入学率达100%。小学、初中生均公用经费标准分别为每年 250 元/生、385元/生。

(二) 安塞县义务教育基本情况

安塞县位于陕西省北部,延安市正北,西邻志丹县,北靠榆林市靖边县,东接子长县,南与甘泉县、宝塔区相连,总土地面积 2 950 平方公里,占延安市总面积的 8.04%,其中耕地 106.4 万亩,95% 属于山地。全县辖 7 镇、5 乡、1 个街道办事处,211 个村委会、1 018 个村民小组,总人口共计 16.44 万人,其中农业人口 12.89 万人,人口密度为 55 人/平方公里。2009 年完成生产总值 79.94 亿元,同比增长 15.3%;实现财政总收入 15.52 亿元,其中一般预算收入 7.09 亿元,增长 6%;农民人均纯收入 3 904 元,增长 18.5%,城镇居民人均可支配收入达12 926元,增长 27.1%;单位 GDP 能耗降低 4.2%。目前,全县共有各级各类学校 179 所,其中完全中学 2 所(民办 1 所)、初中 11 所(九年制中心学校 1 所)、小学 142 所(乡镇中心小学以上 16 所、村办小学 126 所),小学中有完全小学 22 所(农村 6 所),一人一校小学 85 所。初中在校生 7 633 人(民办 204 人),小学在校生 13 543 人,其中乡镇中心小学以上学校共有学生 11 645 人。全县义务教育学校中,中小学教师 1 485 人,在编不在岗教师 190 人,外聘代课教师 290 人。初中专任教师 570 人,大专及其以上学历者 553 人,学历达标率为 97%;小学专任教师 915 人,中专及其以上学历 778 人,学历达标率为 99%。2008 年,小学毕业生升学率为 100%,初中毕业生升学率为 81.1%。目前,初中师生比为 1:13.39,小学师生比为 1:14.80。

(三)志丹县义务教育基本情况

志丹县位于陕西省延安市西北部,全县总土地面积 3 781 平方公里,现辖 6 镇、5 乡、1 个管理区、1 个街道办事处,200 个村委会,3 个社区,1 114 个村民小组。全县总人口共计 13.9 万人,其中农业人口 10.9 万人,人口密度为 35.4 人/平方公里。2008 年全县完成生产总值 146.17 亿元,财政总收入 26.07 亿元,较 2007 年增长 6.2%,其中地方收入 12.45 亿元,农民人均纯收入 3 447 元,增长 23.3%,城镇居民人均可支配收入为 12 796 元,增长 26.1%,连续第 4 次被评为"西部百强县"和"陕西十强县"。近年来,志丹县努力改善办学条件,完善学校布局,先后被授予"陕西省中小学实验教学普及县"、"'两基'达标先进县",2007 年高标准通过陕西省政府"双高普九"评估验收。2008 年全县共有各级各类学校 158 所(含民办 14 所),其中初级中学 6 所、中心小学 16 所、完全小学 9 所、教学点 111 所;在校学生 27 253 名,全县义务教育阶段公立寄宿制学校的小学生大约有 5 267 人,初中生大约有 4 031 人。目前全县共有教职工 2 124 人,其中教育事业单位 105 人,专任教师 1 998 人(其中初中 513 人、小学 1 234 人),专任教师学历达标率初中、小学均为 100%,另有代课教师 206 名。

一、 被访谈县的义务教育经费收支情况及问题分析

（一）神木县

该县在义务教育保障新机制实施后,各学校的基本建设、危房改造等专项经费均有明显增加,学校的经常性费用拨款、建设性费用拨款均可以满足学校的支出需要,被调研的学校中,只有一所学校每年供热费用短缺20万元左右,其余学校均没有债务负担。同时,上级财政经费能够按时、按标准全部拨付给学校,无拖欠现象。全县公用经费的拨付实行统一标准,不存在差异。但是,在学生人数少的学校,却出现了经费严重短缺的现象。经费支出方面,受控较严格,手续繁杂,行政成本增加,办事效率不高。教师的课时津贴、奖金,外聘代课教师的代课费,外聘管理人员的工资,部分学校采取从公用经费中支出,部分学校利用地方性津贴发放该部分费用。另有些学校则在"两免一补"专款经费中支出外聘人员的工资。

问题分析:当前神木县的教育经费是以学校在校人数多少的方式拨付给各个学校的,所以学生人数少的学校财政上拨付的经费就较少。而过去由于学校实行交费入学,很多学校就利用学生所交费中的学杂费等费用发放教师的课时津贴等,但是在实行了新的义务教育保障新机制政策后,学校经费由县级财政统一收支和核算,学校的所有开支均需要按照预算执行,再加上神木县实行12年免费教育,学生上学不缴纳任何费用,学校自身就没有可以支配的资金来给教师发放奖金和津贴,而县级财政又没有给予学校这方面的专项费用,所以导致很多学校用公用经费给教师发放课时津贴等,有的学校甚至用办公经费给教师发放该部分费用。

（二）安塞县

从2006年春季起,安塞县公办学校义务教育阶段学生全部享受

"两免一补"政策。2005年全县小学生生均公用经费约为50元,初中生生均公用经费为63元,2008年比2005年分别增加了100元、150元,但是各个学校的生均公用经费数额却有所不同,中小学生均公用经费相差较大。2008年,家庭经济困难寄宿生的生活补助按照政策按人头发放到各个学校,生活补助标准为小学年人均500元,初中年人均750元。2007年,安塞县全面实施义务教育保障新机制后,上级财政拨付给学校的费用可以按时、按标准拨付给各个学校,没有拖欠现象。学校用于基本建设、危房改造的专项经费较以前有所增加,但是并没有明显的增加。学校的经常性费用拨款,对于大多数学校而言能够满足需要,学校也没有债务负担,但是有一部分学校还存在债务问题。这些债务包括办公经费紧张、学校教师课时工资太低,甚至部分学校的债务已经影响到了学校的正常运转。实行"两免一补"政策后,部分学校取消了教师津贴,部分学校为了给教师发放津贴和外聘人员的工资而从学校的办公经费和其他各种经费中支出。

问题分析:在实行义务教育保障新机制之后,安塞县财政加大了对学校专用经费、财政性经费的投入,所以各个学校在这些方面的经费支出都有所增加并得到了有效保证。但是学校的经常性经费由于上级部门只给了政策但是没有配套该项所需资金,所以学校要给教师发放奖金等只能靠自己解决。学校外聘人员由于不属于财政在编人员,而属于学校自聘人员,所以也需要学校自行解决这部分的工资等费用。学校作为非营利性单位,又没有其他收入,所以很多学校只能动用公用经费来给教师发放这些资金。

(三) 志丹县

2005年秋季,志丹县开始实施义务教育阶段"两免一补"政策,各项教育经费都能够严格按照标准按时、足额发放到各校及学生手中。

全县生均公用经费采取统一的标准,同时对贫困寄宿生实现生活补助,初中每年750元/人,小学每年500元/人,县级财政将经费按照人头拨付给学校,学校再足额发放给每位学生。2007年全面实施义务教育保障新机制后,该县各个学校的基本建设、危房改造等专项经费都有明显增加。上级财政经费一般都能够按标准、按时拨付给学校。但是除了少数学校之外,大多数学校的经常性经费、建设用费都无法满足学校的需要,其主要缺口是公用经费不足,而水电费和取暖费的不足是导致缺口的主要原因。"两免一补"实施后,学习自收自支的经费明显减少,对教师的津贴产生了一定的影响。特别是2008年以后,全县实行绩效工资制度,已不存在教师津贴、奖金,教师平时只有财政工资,学校的津贴、奖金等未经过县政府批准不得发放。而教师课时津贴、奖金,外聘代课教师的代课费,外聘人员的工资等,各学校均采用在公用经费中支出的方法。同时,实行新的义务教育保障新机制后,各个学校都面临着收入少、开支大的问题。学校维修、设备更新维护等费用没有着落,只能靠各个学校的校长找领导争取,而且各学校支付给教师的班主任费用、教师教学目标管理奖等,更是缺乏资金来源。

问题分析:2007年全面实施义务教育保障新机制后,志丹县的各个义务教育阶段的学校基本建设等专项经费都有了明显增加,上级财政经费也能够按时、按标准、足额拨付给各个学校,但是大多数学校的经常性经费拨款、建设性经费拨款却难以满足日常开支,这主要是因为新机制实施后,由于预算内经费有限,且上级补助公用经费不得用于人员支出、基本建设、偿还债务,造成了各校日常公用经费的短缺。再加上人员预算标准不够,而上级财政并没有考虑到物价上涨导致的学校开支增大,也加剧了学校经费的短缺。

二、被访谈县的义务教育中小学教师绩效工资实施情况及问题分析

（一）神木县

当前,神木县义务教育中小教师的工资已经按照政策全部实行了绩效工资制度。但是教师对此做法认识不一,有些教师希望实行绩效工资,是因为这一方式可以提高教师的待遇,工资总额较过去有所提高;而有些教师不愿意实行绩效工资改革,因为实行这一制度后,地方津贴一律取消了,很多教师不能接受。而且教师绩效工资有高有低,一些教师虽然也辛苦工作但是仍然拿不到全额的绩效工资,挫伤了教师的工作积极性。在问及教师的现行工资中是否可以拿出一部分按绩效分配时,有 4 位校长表示不愿意实行这一方式,因为他们认为工资本来就属于教师所得,而且教师的工资本来就低于当地公务员的工资,实行这一方式很多教师的工资会更低,不利于安定团结,不利于调动教师的工作积极性。评价教师绩效,应该全方位进行,不宜只看成绩,而且经济问题不能完全调动教师的积极性。为了真正体现能者多劳、多劳多得原则,教师之间工资可以拉大,但是差距不宜过大,而且他们认为应拉大课时津贴等部分。在实行绩效工资后,神木县教师工资和绩效工资的总和平均约为 2 500 元/月,较以前有所降低。

问题分析:实行绩效工资后,取消了特殊岗位津贴等一切补助,教师的工资较以前有所降低。同时,教师的工资本就低于当地公务员的工资,如果再从教师现行工资中拿出一部分按照绩效工资分配,那么很多教师的工资会更低,这种方式挫伤了很多教师的工作积极性。同时,对于一些老教师而言,他们也不希望自己和中青年拿的工资一样多,甚至比他们还低。

（二）安塞县

目前,安塞县的中小学校大多数都实行了绩效工资制度,因为这一制度能够调动教师工作的积极性,体现多劳多得、优质优酬的原则。但是还有少数学校由于种种原因没有实行绩效工资制度。在关于可否将教师的现行工资中的一部分拿出来按绩效分配时,75%的校长表示可以,但必须是以结构工资的部分作为绩效分配;而25%的校长则反对这一做法。赞成实行绩效分配的校长认为,评价教师绩效,最好的指标是结合教师的工作量和教学成绩,科学制定与考核教师的成绩。同时要拉开教师之间的工资差异,区别对待,这样教师之间才有竞争,才能调动教师的积极性。在实行教师绩效工资后,安塞县教师的平均工资较过去有了提高,提高的幅度在30%以上,现在全县教师的平均工资在2 000元/月,但是较当地公务员的工资,教师的工资还是低。

问题分析:实行绩效工资制度后,能够调动教师的积极性,实现多劳多得。但是由于安塞县教师平均工资低于当地公务员工资,所以很多教师的工作积极性不高。同时,很多教师都认为不应该拿财政工资的部分作为实行绩效工资的资金,而应该是县财政拿出专项资金或者把学校发给教师的课时津贴、奖金等用来实行绩效工资。

（三）志丹县

当前,志丹县并没有全面实施教师绩效工资制度,而是由各个学校自主确定是否实行。虽然大多数学校已经实现了绩效工资制度,并且认为这种方式能够调动教师工作的积极性,体现多劳多得、按劳分配原则;但是,仍然有部分教师不希望实行这一制度,因为大多数教师认为教师工资本身就低,实行绩效工资制度以后反而会降低教师的收入。大多数教师比较赞同拿出教学效果管理的奖金或者财政拨款来实施绩效分配制度。对于教师工作积极性的调动,则采取量化考核的方式,从教师考勤、教学常规、教学效果、工作实效和工作量上进行细化,从而实现多劳多得。但是,实现这些方式不应该过大拉开教师工资的差异。在实行教师绩效工资制后,教师的平均工资较过去提高了800~900元,目前全县教师的平均工资在2 300元/月,略高于当地公务员工资。

问题分析:当前志丹县教师的工资收入处于当地收入中等甚至是下等,所以部分学校并没有实行教师绩效工资制度。因为这一制度的实行虽然能够调动部分教师的积极性,体现多劳多得的分配制度,但是这在一定程度上削弱了部分教师的津贴,使得他们的收入较以前有所降低,使得原本收入不高的教师工资更低,从而难以保证留住一部分教师继续从事教学工作。再加上教师工作量大、工作辛苦,除了工资之外没有任何其他收入,如果老师辛苦的工作换来的是比以前更低的收入,必然会挫伤一些教师教学和工作的积极性。

三、 被访谈县的义务教育农村寄宿制学校的发展情况及问题分析

(一)神木县

神木县现有农村寄宿制学校共27所,住宿学生大约占50%。对于农村中小学实行寄宿制的出发点,被访谈的该县的教育局副局长认为是为了执行上级政策。而被访谈的中小学校长认为,排在第一位的原因是由于教学点分散,资源配置不足,教育质量不高;第二位的原因是由于教师不愿下乡,为此只能减少农村教学点;第三位是出于加强对教师和教育的规范化管理的需要;第四位是由于农村留守儿童多,家庭疏于管理,辍学现象严重;最后一位是为了执行上级政策。在实现寄宿制的部分学校中存在校舍缺乏的现象,学校的几十个寄宿学生

集中在一间房子居住,通风、通光都不好,不利于学生身心健康。在对寄宿制学校校长的访谈中得知,实行农村小学生寄宿制后,学生的成绩提高不显著,还增加了教师的工作量。特别是低年级的学生寄宿,很多学生连基本的生活都不能自理,造成学校对他们的管理难度较大,而且也增加了学校在学生安全方面的管理压力,再加上寄宿制的学生由于缺少父母之爱的呵护,也不利于学生的身心健康发展。对于在农村小学采用"中心学校＋教学点"模式,解决小学生寄宿制带来的各种问题,虽然出发点很好,但是实际可行性不大。

问题分析:在寄宿制学校里,学校为了保证寄宿生的安全,安排相关管理人员、部分教师特别是班主任加强对他们的管理,从而加重了教师的负担。而寄宿生远离父母,缺乏父母对他们的必要监督和管理,从而导致学生学习成绩不但没有提高,还增加了教师的工作量。同时,由于学校住宿的学生较多,班主任和管理人员数量有限,也导致很多学生难以得到良好的关怀与照顾。所以在县城寄宿制中小学周围,很多父母为了照顾孩子上学在学校周围租赁房子,他们中的很多人都没有固定的经济来源,只靠做临时工维持生活,有些家长甚至什么都不做,每天就是给孩子做饭,照顾孩子的起居。

(二) 安塞县

目前,安塞县拥有农村小学寄宿制学校 20 所,住宿学生约占45%。各个学校因所在位置、在校生人数的不同,住宿人数所占的比例也有所不同,如沿河湾中心小学共有 701 名学生,住宿学生共 373人,占全校学生总数的 53.2%;真武洞初级中学共有学生 1 000 人,住宿生共 300 人。对于安塞县当前实行的中小学生寄宿制的出发点,有的校长认为首要原因是由于教师不愿下乡,而有的则认为是由于教学点分散,资源配备不足,教育质量不高,才对农村中小学实行寄宿制。

对于农村中小学实行寄宿制后学生的学业成绩,有两位校长认为有较大提高,有两位则认为提高不显著。而实行寄宿制的学校,考虑到学生的安全问题,而且有些寄宿制学生的年龄小,生活不能自理,导致教师工作量增加,给学校增加了压力。

问题分析:安塞县地处陕西北部,农村条件比较艰苦,导致很多老师特别是年轻的教师都不愿到农村去教书。而合并农村教学点实现农村中小学生寄宿制,虽然有利于整合教育资源,但是由于有些寄宿的学生年龄较小,远离父母使得他们缺乏家庭的关爱,再加上寄宿学生的人数比较多,导致部分学生的成绩不但没有提高甚至还有倒退的现象。学校由于有学生寄宿,为了保证学生的安全,同时为了照顾年龄较小的孩子的生活,各个学校都安排了一定数量的教师管理和照顾寄宿生的日常生活,这无疑增加了教师的工作量。而在很多偏远地区设立的教学点的取消,既不方便孩子上学,又使很多家长为了孩子上学专门到县城给孩子做饭,这些家长没有经济来源,从而增加了家庭负担。

(三)志丹县

当前志丹县共有 18 所农村小学寄宿制学校,住宿学生约占 60%。而该县在对偏远地区的农村中小学生实施寄宿制的首要出发点是由于这些学校教学点分散,资源配备不足,教育质量不高;其次是出于加强对教师和教育的规范化管理的需要;再者是由于农村留守儿童多,家庭疏于管理,辍学现象严重,目前全县留守儿童估计有 12 589 人;另外由于部分老师不愿到偏远农村去,农村中小学教师短缺,也导致对农村中小学实行寄宿制。实行寄宿制后,学生的成绩有了较大提高,但是也增加了学校的负担,学校的后勤工作量增大,主要是在学生饮食、卫生、安全等方面,对学生的身心健康也产生了不良影响,如心理上无亲昵感,部分学生产生了孤僻感等,同时也缺乏家庭的教育。

问题分析:实行寄宿制后的志丹县农村中小学,虽然优化了学校布局,整合了教育资源,提高了教育质量,但是也增加了学校管理上的负担,特别是在保障学生安全、饮食卫生、身体健康等方面给学校带来了一定的压力。因为保证每位寄宿生的人身安全、身体健康是每所寄宿制中小学校义不容辞的职责,所以这就需要各个学校投入一定的人力和物力来加以保证,这无形中就增加了每所学校的管理负担和压力。

四、被访县义务教育经费使用和管理制度建设及问题分析

(一) 神木县

目前,神木县已经实行了义务教育学校预算编制制度,学校也编制了自己的经费预算,但是并没有按照"两上两下"的程序进行。而学校经费使用上主要存在公用经费用于聘请代课教师和宿舍、食堂和校园管理人员的情况。学校在资金使用和管理方面能够严格遵循国家财政政策,并结合本县的要求,制定学校制度,如《教师结构工资方案》、《考勤制度》、《绩效考核制度》、《中考奖罚制度》等。同时,各个学校严格控制资金的使用,重大项目招标采购,办公用品在采购中心领取,日常小型开支则采取校长签字,经办人签字的方式。虽然神木县推行了农村中小学财务公开制度,向全社会公开农村中小学财务。但是,在我们调研的5位校长中,有1位表示县义务教育财政收支情况并没有定期向学校公开。其他的4位虽然表示公开,但是各自表述的方式也不一样,有人表示通过教育会议的方式;有人表示按学期向全体教职工公开;有人表示以文件形式,每学期公开一次。而学校经费由县级财政统一收支和核算的问题,有两位校长表示有利于学校的发展,但是也有两位表示,这种方式对于学校的发展来说有利有弊。

问题分析:虽然神木县严格执行义务教育经费使用和管理制度,但是仍然存在部分学校私自将公用经费用于其他方面的问题。这主要是由于县级财政在给学校的各种公用经费中并没有考虑到学校除了正常的开支之外,还需要根据自身实际情况,聘请代课老师和宿舍、食堂和校园等管理人员的情况。因为这一部分人员是学校教职工中的重要组成部分,但又不属于学校的正式职工,所以学校只能从公用经费中支付这些人员的工资。

(二) 安塞县

从 2006 年起,全县义务教育阶段中小学全面实行了预算编制制度。目前安塞县中学、中心小学资金预算以学校为基本预算单位,中小学各项收支统一纳入学校预算管理,严格按预算办理各项支出,细化支出项目,实行综合预算。县教育局要按照统一性、完整性、公平性的原则和规范的程序,逐校编制和汇总中小学预算,报县财政局审核、批复。农村中小学支出预算的内容主要包括:人员经费支出、公用经费支出、资助贫困学生支出、项目支出等。财政部门对教育部门上报的数据进行审核汇总,并按规定报经县政府审批后,于每年一季度末前统一批复到各中小学,并按预算进度向各学校拨付经费;在预算未确定前,县财政局根据上年中小学月均实际支出情况,逐月提前预拨公用经费。同时,按时向社会公布农村中小学财务公开制度。在经费使用方面,虽然学校能够严格遵守省市县关于资金使用与管理的制度和专款专用的规定,并且都认为学校经费由县级财政统一收支和核算有利于学校的发展,但是大多数学校仍然存在着公用经费用于发放教职员工的奖金或津贴、学校基本建设、聘请代课教师和宿舍、食堂和校园管理人员等问题。

问题分析:虽然近年安塞县加大了教育投入,全县义务教育阶段中小学全面实行了预算编制制度,但是由于实行"两免一补"政策之后,学生不交费了,而县级财政对于教师的课时津贴、外聘教师的代课费、外聘管理人员的工资等费用又没有专门的预算而是需要学校自己解决这部分的资金。而对于学校而言,他们自身又没有其他经济来源,所以为了支付教师这部分工资,很多学校都利用公用经费来支付,这也是许多学校的无奈之举。

(三) 志丹县

当前,志丹县义务教育学校全部实行了学校预算编制制度,并按照"两上两下"的程序进行。同时推行农村中小学财务公开制度,定期向全社会公开。各个学校经费由县级财政统一支收和核算,有力地推动了各个学校的发展,保证了经费安全运行,有利于学校内部运作经费时避免不公正、腐败等现象。但是,有时候也存在着经费不能够及时拨付的现象。而各个学校在经费使用和管理方面虽然严格遵守收支两条线、五笔合签、财务公开制度等,但是大多数学校仍然存在着公用经费或用于发放教职工的奖金或补贴,或用于偿还债务,或用基本建设,或用于聘请代课教师和宿舍、食堂和校园管理人员等一种或多种问题。

问题分析:志丹县虽然实施了义务教育学校预算编制制度,但是县级财政每年的教育预算内资金总数有限,导致很多学校不得不用公用经费来支付教职工奖金或津贴、偿还债务、进行基本建设等费用。同时县级财政统一收支和核算学校经费,没有学校管理直接、方便,而且学校的基本建设、聘请管理人员的费用都存在不确定性,导致部分学校在这一部分经费上存在短缺现象,所以一些学校不得不使用公用经费用于这些方面的开支。

五、内容总结与政策建议

(一) 内容总结

学校经费收支情况:随着义务教育保障新机制的实施和"两免一补"政策的全面推进,被访谈的神木县、安塞县、志丹县均全面落实了农村义务教育阶段的"两免一补"政策,2007年神木县还推行了义务教育阶段的"五免一补"政策,学校不收取任何费用。各县不断加大对教育的投入,各个学校的基本建设、危房改造等专项经费均有明显增加,学校的经常性费用拨款、建设性费用拨款有效地满足了各个学校的支出需要。同时3个县的县级财政逐年提高中小学生的生均公用经费,并不断提高贫困生的生活补助标准,按照人头数按时、足额发放给每位学生,实现了"不让一个孩子因为家庭困难而辍学"的目标。各县的财政性教育经费也均实现了按时、按标准全部拨付给学校,无拖欠现象。但是各个学校在实行义务教育保障新机制后,仍然存在着农村义务教育公用经费短缺的现象,特别是学校用于支付给教师的津贴、奖金没有了资金来源,而一些学校聘请的代课教师、宿舍和校园管理人员的工资更需要学校自己支付。由于各县均实行了义务教育阶段学校预算编制制度,而且以前由学校收支的教育经费也转为由县级财政统一收支,所以很多学校为了支付这笔费用不得不使用公用经费。出现这一问题,固然与当地县域经济发展水平和领导观念有关,但是更与现行的农村教育投入保障机制有直接关系。

义务教育阶段教师绩效工资实施情况:随着教师绩效工资制度的推行,被访谈的神木县、安塞县、志丹县的多数学校都实行了教师工资绩效制度,多数老师也愿意实行绩效工资改革。但是仍有部分老师反对这一做法,因为他们认为教师的工资本就低于当地的公务员工资水平,而实行绩效工资更降低了部分教师的工资,使得原本不高的教师工资更低。同时，现在物价涨幅较大，且所访谈的3个县的消费水平较高，教师除了工资外没有任何其他收入，再加上教师工作时间长、强度大，如果教师工资过低的话，就难以调动教师工作的积极性。因此要实现教师工资绩效制度，就必须对于教师绩效成绩进行全面评价，即从教师考勤、日常工作量、工作重要性等方面进行全面考察，以调动教师的工作积极性。

在义务教育经费使用管理制度建设方面：3个县的各学校均实现了编制义务教育经费预算制度，并严格执行各县所制定的有关学校资金使用和管理方面的制度，县级教育部门还应定期向学校公开义务教育财政收支情况。但是各县义务教育财政收支情况的公开方式也不尽相同，就连同一个县城的不同学校的校长对于这一问题的表述也不一致。而在经费使用方面，部分学校仍然存在着公用经费或用于发放教职工的奖金或津贴，或用于基本建设，或用于聘请相关的管理人员等一个甚至多个问题。

农村寄宿制学校：访谈的3个县均位于陕西北部，农村条件比较艰苦，很多老师特别是年轻教师不愿到农村去教书。而西部农村又存在大量适龄儿童要接受教育的现状，因此在西部许多县都对农村中小学特别是教学点进行了合并，并实行了农村中小学生寄宿制。虽然这一措施有利于优化教育资源，推动了农村教育的良性发展。但是这一制度在也无形中给学校增加了负担，因为各个学校为了保证寄宿生的安全，照顾他们的日常生活，都安排了一定数量的教师来负责管理和照顾这一部分学生，这无疑增加了教师的工作量。同时也增加了学校后勤工作的工作量，特别在饮食、卫生、安全等方面。而在学校寄宿的部分学生，由于年龄较小，且远离父母、缺乏家庭关爱，心理上很容易形成孤寂感，再加上管理宿舍的教师少而住宿的学生多，教师的精力有限,很多学生都难以得到较好的照顾,因此很多寄宿生成绩不但没有提高甚至还出现了倒退的现象。取消偏远地区的教学点,也给很多农村孩子的上学带来诸多不便,并且增加了家庭负担。

(二)政策建议

农村义务教育保障新机制实施以来,农村义务教育经费投入的责任实现了由"乡镇为主转到以县为主"的转变,这也使得很多学校的大部分经费投入有了更加稳定的来源,但是在西部农村,义务教育经费投入的问题和困难依然很多。为有效解决和完善西部农村义务教育经费投入中存在的问题,我们认为必须从以下4个方面入手。

第一,完善义务教育保障新机制,合理调整中央和省级财政支出结构,切实加大中央和省级财政对西部农村义务教育的投入责任。

随着我国改革开放的不断深入和经济实力的不断增强,国家对于农村义务教育经费投入总量也在逐年增加,但是较之东部地区对义务教育的投入,西部地区还有较大的差距,而西部各省的GDP与东部地区比较更是存在较大差距。因此,要推动西部地区义务教育快速、良性发展,缩小区域间教育差距,推动教育均衡发展,国家必须对西部地区义务教育负担更大的责任,而不是对全国义务教育实行"一刀切"的模式。具体措施包括:教师工资部分由中央和省级政府共同承担。在这里并不是说国家要全额承担全国教师的国家标准工资,而是参照东中西部各省区的人均GDP和人均财政收入水平状况,进行区别对待。对于东部经济较发达省份,教师的国标工资实行中央和省级政府按比例负担的原则,其中国家负担80%左右;对于中部和西部经济欠发达的省份,教师的工资由中央财政全额负担。各省出台的地方补贴和津贴由各省级政府承担,并列入每年年初各省级财政预算,切实予以保障;教师的课时津贴和奖金则主要由县级政府承担,由各县在财政中设立专项资金予以保障;农村地区的教师要实行特殊岗位津贴制度（这里我们所说的西部农村地区特指的是西部的农村和乡镇,而不包括西部的县城),以大幅度提高他们的收入,从而调动教师工作的积极性,同时这也是吸引和鼓励优秀教师到西部农村任教,留住西部农村优秀教师的重要举措。对于在西部农村地区增设特殊津贴所需资金也主要由中央财政负担。

对于西部农村中小学所需的校舍建设和维修、教学设备和仪器购置等基本建设经费,以及学校日常运行所需要的公用经费,由地级市政府和县级财政按照国家义务教育办学标准共同负责提供。同时西部各省要根据省内各地区市和县级财政的状况划分投入的比例,对于县级财政较好的县,市、县应实行2∶1的投入比例;而对于县级财政较弱的县,市、县应实行1∶2的投入比例,从而保证学校的基本建设和日常运行。

对于西部农村地区的乡镇政府和村一般不再负责义务教育阶段的经费投入,而是把其主要职责转换到动员和确保本区域内义务教育阶段学龄儿童的及时入学,控制中小学生的辍学现象;负责维护学校的正常教学秩序,确保学校师生的安全;按照法定程序备好学校新建和扩建、改建所需的土地等。

同时,西部各省级政府应在缩小区域内城乡和地区间的教育差距方面发挥有效作用。即省级政府除了用好中央政府专项转移支出经费之外,还要负责在全省范围内统筹和分配财政性义务教育经费。省级政府首先要保证全省范围内所有教师在中央和省级政府规定的工资标准方面做到地区间、城乡间、校际间的统一,以缩小省区内部、学校间、城乡和地区间教师收入差距较大的现象。在此基础上,建立本省内义务教育的优先发展区和重点扶持区,优先支持和发展本省农村学校特别是农村偏远学校的义务教育发展。

第二,建立多元评价体系,完善教师绩效工资制度,调动教师工作积极性。

当前西部农村教师工资水平普遍较低,这一现象也严重地影响到教师工作的积极性,而实行教师绩效工资制度,有效地调动了广大教师工作的积极性;但是这一制度在实施过程中由于评价体系不完善,并没有在调动教师积极性方面发挥更大的作用。因此,在西部农村教师中实行教师工资绩效制度,就要全面考核教师成绩,从教师的德、能、勤、绩等方面对教师全面考核,而不是单纯地看教师的教学成绩,这样才能真正调动教师工作的积极性。同时,对于教师的考核要细化考核细节,完善考核制度,从而保证学校考核的公平和公正。随着"两免一补"政策的推行,全国的义务教育阶段学校都开始不再收费,因此,国家在保障西部教师国家标准工资的基础上,各县级财政可以拿出部分资金用于发放教师绩效工资,这部分费用应作为专项经费,体现在当地的财政预算中。

第三,完善义务教育经费使用管理制度,确保农村教育经费得到有效、合理利用。

随着义务教育保障新机制的实施,西部各县都开始实施义务教育学校编制学校预算制度,并按照有关制度严格把握义务教育经费的使用和管理,但是部分学校由于经费短缺,仍然存在利用公用经费发放教职工津贴或奖金、偿还学校债务、聘请代课教师和学校管理人员等问题。要有效解决这一问题,必须完善学校经费投入体系,即由县级财政拨付学校所聘人员的工资,而不是由学校自身解决。对于西部农村中小学的债务,要在清理核实的基础上,明确债务主体和责任,分清学校债务的使用用途,制订具体的计划。对于学校因发展而产生的基本建设债务、危房改造、仪器的购买和维修等债务，应按照一定的比例由省、市、县 3 级财政共同承担；而对于学校的其他债务，则由学校和乡镇共同承担，省市财政通过专项转移支付等方式给予一定的补助。同时，加大对教育的投入，提高生均公用经费标准。县级财政在编制预算时，也要充分考虑到由于物价上涨等因素给学校所带来的负担，避免学校产生相关债务。

第四，加强对西部农村地区寄宿制学校管理，减轻学校负担，促进学生快乐成长。

随着西部地区各县对农村中小学特别是偏远地区的教学点的撤并，在人口较集中的乡镇中小学实行了寄宿制。这一政策虽然有利于优化教育资源配置，提高教育质量，加强对教师和教育的规范化管理，但是却给实行寄宿制的学校增加了诸多压力，对于部分学生的身心健康发展也产生了负面影响。要解决这些问题，我们认为应从以下 3 个方面入手。

首先，完善硬件设施。当前西部农村并点合校不断推进，但是与之相对的是很多实行寄宿制学校的校舍并没有达到相应标准，在很多寄宿制学校里面，几十个学生挤在一个十几平方米的宿舍里面，宿舍卫生条件较差，严重影响到学生的学习和身心健康。因此，要从根本上改善西部农村寄宿制学校的校舍条件，切实为学生提供一个良好的生活和住宿环境，使他们能够安心学习，从中央到省、市、县的各级政府都必须建立一套规范的西部农村中小学校舍建设机制，并制订中长期规划。同时各级政府必须明确责任，切实加大投入，从而保证西部农村寄宿制学校校舍建设从根本上得到改善。

其次，实行人性化管理。良好的环境不仅仅是外部设施的改善，更需要对学生实现人性化管理，这样才能促进学生的身心得到健康发展。当前西部农村的寄宿制学校中普遍存在寄宿生多、管理人员少的现状。一个老师要管理十几个甚至几十个学生的生活,甚至在很多寄宿制学校,学校并没有配备专门的宿舍管理人员而是由班主任担任本班寄宿生的管理员。这些教师本来平时工作量就大、任务重,再让他们从事这项工作,无形中增加了这些教师的负担。虽然这些教师也努力承担了这部分责任,但是毕竟精力有限,所以他们在照顾寄宿生的生活和日常管理中显得力不从心。因此,要改善这一现状,必须实行人性化管理。学校要配备专职人员来负责学生的日常生活管理,这些管理人员必须由有文化、素质高、有责任心的人员担任。同时,在西部农村寄宿制学校中有很多年龄较小的学生,他们远离父母,根本没有自理能力,要加强对这部分寄宿生的照顾,使他们健康、快乐成长。

最后,完善外部机制,减轻学校负担。改善西部农村寄宿制学校的现状,不仅需要学校自身的努力,更需要得到全社会的大力支持。通过完善外部机制,给学校提供一个良好的环境。首先,各级政府要和学校一起,努力保证学校及周边环境的安全,为学生提供一个良好的环境,使他们能够安心学习,健康成长。其次,学校所需的高素质、专业化的中小学宿舍管理人员由县级教育行政部门统一配备到各个学校,以减轻学校教师负担,而宿舍管理人员的支出由县级财政负担。最后,强化家长和学校的联系意识,每位家长都要定期与学校和孩子进行交流,使每个学生都能感受到他们必需的家庭关爱,从而促进他们的成长。

(孙刚成、乔刚)

报告十一:贵州省遵义县、凤冈县、望谟县农村义务教育财政政策调查

前 言

(一) 遵义县义务教育基本情况

遵义县位于贵州省北部,总面积4 491平方千米,居住着汉、苗、仡佬、彝、布依等10多个民族。2007年底总人口118万人,少数民族人口1.6万人,人口较多的少数民族有仡佬族。2008年GDP为106亿元,人均GDP为9 044元,财政收入11亿元,农民人均纯收入4 188元。2008年义务教育适龄儿童184 767人,在该县上学的儿童166 137人,流出外地并保留学籍的儿童约15 549名,全县留守儿童22 361名。中小学教师有9 720人,在编不在岗的教师84人。公立寄宿制学校的小学生大约有1 108名、初中生大约有32 268名。

2008—2009学年度,7~12周岁适龄儿童入学率为99.8%(其中女童入学率为99.6%);初中阶段入学率为98.74%;7~15周岁三类残疾儿童、少年入学率为80.65%。2007—2008学年度,小学在校生辍学率为0.76%,初中在校生辍学率为1.94%。15周岁人口初等教育完成率为97.88%,17周岁人口初中等教育完成率为80.42%。中

小学专任教师任职达标率为 100%,学历合格率为 100%;中小学正、副校长岗位培训合格率都为 100%。小学生均图书 14.6 册,初中生均图书 23.8 册;小学教学仪器达标学校 367 所,达标率为 99.86%,初中学校教学仪器达标率为 100%。2005 年小学和初中生均公用经费大概为 71 元和 101 元,实施义务教育保障新机制后,2008 年遵义县小学和初中生均公用经费大概增加了 177.27 元和 298.59 元。2008 年家庭经济困难寄宿学生生活补助由县教育局统筹安排,由学校具体实施按人头发放,其标准是小学年人均 500 元,初中年人均 750 元。

(二)凤冈县义务教育基本情况

凤冈县位于贵州省东北部,全县总面积 1 886 平方千米,主要居住着汉族、苗族、土家族、布依族、仡佬族等 30 多个民族。2008 年人均 GDP 为 5 593 元,农民人均纯收入达到 2 886 元,在全省处于中等水平。2008 年,全县义务教育学校 190 所,年末教师总人数 5 397 人,在校学生 123 893 人,其中,普通中学 48 986 人,小学 74 907 人。流出外地并保留学籍的儿童约 9 312 名,留守儿童估计有 13 594 名。全县义务教育阶段公立寄宿制学校的小学生大约有 8 500 名、初中生大约有 21 344 名。

2008—2009 学年度,7~12 周岁适龄儿童入学率为 99.5%(其中女童入学率为 99.2%);初中阶段入学率为 98.66%;7~15 周岁三类残疾儿童、少年入学率为 79.86%。2007—2008 学年度,小学在校生辍学率为 0.81%;初中在校生辍学率为 1.98%。15 周岁人口初等教育完成率为 97.43%,17 周岁人口初中等教育完成率为 80.03%。中小学专任教师仕职达标率为 100%,学历合格率为 100%;中小学正、副校长岗位培训合格率都为 100%。小学生均图书 12.8 册,初中生均图书 20.52 册。小学教学仪器达标学校 172 所,达标率为 98.91%,初中学校教学仪器达标率为100%。2005年小学和初中生均公用经费大概为70元和100元,实施义务教育保障新机制后,2008年遵义县小学和初中生均公用经费大概增加了177元和298元。2008年家庭经济困难寄宿学生生活补助由县教育局统筹安排,由学校具体实施按人头发放,其标准是小学年人均500元,初中年人均700元。

(三)望谟县义务教育基本情况

望谟县位于贵州省黔西南州东部。由于历史、地理等因素的影响,望谟一直是一个典型的老、少、边、穷的国家级重点扶贫开发县。其经济发展滞后,农村贫困面大、程度深,又是一个以布依族为主体,集汉、苗、侗、壮等19个民族的少数民族聚居县。2008年底,全县总人口29.95万人,其中少数民族人口24.42万人,占总人口的80.2%。2008年财政总收入14 566万元,其中地方财政收入5 189万元,农民人均纯收入1 945元。县领导和人民始终把义务教育的"两基"工作作为提高人口素质、实现脱贫致富、促进地区经济发展的首要任务来抓。经过努力,望谟县农村中小学办学条件得到改善,师资力量不断增强,教育教学质量得到逐步提高,这使得望谟县的义务教育得到了健康发展。

2008—2009学年度,7~12周岁适龄儿童入学率为98.7%(其中女童入学率为98.6%);初中阶段入学率为96.69%;7~15周岁三类残疾儿童、少年入学率为71.8%。2007—2008学年度,小学在校生辍学率为1.18%,初中在校生辍学率为2.97%。15周岁人口初等教育完成率为96.79%,17周岁人口初中等教育完成率为73.16%。中小学专任教师任职达标率为100%,学历合格率为100%。中小学正、副校长岗位培训合格率都为100%。小学生均图书8.4册,初中生均图书17.9册。小学教学仪器达标学校254所,达标率为94.42%,初中学校教学仪器达标率为 100%。

一、 被访谈县的义务教育经费收支情况及问题分析

遵义县 2006 年财政预算内义务教育经费拨款为 13 728.93 万元，比上年的 10 375.45 万元增长 57%，比上年财政经常性收入增长比例 34.74% 高 20.58%；2007 年为 15 249.81 万元，比上年增长 52.6%，比财政经常性收入增长比例 38.41% 高 15.18%；2008 年为 17 462.65 万元，比 2007 年增长 53.58%，比上年财政经常性收入增长比例 51.3% 高 3.42%。2007 年对义务教育拨款为 15 892.74 万元，生均义务教育拨款为 1 638.28 元，比 2006 年的 1 358.93 元增加 279.35 元；2008 年为 17 957.91 万元，生均拨款为 1 802.33 元，比 2007 年增加 164.05 元。2008 年预算内义务教育公用经费 3 769.58 万元，其中，小学公用经费 2 396.49 万元，生均 468.96 元，比 2007 年的 289.85 元增加了 179.11 元；初中公用经费 1 373.09 万元，生均 652.63 元，比 2007 年的 479.68 元增加了 172.95 元。虽然义务教育经费投入不断增加，但该县义务教育经费仍然存在缺口，目前各学校虽均能正常教学，但义务教育的债务大约还有 7 715.49 万元。

凤冈县 2007 年财政预算内义务教育经费拨款为 11 375.38 万元，比上年的 9 035.42 万元增长 55.7%，比上年财政经常性收入增长比例 36.58% 高 19.43%；2008 年为 13 652.36 万元，比 2007 年增长 54.55%，比财政经常性收入增长比例 30.93% 高 14.02%。2007 年对义务教育拨款 13 261.43 万元，生均义务教育拨款 1 538.64 元，比 2006 年的 1 306.35 元增加 232.29 元；2008 年为 15 793.68 万元，生均拨款为 1 768.39 元，比 2007 年增加 229.75 元。2008 年预算内义务教育公用经费 2 853.91 万元，其中，小学公用经费 1 644.25 万元，生均 384.32 元，比 2007 年的 246.63 元增加了 137.69 元；初中公用经费

129.66 万元,生均经费 584.69 元,比 2007 年的 477.56 元增加了
107.13 元。

望谟县 2005 年财政预算内义务教育经费拨款为 4 647.34 万元,
2006 年为 6 125.35 万元,比 2005 年增长 31.80%,比上年财政经常性
收入增长比例 20.17% 高 11.63%;2007 年为 8 498.66 万元,比上年增
长 34.77%,比上年财政经常性收入增长比例 6.12% 高 28.65%;2008
年为 8 897.77 万元,比 2007 年增长 4.75%,比上年财政经常性收入增
长比例 51.3% 低 46.55%。出现这样的情况是因为,望谟县是典型的
老少边穷的贫困县,经济总量小、自给能力弱,属"吃饭型"财政,在财
政收入增长乏力的情况下,财政支出却在逐年增加。2007 年以前该县
财政收入每年基本上都有一定的增长,但由于基数总量小,加之近年
来工资性开支等刚性支出增长速度过猛,财政收入的增长赶不上支出
增长的需要,财政的承受能力和应变能力弱,收支矛盾十分突出,严重
地制约着当地社会经济的发展。2007 年对义务教育拨款 8 494.66 万
元,生均义务教育拨款 1 427.10 元,比 2006 年的 1 058.92 元增加
368.18 元;2008 年为 8 897.77 万元,生均拨款为 1 512.45 元,比 2007
年增加 85.35 元。2008 年预算内义务教育公用经费 1 858.99 万元,
其中,小学公用经费 1 289.31 万元,小学生人数 45 449 人,生均经费
283.68 元,比 2007 年的 156.81 元增加了 126.87 元;初中公用经费
569.68 万元,初中生人数 13 381 人,生均经费 425.74 元,比 2007 年的
370.56 元增加了 55.18 元。全县教职工工资由县统一管理,按月足额
发放,无拖欠现象。从 2003 年以来,该县确保了 50% 以上的中央农村
税费改革转移支付资金用于教育。另外,该县在教育质量的提高、学
校管理、扫盲工作、办学条件、空辍保学等方面都作出了较大的努力并
取得了很好的成绩。但是,该县义务教育也存在较多的问题,如大量

年轻父母外出务工,留守儿童多,这些孩子没有得到正常的家庭教育和关爱,导致厌学情绪严重,初中辍学学生较多;学校基础设施、校园环境建设等比较落后,加强建设需要大量资金等是当地政府和教育主管部门的一块心病。

二、 被访谈县的义务教育教师绩效工资实施情况及问题分析

至 2009 年 7 月,被调查的遵义县、丹凤县和望谟县的中小学尚未实施绩效工资制度,各校校长和教师们表示当前学校教师没有任何的津贴和补助,教师们对绩效工资制度呼声强烈,希望财政尽快兑现政府承诺。县教育局回应当前还没有实行绩效工资制度的原因是县级和地方财政确实存在具体的困难,而当前也正在制定绩效工资的实施方案。据校长们反映,随着其他省市义务教育教师绩效工资的陆续兑现,当地教师教学积极性明显不高,学校也无款项支付教师津贴;而个别教师万般无奈地说他们不是不想上好课,而是没有上好课的积极性与动力。同时,校长们表达了对绩效工资制度实施的信心,也流露出对绩效工资制度实施过程中可能出现的问题的担忧。

遵义县的多数校长认为,实行绩效工资制度的初衷是为了调动教师积极性,但如果没有一个合理、恰当的教师绩效评价机制,即使实施后仍然可能会有一系列相关问题产生,还达不到调动教师积极性的目的。而将教师现行工资中的一部分拿出来,按绩效分配,校长们认为此举必然引起教师的抵触情绪,因为工资是国家法定的收入,学校没有权力扣除工资的一部分作为教师津贴;由政府拨付一部分资金用于教师津贴才是合理的,这才应是绩效工资的来源。凤冈县的校长们对教师绩效工资引起的差距各持己见,有的校长认为绩效工资的实施不能让教师工资差距太大,教师本身态度是端正的,用硬性标准考核出来的结果不一定能真实、完全反映教师水平,教育有太多东西不能用定量的标准来考核；而另有校长认为，既然是绩效就应拉大差距，形成你追我赶的竞争意识，以达到激励的作用。望谟县的校长们认为，实行绩效工资若仅从职称上定档考核缺乏合理性和科学性，可考虑从工作效果和工作态度等方面全方位考核，以真正实现绩效的考评目的，同时，应考虑到边远农村教学点的教师教学环境的特殊性，相应增加边远山区教师的津贴补贴。

三、 被访县义务教育农村寄宿制学校的发展及问题分析

遵义县、凤冈县和望谟县的部分农村中小学实行了寄宿制，中学寄宿生明显多于小学寄宿生。各学校均反映实行寄宿制能在很大程度上提高学生的学习成绩，同时也认为实行寄宿制面临的困难较多。

遵义县实行寄宿制的学校为12所，寄宿的小学生约1 108名，寄宿的初中生约32 268名，小学和初中的住宿总学生数占学生总数的0.9%。该县农村中小学寄宿制工程建设力度不够，资金不足，而教学点的合并导致寄宿制学校建设迫在眉睫，同时，中小学学校在改善办学条件、学校维修维护方面资金还存在缺口，再加上寄宿制学校建设资金短缺，填补这么大的资金缺口财政压力很大。加之，上级补助贫困寄宿生范围窄，目前补助面不足40%，还有60%的学生享受不到生活补助，将这么多贫困学生拒之于扶贫的门外实难体现教育公平。同时，该县教育局也谈及实行寄宿制后，在学生食宿、安全方面存在新的压力，学校后勤人员编制问题也将凸显。

凤冈县实行寄宿制的学校为8所，寄宿的小学生8 500名，寄宿的初中生21 344名，小学和初中的住宿学生占学生总数的3%。该县校长们认为在偏远的地方设立教学点，由中心小学派教师轮流下乡，以将寄宿制学校对学生拨款的部分转为下乡教师补贴的方式，解决小学生寄宿制带来的问题实为当前的良策，一方面可暂时缓解财政上寄宿

制工程建设的压力,另一方面有利于减少学生寄宿可能给家庭增加的教育成本,这是一种双赢的选择。

望谟县义务教育寄宿制学校建设问题严峻。目前在学校寄宿的初中生约9 530人,而在小学中还没有一所学校实行寄宿制。该县校长们认为,作为国家重点扶贫县的望谟县,国家的扶持力度还应有所加强。笔者认为望谟县留守儿童较多,而要加强对留守儿童的管理,寄宿制学校的建设实为必要,而当前的实际情况是小学还没有实行寄宿制,一方面这使得留守儿童无人看管,容易造成放任自流;另一方面,因布局调整后部分教学点已经拆迁,一些学生每天仍然要平均步行1.2个小时上学,浪费了不少的时间,无法体现教育公平。

四、 被访县义务教育经费使用和管理的制度建设及问题分析

遵义县、凤冈县和望谟县的义务教育学校都实行了学校经费预算编制制度,基本按照"两上两下"的程序进行,同时3个县都通过向全县教职员工通报、公开每大类各项目的明细账目等方式推行了农村中小学财务公开制度,各县相关的义务教育经费使用和管理制度也较为完善。遵义县在义务教育经费的使用和管理上执行了《遵义县教育系统财务管理规定》、《遵义县镇(乡)中小学会计集中核算工作实施办法》、《遵义县农村中小学报账员工作规则》、《遵义县教育系统内部审核制度》、《遵义县教育系统离任校长经济责任审计暂行办法》等制度,形成了一套较为完善的义务教育经费使用和管理的制度。凤冈县执行了《凤冈县教育局财务管理实施细则》、《凤冈县农村中小学报账员工作规定》、《凤冈县教育系统内部审计制度》等义务教育经费使用和管理的制度。望谟县也执行了《望谟县义务教育经费管理办法》、《义务教育经费预决算管理办法》、《义务教育经费支出实施细则》等义务教育经费使用和管理的制度。对关于义务教育经费由县级财政统一收支是否合适这一问题，3个县的教育局局长均认为此举是符合实际的，可避免学校经费被挪用和滥用，当前应注意的是加强对经费审批与使用的监督，增加学校对经费使用的透明度。而对同一问题各学校的校长的回答却与局长们的回答不完全相同。遵义县义务教育学校的校长们认为此举确实有利于经费的管理，但学校的自主权受到一定的影响。凤冈县义务教育学校的校长们认为预算编制并不能发挥预算的作用，申请的经费一般都不会足额发放，此举阻碍了学校的发展。望谟县义务教育学校的校长们认为，县一级财政并不完全了解学校经费缺口，通常学校的收入小于支出，学校只能勉强维持教学，学校的建设与发展受限。

五、内容总结与政策建议

（一）内容总结

通过对遵义县、凤冈县和望谟县实施义务教育经费保障新机制后的农村义务教育财政政策问题的调查研究，发现当前农村义务教育财政方面存在以下几点问题。

首先，农村义务教育经费仍然存在巨大缺口。虽然免费义务教育的实施让每个适龄儿童都有入学的机会，但农村学校无论从学校教学设施还是师资力量等方面，与城市学校相比都处于绝对的弱势地位，义务教育要实现真正的公平还有很长的路要走。

其次，由于当前义务教育寄宿制尚在起步阶段，部分地区义务教育寄宿制学校尚未建立或根本不能满足学生寄宿的要求，寄宿制工程建设任务严峻。同时，上级给予的贫困寄宿生补助面狭窄，未能惠及大部分贫困家庭，寄宿制未能让多数贫困学生摆脱贫困的纠缠。

第三，针对2006年《中华人民共和国义务教育法》中规定的义务教育阶段教师的平均工资应当不低于当地公务员的平均工资这一条例,各地区教师对绩效工资改革呼声强烈,在绩效工资制度尚未实施的当下,教师们工作积极性明显受挫。同时,对上级承诺即将兑现的绩效工资,如何给出一个公平、公正的绩效评定的标准,将是实施绩效工资面临的又一大难题。评定标准将成为调动教师积极性的又一座天平,天平一旦失衡,整个绩效工资制度就全然崩溃,当然也起不到调动教师积极性的作用。

第四,教育管理部门运转经费困难,部分镇(乡)的基础教育中心、教辅站等教育管理部门的运转经费捉襟见肘。

最后,义务教育经费在实行了由县级财政统一收支后,经费在使用和管理上较之以前更为透明,资金使用效率明显提高,但学校普遍存在预算受限,按照学生人均拨付的公用经费很难促进规模较小学校的发展。

(二)政策建议

(1)中央、省、市财政应稳步加大对农村义务教育经费的投入和财政转移支付的力度,确保农村义务教育投入的逐年增加。在县级教育主管部门成立义务教育经费核算中心,审核义务教育学校上报的经费预算,为学校划拨合理的资金。对规模较小的学校按生均统一标准拨付公用经费很难促进学校发展,可考虑镇(乡)范围内统筹教育经费,允许一定范围内的调控。同时,应加大对学校资金使用和管理方面的监管力度,促进学校资源利用效率的提高。另外,虽然免费的义务教育已经在全国范围内施行,义务教育完全成为政府的责任,但在强调政府作为义务教育投入主体的同时,不可忽视市场和第三部门对义务教育投入的补充作用,特别是减少并避免政府投入对第三部门投入的挤出效应,激励市场、第三部门对农村义务教育的投入仍然是缓解当前财政压力的有效渠道。

（2）进一步加大"两免一补"的资助，扩大覆盖面和标准。学生要获得资助需求，必须有准确的家庭收入、资产和储蓄调查。有关管理机构还需进一步完善信息服务的功能，在提出资助需求的学生中建立起家庭经济信息管理系统。同时，不定期抽查审核接受资助学生家庭经济情况，避免种种原因导致的资源被占用。另外，由于学生在使用循环教科书过程中可能造成残缺，加之对循环教科书的消毒杀菌工作所需成本不菲，学校亦不能保证消毒杀菌的彻底而无法逃离家长、社会对卫生隐患的质疑，建议制定循环教科书使用、管理及消毒杀菌等工作相应的配套机制。

（3）尽快在义务教育学校实施教师绩效工资制度，以提高教师工作积极性，制定出公平、公正的绩效工资考核标准更是当下迫切需要解决的问题。在实施绩效工资考核时要注意，避免将教师绩效工资与学生考试分数直接挂钩，进行教师绩效评价必须坚持以评价促发展这一立场；建立有效的评估反馈机制，评估者要重视评价结果的反馈与认同，使评价的反思、调控功能得到充分的发挥；重视绩效工资制度下的校园文化建设，在实施绩效工资对教师进行评估的过程中，要坚持倡导教师之间、教师与评价者之间和谐平等关系的原则，使学校每个成员凝聚在一起，为育人目标的实现形成一个共同的向心力，提高教师之间、教师与管理者之间的相互协调与合作，构建和谐校园文化。同时，对在边远山区学校和教学点任教的教师，应额外给予较为优厚的津贴补助。

（4）进一步加大农村中、小学寄宿制工程建设的投入，使农村寄宿制学校在人、财、物方面获得更多的政策支持。镇（乡）可考虑打造集中办学模式，对条件艰苦的教学点稳步实行布局调整，加快合校步伐，以期实现规模经济。应对寄宿制学校的发展，需考虑增加教育后勤人员,如食堂、宿舍管理和专业医务人员等,解决他们的编制问题。同时,后勤人员、特别是宿舍专职管理人员的素质培养问题的解决,应当成为完善学校寄宿制建设的重要内容。领导组应定期深入寄宿制学校考评、检查,发现问题,及时解决,并努力规范办学行为,确保农村寄宿制学校朝着全面、有序的方向发展。

(张学敏、冯太学、谭俊英)

报告十二:青海省湟中县、民和县、平安县农村义务教育财政政策调查

前　言

湟中县是青海省人口第一大县,有48.34万人口,2008年人均GDP为1 241元,义务教育适龄儿童43 890人,留守儿童1 340人,教育水平较高,尤其是第一中学。在师资配备方面,湟中县全部义务教育学校中,中小学教师有4 629人,在编不在岗的教师有124人,外聘的代课教师有256人,外聘的宿舍管理、食堂服务等人员大约有63人,共有寄宿小学生大约有2 900名、寄宿初中生大约有4 300名。

民和县位于青海省东部边缘,是海东地区下辖县,2008年人均GDP为1 050元,义务教育适龄儿童28 000人,留守儿童580人。中小学教师有3 200人,在编不在岗的教师有120人,外聘的代课教师有200人,外聘的宿舍管理、食堂服务等人员大约有180人。民和县有3 800名小学生、6 000名初中生选择寄宿。

平安县位于青海省东部,为青海省海东区域的行政中心。义务教育适龄儿童14 400人,留守儿童2 347名。中小学教师有556人,没有在编不在岗的教师、外聘代课教师以及外聘的宿舍管理与食堂服务

等人员。平安县没有设立公立寄宿制小学,而公立寄宿制初中学生大约有 600 名。

一、 农村义务教育经费收支及问题分析

随着国家义务教育保障新机制的实施与完善,青海省各县义务教育学生人均公用经费的拨款情况有了较为显著的提高。2005 年湟中县小学生均公用经费为 220 元,2008 年提升至 250 元,增加了 30 元;初中生均公用经费从 2005 年的 275 元提高到 2008 年的 400 元,增加了 115 元。民和县小学生均公用经费从 150 元增加到 300 元,增加了 150 元;初中生均公用经费从 200 元提高到 400 元,增加了 200 元,涨幅最大。平安县小学生公用经费则从 140 元增加到 260 元,增加了 120 元;初中生从 140 元增长到 300 元,涨幅也非常可观。截至 2009 年,各县义务教育公用经费基本都达到一个比较高的水平。

义务教育中小学教师培训由教育局统一安排。2005 年平安县人均支出约为 2 400 元,2008 年比 2005 年增加 1 000 元,是所调查的 4 个县中支出最多的。湟中县 2005 年人均支出 600 元,2008 年比 2005 年增加 300 元。相比之下,循化县 2005 年人均支出大约是 100 元,2008 年比 2005 年增加约 20 元,基数和涨幅均为最小。根据目前已有教育水平的发展程度来看,湟中县保持了平稳的发展势头,平安县却是大力加大该方面的投入,而以少数民族为主的循化县发展则较为迟缓。这也同时源于当地历史发展与各民族文化之间的差异。

就"两免一补"政策的实施情况来看,所调查的 4 个县已经全面落实,但补助标准参照当地不同情况而有所不同。2008 年对家庭经济困难寄宿生小学生的生活补助标准,湟中县为每年人均 200 元,循化县为每年人均 500 元,平安县为每年人均 75 元,相差较大。初中生补助湟中县与循化县均为每年人均 500 元,而平安县仍是 75 元,这一指标

相差更大。在这方面，更大程度上是取决于当地财政资金的充裕程度。补助均是按人头发放到学校，再由学校统一转发给学生；各级政府的财政性教育经费能够按时、按标准拨付。

义务教育保障新机制实施后，公用经费也有不同程度的明显提高。虽然调查的 16 所不同地区学校的标准有一定的差别，但学校有关负责人均表示各校的公用经费拨付情况与其他兄弟学校相同。同时，大家还表示经常性拨款能够基本满足需要，而建设性经费拨款不能够满足学校危房改造、校舍维修及学校教学设施配置等支出。危房面积过大、教学设备和实验仪器不足成为最主要的缺口。

在学校经费拨款方面，几乎所有学校都面临着同样的问题，也正如各教育局局长提到的一样，建设性经费远远不能满足需求，主要体现在以下几个方面：

第一，大量的危房等待改建，据介绍，湟中县城一中的危房数量达到 5 栋楼之多，而其他 15 所学校也大量存在危房，就湟中县而言，各校平均有 20 间左右。

第二，学校教学设施等硬件设施投入严重不足，教学设备落后，实验室、图书馆、设备仪器上的投入远远低于规定标准，这样便大大限制了教学水平的提高。想实现现代化的教学模式就必须有完善的硬件设备作保障，如何增加拨付金额从而使教学水平提升、教学环境改善成为急需解决的问题。

第三，学校存在一定的负债情况，虽然目前基本没有影响到学校的正常运转，但债务的长期存在对学校的发展始终是不利的因素。如湟中县上新庄小学，目前各项债务之和达到 10 万元之多，着实令人担忧。

二、 农村义务教育中小学教师绩效工资实施及问题分析

青海省除了民和县,其余各县目前均未实行教师绩效工资制度,但大部分教师均支持这项改革政策。首先实施绩效工资改革更能体现多劳多得的原则,在这种体制下,教师们的工作成绩可以被充分体现并得到肯定,更重要的一点是可以极大程度地提高教师们的工作热情,将教育当成自己的一项事业来完成,成就感等精神收获与物质收获会随着投入的增加而增加。其次,通过这一层面的提高,学校教育质量将会有一个质的飞跃。但大部分县至今仍未开始实施,原因是目前难以筹措大量的资金来满足绩效工资的发放,可以说这是一个急需解决的根本问题。就已经实施绩效工资制度的民和县来说,实施效果也是差强人意。由于教师现有工资不高加之绩效工资数额不大,致使该制度并未很好地实行,而民和县主要把奖励工资部分作为绩效工资来实行。

在走访县教育局相关领导和学校校长时,大多数负责人在是否可以将教师现行工资的一部分拿出来按绩效分配的问题上几乎达成完全一致的看法,均表示不赞同。首先,考虑到农村教师所处的特殊环境,偏远艰苦的生活使得教师的收入尤为重要。如果从原有工资中取出一部分作为绩效分配,必然会导致教师内部之间的矛盾,产生很多纠纷,不仅不能起到正面的激励作用,反而可能会产生一种不公平和不满的情绪,进一步降低教师工作的热情,教育水平自然就没有了保障。这一方案之所以遭到大家的一致否定,也是因为有前车之鉴。循化县有部分学校实行过此法,但是其效果并不佳,老师们的热情非但没有提高,反而有下降的趋势,很多老师意见很大,因为工作比以前更努力,但是工资反而不如从前。

在教师绩效考评标准方面,各位领导均提出了自己的一些意见,

大致包括以下几点：教学质量、教学成绩、师德素养、工作量、工龄补贴、农村偏远地区补贴等。大体看来，在应试教育的指挥棒下，教学成绩仍旧占据主导地位，但值得称赞的地方是，教师的综合素质，如师德也同样纳入了考评的范围，这样可以更加全面有效地考评教师。当谈到是否应该拉大教师之间的工资差距时，大部分负责人均表示不可行，主要考虑到教师这一行业本身的特殊性、教师本身的性质，一定程度的差异可以起到激励作用。一旦拉大，势必会出现急功近利的情况，所有教师势必会以提高绩效考评分数作为工作的唯一目标，不仅有违教师的天职，同时也将更加强调学生的成绩，与所提倡的素质教育背道而驰。但该方面也存在着各负责人意见不一的情况，有人认为应当拉大工资差异，这样能更好地提高教师工作积极性和教学效率、提高教学质量，这种情况在民和县就有所发生。

谈及教师目前的工资情况时，我们了解到湟中县教师平均工资大约为 2 900 元/月，比当地公务员高出将近 10%；民和县教师平均工资大约 3 000 元/月，与当地公务员基本持平；平安县教师的平均工资大约为 3 000 元/月；比以前提高了大约 1 000 元，略高于当地公务员工资。由此不难看出，各县教师的工资基本趋于一致，略高于当地公务员的工资。这就保证了这些地区教师的稳定性，减少了地区之间由于工资差异过大导致的教师流动性过大的问题。

三、 农村寄宿制学校的发展情况及问题分析

根据调查的 4 个县我们可以得知，青海省农村寄宿制学校的整体发展处于一种摸索和迟缓的状态。其中民和县共有 23 所寄宿制学校（一个乡镇一所），住宿生大约 1.8 万人，占全县学生总数的 48% 左右，是所调查各县中寄宿学校最多的县。湟中县共有 3 所农村寄宿制小学，住宿比例达到 85%，寄宿制中学共 18 所。全县寄宿小学生共

2 900 名,初中生约 4 300 名。循化县住宿学生占学生总人数的 27%,而平安县目前没有寄宿制小学,只有 600 名初中寄宿生。

虽然寄宿学校的建设推进了农村的教育发展,尤其是在其受益广度方面,对于偏远地区的孩子来说,他们能够得到一个接受教育的良好机会。但是,对于学校自身来说,各方面诸多压力与一些刻不容缓亟待解决的问题成为创建农村寄宿学校需要迈过的第一道门槛。第一,由于寄宿学校的设立,学校需要相应地增加相关专职管理人员、服务人员。第二,学校需提高相关的办学、住宿、伙食、医疗等一系列的保障。寄宿制学校学生宿舍条件简陋、辅助用房紧张、学生食堂的安全、学生生病治疗的保障等俨然成为几大难题,也是让家长不能放心让孩子寄宿学校的重要原因,进一步阻碍了教育的普及与推广。第三,寄宿制度大大延长了学生在校的时间,这就给学校在学生安全保证方面很大的考验,安全管理难度加大。除此之外,对于年龄较小、年级较低的学生而言,其身体和心理正处在发育成形的阶段,难免会产生叛逆、自卑、抑郁等负面情绪,并且寄宿对学生个人的独立能力有很大的考验,同时,由于缺少与父母的沟通,也可能会对学生身心健康产生一些不利影响。由于资金问题,目前尚未有学校配备专业的心理辅导员。

针对以上问题,“中心学校 + 教学点”的模式便是雪中送炭了。就这一议题的讨论,不同地区的各负责人的意见有较大出入。循化县的相关领导认为,到目前为止,这种方式是最为合理和先进的一种方式。对这些偏远地区来说,由中心学校统一支配老师轮流下乡,既可以免去学校本身建立寄宿制度的相关压力与矛盾,同时也可以保障这些地区孩子的教育问题。而湟中县早在 2003 年就普遍采用了“完初联校”管理模式,即完全小学联动管理周边的初级小学及教学点,管理成效有了显著的提升,曾被《中国教育报》介绍和推广。然而,就在近几年,这种曾经"风靡一时"的方式不再流行,逐渐退出了历史的舞台。历史的经验告诉我们此方法最终不是最优的。

首先,教学点只能作为一种临时的、非正式性的教育传播途径,一些基本的教育设施配备均不能够得到满足,更进一步的辅助材料可以说是几乎没有,如此一来,教育质量的保证仅限于简单书本知识层面的传授。显然,在现今的教育发展中,这些是远远不够的。其次,教学点的方式仍无法满足众多偏远地区学生对老师的需求。尽管现今已经按照相关标准每隔一定公里设定一个教学点,但其数量仍远远小于需求量。同时,由于教学点过于分散,对教师的下乡带来极大的不便与困难。最为重要的一点是,这种方式不能做到资源最大化有效利用,大大增加了成本,结果却差强人意。一般情况下,一个教学点大概负责 10 个左右居住在附近的适龄儿童的教学。以此看来,至少需要两名教师负责这 10 个不同年龄学生的不同课程,根据这些孩子的不同年龄划分不同的年级,分时间段分别进行授课。这对教师不仅在知识上,同时在体力上也是一个很大的挑战。然而与此相比,在正规学校中,一般情况下一名教师一次会给一个班将近 50～60 名的同学上课。换句话说,教学点中的学生平均每人要占有 1/10 的老师,而学校中学生只需 1/50 的老师。不仅师资力量不能最大化使用,而且教学设备的提供差距甚大。如果给每一个教学点配备一台最基本的教学设施,如录音机,全县如此多的教学点加起来就是一笔不小的数目。通过以上简单的分析,我们不难看出,教学点的方式虽然有"广覆盖"的效果,但低水平与高成本成为其不得不面对的一大诟病。通过对偏远地区的农村小学实行寄宿制后,教师们均反映学生的学习成绩有了较大程度的提高。

四、 义务教育经费使用情况和管理的制度建设及问题分析

青海省各县均已实行或正在筹备义务教育学校预算编制制度,已实行的各县均严格按照"两上两下"的程序进行。其中循化县的义务教育学校预算编制制度正在筹备过程中,还没有在全县范围内实行。同时,其他各县还推行了农村中小学财务公开制度,向校长层面公开、向全社会公开、向全县教职员工通报、向教育局及以上部门公开,通常只公开各大类收入支出账目,有些县还在校长层面上公开每大类各项目的明细账目。在县级义务教育经费的使用和管理上,建立并执行了公用经费编制预算管理制度、义务教育经费保障数额制度、财务内审制度等。并且,各学校均满意由县级财政统一收支的规定。

为完善各县农村义务教育经费使用制度,首先应当做好政策宣传工作,为农村义务教育经费保障机制改革的顺利进行营造一个良好的舆论氛围。其次,要保证教师工资足额发放到位,保持教师队伍稳定。再次,监督检查要到位,规范收费行为及专项经费使用行为,对各中小学校教育资金使用情况进行专项督查,确保教育资金专款专用,杜绝挪用、平调和挤占教育专项资金现象的发生。除此之外,预算编制要到位,教育资金严格按时拨付,财政对中小学公用经费做到按时、按标准拨付。

五、 内容总结与政策建议

(一) 关于义务教育收支

各项义务教育经费已经逐年有了较为明显的提高,直接表明这些方面的相关政策是十分切实有效的。各县在不同教育经费指标上的支出虽然存在一定的差异,但这一差异的存在有其必然性。第一,各县经济、文化、教育发展的程度在很大层面上决定了各项教育经费开支的多少。例如湟中县的总体发展处于各县较前的地位,在中小学生

公用经费、教师培训支出及对家庭困难寄宿中小学生的补贴等方面支出相对较多。而循化县由于当地特殊的少数民族风土人情，教育在当地的发展仍旧处于迟缓状态，加之民族本身的特殊性质，导致该县在各项教育支出上的投入均明显不足。差距之余也存在同一性，建设性经费的匮乏成为所有农村学校目前都面临的一大难题，学校危房改造、校舍维修及学校教学设施配备成为最主要的缺口。

综合考虑各方面发展的有利与不利因素，应采取因地制宜的不同灵活性方针政策，来达到最终统一的目标。考虑到各县教育支出各自的特点，应着重强调各地发展的优势，加大力度投资薄弱环节，有效弥补教育产业链缺失环节，只要保证最终各县能达到提高当地义务教学水平的最终目标即可。面对建设性经费的不足，上级教育单位应给予一定程度的资金援助，加大国家保障力度。同时，加强新校舍建设监管的力度，杜绝低质量校舍的出现。

（二）关于农村义务教育中小学教师绩效工资实施

作为本次调查的一大重要议题，绩效工资制度的实施情况成为大家所关注的焦点。其执行的优势与好处上文已充分说明，此处不再赘述。然而如此一项人人拍手称赞的政策在具体执行时，是否会如预期时顺利，仍有待商榷。在应试教育的指挥棒下，教学成绩仍旧占据主导地位。教育部发布的《关于做好义务教育学校教师绩效考核工作的指导意见》，主要说明义务教育学校教师的绩效工资分配将以绩效考核结果为主要依据。其中《意见》要求，实施绩效考核工作应遵循几个基本原则：尊重规律，以人为本，尊重教育规律，尊重教师的主体地位，充分体现教师教书育人工作的专业性、实践性、长期性特点；以德为先，注重实绩，完善绩效考核内容，把师德放在首位，注重教师履行岗位职责的实际表现和贡献；激励先进，促进发展，鼓励教师全身心投入教书育人工作,引导教师不断提高自身素质和教育教学能力;客观公正,简便易行。2009年2月5日教育部发出通知,要求各地深入推进义务教育学校教师绩效考核工作,明确指出不得把升学率作为考核指标。

根据教育部的基本政策可知,绩效评定的导向仍以教师为教育事业作出的贡献作为衡量标准,而这种贡献包括了学生综合素质的提升及学业的传授,并不以成绩和升学率作为参照标准。这与我们在现实调查中的结果存在一定的偏差,虽然各学校负责人均提到要综合考评教师的工作,但不可否认的是学生成绩占到很大比重。据我们所知,很多学校在实行绩效工资制度之前,对于老师奖金部分的发放完全依照学生的成绩和升学率来进行评定。这就导致很多平时付出较多但学生成绩并非最高的老师失去了一定物质上的奖励。总体看来,这种情形在现实中屡见不鲜,教师的奖金完全与学生成绩相挂钩。相比较而言,绩效工资中对教师的奖励部分,其性质类似于原来的奖金制度,那么发生在奖金发放上的事情是否会在新制度上重演,不得不成为大家所关注的话题。究其原因,大致有如下两点:一是目前各学校仍是以升学率为最高办学向导,因此即使老师不想过于看重也无能为力;二是尚未有系统的规定出台如何进行奖励。

因此,在新的绩效制度下,考核过程的细化和合理化是保障该项制度能够顺利进行的重中之重。在考核制度方面,首先要明确考核内容。根据教育部指导要求,制定科学合理的考查内容,主要包括考勤、工作量、教育教学过程、教育教学业绩、教师综合素质考察等方面。其次,根据各项内容性质不同划分其所占的不同比重。如考勤所占比重相对较小,教育教学过程和综合素质所占比例应相对较大。依照比例计算相应等级分值,以加总的形式来反映最终的考核结果。在考核具体操作运行方面，能够较为客观反映和相对容易衡量的指标，如考勤、教学业绩等可由学校根据客观数据直接打分。而相对难以用数据衡量的，如教育教学过程和教师综合素质则可采用多方位的全面打分，如由学校打分、教师相互评定及学生打分3方面结合，尽量做到全面、客观、公正。除此之外，关于是否可以完全杜绝以学生成绩作为衡量标准的现象，似乎很难给予定论。如果目前学校考评尚不能做到完全不参考成绩，那么只能降低该部分所占的比例，加强其他方面的考核强度。同时学校也要加强对教师的指导和教育，要引导教师关爱每个学生，特别是学习上有困难或品行上有偏差的学生。

（三）关于农村寄宿制学校的建设

根据以上分析讨论结果可知，寄宿学校与教学点二者之间，前者更具有可持续性与发展性，应该成为目前发展的主要目标和方向。因此，我们需要做的是整合有限的资金资源、人力资源，集中发展，而不是分散精力，处处都没，但处处都不精。从更加长远的角度讲，寄宿制学校的建立是一项长远而有意义的发展，虽然成本较之教学点高，但作为一项长期投资，其作用和意义是教学点所不能比拟的，因为教学点存在太多的不稳定性，终将会被淘汰。上级单位应加大农村寄宿学校的建设，以此来逐渐取代教学点。无论是从师资及设备上，还是从投建效益和长期成本比较上，寄宿制学校值得国家大力投入，这为农村教育事业的发展起到了至关重要的作用。

（赵喆）

报告十三：四川省邛崃市、彭山县、荥经县农村义务教育财政政策调查

前　言

（一）邛崃市义务教育基本情况

2008 年邛崃市的人均 GDP 为 15 003 元,在全省处于中上水平。全市义务教育适龄儿童大约有 6 万人,在该市上学的儿童有 5.95 万人,留守儿童大约 1.2 万人,没有流出外地并保留学籍的儿童。全市义务教育学校中,中小学教师有 4 371 人,在编不在岗的教师 43 人,外聘代课老师 27 人,外聘的宿舍管理、食堂服务等人员大约有 370 人。义务教育阶段公立寄宿制学校小学生大约 350 名,初中生大约6 500 名。

邛崃市被访的 4 个学校的基本情况如表 13-1 所示。

表 13-1　邛崃市被访学校基本情况表

类型	白鹤九年制学校	羊安中学	火井小学	西街小学
	农村九年制学校	农村初中	农村小学	县城小学
学生总数(人)	880	1 300	930	1 261

续表

类型	白鹤九年制学校	羊安中学	火井小学	西街小学
	农村九年制学校	农村初中	农村小学	县城小学
流出并保留学籍的儿童(人)	4	20	0	0
留守儿童(人)	380	500	180	180
教师总数(人)	73	65	70	93
在编不在岗的教师(人)	2	1	0	3
外聘的代课教师(人)	0	4	4	1
外聘的宿舍、食堂、图书馆等管理人员(人)	5	0	1	0
寄宿学生(人)	100	600	145	0
中午在学校食堂就餐的学生(人)	600	1 000	850	0
校园面积(平方米)	12 000	36 000	21 000	22 644
1997 年以来已改造的危房(间)	0	0	0	0
还有危房(间)	0	0	0	0

(二)彭山县义务教育基本情况

2008 年彭山县的人均 GDP 为 15 003 元,在全省处于中上水平。全县义务教育适龄儿童大约有 25 997 人,在该县上学的儿童有 25 891 人,流出外地并保留学籍的儿童约 106 名,全县留守儿童大约 5 240 人。全县义务教育学校中,中小学教师有 2 073 人,没有在编不在岗的教师和外聘代课老师,外聘的宿舍管理、食堂服务等人员约 160 人。义务教育阶段公立寄宿制学校初中生约 2 732 名,该县没有寄宿制小学。

彭山县被访的 4 个学校的基本情况如表 13-2 所示。

表 13-2　彭山县被访学校基本情况

类型	第三中学 县城初中	黄丰中学 农村初中	谢家小学 农村小学	鹏利小学 县城小学
学生总数(人)	2 500	500	987	1 500
流出并保留学籍的儿童(人)	0	10	10	0
留守儿童(人)	236	300	200	300
教师总数(人)	124	36	62	66
在编不在岗的教师(人)	0	0	0	0
外聘的代课教师(人)	2	0	0	0
外聘的宿舍、食堂、图书馆等管理人员(人)	12	7	0	0
寄宿学生(人)	300	200	0	0
中午在学校食堂就餐的学生(人)	280	400	600	500
校园面积(平方米)	17 025	12 000	30 000	12 665
2007 年以来已改造的危房(间)	0	20	0	0
还有危房(间)	0	0	0	0

（三）荥经县义务教育基本情况

2008 年荥经县的人均 GDP 为 17 395 元,在全省处于中上水平。全县义务教育适龄儿童大约有 17 929 人,在该县上学的儿童有 16 556 人,没有流出外地并保留学籍的儿童,全县留守儿童大约 1 373 人。全县义务教育学校中,中小学教师有 1 342 人,在编不在岗的教师 10 人,外聘代课老师 138 人,外聘的宿舍管理、食堂服务等人员约 100 人。义务教育阶段公立寄宿制学校的小学生约有 1 649 名,初中生约有 6 413 名。

荥经县被访的 4 个学校的基本情况如表 13-3 所示。

表 13-3　荥经县被访学校基本情况表

类型	荥河中心小学 农村小学	泗坪中学 农村初中	石龙小学 农村小学	严道二小 县城小学
学生总数(人)	620	796	140	1 687
流出并保留学籍的儿童(人)	0	0	0	2
留守儿童(人)	40	50	70	35
教师总数(人)	54	40	16	87
在编不在岗的教师(人)	0	0	0	0
外聘的代课教师(人)	20	7	3	0
外聘的宿舍、食堂、图书馆等管理人员(人)	6	6	2	3
寄宿学生(人)	100	350	0	0
中午在学校食堂就餐的学生(人)	300	350	80	0
校园面积(平方米)	8 618	18 816	3 500	19 987
2007 年以来已改造的危房(间)	0	45	0	0
还有危房(间)	0	6	0	1

一、 被访谈县(市)的义务教育经费收支情况及问题分析

(一)被访谈县(市)的义务教育经费收支情况

1. 邛崃市义务教育经费收支情况

(1) 邛崃市实施义务教育保障新机制前,2005 年小学和初中生均公用经费分别是 205 元、320 元左右。到 2008 年,小学和初中生均公用经费分别增加了 95 元、180 元左右。在 2007 年全面实施义务教育保障新机制后,上级的财政性教育经费都能按时、按标准拨付,学校的基本建设、危房改造等专项经费有一定程度增加,被访 4 所学校校长普遍认为经常性经费拨款(公用经费和人员经费)基本能满足学校支

出需要,但是建设性经费拨款不能满足需求,缺口主要在设备设施维护、寄宿制管理费用等方面。

(2)邛崃市义务教育中小学教师的培训由教育局统一安排,2005年人均支出大约是 500 元,2008 年比 2005 年大约增加 200 元。

(3)"两免一补"政策实施后,邛崃市 2008 年家庭经济困难寄宿生生活补助标准为:小学年人均 500 元,初中年人均 750 元,按人头统一发放到学校,并由学校发放到个人,做到了应助的全助。问卷调查显示,该政策实施后,教师收入明显降低,对教师的津贴有很大影响。教师的课时津贴、奖金,外聘代课教师的代课费,外聘管理人员的工资等从学校公用经费中列支。

2. 彭山县义务教育经费收支情况

(1)彭山县在实施义务教育保障新机制前,2005 年小学、初中生均公用经费分别是 315 元和 362 元。实施后,2008 年比 2005 年分别增加了大概 15 元和 33 元。义务教育中小学教师培训人均支出由 2005 年的 56 元增加到 2008 年的 322 元。

(2)彭山县"两免一补"政策实施非常顺利,从 2008 年春季开始免费提供教科书、提高生均公用经费标准和加大对寄宿生的补助后,学校的各项工作开展更加顺利。对家庭经济困难寄宿生的生活补助按人头发放到学校,初中生每年 750 元/人,由于该县没有寄宿制小学,因此此项补助不存在。

(3)彭山县的财政性教育经费大部分时间能按标准发放,但有时候,如开学初,公用经费不能及时下拨,滞后近一个月,特别是寄宿生的生活补助经费滞后要更明显。2009 年春季的寄宿生生活补助至 8月份还未到位,这主要是因为薄弱的县级财力导致财政经费拨付比较困难。

（4）义务教育保障新机制实施后，经常性经费拨款和建设性经费拨款基本能够满足义务教育支出的需要，但对于生源较少的学校需要教育局统筹倾斜才能够保证正常运转，学校长远发展建设及特色学校的建立方面尚缺少资金支持，该县义务教育的债务于 2008 年全部化解，不影响正常的教学。从被调查学校来看，2007 年全面实施义务教育保障新机制后，除 1 所学校无基本建设和危房改造外，其他 3 所学校的基本建设、危房改造等专项经费都有所增加，但是经常性经费拨款均很难满足学校支出需要，主要缺口在教学设备的购置方面。

3. 荥经县义务教育经费收支情况

（1）荥经县在实施义务教育保障新机制前，2005 年小学、初中生均公用经费分别是 210 元和 260 元，实施后，2008 年比 2005 年分别增加了大概 53 元和 143 元。义务教育中小学教师培训由县教育局统一安排，教师培训人均支出由 2005 年的 20 元增加到 2008 年的 30 元。

（2）荥经县按规定全面实施了"两免一补"政策，2008 年家庭经济困难寄宿生生活补助按人头发放到学校：小学人均每年 500 元，初中人均每年 750 元。各级政府的财政性教育经费都能够按时、按标准拨付。

（3）义务教育保障新机制实施后，除建设性经费外，经常性拨款按政策要求足额拨付，义务教育债务已还清，能够确保教育教学的正常开展。

（4）义务教育保障新机制实施后，从所调查的 4 所学校来看，学校的基本建设、危房改造等专项经费都有明显增加，并且上级财政经费也能按时、按标准拨付，但学校的经常性经费、建设性经费仍不能够满足学校的支出需要，主要缺口在办公、教学设备设施和教师的培训经费上。同时"两免一补"政策实施后，教师没有任何的津贴，外聘代课老师工资从学校财政中统一支出,这对学生人数、经费较少的学校带来一定的财政压力。

从以上3个县的义务教育经费收支情况可以看出,义务教育经费收支存在的问题主要有:(1)建设性经费不足。学校公用经费基本能维持正常的教学需求,但是在学校维修建设方面的资金不够充足,无多余资金投入到学校发展和特色建设方面。(2)教师的津贴受到影响。"两免一补"政策实施后,学生不缴费,教师没有任何津贴补助,外聘管理人员的工资只能由公用经费支出,给校级财政造成一定的压力。

(二)被访谈县(市)义务教育经费收支存在的问题分析

1. 建设性经费不足的原因有两方面

(1)新机制实施需要适应期

2005年12月23日,国务院常务会议研究农村教育问题,决定对农村义务教育经费保障机制进行改革。12月24日,国务院印发了《关于深化农村义务教育经费保障机制改革的通知》(国发〔2005〕43号),决定从2006年开始,用五年时间,按照"明确各级责任、中央地方共担、加大财政投入、提高保障水平、分步组织实施"的基本原则,逐步将农村义务教育全面纳入公共财政保障范围,建立中央与地方分项目、按比例分担的农村义务教育经费保障新机制。12月26日,国务院召开农村义务教育经费保障机制改革工作会议,正式启动农村义务教育经费保障机制改革。到了2009年,虽然该机制已经实行,但是还存在着许多问题。西部地区情况复杂,要达到预期目标,还需一个适应和缓冲期。

(2)地方财力有限

在农村义务教育经费保障机制改革的步骤中,2009年,中央出台农村义务教育阶段中小学公用经费基准定额。各省(区、市)制定的生均公用经费基本标准低于基准定额的差额部分,所需资金由中央财政和地方财政按照免学杂费的分担比例共同承担。对于分担比例,西部地区为8：2,中部地区为6：4,东部地区除直辖市外,按照财力状况分省确定。对校舍维修改造资金的分担比例,中西部地区为5：5,东部地区主要由地方承担,中央给予适当奖励。对贫困家庭学生提供免费教科书的资金,中西部地区由中央全额承担,东部地区由地方自行承担;对寄宿生补助生活费的资金,由地方承担。受"5.12"特大地震影响,四川省各县地方经济遭到巨大破坏,需要改造的学校众多,要完全覆盖各个学校,完成校舍维修和改造,显然很吃力。

2."两免一补"政策实施后,教师的津贴受到影响

2006年,西部地区农村义务教育阶段中小学生全部免除学杂费,中央财政同时对西部地区农村义务教育阶段中小学安排公用经费补助资金,提高公用经费保障水平。免除学杂费后,学校收入减少了,给予教师的津贴自然受到影响,调研中很多校长反映,"两免一补"政策实行后,没有相应的机制来保障教师的待遇,比如现在教师给学生早晚自习的辅导就没有算课时费,拿不到津贴,教师工作积极性受到影响。

二、 被访县 (市) 的义务教育中小学教师绩效工资实施及问题分析

(一) 被访谈县(市)的义务教育中小学教师绩效工资实施情况

(1)邛崃市根据各学校的实际情况,已经在部分学校开始实行教师绩效工资制度,绩效工资实施后,教师的平均工资大约是1 200元/月左右。被访的4所学校中两所已经实行该制度,另外两所还未实行。教师普遍希望实行绩效工资制度,因为这与待遇直接挂钩,多劳多得。但不

赞成从教师现行工资中拿出一部分出来按绩效分配,因为教师现在的工资本来就低。在评价教师绩效方面,问卷反馈提到以下几个指标:工作量、工作过程考核、教育质量、工作能力、教学成绩、教师专业发展研究能力、教师出勤等。对于教师间工作差异是否要拉大问题,有些学校认为应该拉大,这样可以激励和调动教师的积极性;另外有些学校认为不宜拉大,教师间工资的差异过大不利于稳定教学队伍。

(2)彭山县目前尚未实行教师绩效工资制度,正在调研启动阶段,对于广大教师是否愿意实行绩效工资改革,该县指出广大老师是非常赞同的,"两免一补"政策实施后,教师并没有减少工作量和工作压力,但津贴补助却降低了,这将影响教师工作的积极性。通过实行绩效工资制度,学校的教学管理质量提高、工资提高将可以调动老师的积极性。但对于将教师的现行工资中的一部分拿出来按绩效分配,该县持否定态度,主要原因是教师的工资本来就很低,按此方案只会适得其反。在评价教师绩效的指标设定方面,该县将以"德、勤、能、绩、廉"为原则设定,但是教师的工资只会适当拉大,不会有太大的差距。

(3)荥经县目前尚未实行教师绩效工资制度,但已进入方案报批阶段。广大教师认为实行绩效工资制度不仅能够通过增加收入来调动教师工作的积极性还能够促进教育教学的发展,因此对此项制度的实行还是非常赞同的。但是对于能否成功实行绩效工资制度,该县认为有一定困难,主要因为该县处于边远山区,经济欠发达,县级财力不足。同时该县认为不能够将教师的现行工资中的一部分拿出来按绩效分配,主要是因为教师工资原本就比较低,学校方面则认为目前现行工资维持基本生活都有一定困难,而且总体收入与其他部门相比仍然存在较大差距,从中拿出一部分来按绩效分配显然是不现实的。在评价教师绩效指标方面,该县认为应该遵循"德、勤、能、绩、廉"的原则,以教学成绩、工作成绩、工作量、学历、教龄等指标为参考依据;指出报酬在调动工作积极性中起着必不可少的杠杆作用,因此教师间的绩效工资要拉大,但要把握好度,没有差距难以调动工作积极性,差距太大又会诱发新的矛盾。

（二）义务教育中小学教师绩效工资存在的问题分析

（1）对于国务院决定提高义务教育教师的工资待遇,人们普遍看好,认为迈开了解决问题的第一步。部分学校的校长认为,实行绩效工资制度后,教师队伍中会出现"三多三少"现象,即主动学习进修的多了、争当班主任的多了、要求多任课挑重担的多了;无事闲聊的少了、小病大养的少了、要求离开一线的少了。

（2）也有校长认为"绩效工资"这个词有些敏感,绩效工资涉及成绩、效率,从字面上看,有与升学率挂钩的嫌疑。它涉及很多方面的调整,例如素质教育与应试教育关系问题等。2006年起实施的《中华人民共和国义务教育法》明确义务教育必须均衡发展。因此有观点认为从教育公平角度看,实施义务教育绩效工资恰恰不能效率优先。或者说,应该建立全新的"绩效"观。而如何细化绩效工资的标准成为关键之一。

（3）专家建议,实现教师绩效工资制度,不能进一步拉大地区、学校之间教师收入的差距,而应加大统筹力度,促进各地区、各学校义务教育教师工资水平一致,并以此为基础,推进师资力量的均衡,实现教育的均衡发展。

三、被访县（市）的义务教育农村寄宿制学校的发展及问题分析

（一）被访谈县（市）的义务教育农村寄宿制学校的发展情况

（1）邛崃市有4所农村小学寄宿制学校,住宿学生约占3%,寄宿制学校入住率并不高。问卷调查显示,对于偏远地区的农村小学实行寄宿制的出发点主要基于教学点分散,资源配备不足,减轻学生和家长负担。对偏远地区实行农村小学生寄宿制后,学生的学业成绩有明显提高,但同时也给学校管理增加了压力,主要原因是学校的物质条件不足。针对有人建议的"中心学校+教学点"模式,邛崃市教育局认为县级教育财政经费有限,中心学校集中办学和管理,能够使学校把更多的精力放在学生身上,利于学生接受更为系统的教育,教学点不具备这一根本优势。而且"中心学校+教学点"模式所需花费要远大于集中用于"中心学校"的花费。

(2)彭山县现阶段暂无义务教育农村寄宿制学校。

(3)荥经县有4所农村小学寄宿制学校,住宿学生约占25%。由于该县处于边远山区,因此该县实行农村小学生寄宿制的出发点主要是考虑到偏远山区农户居住分散,上学路程单程超过3公里,且留守儿童多,家庭无力管理。该县通过对偏远地区的农村小学实行寄宿制后,学生的成绩有较大提高,但是也增加了学校管理的压力,主要表现在对学生的生活服务管理上,比如住宿管理、学生安全管理、饮食安全管理等。与此同时,虽然小学生寄宿可以培养其独立能力,但是学生年纪小,得不到亲人的关爱,对其身心发育会产生不良影响,但总的来说利大于弊。

该县认为对农村小学采用"中心学校+教学点"模式有以下不利:①学生居住较为分散,上学、放学途中的安全得不到保证;②由于班级太少,这将影响教师的教学氛围,不利于提高教学质量,由于学生过多,同时也不利于国家对各教学器材的足额配备;③此种做法导致教师流动性大,对学生的成长不利;④虽然由中心指派教师轮流到村小任教,但由于教学条件相对中心学校来说还是存在一定差距,这也影响到教学质量的提高。

（二）义务教育农村寄宿制学校存在的问题分析

（1）群众对寄宿制了解得还不够，心存疑虑。这主要反映在送子女寄宿的积极性不高，特别是年纪较小的学生，担心他们在校吃不饱，容易睡不好，生病怎么办，周末往返学校路途太远，担心出安全问题。

（2）学校欠账多，校方压力大。国家实行义务教育经费保障机制改革后，除书本费外，学校不再向学生收取其他任何费用。原设定的修建寄宿公寓后收取学生住宿费来偿还部分债务的计划，现因学生入住率低，收取的住宿费较少，除满足正常的开支外基本没有结余而无法实现。

（3）教师资源不足，且值班报酬低。寄宿制学校教师工作量比非寄宿制学校大，而学校又没有富余的教师专门管理后勤，在一定程度上影响了学校的管理。教师的付出没有得到相应的回报，影响了工作积极性。

四、被访县（市）的义务教育经费使用和管理的制度建设及问题分析

（一）被访谈县（市）的义务教育经费使用和管理的制度建设情况

（1）邛崃市实行了义务教育学校预算编制制度，按照"两上两下"的程序进行，同时也推行了农村中小学财务公开制度。一般通过教育工作会向全县教职员工公开每大类各项目的明细账目。4所学校均编制经费预算，在经费使用方面，存在公用经费用于基本建设，聘请代课教师和宿舍、食堂以及校园管理人员等方面的问题。学校在资金使用和管理上遵循的制度和规定有：政府采购、大额资金使用集体研究制度等。

（2）彭山县已实行义务教育学校预算编制制度,该县教育系统各单位(学校)向教育局上报预算,由教育局汇总编制成全县教育系统的总的预算,财政只针对教育局下达预算指标。

县级义务教育经费的使用和管理上建立和执行了:

① 转发和执行了《四川省农村义务教育阶段学生免收学杂费管理办法》和《农村中小学公用经费支出管理暂行办法》;

② 教育局制定的《关于进一步加强基层单位支出管理有关问题的通知》。

（3）荥经县实行了义务教育学校预算编制制度,并向全县推行农村中小学财务公开制度。在义务教育经费的使用和管理上,该县成立了教育系统集中收付核算中心,比如实行了《雅安市农村义务教育经费管理使用暂行办法》和《四川省农村中小学校舍维修改造专项资金管理暂行办法》等。县义务教育财政收支情况也定期向学校公开,该县认为当前义务教育经费由县级财政统一收支比较合适。各学校都编制经费预算,但学校在经费使用方面存在公用经费用于基本建设的问题。

（二）义务教育经费使用和管理的制度建设存在的问题

（1）经费拨付和管理没有在财政局、教育局和校长之间进行合理分工,教育管理部门和校长的经费统筹与管理环节的作用很难发挥。财政局设计了固化的预算公式,如何填表财政局说了算。经费直接到学校,教育管理部门没有经费分配职能,也没有经费予以统筹以激励、约束学校。

（2）义务教育经费由县级财政统一收支仍然存在一些问题,比如,怎样加大和体现对薄弱学校的支出倾斜,怎样扶助支持特色学校和临时性存在困难的学校等。

五、 内容总结与政策建议

（一）内容总结

通过对以上 3 个县的调研,我们可以看到各县义务教育经费收支基本能维持正常教学的需要,但是建设性经费不足,阻碍了学校的进一步发展;中小学教师绩效工资制度实施顺利,反映普遍良好,但是也存在着一些问题,绩效标准有待于进一步细化;调研县的农村寄宿制学校发展同西部其他县(市)类似,受地震影响,需要维修和重建的校舍多,经费不足、教师人员不足等问题凸显;在义务教育经费使用和管理上,调研县基本按照国家相关规定执行,但在管理上,财政局、教育局和校长之间缺乏有效合理的分工,有待进一步明确职责。

（二）政策建议

1. 加大政府对义务教育的投入力度

中央政府要下决心压缩其他开支,确保国家教育财政性支出占 GDP 的比例达到 4%,并在 2010 年达到 4.5% 左右。各地政府也要严格按照新修改的《中华人民共和国义务教育法》的要求,教育投入要确实做到"三个增长",年初看预算,年终查决算。同时,各级教育投入既要解决总量投入不足的问题,也要解决配置不均衡的问题,明确政府是义务教育均衡发展的全部责任方。在教育资源的分配中,要对农村义务教育给予更多的政策照顾和倾斜。

2. 提高建设性经费投入,改善农村义务教育的办学条件

政府要加大政策支持和配套资金投入。建设寄宿制学校是为民造福的一项工程,是促进地方经济发展的基础。政府应在政策上给予大力支持,多渠道筹集办学经费。调研县的各农村寄宿制学校,在学生宿舍、食堂及相关配套设备、设施的投入上,给学校带来了很大的债务压力。公用经费用于建设维修支出,势必影响学校的正常教学。

3. 加强师资队伍建设,提高教师待遇,进一步完善教师绩效考核标准

农村义务教育财政支出的不足导致师资队伍不强,教师待遇低。这些情况的改善就需要有效地执行中小学教师绩效工资制度。积极探索和完善教师绩效考核标准,提高教师工作积极性,稳定教师队伍,提高教学水平。政府可以在城乡之间建立教师双向流动制度,就农村教师现状分析,双向流动制度包括两种制度:其一,城市教师支援农村教育制度;其二,农村教师定期到城市学校进修制度。但近年来,各地建立的教师交流制度大多属于前一种制度,即将城市超编教师调整到农村和边远地区任教。因此,要解决农村教师问题,建立农村教师定期到城市学校进修制度很有必要。

4. 教育主管部门要搞好调研,充分论证,避免资源浪费

寄宿制学校的建设是今后农村教育发展的一个趋势,教育主管部门在建设寄宿制学校时,要根据县内社会经济发展的现状,调查和研究实情,充分论证学生寄宿的规模,不能盲目贪大求全,造成资源浪费,社会效益差,经济压力大。

5. 学校要加强宣传,赢得支持,提高入住率

邛崃市 3 所农村寄宿制学校,入住率只有 3%,针对入住率低的问题,要加强宣传,让社会和学生家长了解农村寄宿制的优越性,宣传学校对学生细致入微的关心和管理,宣传学生寄宿后各方面的变化,并通过一定的形式向家长和社会通报情况,让家长消除疑虑,增进了解和共识,以此提高入住率。同时要加强管理,提高教育教学水平。学校要进一步加强寄宿学生的教育教学管理,提高教育教学质量,提高学生综合素质,让学生进一步得到全面发展,以实际的成效向社会证明寄宿制学校的优越性。

6. 配齐寄宿制学校的教职工编制

寄宿制学校与非寄宿制学校相比，需要相应的食堂与宿舍工作人员以及生活管理、指导教师，但目前配给学校的教职工的编制，基本没有考虑这些问题。造成学校教职工不足，一线教师超负荷工作。为维持现状，学校不得不从社会上招聘，但对于这部分人员的工资，学校没有收入来源解决，只能从学校正常的办公经费中支付，致使学校办公经费难以为继。

7. 建立义务教育经费问责和绩效责任制度，并把义务教育均衡发展列入政府主要责任考核内容

为了提高资金的使用效率，要加强各级政府义务教育经费问责和绩效考核制度。在教育资金的分配、使用上，明确财政局、教育局和校长的分工，以利于义务教育均衡发展，并以此作为评定各级政府绩效的一项重要指标。不仅要把义务教育均衡发展列入政府主要责任考核内容，更重要的是通过建立完善的政府问责制度，加大义务教育均衡发展的实施力度。

（王冲）

报告十四：山东省高唐县、冠县、青州市农村义务教育财政政策调查

前　言

　　山东省作为中国的一个教育大省,也担负着基础教育的重要责任。本次调研抽取了山东省的3个县(市),包括高唐县、冠县、青州市,对义务教育经费保障机制实施进行实地访谈和调查,深入探究目前农村义务教育的财政问题。

　　山东省青州市辖9个镇、3个街道,2008年底全市义务教育适龄儿童大约有94 793人,无流出外地并保留学籍的儿童,全市留守儿童约200名。全市义务教育学校中的中小学教师有5 898人,在编不在岗的教师约560人,无外聘代课教师,外聘的宿舍管理、食堂服务等人员大约有150人。青州市目前没有公立寄宿制小学,公立寄宿制中学的初中生大约有500名。

　　高唐县共有学区11个,其中中学12所、小学中心联校15所,每所中心联校都有隶属的不同数目的教学处、教学点或学区小学等分点。全县义务教育在校人数41 810人(2009年春季),其中小学在校生29 117人,初中在校生12 693人。全县2008年义务教育适龄儿童大约 29 117 人，几乎全部在该县上学，其中农村小学有 23 762 人，县城小学有 5 355 人，总体入学率为 100%，无流出和留守儿童情况统计。义务教育阶段教师有 4 423 人，其中初中县镇有 355 人、农村 1 727 人，小学县镇有 307 人、农村 2 034 人；无代课教师和外聘人员。全县义务教育阶段公立寄宿制学校的小学生大约有 1 308 人，初中生 6 119 人，乡镇中学约有 80%~90% 的学生住宿。

冠县现有中小学 124 个，其中小学 98 个（乡镇 95 个、县 3 个），初级中学 20 个（乡镇 19 个、县 1 个）。小学在校生 41 083 人，初中在校生 17 111 人，全县 2008 年义务教育适龄儿童大约有 8 156 人，在本县上学的有 8 146 人。全县小学、初中适龄儿童少年入学率均为 100%，小学、初中辍学率分别为 0% 和 1.5%。全县现有在编教职工 5 642 人（县编办下达全县教职工编制数为 6 579 人，含专任教师 5 761 人、职工 818 人），其中小学 2 934 人，初中 1 781 人，其他为非义务教育阶段教职工。

一、 义务教育经费收支情况及问题分析

本次接受调查地区从 2007 年全面实行新机制，资金主要由中央、省、市 3 级财政提供专项支持。从调查情况来看，各级部门都能按规定及时、足额地将资金拨付、分配到位，形成了较好的专项资金拨付机制；各学校也能认真执行相关规定，加强调查和核实，确保资金落实到人，落实到项；经费的收支状况上，不管是县级财政还是各个学校都有严格的管理，可以做到专款专用，为义务教育事业的发展提供了可靠的保障。

实施农村义务教育经费保障机制后，各校收入保障水平较前有明显的提高，学校基本建设和危房改造的专项经费有所增长，D 级危房基本已被改造，调查中发现只有极少数学校还存在危房问题。学生人

均公用经费较 2005 年有了大幅明显增长,学校正常运转基本得到保证,只是公用经费的拨付标准依据各县的财政能力而有所不同。而且,调查中发现高唐县和冠县所在的聊城市,现在九年义务教育的初中与小学很多都已经实行联校管理,即一个乡(镇)的所有中、小学,实行中学管小学,由一名校长全面主管;或是小学的中心联校办事处管理下属的各教学点(处)。联校中学校享用的经费等各标准都是统一的,保证了农村儿童公平享用优质教育的权利,也做到了城乡教育经费无差异,在国家等各级财政的支持下,现在该县的农村和城镇学校都统一按国家的"农村"标准拨款,不过青州市地区的新机制执行情况略有不同:

(1)义务教育生均公用经费划拨情况:① 青州市小学生均公用经费由 2005 年的 250 元上升到 2008 年的 345 元,与农村学校相比,每人少 50 元取暖费。农村学校生均公用经费略少于城镇学校,2005 年为170 元,到 2008 年增加了 80 元。② 高唐县和冠县同属聊城市,执行了相同标准,即 2008 年的小学生均公用经费标准为每个学生 295 元,2005 年为 210 元,与 2008 年相比增加了 85 元;初中 2005 年生均公用经费为 300 元,2008 年的标准是 445 元,比 2005 年增加了 145 元。对于农村小学达到 427 元,农村初中达到 582 元的省定标准,分别高 82元和 87 元。

(2)家庭经济困难寄宿生生活补助标准:高唐县和冠县执行情况依然一致:2008 年家庭经济困难寄宿生生活补助标准是小学年人均500 元,初中生年人均 750 元,都是严格按标准、按人头发放到学校。青州市教育局给出的数据标准也是如此,只是调查过程中发现各个学校的执行情况和报告有程度不同的差距,而且农村学校对贫困生的补助标准较城镇低,补助直接发放给学生本人。

（3）义务教育阶段学校的中小学教师培训工作：高唐县在2007年才开始开展此项工作，2008年总共花费40多万，人均500多元。冠县义务教育中小学教师培训由县教育局统一安排，2005年人均支出大约是84元，2008年比2005年大约增加82元。

（4）学校债务情况：青州市城镇学校的各项拨款能够满足学校的正常需要，多数农村学校的建设性经费拨款不能满足其支出需要，且存在一定债务。高唐县2008年认定的债务总额为6 739万元，但并不影响学校的正常教学。冠县的义务教育债务也有6 000万左右，影响部分学校正常教学的进行。

随着新制度的实行，现在各学校在各级教育行政部门的监督下已经基本不存在乱收费现象，而"两免一补"的政策也大大减轻了农民的经济负担。成绩虽然显著，问题却依然很多，本次调查和访谈中发现，在经费收支方面的问题主要有以下几点：

（1）教育经费的总投入仍然不足。近年来，国家虽然逐步加大了对义务教育的投入，但是由于县级财力有限，教育经费的总投入仍然严重不足。而且，随着新机制的实行，学校原有的收费项目和收入渠道被停止，学校没有了创收渠道，致使学校的众多支出项目只好靠有限的公用经费来解决，这不仅挤占了公用经费，而且进一步限制了学校的建设与发展。所以，生均公用经费能否逐步提高标准，以适应学校日益发展的需要，成为一个亟须解决问题。

（2）县级财力有限导致经费不足、配套资金少且发放缓慢。这不仅造成了教育的地区差异和不公平，也限制了贫困地区义务教育水平的提高。义务教育作为一种普及性、公共性和强制性的教育，应该是促进社会公平、建设和谐社会的重要手段。现在我国各个地区虽然同样实施了新体制，但国家"两免一补"政策所用的数额相差不多，没有体现出地区差异。依据财政部和教育部的文件,要求合理确定省级以下各级政府的经费分担责任,通过转移支付制度,确保地方资金及时足额到位。省级以下的各级政府,尤其是县级政府,因经济实力不同所能承担的经费也就不同。比如在山东省,山东东部沿海和西北内陆的经济差异就比较大,相应的,地处鲁西北经济实力稍差的高唐县政府可能在教育事业上该投的没有实力投入,而胶东较富裕的县级政府可能还会在学校的需要水平上加倍投入。教育资金的充足影响到了义务教育实力和水平的差异,所以,配套资金投入的差异使得义务教育经费保障新机制带来的平衡效应有限,没有从根本上缩小地区间义务教育经费差距,造就了义务教育的不平等。

(3)学校历史债务难以化解。教育负债在全国各地是普遍现象,绝大部分为农村教育欠债,其中包括银行贷款、欠施工队的工程款、学生"普九"借资等历史欠账的积累。高唐县 2008 年认定的债务总额为6 729 万元,冠县的义务教育债务也有 6 000 万左右,各中小学情况不同,有的基本没有债务,而有的农村中学的债务则达上百万元。新机制实施后,农村教育费附加、学生学杂费取消,而国家明确规定专项资金不能用于归还欠债,学校还债的压力进一步加剧。虽然还债的任务和压力没有影响到学校的正常教学,但化解这些历史债务也成了制约农村义务教育正常运转的一大难题。

(4)教师奖金、津贴受影响。大部分学校在"两免一补"政策实施后,对教师的津贴并没有影响,原因在于很多学校的教师本来就没有课时津贴,但有些学校还是受到了影响,其存在的问题仍然不可忽视。自从新机制实行以后,学校创收渠道减少,随之带来的学校资金的减少影响到教师津贴等奖励和补助的发放,虽然教师工资不用再担心(由县级财政统一按时足额发放),但津贴的取消和奖金的减少削弱了教师的工作积极性。而有的学校为了鼓励和奖励教师，即使有部分奖金和课时津贴下发，也是从公用经费里挤占；虽然也会从学校自己的收入里抽取一部分，但因为学校收入极其有限，还是会发生挤占公用经费的情况。所以，新机制的实施和各种收费项目的取消使得学校费用减少，从而不仅使教师津贴、奖金减少，也促使挤占小部分公用经费现象发生。

二、 义务教育中小学教师绩效工资实施情况及问题分析

本次调查的三个地区目前都还没有实行绩效工资制度，主要因为财力有限和考核标准难以衡定等问题，但随着国家政策的出台和改革的号召，各地区也正在筹划和准备出台相关实施文件。虽然还没有实施，但在本次调查过程中发现各学校也都对此有所了解，并借此谈了他们的意见和想法，发现有些思想比较有代表性和指导意义，所以在此作一总结。

首先，在学校方面，我们调查中发现目前小学教师工资标准已经得到普遍提高，各项保险待遇也得到落实，这是国家和社会对教师职业的肯定和必要保障的满足。另外，本次调查的中小学校长基本都认为应该实行教师绩效工资制，目前的教师工作缺少激励机制，教育不应该"吃大锅饭"，应该激励教师工作水平的提高、鼓励优秀教师起到模范作用。现在青州市中小学教师的工资由 3 部分组成：岗位工资、工作量工资和绩效工资，可以看出教师每月的工资中实际上已经包含绩效工资这个部分，只不过每人得到的数额相同，其实质量和效果都与没有实施此项制度一样。教师间的工资差异可以拉大，以体现对勤劳者的鼓励和对懒惰者的警示，现在有些学校也会主动对优秀教师做一些精神上的鼓励和支持，但这是远远不足的，物质上的刺激是必不可少的。

其次,在教师方面,存在一个两面性的问题:一方面,教师希望实行绩效工资,因为教师也会希望可以多劳多得,不至于工作量多了、业绩好了都没有太大体现,所以大部分人还是愿意实施绩效工资制度的。但是另一方面,要看绩效工资动用的是哪部分资金,如果是政府从财政中拿出专项资金来执行此制度,对于很多人来说可能意味着涨工资,那么教师是同意的。然而,如果是要拿教师工资中的一部分来执行,那肯定是行不通的,多数人反对是因为他们认为这样将让一部分人拿到的工资更少,形成"负激励"。此前高唐县实行过此类方法,就是因为拿教师的现行工资的一部分来执行,遭到太多教师反对而终止。另外,也有人建议拿现行教师工资中的地方福利补贴或浮动工资作绩效工资来重新分配。依此来看,如果现在要顺利实行绩效工资的话,就必然是应用专项资金,但是目前县级财政困难,资金动用阻力大,给绩效工资的实施蒙上了一层阴影。

再次,在调查中发现,绩效工资制度之所以有名无实或实施不了,主要原因还在于找不到绩效评价的标准。关于绩效工资实施后教师的绩效评价指标问题,各学校也都提出了自己的看法,把这些总结起来就是:"德、能、勤、绩"。"德"主要指教师对学生的人格、道德等的影响力和教育,可以依据学生对教师的评价和教师行为来测评,因为中小学正是学生品行的形成时期,作为教师就应该起到指导教育和言传身教的作用;"能"则主要是依据教师的科研成果和论文发表等来鉴定;"勤"主要指工作量和工作出勤等表现,作为一个工作人员就必须对自己的岗位尽职尽责;"绩"主要指工作业绩和教学成果等,作为一名教师就应该不断提高自己的教学水平,为孩子的学习和成长奠定坚实基础。其依据的标准可以有班级的"优秀率"或"及格率",但评价的起点必须相同,即各个班级的学生水平相当,属于"平行班"。

最后，对于如果实行了绩效工资可能导致的教师工资差距拉大问题，各学校校长也表示支持，他们认为只有这样才能激励先进、鞭策落后，正所谓"平均最不公平，公平不是平均"。只是差距不要太大，否则会对教师队伍的团结造成一定影响。

同时需要说明的是，我们的调查队员发现：对于非盈利、非竞争的义务教育阶段，在考虑它给学校教学增加效率的同时也要看到它的一些负面影响。首先，中小学阶段属于义务教育阶段，学校在没有收入的情况下还要耗费人力物力用于对这项制度的管理、建立评价体系，实施绩效工资制度无疑增加了管理成本。其次，由于绩效工资造成的收入差异会造成学校各部门与教职工之间的矛盾，影响人际关系和部分教师的工作态度，造成外部成本上升。在不能证明绩效工资制度的激励作用影响有多大时，客观存在的各种成本反而提醒我们对这项制度进行深刻思考。

三、 义务教育农村寄宿制学校的发展情况及问题分析

在本次调查的地区中发现农村寄宿制学校的发展情况各不相同：首先青州市各乡镇目前没有寄宿制小学，只有初中存在寄宿情况。其次冠县目前只有3所农村寄宿制小学，住宿学生大约占2.6%。2008年农村小学寄宿生2 679人，按每生每年500元标准资助244人，占寄宿生总人数的9.11%；农村初中寄宿生12 127人，按每生每年750元标准资助1 227人，占寄宿生总人数的10.12%。而高唐县除城区的3个街道办事处的中小学都没有寄宿生以外，所属的所有乡镇中学都有寄宿生，有10所乡镇中心小学也有寄宿生。寄宿生的补助标准在2008年是：小学人均每年500元，中学人均每年750元，由县级财政按寄宿生人数发放到各学校以后，学校公布学生名单并由家长代领，还要交代使用范围。总体来看，"两免一补"的"一补"资金在调查地区

还是按照标准及时、足额发放到学生手里的，做到了专款专用。

第一，调查过程中得出学生寄宿的主要原因有两点：(1) 上学路途太远，有些学生的家离乡镇中学或中心小学有一定距离，每天来回费时费力，上学不方便，为了保障孩子上学方便和安全，部分家庭选择住宿学校；另外，一些小学的教学点分散，导致资源配备不足和教育质量不高，促使学生选择中心小学，而选择中心小学必然会有离家远的偏远农村的学生。(2) 在农村很多家长会忽视对孩子放学回家后的管理和教育，只关注考试成绩而不会抓好平时教导，并且农村家长可能有些由于学识有限而不能给孩子所需的正确指导，认为不如让孩子寄宿在学校，交给学校和老师，也方便统一管理和教育。事实证明，很多学校都反映学生在寄宿以后成绩都有不同程度提高，但由于孩子缺少家庭温暖和家长管束，给学校在保障学生安全和后勤服务等方面也带来一些压力。

第二，学校寄宿管理背负的压力也有两点：(1) 工作量加大。首先寄宿制要求学校对学生在校的生活、安全、卫生、文化生活引导等等各个方面，特别是对学生的健康安全负有重要责任，其宿舍管理还要求学校配备专门人员；其次是寄宿生在学校统一管理下的晚自修，也会需要教师值班，以备监督或回答学生疑问。(2) 增加了学校开支。不管是工作人员的工资支付，还是学生宿舍的修造，都给学校在费用有限的情况下带来了开支增长的压力。各个学校的拨款是同样的，而寄宿制学校则要承担更多的开支压力，使得学校更难发展。农村小学生实行寄宿制后，对学生的身心健康也有一定的不利影响。在校时间长，在家时间短，与家人的沟通交流少，学生容易形成孤僻的性格，缺少亲情的关怀与父母的照顾。还可能由于管理方面的因素，造成学生休息不好，生活质量下降，影响身体健康。

第三，关于"中心学校 + 教学点"的模式，许多老师和学校领导认为有利也有弊。"利"在于这种方式在一定程度上可以缓解边远地区因教师缺乏而造成的学生无人管理、教学质量差等问题。提高教学点的教学质量后还可使部分学生"回流"到离家近的教学点上学，从而减少了中心学校寄宿学生数量，这样，寄宿制学校原本对寄宿学生拨款的部分可转为对下乡教师的补贴，教师轮流下乡让教师的工资有所提高，可提高教师下乡的积极性。"弊"在于如果教师轮流下乡过于频繁，教师的责任心不强，对学生情况的熟悉程度不够，不仅不利于连续性教学，学生也难以适应老师的教学方法，不利于学习。这就要求学校对下乡教师的教学任务作出妥善安排，使不利因素降到最低。而且，鼓励教师到教学点任教不能解决根本问题，学生全面素质的培养难以实现。一个学校的文化氛围对于学生来说很重要，系统、统一、一致的教学思想与教学理念才能更好地培养学生良好的世界观和价值观，这不能只靠下乡教师提供的科学文化知识养成。

最后，本次调查的成员发现在调查地区出现了两种与"中心学校 + 教学点"的方式具有相似理念的模式，其内容具有借鉴意义，所以特别在此作简要介绍：

（1）在调查之前，高唐县的小学就已经创新性地采用了一种类似的方式来管理各乡镇小学。由于小学教学点比较多而且分散，所以高唐县在每个城镇街道办事处和所有乡镇都分别设立了一个中心联校，它分别管辖旗下的一个中心小学和众多教学点（处）。各个学校的经费收支等方面都由中心联校统一处理，而中心联校只是一个管理和办事机构，不拥有校园和学生；在管理上实行教育局分管各中心联校，并将经费下发给联校，之后再由中心联校分管并将经费分配给各校。而教师也不是轮流下乡教学的，各个学校都有自己的教师队伍，只是他们都归中心联校统一管理,只在必要时会实行内部人事调动。笔者认为其管理模式和我们所设想的方式比较接近,所以具有很多借鉴之处。

(2) 尽管青州市没有寄宿制小学,但近年来随着大量中小学生进城读书现象的增多,从 2003 年起青州市城区的中小学附近陆续出现了许多"托管站"。托管站大都由学校附近的住户创立,其经营模式分为"全托式"和"半托式"。"全托式"包括接送学生上学放学、负责三餐和住宿,对象主要是农村来城里读书的中小学生,起初价格为每人每月 150 元,现在为每人每月 400 元;"半托式"只负责中午接送和午饭,对象是学校离家较远、家长不方便接送的城里学生,收费由最初的每人每月 80 元涨为 150 元。托管站往往聘请一些学校老师或者代课教师为住宿学生提供辅导,这项服务并不额外收费,所以食宿质量以及辅导老师的水平成为各家托管站竞争的关键。在青州市,托管站的经营模式是非常成功的,并渐渐由城里向农村扩散。每个托管站的学生有 30 人左右,便于管理;由于都是家庭所创办,孩子们更能感受到家的温暖,辅导老师也能为学生的学习提供帮助。可以说,托管站是一种介于住宿与走读之间的模式,但其并非正式注册的机构,缺乏有关部门的统一管理,家长和孩子的利益不能得到充分的保障,不过其管理方式值得我们借鉴。

四、义务教育经费使用和管理的制度建设情况及问题分析

总体来说,本次调查发现义务教育经费的使用和管理制度还是相当完善的,学校也都非常谨慎地遵循相关政策规定。所调查地区都实行了义务教育学校预算编制制度,并按照"两上两下"的程序进行,各学校也都每月定期上报账目,按照规定使用公用经费。我们从以下几个方面来分别分析一下经费的使用和管理情况。

　　首先是制度建设情况，各县和各学校都制定了自己的经费使用和管理细则，比如高唐县和冠县就都严格遵照聊城市统一制定的《农村义务教育经费保障机制改革资金管理和使用实施细则》，冠县还印发了《冠县农村中小学公用经费支出管理实施细则》。这些文件基本上都包括以下几个方面：县级财政支付管理、县级教育主管部门支付管理、各学校支付管理、备用金和预借资金业务、学校公用经费支出范围、学校预算编制、监督与管理等各方面的管理细则，做到使用和管理到位。

　　其次在敏感的教育收费方面，学校资金概括为"收支两条线"——在收费方面，虽然不收取教材费，但练习本费、学生集体购买的辅导用书、考试教材等费用全部上缴，不允许坐收坐支，必须有正式的单据为凭。冠县则更要求做到"执行收费政策坚定不移，落实收费标准不折不扣"、"坚决杜绝乱收费行为"；实行收费许可证和收费公证制度，做到"一证、一卡、两公开、四统一"；每项收费均有物价部门核定发证，统一使用财政票据。在支出方面，经费由县财务中心集中管理和支付，学校的日常经费按计划统一拨付，基建等项目经费根据申请经费数额凭票据支付。所以几年来没有发生一起教育乱收费问题，2008 年，冠县荣获了"山东省规范教育收费示范县"荣誉称号。

　　再次各县（市）的学校也基本实行了财务公开制度，公开的方式略有不同，但一般都是选择教育信息网、公示栏、学校张榜或教师代表大会公布大的开支项目，将收费项目、标准、依据、投诉电话予以公示，增加收费透明度。冠县教育局还与各学校校长分别签订治理教育乱收费责任书，逐级落实责任；并不定期组织有关部门明察暗访学校收费情况，不给乱收费提供孳生的环境和条件；每学期下发《致学生家长的一封公开信》，公布举报电话，主动接受社会监督。

　　总结以上可以看出,在这次调查过程中,不管是县级财政还是学校,基本都能做到使用严格、管理到位、开支透明。能做到这些不代表没有问题,问题首先就出在"专款专用"的执行上,在这次调查中基本每个学校都会将公用经费用于基本建设,只有部分学校没有很好地区分基本建设投资与建筑物的日常维修维护费用;有的还会部分用于人员经费,比如发放职工奖金或补贴。学校也反映这本来在原则上是不允许,但是学校用于基本建设的费用投入很大,应该由县级财政额外拨款,否则只靠学校自己现在的收入是不可能满足的。所以现在的情况就成了:学校周转的费用少、收入甚微,县级财政困难也无法给学校额外拨付,最后为了维持学校运转和发展,学校只能动用公用经费。问题之二还出在财务公示上,据一些偏远地区农村学校的校长反映,他们并不清楚市里义务教育财政收支的情况,只知道在教育网上公开,却查不到具体信息,而多数学校也不会刻意搜集这些信息。

　　最后,在实行县级财政对学校经费进行统一收支和核算上,各方看法依然认为是有利有弊。这样做可以过滤学校的非正当开支、控制乱收费现象,也加强了对校领导的监督和管理,有效防止了擅用、挪用公款的现象,有利于学校的廉政建设。与之对应,这项制度最大的弊端在于其灵活性不够,繁琐的程序严重影响学校办事效率。各个学校的自主权变小,没有在允许范围内自由使用经费的空间。当出现预算外支出、学校急需用钱的时候,由于校长无权使用资金,经过上报、审核、批复等一系列程序之后,往往会耽误解决问题的最佳时机。而且,因为各个学校的情况不同,如果由财政按同样标准统一支付会影响灵活度,造成学校发展的差异。

　　目前高唐县也已经执行县级财政统一收支办法,但该县的创新之处在于,这不是财政局而是教育局负责,即由教育部门专门管理资金账户,当地称之为"教育统筹"。这样做的好处是教育局可以更好地在全面了解情况的基础上进行收支,做到了体恤学校和控制经费开支两不误。笔者认为该方法具有可借鉴之处,避免了制度执行中一些不必要的弊端。

学校反映公用经费管理自主权的缺失抑制了学校发展的积极性:对于义务教育公用经费的使用,县级财政相当谨慎,加强了领导和管理,管理和监督方面也比较严格,义务教育专项经费使用到位,这也是新机制实行过程中我们希望看到的。

按照高唐县教育局制定的经费使用规定,各校必须对经费的使用每月报计划、每月批计划,而且要求300元以上的单据有明细表,3 000元以上的单据有教育局签字,10 000元以上的单据要提前申请。而青州市在资金的支出方面规定,超过500元的开支必须向教育管理办公室申请,申报的单据要由4人以上签字,所有支出要到市教育结算中心审核、报账,重大支出需要公示,由5人组成的财务小组签字后方能取得资金,以增加财政透明度。另外,学校的大型购置、维修等要公开招标,使开支降到最小。

在本次调查过程中,各中小学都反映这种情况下虽然可以过滤非正当开支和监督经费滥用,对校领导的监督约束作用是非常明显的,有效防止了擅用、挪用公款的现象。但繁琐的程序严重影响学校办事效率,而且由于学校权力和自主权太小,不易集中财力办大事,影响到了学校的建设与发展。另外,一些农村学校经费是统一调度,不仅程序繁琐,还会存在经费截留的问题。

五、 内容总结与政策建议

本调查小组分别对青州市、高唐县、冠县的教育局局长和学校校长做了深入访谈,调查了被访谈县(市)的义务教育基本情况、义务教育经费收支情况及问题、义务教育中小学教师绩效工资实施情况及问题、义务教育农村寄宿制学校的发展情况及问题、义务教育经费使用和管理的制度建设情况及问题这 5 个方面,并依次作出了具体分析,现将情况概括如下:

(1)调查地区义务教育阶段的教育普及率为 100%,保障了贫困家庭的儿童享受基本教育的权利,而且生均公用经费各个学校统一标准,保证了学生受教育的公平。各县(市)也在不断提高学生公用经费标准,并做到了及时、足额发放给学校,保障了学校的基本建设和正常运转,调查中的学校在实施义务教育保障新机制后基本已经不存在危房。

(2)在义务教育经费使用与管理等方面,已经比较完善和规范,都建立了自己的经费使用标准和制度,基本做到了专款专用和收费严明。至于在公用经费使用上的不合规定现象,也多是为了学校发展而为,不存在非法侵占等严重问题。财务公开制度和县级财政统一收支也使得资金的使用和管理更加透明和公平。

(3)教师绩效工资这项制度尚未实施,这项制度虽得民意但若要实施也势必会经过一段磨合时期。义务教育本身非营利的特点、绩效的评价指标复杂难定、部分地区县级财政困难是造成绩效工资难以实施的重要原因。所以,绩效工资制度的实施要考虑符合当地的实际情况,不要单纯为了响应上级而盲目套用格式。

(4)对于农村寄宿制小学和"中心学校 + 教学点"的模式虽有地方已经实施,但依然存在很大争议。农村学生进城读书反映出的问题是农村学校教学质量较差,所以要促进学生的健康成长和学习,目前来说应该做的不是加强外部环境建设,而是多加强学校管理和建设,对教师进行相关职业培训,提高学校教学环境和质量,让学生在学习、生活、文化素养各个方面得到加强。另外，一些地区类似的变相实施方式（前文已作详述）也是值得我们借鉴的，或许可以改变思路，最大可能地消除制度弊端。

总之，本次在山东省 3 个县（市）对义务教育经费保障机制的访谈调查，让我们看到了新机制实施的成绩和效果，也观察到了高唐县在执行过程中的较好表现以及该县在教育体制和方法上的一些创新之处。比如：学校保障水平提高、农民负担减轻、严格使用和管理"两免一补"资金、资金及时足额发放、被评为"山东省规范教育收费示范县"、"教育统筹"和"中心小学＋教学点"的管理方式、随进城读书孩子的增多而兴起的"托管站"等等，这都是我们所看到的一些喜人的成绩和改革。然而令人担忧的地方也很多，这次调查中我们看到了各方面对从经费收支情况到寄宿制学校负担，再到绩效工资改革的种种看法，反映的问题比比皆是。这些问题大部分都不是我们管理部门和学校的责任，而是我们现在教育管理体制和机制的问题。所以笔者在此立足本次山东省 3 个县（市）的调查，针对我们在本次调查中反映出的问题和当前的制度实施体制，提出一些政策上的改革想法。

1. 改革公用经费的拨款方式

很多学者和专家在义务教育经费保障机制的调查中提建议时，总会提出"应该加大义务教育投入"，这虽然是在今后发展中国家应该逐步做实的一步，但却不是解决问题的根本方法。调查中发现，义务教育经费不足和地区差异的主要原因在于县级财政困难、实力不足。为什么县级财政问题会直接造成教育经费和实力的差异呢？原因就在于国家的"以县为主"的经费投入政策。

我们不应该把教育的重大责任压给力量薄弱的县级政府，而是应该明确各级政府在义务教育中应承担的责任，在"以县为主"的基础上将投入重心上移，建立"县级承办，中央、省、县合理分担经费"的义务教育投入管理体制。明确中央、省、地（市）、县各级政府对义务教育的财政承担责任和比例，也可以在此基础上规定各级政府负担不同的经费支出项目。加大中央和高层次地方政府的投资责任，中央财政和省级财政成为义务教育的投资主体，其投资占投资总额的比重可以在今后逐步达到85%～90%左右。各级财政可根据自身承担的义务教育责任编制相应的收支预算，减少大量不必要的审查监督，降低管理成本，提高财政资金使用效益。切实贯彻"中央地方共担、加大财政投入、提高保障水平、分步组织实施"的精神，实施农村义务教育管理体制从"以县为主"向"教育管理以县为主，教育投入中央地方共担"的方向过渡。这样就可以解决县级财政困难带来的义务教育经费投入不足以及地区的投入差异问题，并消化由此带来的教育水平差异造成的不平等现象。

另外，教育成本的计量是教育经济学中至今尚未解决的世界性难题，依据我国目前仅以学生数为标准的农村义务教育公用经费拨款模式，很难反映出学校的实际运行成本，难免会使得一些学校的公用经费捉襟见肘。农村学校公用经费拨款方式的改革方向应致力于建立一种多维政策参数的"综合定额"拨款模式，不仅包括学生数，还应包括校舍、设备等反映学校运行实际成本的多种政策参数。

2. 增强学校公用经费管理自主权

财务管理虽然是经费运作中十分重要的环节，但它也应该是校长的一项不可缺少的权力。对学校公用经费的使用进行监督，可以防止公用经费的滥用、过滤非正当开支，但是如果在加强了监督的同时却削弱了学校公用经费的管理自主权，影响了学校自主发展的积极性，这显然是得不偿失的。

在农村义务教育经费保障新机制实施的过程中,应保障学校公用经费管理的自主权和公用经费依法使用的自主权,即在公用经费允许的范围内可以较自由地调节各种项目的支出比例。因为每个学校的状况是不同的,有的开支项目可能有的学校用不到,而有的学校却需花费很多。如果都按标准规定各类项目的开支,就会限制学校的发展,导致经费不能充分地合理利用,造成资源浪费。我们可以通过加强对其预算的审核和资金应用监督来防止经费滥用,而不是加强经费开支项目限制。

所以,增强和保障学校经费管理和使用的自主权,这不仅是学校应有的权力,也是保障学校正常进行、提高公用经费利用效率的必要条件。这样才能使学校预算反映学校经费的实际需求,才能使公用经费用到真正需要的地方。

3. 切实、合理化解教育历史债务

目前,农村中小学校很多都有因学校建设等方面而形成的额度不等的历史债务,整个高唐县的教育债务就有6 000多万,学校债务严重制约着该县教育的健康发展。然而,这些债务单靠学校的力量是解决不了的,建议由政府出面一起化解这个教育包袱,把历史欠账纳入保障机制,毕竟像"普九"所形成的基本建设债务等属于政策性债务。

我们可以尝试用以下措施逐步解决:(1) 首先要清理核算、核实债务:对债务进行严格认定,锁定债务额度,防止虚增债务,这在高唐县是已经实施的一步。(2) 采用债务联动机制,建立各级政府合理分担的偿还机制:将学校债务剥离给政府财政以后,由区县和市级财政按一定比例共同分担,区县方面还可以继续采用分级方法,由县级财政、乡镇政府和学校共同偿还。(3) 各级政府利用社会力量积极筹措还债资金:广泛吸收社会资金进入农村教育的意义十分重大,这不仅可以给教育带来资金补充,还可以提高社会对教育的关注度。(4)国家采取奖励措施鼓励地方还债:对于财力有限的县级政府来说,偿还债务可能有一定的资金动用难度,因此制订合理的偿还计划就是必要的了,我们需要把它当做任务在几年之内完成,而还款及时的县区要给予一定的资金奖励。总之,要设法尽可能早的及时化解债务,以解除束缚农村义务教育发展的枷锁。

4. 拓展农村义务教育公用经费的筹资渠道

调查过程中我们发现学校发展受限,不仅是因为公用经费不足,还有一个重要原因是停止学校各项收费以后,学校的创收渠道大大减少。一方面我们在要求各级政府加大教育经费拨付的基础上,也应该从学校角度出发——既要接受外援,也要自力更生。所以应该适度地给予中小学一定的创收渠道和空间,让他们也能自添羽翼,为教育事业的发展和当地教育水平的提高作一份贡献。

社会资金的引进对农村教育今后的发展意义重大,它将铺就一条新的教育发展路基,为教育事业提供后方资金支持。农村义务教育经费可以实行多渠道筹资的方式,拓宽农村义务教育投入渠道:(1)建立教育政策性银行,通过贷款、投资、担保、补贴、贴现等资金运用方式来保障教育金融业务的顺利开展;(2)应尝试发行教育彩票,从筹措的资金中拿出一部分来用于农村教育;(3)以国家投入为主体,建立全国性教育发展基金;(4)运用产业政策优惠、税收减免等手段,鼓励社会捐资农村教育等。

5. 建立完善有效的教师激励机制

实行"两免一补"政策后,教师的工资有了明确的保障,但在公用经费不足和学校收入减少的状况下,教师的津贴、福利等待遇严重下降,甚至被取消。这种现象不仅影响了教师工作的积极性,也使得"两免一补"政策受到一些质疑。教育事业的发展不仅需要政府、学校的努力，更离不开教师队伍的发展。教育水平的提高不是学生单方面就可以实现的，"两免一补"政策当然可以保障学生在更好的环境中学习，但如果这些政策从一定角度影响到教师的工作积极性，教育水平提高不上去，甚至还有可能下降，那么教育投入岂不是事倍功半了吗？

所以，教师待遇问题是我们所不能忽略的，国家应建立一个统一的义务教育教职工的激励机制，更好地调动教职工的积极性，稳定义务教育的教职工队伍，更好地促进基础教育的稳步发展。学校也可以在今后多渠道创收后，利用自己的收入发放教育教学质量奖、课时津贴、代课费等，形成比较完善的管理激励机制，保证教育教学工作的正常开展，有效地调动教师工作积极性。

目前我国也在此方面尝试利用绩效工资来调整教师工资、改革激励制度，但绩效工资的实施方法却是值得商榷的。首先资金来源不能是教师工资的一部分，政府应该拿出专项资金进行改革；其次是教师的绩效评价机制不能单一，不能单独看教师的教学业绩，否则教学成绩会束缚了教师各方面水平的发挥，义务教育不应该是为升学、考试做准备，而是为学生今后的人生教育打基础。义务教育阶段，我们不能只看重教师在教学方面的能力，所谓"教书育人"，还要注意教师自身素质的培养和发展以及在品行方面对学生的影响。

6. 为寄宿制学校提供财力保障

首先，按照国家的规划，2009 年义务教育学校取消收取住宿费，学校经费收入少了一大来源，然而负担和压力却增多了，如经费压力、管理压力等。依照学校目前的经费状况，在经费统一标准的基础上，要负担普通学校没有的修缮学生宿舍、支付宿舍管理人员工资等额外负担，这使得学校的发展举步维艰。所以笔者建议，应该相对地增加寄宿制学校的经费,以减轻学校的经费压力。另外,还应统一制定义务教育学校寄宿生免收住宿费的经费负担办法和管理办法,更好应对取消住宿费后的矛盾。

其次,目前寄宿补助标准为每生每年:小学生 500 元,初中生 750元,按在校 10 个月计算,平均每个月是 50 元和 75 元,而平均到每天只有 1.67 元和 2.5 元。这虽然可以给贫困家庭带来一些帮助,但仍然只是杯水车薪,所以对于特别贫困的家庭应该有选择地适度增加寄宿学生生活补贴标准。

再次,目前农村地区很多学校的寄宿学生中大量是农村留守儿童,由于家庭贫困父母才外出打工将孩子留在家乡,但目前政策的实施过程中由于考虑到这些孩子的家长是有收入的,所以留守儿童基本上享受不到寄宿补贴。然而,他们也是贫困者和弱势群体,这些学生更是物质与精神的双重贫乏者。所以,在寄宿补贴对象考察中,这些留守儿童也应该有选择地进入被考察对象,以使他们平等地享受优质教育资源,使他们在学校的集体生活中健康成长。

(金捷)

报告十五：安徽省和县、怀宁县、潜山县农村义务教育财政政策调查

前　言

此次调研共调查了安徽省和县、怀宁县、潜山县 3 个县的 13 所中小学。分别是：和县历阳镇第一学校（县镇小学）、和县第二中学（县镇中学）、和县卜集中心小学（农村小学）、和县后港初中（农村中学）、怀宁县独秀小学（县城小学）、怀宁县月山广村小学（农村小学）、怀宁县月山中心学校（农村小学）、怀宁县月山第二初级学校（农村中学）、怀宁县月山初中（农村中学）、怀宁县蜡树镇寄宿制学校（农村寄宿制小学）、怀宁县雷埠乡寄宿制学校（农村寄宿制小学）、潜山县棋盘中心小学（农村小学）、潜山县棋盘中学（农村中学）。

在 2008 年安徽省 61 个县人均 GDP 中，怀宁县为 10 513 元，位列第 25 位；和县为 9 755 元，位列第 31 位；潜山县为 8 645 元，位列第 33 位，因此，此次调查的为安徽省财政状况处于中等水平的县城。从调查来看，三县义务教育适龄儿童绝大多数仍然在本县城就读，但留守儿童大幅度增加，据 2008 年 9 月统计数据，怀宁县的留守儿童总数已达到 32 333 人，占据义务教育阶段学生总数的 39.1%。各县的中小

学教师人数有所增加,但编制依然较少。外聘的代课教师,宿舍管理、食堂服务等人员较少,维持在一个县 100 人左右的水平,这与公用经费适用范围规定有关。

一、被访县的义务教育经费收支情况及问题分析

1. 义务教育经费收支基本平衡

在 2007 年全面实施义务教育保障新机制之后,各校的基本建设、危房改造等专项基金有明显增加,学校的经常性经费拨款(公用经费和人员经费)、建设性经费拨款能基本满足本校的支出需要,上级财政能按时、按标准拨付,未出现拖欠现象。农村各校公用经费的拨付标准与本县城乡兄弟学校标准相同,基本不存在差异,各校的经费收支基本平衡,暂时不存在重大问题。

2. 学校生均公用经费及家庭贫困学生的补助有明显提高

2005 年,学校生均公用经费大概是 75 元;2008 年比 2005 年大概增加了 180 元。2008 年家庭贫困的寄宿生生活补助的标准大概为小学每生每年 500 元,初中生每生每年 750 元。寄宿生困难补助按人头拨到学校,学校直接发给学生本人,避免任何拖欠或扣除现象。

3. 教师津贴并未得到提高

被调查老师指出,他们的津贴微乎其微。"两免一补"政策的实施,是学生不用缴费,而对教师的津贴却不存在任何影响。教师的课时津贴、奖金,外聘教师所发代课费,外聘管理人员的工资等,学校是从其他收入中挤出来进行开支的。安徽省和县卜集中心小学校长指出,该校这些费用支出主要来源于幼儿园、学前班收取的学费。

二、被访县的义务教育中小学教师绩效工资实施及问题分析

至笔者调查之日,所调查的学校均尚未实行义务教育教师绩效工资制度,声称县级教育部门正在筹划这一事宜。

1. 教师希望实行绩效工资

大部分教师认为可实行绩效工资,声称此举可大大提高教师工作的积极性,帮助教师更好地促进教学质量,提升教育教学水平。与此同时,继公务员"阳光工资"工程的启动,教师与当地公务员的工资差距拉大,广大教师希望实行绩效工资,缩小与当地公务员工资之间的差距。

2. 职务津贴是目前较为理想的绩效分配部分

对于是否可以将教师现行工资中的一部分拿出来进行绩效分配这一点,大部分教师不愿意,因为农村教师的工资原本就较低。但是,按照目前的制度规定,保障经费不能用于发放教师的奖励资金,所以广大教师认为,将职务津贴拿出来实行奖勤罚懒,进行绩效分配,可能是现有条件下最理想的解决方式。

3. 教师间的工资差异应拉大,但必须适度

广大教师认为,教师行业理应实行绩效工资制度,教师间的工资差异应适度拉大。目前教师之间"干多干少一个样",有的教师,尤其是年轻教师,干更多的活,却因职称较低只能拿较低的工资。这在很大程度上表现出不公平。但与此同时,几乎所有的被调查者都认为,教师工资间的差异应有个限度,教师的月工资差异在 100 ~ 200 元之间较为合理,这样既可以调动教师的积极性,进一步提高教学质量,又有利于教师间的团结和谐,从而强化素质教育。

4. 按"德、能、勤、绩"进行综合评价

对于教师绩效评价,被调查者认为需从"德、能、勤、绩"4 个方面来综合考察较为适度,一味追求学生成绩的高低比较既不利于学生的全面发展,又不利于教师之间的合作和协调。学生学习认真,学习成绩优良,对教师尊重;同事之间和谐相处,为共同的目标齐心协力;领导对一线教师工作给予认可和支持;教师自己家庭幸福,工资水平提

高;等等。这些因素都可以极大地调动教师的工作积极性。

三、被访县的义务教育农村寄宿制学校的发展及问题分析

农村寄宿制学校较少,且地理位置偏僻。对怀宁县蜡树中心学校(农村寄宿制小学)、怀宁县雷埠乡寄宿制学校(农村寄宿制小学)进行调查,对留守儿童的问题应特别关注。

蜡树镇地处怀宁县西南部,系浅山丘陵地区,位于潜山、太湖,怀宁3县结合部,辖13个行政村(居委会),面积为94.8平方公里,人口3.4万。蜡树中心学校地处怀太公路8公里处,下辖15所小学,学生3 000余人,在职教师113人。由于近年来进城务工人员增多,农村留守儿童大大增加,农村出现了众多"隔代教育"、"寄养教育"的问题,在此基础上,2005年9月创办了蜡树镇六年级学生集中寄宿的寄宿制学校,以满足留守儿童上学的需要。而雷埠中心学校,于2003年秋即率先在全县创办了第一所农村寄宿制小学。几年来,走出了一条全新的办学路子,使学校成为留守儿童与寄宿学生温馨的家。

之所以在偏远地区的农村小学实行寄宿制管理,主要是由于农村留守儿童多,家庭疏于管理,辍学现象严重;其次是因为教学点分散,资源配备不足,教育质量不高。通过对偏远地区的农村小学生实行寄宿制后,学生的学习成绩有较大的提高,但寄宿制对学校、教师的要求相当高。从管理角度来说,学校的安全管理、食品卫生管理以及公用经费使用等都需要严格把关;从学生教育角度来说,对学生的身心教育实为一项艰巨工程。

四、被访县的义务教育经费使用和管理的制度建设及问题分析

1. 公用经费得到妥善使用和管理

被调查的学校校长均称,学校每年都要编制经费预算。公用经费的使用严格按照《农村中小学公用经费支出管理暂行办法》、《安徽省农村

中小学公用经费支出管理暂行办法》、《安徽省农村中小学校舍维修改造专项资金管理暂行办法》、《农村中小学危房改造实施办法》等中央政府或省级政府规定执行，还有的参考地方性政府规定，如和县中小学参考《和县农村中小学公用经费管理暂行办法》、《和县农村中小学校舍维修改造专项资金管理暂行办法》、《和县农村中小学预算管理暂行办法》等，将公用经费主要用于学校的教学业务与管理、教师培训、文体活动、水电、仪器设备及图书资料等的购置，房屋、建筑物及仪器设备的日常维修维护等，未用于偿还债务、学校基本建设、发放教职工的奖金或补贴，以及聘请代课教师和宿舍、食堂和校园管理人员等。

2. 县义务教育财政收支公开、公正

被调查学校校长指出，县教育局会定期向各校公开县教育财政收支情况，而各校也会定期召开会议，并组织稽核小组对学校账目进行审核，然后张榜公开。被调查者一致认为，学校经费由县级财政统一收支和核算，有助于规范经费收支渠道，对学校发展非常有利。

五、 内容总结与政策建议

本次调研，对安徽省 3 个县的 13 所中小学校长进行访谈，获得了第一手资料。在调研过程中，发现新机制的实施确实解决了义务教育阶段农村中小学校的基本发展问题，改革取得了相当大的成果。但与此同时，问题仍然存在。以下对成绩和问题进行总结，并在此基础上提出意见和建议。

1. 新机制实施后，取得了可喜的成绩

首先，经费有保证。各调查学校校长均宣称，由于债务化解，各校的经济压力大大减轻，学校的基本建设、危房改造等专项经费明显增加，学校的经常性经费、建设性经费能够按时、按标准拨付，且基本能够满足学校的支出需要；学校定期编制经费预算，并向教职工公开，学校经费由县级财政统一管理大大有助于基层学校的发展。"两免一补"政策的实施,大大减轻了农村家庭子女学业负担。学生不缴费即可上学,大大降低了适龄儿童辍学率。县级财政还对贫困生实行补助措施,补助经费由中央财政和县财政各分担一半,有助于帮助这些青少年度过艰难的求学期。

其次,农村寄宿制小学解决了边远地区留守儿童上学难的问题。由于山区偏远,学生上学困难,尤其是遇上雨雪天气则更加艰难。同时,随着进城务工人员的增多,留守儿童问题日益明显,如隔代溺爱,亲戚代管,对留守儿童的指导有限。学生住在学校,既能够尽早适应集体生活,又能免除长途跋涉读书的辛苦,这一举措,切实减轻了学生家庭负担,极大降低了辍学率。不仅如此,一批具有无私奉献精神的教师对寄宿生奉献了大量的精力,这些教师师德高尚,并且热爱学生,给予留守儿童关心和呵护,有利于这些儿童的身心健康发展。

再次,办学条件有较大改善。自2005年以来,各县在学校投入上更加公平合理。学校的危房改造、基础设施建设得到了县级财政的大力支持。学校布局调整、薄弱学校改造、信息化工程建设等方面力度加大,农村中小学实行合并管理,尤其是中心学校的建设,建立了规范化、制度化的管理机制,部分中心学校牢固树立乡镇小学一盘棋的思想,实行中心学校对各村小学辐射管理模式,既方便了县镇级教育部门的统一化管理,又能促使各学校之间的学习和交流。除此之外,多媒体教室、微机室等的建立,有利于学生尽早接触信息化的便捷,拓展学生的知识面。

2. 新机制实施后,仍然存在一定的问题

首先,公用经费适用范围过于狭窄。根据财政部和教育部下发的《农村中小学公用经费支出管理暂行办法》(财教〔2006〕5号),公用经费开支范围包括:教学业务与管理、教师培训、实验实习、文体活动、水电、取暖、交通差旅、邮电、仪器设备及图书资料等的购置，房屋、建筑物及仪器设备的日常维修维护等。不得用于人员经费、基本建设投资、偿还债务等方面的开支。这一政策固然有助于避免基层学校乱用、挪用公用经费，但基层学校，尤其是农村中小学几乎无其他收入来源，没有多余经费用来聘请校代课教师，食堂、宿舍等管理人员，制约了这些基层学校的发展。

第二，推行教师绩效评价尚存在困难。对调查的 13 所学校校长进行访谈发现，广大教师对实行教师绩效工资制度充满热情，认为这样可以极大地调动教师们的工作积极性。但是，之所以教师绩效工资制度尚未推行，是因为推行过程存在困难。目前，教师们的工资差异主要在于职称差异，如果推行绩效评价，拿什么指标来评价教师水平成为重要问题。另外，还存在一系列主观因素，如：有的教师性格较好，有的教师教学水平较高，有的教师对待学生很好，有的教师与领导关系较好，等等。大家对于这些问题的解决方式持观望态度。

第三，农村中小学年轻教师以及专业音乐、美术教师缺乏。进入乡镇学校一看，教师的老龄化现象严重。各县的中心小学师资较好，越到一般的农村中小学，尤其是较偏僻的中小学，越是感觉到教师的老龄化现象严重。另外，专业音乐、美术教师格外稀缺，成为各校学生综合素质发展的瓶颈。由于这些学校地处偏僻地带，交通不发达，教师工资又低，无法吸引专业的音乐、美术人才，成为制约各校学生综合素质提高的重要因素。

第四，农村中小学办学条件相对落后。总体上来看，县城中小学、农村中心学校、农村中小学呈现梯队式分级，整体环境和条件呈现逐渐递减趋势。表现在，县城中小学校舍更新、学校绿化环境更好、学校硬件设备更多且更为齐全，教师素质更高。而农村中小学则呈现一种衰退迹象,表现为学生人数减少、教师老龄化严重、设备缺乏、基础条件与当地的中心学校存在较大差距,更无法与县城中小学相比。根据我们对一般农村小学的走访,发现农村小学校舍虽然经过维修,但因为学生人数不多,多少显现得有点衰落迹象。这些农村小学,几乎还未配置电脑,即使有,也是上级政府几年前给配备的电脑,已经陈旧得无法使用,更别提多媒体教室或者微机房地建立了。

第五,留守儿童管理是一个综合性问题。农村寄宿制学校的建立,有助于边远地区留守儿童的管理,但教师的管理无法根本代替父母亲人的关怀与呵护。留守儿童在学校里虽然可以按时完成作业,但是放学之后的管理,包括安全管理、食宿管理、同学之间关系的处理等,都需要花费很多的时间和精力投入。在这个问题上,很多教师其实不太愿意管理这些寄宿制学生,毕竟教师也有自己的家庭需要照顾。目前,留守儿童的管理,似乎演变成为由教师、学校全权负责的状态,学校和教师都面临较大的压力。

3. 意见与建议

(1) 适当放宽公用经费适用范围。公用经费的使用条件应适当放宽。对于基础条件较差的农村中小学,应给予更多的经费支持,以帮助其引进优秀教师,尤其是年轻教师和音乐、美术等稀缺专业教师,让更多的学生能够享受到综合的正规化教育;帮助解决教师绩效工资来源问题;帮助学校更新设备,配备图书资料,提高办学条件和效益,让学生有更多的机会读到更多、更好的书籍;帮助增加可享受到补助的贫困学生名额。对于那些家庭条件较差的中小学生,应尽量避免他们因为家庭经济原因而导致辍学;帮助寄宿制学校改善安全、卫生、饮食等条件。中小学生正值长身体阶段,这一阶段生活条件跟不上会严重影响其正常的身体发育,这对一个人的成长来说是一辈子的事情,需格外注意。

（2）"德、能、勤、绩"综合考察教师工作绩效。品德高尚是做人的第一条件，能力水平是评价教师水平的重要参考标志，考勤合格是教师责任心的体现，成绩是评价教师业务素质的最直接手段。在此基础上，对这些指标进行细化，通过学生对教师的评价、同事之间的互相评价、学校领导对教师的评价等手段，综合考察教师工作的能力和水平，帮助教师之间形成良性的竞争与合作环境。应通过绩效工资来适度拉大教师之间的工资差异，但不可使差距过大，影响教师之间的稳定和团结。

（3）社会、学校、家庭共同参与留守儿童管理。留守儿童问题是一个社会性问题，它需要社会、学校、家庭等的全面参与。家庭、社会以及学校三者只有很好地沟通和协调，才可以帮助学生更好地学习和发展，帮助教师更热情地工作和学习。社会对留守儿童应给予更多的支持和理解，帮助学校改善寄宿条件。社会对留守儿童越包容，教师对留守儿童越尊重，家长对留守儿童越关心，留守儿童就会越自信，学习兴趣也会更浓厚，而这些都是对社会、对教师和家长最大的宽慰和奖赏。因此，建议家长即使再忙碌，也要经常与子女多沟通，多鼓励，抽时间多陪陪自己的孩子，切不可将希望全部寄托在亲戚、朋友或者教师身上；而教师则应给予这些学生更多的关爱，对他们进行正确的引导，学习固然重要，但关键还是人的良好品性的养成，以及为美好生活努力奋斗的坚强信念和信心；社会则应对留守儿童给予更多的尊重和机会，让更多的留守儿童充分体会到社会的包容和谅解，帮助他们长大成人。

（娄枝）

报告十六：浙江省平阳县、安吉县、路桥区农村义务教育财政政策调查

前　言

平阳县位于浙江南部沿海,2008年人均GDP为17552元,在全省处于中下水平。全县2008年义务教育适龄儿童大约有95631人,在该县上学的儿童有87429人,不存在流出外地并保留学籍的儿童,全县留守儿童估计有8900名。全县义务教育阶段公立寄宿制学校的小学生大约有1236名,初中生大约有3450名。全县义务教育学校的中小学教师共有5203人,没有在编不在岗的教师,外聘的代课教师129人,外聘的宿舍管理、食堂服务等人员大约有280人。

安吉县位于浙江省西北部,2008年全县人均GDP为31379元,在全省处于中下水平。全县有小学45所(中心小学28所、完全小学17所),初级中学25所(其中九年一贯制学校4所),其中省示范初中、小学8所,市一级初中、小学30所,15个乡镇全部是省级教育强乡镇,2个乡镇是"湖州市示范性教育强镇"。2008年全县义务教育适龄儿童大约有44354人,在该县上学的儿童有44354人,不存在流出外地并保留学籍的儿童,全县留守儿童估计有1910名。全县义务教育阶段

公立寄宿制学校的小学生大约有 4 343 名,初中生大约有 11 514 名。全县义务教育学校中,中小学老师 2 989 名,其中,在编不在岗教师 5 名,不存在外聘代课教师,外聘的宿舍管理、食堂服务等人员大约有 485 名。

路桥区位于浙江省东南沿海,2008 年全区人均 GDP 为 62 206 元,在全省处于中上水平。2008 年全区实现财政总收入 32.71 亿元,比 2007 年增长 17.8%。其中,2008 年区财政安排教育经费 31 255 万元,全部足额到位。义务教育阶段中小学日常公用经费保障水平有所提高,小学提高到每生每年 300 元,初中提高到每生每年 450 元,分别比 2007 年提高 20 元和 70 元。普通小学 45 所,在校生 41 239 人,普通中学 17 所,初中在校生 17 611 人,高中在校生 6 557 人,初升高比例达到 98%。

一、被访县的义务教育经费收支情况及问题分析

(1) 在实施义务教育保障新机制后,各县(区)的义务教育生均公用经费有了较大的提高,实现了浙江省制定的义务教育生均公用经费标准。同县(区)各校拨付标准与本县城乡兄弟学校标准相同,但区域差异依然存在。如义务教育生均经费的划拨情况为:安吉县 2008 年小学生均公用经费比 2005 年增加了 150 元,达到每生每年 400 元;初中生均公用经费比 2005 年增加了 220 元,达到每生每年 550 元;平阳县 2008 年小学生均公用经费比 2005 年增加了 275 元,达到每生每年 365 元;初中生均公用经费比 2005 年增加了 380 元,达到每生每年 490 元;路桥区 2008 年小学生均公用经费提高到每生每年 300 元,初中生均公用经费提高到每生每年 450 元。根据以上数据,对比浙江省制定的义务教育公用经费生均标准小学每生每年 280 元,初中每生每年 420 元。我们明显可以发现各县(区)的生均公用经费近几年有较大

幅度的增长,达到了浙江省制定的标准。公用经费的充足,基本保障了农村义务教育的进一步发展,体现了近几年国家政府财政的大力投入。另外,我们在调研过程中发现各农村学校的公用经费的拨付标准都与本县城城乡兄弟学校的标准相同。这说明经过多年的努力,浙江省教育公平有了很大的提高。但是各区域之间由于经济水平发展不同,义务教育经费县级财政投入为主的制度还是造成了区域之间的差异。

(2)义务教育经费拖欠情况由县级财政好坏决定,经常性经费基本满足,建设性经费仍然不足,部分学校存在一定的债务。在调查中,我们发现,虽然各县(区)的义务教育经费均能按标准足量拨付,但是一个县(区)的义务教育经费是否拖欠主要取决于县级财政的好坏。县级财政较好的,可以按时、按标准拨付;县级财政有困难的,拖欠情况普遍存在,甚至本应开学初拨付的教育经费直至期末时候才拨付,影响了学校的正常运转。另外,各校的经常性经费基本都能满足支出需要,而建设性经费普遍不足,导致学校的设备添置、维修不能正常进行。还有一个比较严重的问题是部分学校存在几百万的债务,已经给部分学校的正常运转带来了不良影响。

(3)"两免一补"政策在执行中程序较为规范,但是补助标准大打折扣,且对学校运转带来一定影响。"两免　补"政策本是我国政府对农村义务教育阶段贫困家庭学生就学实施的一项资助政策,是解决"三农"问题的重大举措,是促进农村义务教育持续健康发展的措施。我们在调查中发现,绝大多数学校"补助寄宿生生活费"的程序是由贫困生向学校提出申请并经评审、核算后,由教育局统一按人头拨付到学校,学校再发给学生本人的。虽然这一程序较为规范,但是拨付的标准却大打折扣。国家制定的标准是小学生每人每天补助 2 元,中学生每人每天补助 3 元,全年按 250 天计算。但是在对各校长的访谈中发现,大多数小学的补助停留在较低的水平,除一所农村中学拨付标准达到了每生每年 600 元外,其他大致只在每生每年 160～200 元,和国家制定的标准相去甚远。"两免一补"的资金按照规定是实行专户管理、分账核算、集中支付、封闭运行的。上级财政负担资金直接进各级政府的财政专户,财政将本级应负担资金划入财政部门开设的"两免一补资金专户",按规定从专户直接拨付。但是实际的"一补"却大打折扣,在今后的工作中应加强这方面的监督和管理,真正落实国家的惠民政策。另外,由于"两免一补"政策的实施,学生不缴费了,造成了部分学校教师津贴下降,小部分学校教师课时津贴、奖金,外聘代课教师的代课费等费用大多是从公用经费中支出。

二、 被访县的义务教育中小学教师绩效工资实施及问题分析

(1) 教师愿意实行绩效工资,但是各县(区)均未实行教师绩效工资。教师平均工资水平普遍低于当地公务员平均工资水平。虽然国务院、教育部下发相关文件规定从 2009 年 1 月 1 日起实施绩效工资,确保义务教育教师平均工资水平不低于当地公务员平均工资水平,但是在实际调查中发现各县(区)学校均未开始实行教师绩效工资制度。难以实施绩效工资制度,原因是多方面的,最主要的是对绩效考核评价的不了解,以及对其科学性的怀疑和长久以来形成的大锅饭意识。但是,教师对实行教师绩效工资的态度还是积极和欢迎的,因为在教师看来,绩效工资的实施可以提高教师待遇、激发教师的工作热情和积极性。在现阶段有必要加强有关教师绩效工资制度的宣传和教育培训,制定科学合理的绩效评价制度,使广大的教师能够尽量较好地理解这一制度。另外,我们在调查中发现,教师平均工资水平普遍低于当地公务员平均工资水平。考虑到公务员的福利更是优于教师,所

以在待遇方面教师还是低于公务员水平。

（2）绩效工资从何而出有分歧，评价指标有共同认识，工资差异应适当。我们在调查中发现，几位教育局局长认为可从教师现行工资中拿出部分按绩效分配，而各校长则认为此举不当。这些校长认为教师的工资本来就不高，应该由政府额外下发一部分经费，在原有的基础上增加绩效工资。从上面我们可以看出，几位教育局局长和各校长对于绩效工资从何而出存在较大的分歧，这一分歧对于将来推行绩效工资制度必将带来新的问题。另外，教育质量、教师工作量和教学态度是普遍认为最有利于调动教师工作积极性的指标，教师的出勤率、学生成绩和上课情况等指标也被较多地提到。在评价教师绩效的指标上，各教育局局长和校长的分歧不大。另一个普遍认同的观点是：教师间的工资差异要拉大，要体现"干多干少、干好干坏"不一样。但是这个差异要控制在一定的范围内，不能过分悬殊。

三、被访县（区）的义务教育农村寄宿制学校的发展及问题分析

（1）偏远地区农村小学生实行寄宿制主要原因为教学点分散，资源配备不足，教育质量不高。在调查中，各县（区）的教育局局长和校长首先都将"教学点分散，资源配备不足，教育质量不高"作为农村小学生实行寄宿制的第一重要性因素。其次，"出于加强对教师和教育的规范化管理的需要"和"由于农村留守儿童多，家庭疏于管理，辍学现象严重"也是重要的原因，不能忽视的因素是"由于教师不愿意下乡，为此只能减少农村教学点"。农村小学实行寄宿制办学不但解决了制约布局调整的一个瓶颈问题，而且也拓宽了素质教育的时间与空间，提升了素质教育的实施水平，为全面提高农村小学生的综合素质创造了新的发展机遇和平台，是促进农村小学素质教育的有效举措。

（2）偏远地区实施农村小学寄宿制，学生学业成绩有较大提高，对学生心理健康利大于弊，但是学校管理压力也增大。在调查中发现，无论是各县（区）教育局局长还是各校校长都认为对偏远地区农村小学实行寄宿制，学生的学业成绩有了较大的提高，与此同时，他们也提出农村学校实行寄宿后学校的管理压力也增大。一方面是安全压力，这既包括了学生的人身安全的管理，也包括了饮食安全的管理；另一方面是经费压力，因为有学生住宿，就需要一定数量的老师管理这些学生，这就增加了经费的支出。关于对学生身心健康的影响，各县（区）的教育局局长和校长都认为主要是积极的，因为寄宿的集体生活锻炼了学生的自理能力，改变了不良习惯，克服孤僻，培养了他们的团队精神。

（3）"中心学校＋教学点"的模式不利于教育管理，也不利于教育质量的提高。所谓的"中心学校＋教学点"是指在偏远地区设立教学点，以中心学校派教师轮流下乡，将寄宿制学校对学生拨款的部分转为对下乡教师补贴的方式，解决小学生寄宿制带来的各种问题。但是，浙江省在2008年实施了食宿改造工程，义务教育阶段学校的食宿条件大大改观，管理体制方式也逐步形成，家长也已基本认可。只要加大对住校生的管理和安全教育，小学生寄宿制带来的多种问题都能解决，因此没有必要再采用"中心学校＋教学点"的模式，关键是加大对寄宿制学校的财政倾斜，办好寄宿制学校。

四、被访县（区）的义务教育经费使用和管理制度建设及问题分析

（1）教育经费使用管理制度较为规范，但是在经费使用方面仍存在违规情况。在调查中发现，各县（区）的教育经费使用管理制度较为规范，都实行了义务教育学校预算编制制度，并且按照"两上两下"程序进

行。学校在资金使用和管理上遵循财务管理制度、财务审批制度和财务审计制度等。尽管存在各种规范的制度，但是实际情况是公用经费部分挪为他用的情况仍然较为普遍，发放教职工的奖金或补贴，偿还债务以及聘请代课教师，聘请宿舍、食堂和校园管理人员等等都需要公用经费，尤其是公用经费用于基本建设的情况最为普遍，几乎每个学校都存在这种情况。这一方面说明了现行的教育经费使用管理制度缺少足够的监督和约束力，另一方面也说明基本建设等经费不足。

（2）中小学财务公开制度未落实到实处，透明度较低。虽然国务院早在2006年就明文规定"各级人民政府在安排农村义务教育经费时要切实做到公开透明，要把落实农村义务教育经费保障责任与投入情况向同级人民代表大会报告，并向社会公布，接受社会监督"，在调查中我们发现各县（区）名义上是推行了农村中小学财务公开制度，但是通常只向教育局及以上部门公开，并且通常只公开各大类收入支出账目，各学校的校长普遍不清楚所在县（区）的义务财政收支情况，县（区）的义务财政收支情况也没有定期向学校公开。

（3）学校经费由县财级政统一收支和核算有利于学校发展，但同时也带来一些不良影响。建立健全预算资金支付管理制度，学校经费由县级财政统一收支和核算，加强农村中小学财务管理，严格按照预算办理各项支出，术是为了确保资金分配使用的及时、规范、安全和有效，避免挤占、截留、挪用教育经费，杜绝乱收费的现象，各县（区）的教育局局长也认为这一制度是比较合适，但部分校长反映虽然新制度比原来更加规范合法，但是不利于学校的发展，尤其不利于农村学校的发展。比如部分农村学校不一定有发票，这样就会导致无法报销的情况出现。

五、内容总结与政策建议

为了进一步落实农村义务教育经费保障新机制的改革措施,结合本次对于浙江省 3 个县(区)的义务教育财政问题的调查,总结情况并提出以下几点建议。

(1)建立并完善监督机制,严格执行国家制定的各种政策和规章制度,将国家的政策落到实处。在调查中我们发现:虽然现今已经建立了较为完整的规章制度,但是在执行方面却是大打折扣。且不说所调查的县(区)由于准备不足、认识不足等复杂原因造成本应在 2009 年初就该执行的义务教育教师绩效工资制度还没有开始启动,就是早在 2006 年财政部、教育部制定的"进一步落实寄宿生生活费补助政策"的具体实施仍然和制定的标准有较大的差距,更不用说农村中小学财政公开制度在实际中甚至连各校校长都不清楚县义务教育财政收支情况,公共经费普遍被挪用为建设经费、教师津贴奖金等状况。本应神圣权威的国家政策和规章制度,却在现实中或是大打折扣,或是变成了"空中楼阁"、"一纸空文"。在建立了较为完善的各种政策和规章制度,建立配合的监督机制,严格执行是不可或缺的。

(2)完善义务教育经费保障机制,继续加大教育经费投入。农村义务教育存在着底子薄弱且发展不均衡的问题,深化农村义务教育保障机制改革,是一项长期而艰巨的任务。在实际调查中,我们发现各学校的建设经费普遍不足,一些学校的设备添置、维修不能正常进行,个别学校甚至出现教学楼紧张的情况。而公共经费被挪用为建设经费也从另一个侧面反映了学校的经费不足。针对一些农村学校存在较大经费缺口的现状,可以建立"薄弱学校改造专项经费",改善其办学条件,提高教育质量,促进教育公平。另外,由于"两免一补"政策的实施,学生不用交费,对部分学校的教师津贴也造成了一定影响,使得部分老师的收入反而降低。还有,部分学校存在数额不小的债务,这些债务对学校的正常运转已经造成了一定的影响。所有的这些问题都需要国家和政府进一步完善义务教育经费保障机制,持续以较快速度、较大规模地对教育经费进行投入。

(3) 教育公平有待提高,区域差异仍然存在。新的义务教育经费保障机制把农村义务教育纳入公共财政范围,通过国家财政转移支付缩小城乡差距,体现了社会公正、教育公平的根本要求。这既是教育发展的新境界,也是一种全新的、科学的教育发展观,是构建社会主义和谐社会、建设社会主义新农村的需要。但是,我们在调查中发现:虽然同一个县(区)的农村学校公用经费的拨付标准和本县乡的兄弟学校相同,但是不同县(区)之间的拨付标准还是存在较大的差异。我国下一步推进教育公平,最重要的政策选择是要全面实施教育资源配置的"弱势补偿政策",在解决"增量公平"的同时,必须高度重视教育资源的"存量公平"。

(4) 加强义务教育教师绩效工资制度改革的宣传力度,提高教师参与积极性,制定合理的绩效评价体系,提高教师工资水平。随着教师绩效工资制度的推行,将进一步促进义务教育经费保障机制改革、完善农村教师工资经费保障机制、深化中小学人事制度改革等各项工作。我们在调查中发现,虽然教师比较期待义务教育教师绩效工资制度的推行,但是由于对其具体如何评价、工资从何处出等众多基本问题不够了解,还是存在着一定的顾虑。建议在教师绩效工资制度推行的过程中一方面加大对教育事业岗位上各人员的宣传力度,使其深入了解绩效工资制度;另一方面在制定绩效评价体系过程中吸引广大教师群体的参与。这样既可以使教师熟悉绩效工资的评价体系,又可以使制定出来的评价体系较为科学合理,容易获得广大教师的支持。值得注意的是,教师绩效工资制度要体现差距,但是这个差距不宜过大,须控制在一定的范围内。这样做既能稳定队伍,又调动了教师积极性。另外,由于现阶段教师的平均工资还处于较低水平,远没有达到与当地公务员工资水平持平的标准,所以建议绩效工资的拨付可以由财政另出一笔资金,使得教师的整体工资水平能有实质性的增长。

(5)加大农村寄宿制学校经费的投入,保障学生安全,提高教育质量,建好农村寄宿制学校。"农村寄宿制学校建设工程"的实施已有4年,再加上浙江省在2008年实施了食宿改造工程,义务教育阶段学校的食宿条件大大改观。从调查的情况来看,农村寄宿制学校主要面临两大压力:一方面是安全压力,这既包括了学生的人身安全的管理,也包括了饮食安全的管理;另一方面是经费压力,因为有学生住宿,就需要一定数量的老师管理这些学生,增加了经费的支出。这就要求我们做好配套的经费投入,保障老师增加工作量的所得,也要做好学生人身安全管理、心理健康安全管理等工作。

(朱新江)

报告十七：海南琼中县、东方市农村义务教育财政政策调查

前　言

海南琼中县地处海南省中部的五指山腹地，是海南省典型的中部县、少数民族自治县、革命老区县和国家重点扶持的贫困县。该县总面积2 693平方公里，80%的人口均为黎族、苗族。该县2008年的人均GDP约为4 800元，在全省处于中下水平。琼中县现有中小学校179所，其中，完全中学1所、初级中学15所、教师进修学校1所、职业技术学校1所、小学118所、另有教学点43个、幼儿园3所。全县在校中小学生26 986人，其中小学生18 861人、初中生7 325人、高中生800人。现有教职员工1 838人，其中专任教师1 653人。全县校舍建筑总面积14.41万平方米，其中钢筋水泥结构12.99万平方米，瓦房1.42万平方米。

在琼中县我们主要对4所义务教育学校的校领导进行了访谈。这4所义务教育学校分别为两所农村小学（红毛希望小学和中平中心小学），一所农村初中及一所县镇小学。其中，两所农村小学的流出并保留学籍的儿童为数不多，约占学校有学籍的学生总数的15%。留守

儿童比重较大，占学校有学籍学生总数的1/3。学校教师总数与学生总数大约保持1：10的比例，尚无外聘的代课教师。而寄宿学生的人数情况不同：红毛希望小学的寄宿学生较多，且全都中午在学校食堂就餐；中平中心小学的寄宿学生相对较少。另外，学校校园面积也有所差别：红毛希望小学的面积只有中平中心小学面积的1/5，且存在一定数量的危房。农村初中流出并保留学籍的学生相比之下较多，占学生总人数的一半。留守儿童的情况与农村小学情况大致相同。并且，教师人数稀少，有在编不在岗的教师，有外聘的管理人员。寄宿学生占了学生总人数的一半，大多在学校食堂就餐。学校的占地面积不大，经过2007年的改造后已不存在危房。对于县镇小学，其流出并保留学籍的儿童人数不多，教师人数与农村小学的不相上下，"留守儿童"和寄宿学生相对较少，没有在编不在岗的教师，有外聘的教师和管理人员。学校校园面积比农村学校大，但存在少许危房。

海南省东方市地处海南岛西部稍偏南，为县级市。该市2008年的人均GDP为15 000元，在全省处于中上水平。全市2008年义务教育适龄儿童大约有78 080人，在该市上学的有78 000人，流出外地并保留学籍的儿童约80名，全市留守儿童估计有25名。全市中小学教师有3 700人，在编不在岗的教师20人，外聘的代课教师有32人，外聘的宿舍管理及食堂服务人员大约有10人。公立寄宿制学校的小学生大约有1 000名，初中生大约有500名。

东方市共有5所中学：八所学校、市第二中学、民族中学、铁路中学、港务中学；6所城区小学：市第一、三、四、六小学，铁路小学，港务小学；24所乡镇学校：八所镇、三家镇、四更镇、感城镇、板桥镇、新龙镇、大田镇、江边乡等8个乡镇共计24所学校。本次调研共对东方市4所学校的校长及东方市教育局局长进行了访谈。分别是东方市第二中学(城区中学),东方市八所学校(乡镇学校),东方市民族中学(城区中学)和东方市铁路中学(乡镇中学)。

东方市第二中学属于县镇初级中学。该校有学籍的学生总数为4 385人,寄宿学生人数约220人;该校教师总数145人,在编不在岗的教师6人;该校校园面积61 355平方米,2007年以来已改造危房4间,还有危房3间。

东方市铁路学校属于农村初级中学。该校有学籍的学生总数为1 000人,流出并保留学籍的学生大约有21人,"留守儿童"大约有51名。寄宿学生大约230名;该校教师总数62人,无在编不在岗的教师和外聘的代课教师;该校校园面积6 600平方米,2007年以来已改造危房15间,改造完毕后已无危房。

东方市民族中学属于县镇完全中学。该校有学籍的学生总数7 000人,寄宿学生大约400人;该校教师总数为230人,无在编不在岗的教师,外聘的代课教师约有30人;该校校园面积为7 035平方米,2007年以来已改造危房2间,现还有危房4间。

东方市八所镇八所学校属于农村小学。该校有学籍的学生总数为695人,流出并保留学籍的儿童大约有150人,"留守儿童"大约有50人,该校无寄宿学生;该校的教师总人数约为67人,无在编不在岗的教师和外聘的代课教师;该校的校园面积为12 650平方米,2007年以来已改造危房8间,现还有危房10间。

一、义务教育经费收支情况及问题分析

在对琼中县义务教育学校进行调研时,我们发现在2007年全面实施义务教育保障新机制后,农村初中和县镇小学的基本建设及危房改造等专项经费都有明显增加,而部分农村小学的专项经费尚未得到提高。对于农村初中及部分农村小学,学校的经常性经费拨款(公用经费和人员经费）、建设性经费拨款基本能满足学校的支出要求，无外欠债务。而对于县镇小学与一些农村小学，其建设性经费拨款均不能满足学校的支出需要，主要缺口在于学生和教师的宿舍建设方面存在外欠债务，而所有支出或外欠均不影响学校的正常运转。上级财政经费均能按时、按标准拨付，没有拖欠的现象。2005 年农村学校生均公用经费大概为 80～100 元，2008 年比 2005 年约增加了 50%，而县镇学校生均公用经费明显多于农村学校，大概为 600～800 元。学校公用经费的拨付标准与同县城乡兄弟学校大致相同。部分学校由于学生人数不同而略有不同。2008 年家庭贫困的寄宿生生活补助的标准小学为每生每年 500 元，初中为每生每年 750 元。寄宿生困难补助按人头拨到学校，一些学校是统一支配，根据寄宿生生活情况由后勤部门掌握，从生活支出中扣除，余额发还学生；一些学校则是发给学生本人。"两免一补"政策实施后，学生不缴费了，对教师的课时津贴、奖金，外聘代课教师的代课费有一定影响，教师的奖金和课时津贴有时无法按时足额发放。多数学校的津贴与奖金从教研活动经费以外的勤工俭学部分支出。少数学校则是从学校杂费及经常性经费中开支。义务教育保障新机制实施后，学校的经费收支方面基本没什么问题，但仍有少部分学校的教研费及办公费不够用。

东方市的基本经费收支情况是：该市实施义务教育保障新机制前，2005 年小学生均公用经费约为 150 元，实施义务教育保障新机制后，2008 年小学生均公用经费约为 300 元，比 2005 年约增加 150 元；2005 年初中生均公用经费大概是 250 元，2008 年比 2005 年约增加 200 元，即 2008 年初中生均公用经费大概是 450 元。实施新机制后，该市义务教育生均公用经费已基本达到国家标准。中小学教师培训费用均有小幅增加，由 2005 年的人均 150 元提升至 2008 年的人均

180 元。"两免一补"政策实施情况良好,各级政府的财政性教育经费基本能按时、按标准支付。

但新机制实施后,经常性经费拨款和建设性经费拨款不能满足该市义务教育支出的需要。其缺口表现在建设性经费不足,该市现有债务 1 700 万余元,基本不影响该市学校的正常教学工作。

本次调研的东方市 4 所学校义务教育经费收支情况大体良好。在 2007 年全面实施义务教育保障新机制后,4 所学校的基本建设、危房改造等专项经费均有明显增加。而对于学校的经常性经费拨款和建设性经费拨款,有 2 所学校认为可以满足本校的支出需要,有 2 所学校认为不能满足本校的支出需要,其中包括一所农村初中。而在认为不能满足支出需要的学校中,其主要的经费缺口是公用经费和人员经费太少,但学校的债务均不会影响该校的正常运转。上级的财政经费也都基本能够按时、按标准支付。

在生均公用经费和补助方面,农村和城镇的标准显然是不一样的,但相同点是在 2007 年实施新机制后,无论农村还是城镇的公用经费和补贴均有所增加。且 4 所学校的经费拨付标准与该地区其他城乡兄弟学校均相同。这说明,该市所有的义务教育制学校的公用经费和补助在 2007 年都得到了提升,也都得到了及时的支付。

2008 年家庭贫困的寄宿生生活补助支付标准城镇学校和农村学校存在着较大的差距,城镇学校的支付标准约为农村学校的 2 倍。而该补助学校均发给学生本人。

"两免一补"政策实施后,对教师的津贴总的看来影响不大,而教师的课时津贴、奖金,外聘教师的代课费和外聘管理人员的管理费等,学校一般从办公经费中开支。

综上所述,义务教育保障制度的实施力度在县镇和农村两个区域还是有一些差别,表现在专项经费和公用经费等经费收支方面。"两免一补"政策基本落实,但依然存在问题:"两免一补"政策实施后,规定公用经费不得用于人员工资、津贴、补助、奖金等,使教师津贴补助有时无法兑现。如果这些问题得不到很好的解决,有可能影响教师的积极性,造成骨干教师、青年教师流失。

而在义务教育保障新机制实施后,学校的经费收支方面主要存在的问题是经费不足和下拨不及时。

县(市)财政下拨经费速度较慢,一定程度上影响了学校的正常运转,我们提出的建议是,应提高各级公务员的服务意识,从基层出发,多考虑学校和学生的切实需要,按时下拨经费。

二、 义务教育中小学教师绩效工资实施情况及问题分析

琼中县的各个学校均实行了义务教育教师绩效工资制度,教师们也希望实行此制度,因其不仅能体现多劳多得、工作成绩与工资挂钩的原则,还能刺激教师工作的积极性。一些学校认为不可以将教师现行工资中的一部分拿出来按绩效分配,因为如果照此实行,一会影响教师收入,二会使人心浮动。其他学校则认为可以将教师现行工资中的一部分拿出来,按绩效分配。对于评价教师绩效的指标,学校认为"工作实效"这一指标最有利于调动教师的工作积极性,但教师间的工资差异不能太大,否则会影响教师生活及工作情绪,不利于学校教学环境的稳定。当地义务教育小学的教师平均工资大约为1 800元/月,初中学校的教师平均工资大约是2 000 元/月,比以前提高了300 ~ 500 元。而当地公务员的平均工资大约为2 500 元/月。

东方市也全面实行了教师绩效工资制度。其具体实施方法是:绩效工资年终发放,由学校根据教师个人实际工作业绩确定绩效工资的等级,然后逐一发放到教师手中。广大教师基本愿意实施绩效工资改

革,原因有二:一是可以使教师个人总体工资增加,二是由于绩效工资有一定的等级和区分度,可提高教师个人劳动积极性。但该市教育局局长认为将教师的现行工资中的一部分拿出来按绩效分配的做法是不可行的。因为,绩效工资应是教师劳动全部所得的一部分,如果拿出来另外分配,实际上并未提高教师的报酬,也就不能调动教师的积极性,不能给教师带来福利。该市实行教师绩效工资后,教师平均工资约为 1 700 元/月,比以前略有提高,而当地公务员平均工资约为 2 500 元/月,教师工资依然少于公务员工资。

参与调研的东方市 4 所学校均已实行义务教育教师绩效工资制度,且教师都希望能实行绩效工资制度,原因在于其能更好调动教师工作的积极性、增加收入以及体现多劳多得。但 4 所学校的校长均认为不可将教师现行工资的一部分拿出来按绩效分配。而对于教师绩效的评价指标是多方面的,包括教学效果、德育工作、工作业绩等。但教师间的工资差异不能拉得太大。4 所学校实行绩效工资后,教师的平均工资比 2007 年前都有所提高,但仍不足 2 000 元/月。

从调查数据的结果来看,教师平均工资与公务员平均工资还有差距。不过县镇与农村绩效工资制度的实施,逐步拉平了教师与公务员的工资待遇,对教师队伍特别是农村教师队伍的稳定起到了一定的促进作用。

三、 义务教育农村寄宿制学校的发展情况及问题分析

琼中县所进行调研的 4 所义务教育学校均有寄宿学生,平均每个学校有 100~300 人。对于农村小学生实行寄宿制度的出发点,大多数学校认为是由于教学点分散、资源配备不足、教育质量不高以及加强对教师和教育的规范化管理的需要;其次是由于留守儿童多,家庭疏于管理,辍学现象严重;再次则是由于执行上级政策和教师不愿下

乡,为此只能减少农村教学点。部分学校还参考了家长的要求。农村实行小学寄宿制后,多数学校学生的学业成绩有较大提高。但同时,学校的卫生、安全管理方面的压力加大了,而且由于生活补助的资金有限,学生在伙食方面的营养跟不上。小学一、二年级的学生年纪较小,生活自理能力差,寄宿对其有心理压力。

大部分学校都认为,政府可以通过对小学采用"中心学校 + 教学点",即在偏远地区设立教学点,由中心学校派教师轮流下乡,将寄宿制学校对学生拨款的部分转为对下乡教师补贴的方式,解决小学生寄宿带来的各种问题。但有些学校不同意此做法,认为教学点生源太少,有些年级才一两个学生,如果要开齐六个年级六个班级,要为其配足教师的话,就目前的情况来看是浪费资源,应该把教学点撤并到中心学校,这样可将多种资源整合起来,也更加方便管理。

东方市的义务教育寄宿制学校较少,全市仅有 3 所农村小学寄宿制学校,其中住宿生占学生总数的比例约为 10%。

从该市的实际情况出发,需要在偏远地区的农村小学实行寄宿制的因素有:一是教学点分散导致的资源配备不足,进而影响教学质量;二是教师不愿下乡,为此只好减少农村教学点;三是农村留守儿童多,由于家庭贫困及父母普遍素质不高使得孩子辍学,或不能按时、按量完成学业的现象较严重。

该市教育局局长认为,如能对偏远地区的农村小学实行寄宿制,那么学生的学业成绩应该会有较大提高。因为加强管理能使得农村学生学习时间集中,也能及时得到老师的辅导,会对学生的学习带来益处。

然而,如果对农村小学实行寄宿制的话,普遍的担忧是学生的安全问题不能得到及时有效的解决,而且会增加学校管理的压力和管理成本,而学校的义务教育经费原本就紧张,无法支出多余的管理经费。

从该市调研的4所学校反馈回来的信息看,4所学校均没有实行寄宿制。而学校的校长认为实行寄宿制的出发点在于:一是教学点分散,由于资源配备不足导致学校教学质量不高;二是出于加强对教师和教育的规范化管理的需要;三是农村留守儿童多,辍学现象严重。4位校长中有3位均认为如果实行寄宿制,学生的学业成绩会有一定的提高。但如果实行寄宿制,学校的管理会增加较大的压力,具体表现在学生的人身安全、住宿安全、食品安全以及学生的心理健康教育等问题上。但如果学校管理得当,实行寄宿制应该有利于学生身心的良好发展。

对调研问题中提出的,对小学采用"中心学校＋教学点"模式以解决寄宿制带来的种种问题的方案,并未得到4位校长的普遍认可。有2位校长认为该做法不可取,理由是该方法并不能真正解决寄宿制存在的问题,政府应加大教育经费拨款力度,使边远地区的学生享受到同等的优质教育。而另外2位校长认为,在当前政府经费不足的情况下,采用"中心学校＋教学点"的办法不失为一个较好的权宜之计。

综上所述,对农村义务教育学校实行寄宿制仍需在政策实施具体过程中改进。首先,政府财政需增加办学投入,不断改善办学条件;其次,必须按所需岗位给足人员编制;最后,应加大救助贫困生力度,落实"两免一补"政策,完善学生救助体系。学校更要教育和激励贫困生好好学习,长大后回报社会。

四、义务教育经费使用和管理的制度建设及问题分析

琼中县的4所学校大都编制经费预算,但多数学校的公用经费使用方面还存在用于偿还债务和基本建设的情况,其他的经费则多用于发放教职员工的奖金或补贴,聘请代课教师及宿舍、食堂和校园管理

人员。

而县镇学校和农村学校在资金使用和管理上遵循的规定则各有不同：县镇学校遵循财务管理制度和规定，例如收支条据必须有经办人、证明人、负责人签名；农村学校遵循专款专用（学生生活补助全额发放给学生），事业单位财务管理规定与财政厅和省教育厅出台的《公用经费支出管理办法》；对于县义务教育财政收支情况，某些学校是按季度公开，某些学校是每学期公开一次或每月公开一次，还有些学校则不清楚收支情况。其财务公开方式为布告张贴在校务公开栏内。大部分学校认为学校经费由县级财政统一收支和核算有利于学校发展。

东方市的义务教育经费使用管理情况是：该市实行义务教育学校预算编制制度，按照"两上两下"的程序进行。同时推行农村中小学财务公开制度，通常只公开各大类收入支出账目。在义务教育经费的使用和管理上建立并执行的主要制度是：收支两条线制度、会计审计制度，及支出项目的限制权。该市教育局局长认为，当前的义务教育经费由县级财政统一收支是比较合理的。

在本次对东方市进行调研的学校中，4所学校均已实行编制经费预算。而学校在经费使用方面普遍存在的情况有：公用经费部分用于发放教职员工的奖金或补贴以及基本建设。学校在资金使用和管理上，项目经费的使用由学校领导集体论证通过，然后报当地教育局审批，再根据相关票据报会计中心核准发放。在学校经费由县级财政统一收支和核算是否有利于学校发展的问题上，4所学校校长所持意见各不相同，其中有2所学校认为统一收支核算并不利于学校的发展。并且，在县义务教育财政收支情况是否定期向学校公开这一问题上，4所学校校长也存在着较大的意见分歧。

由以上可知,琼中县和东方市在对义务教育的经费使用和管理的制度建设上还有缺陷,某些学校仍缺乏对经费使用的管理。而且各个学校在资金使用和管理上遵循的制度不同,容易造成管理的紊乱。县义务教育财政收支情况应该定期同时向各个学校公开,以免造成遗漏而无法对各个学校保证公平公正。

五、 内容总结与政策建议

调查认为琼中县和东方市的义务教育经费的使用和管理目前还面临以下几个问题。

1. 校舍危房改造资金的保障问题

过去农村学校危房改造资金主要靠农民集资解决,农村税费改革以后,这笔开支必须切实落实,否则将严重影响农村义务教育成果的巩固与发展。基本办学条件得不到保障、办学经费短缺可能会再次引发中小学乱收费现象。

2. 教育经费来源缺额的填补问题

农村税费改革以后,随着农村教育事业费附加和农村教育集资被取消,农村每年教育经费来源将减少,如果没有相应的经费补充措施,农村的教育机构将无法正常运转。

3. 农村义务教育可持续发展后劲不足

教育的发展不能维持在原有的水平,应体现为质量的提高和规模的扩大。中央和省对义务教育提出了一系列新目标。义务教育发展的任务很重,县乡财政却不能有效增长,势必影响义务教育的可持续发展。现在农村已逐步取消了民办教师,但代课教师仍然普遍存在。由于代课教师的工资比正式教师低许多,建设高质量的师资队伍使财政面临压力。此外,教师培训也需要一定的资金。

4. 农村各地区义务教育发展不平衡

农村义务教育经费不仅总量投入不足，而且分配结构不合理，各地教育资源占用状况和发展水平失衡，主要表现为教育资源在县镇与农村之间的水平差距较大。

对此，我们提出以下几点政策性建议：

（1）依法治教，强化政府行为，强化政府对义务教育经费投入的主渠道作用，探索以财政投入为主的多渠道融资方式。确立义务教育财政拨款在公共财政中的优先地位，努力增加对义务教育的财政拨款。明确各县（市）教育改革与发展的目标、任务，强化政府行为，为各县（市）教育事业的健康发展提供保障。

（2）加强教育经费统计指标体系的建设，增补和改进能够反映各级政府对义务教育经费分担状况的指标，同时加强义务教育经费供求关系的研究，加快制定义务教育成本标准，以满足建立各级政府分担义务教育经费机制的需要。加强义务教育阶段中小学财务的监督和检查。县财政和教育部门要加强义务教育阶段中小学财务管理和监督，严格按照预算办理各项支出，推行财务公开制度，确保资金分配使用的及时、规范、安全和有效，严禁挤占、截留、挪用教育经费。对不按规定使用经费的，要严肃查处。

（3）优先发展教育，重在行动，重在落实。为了更好地落实优先发展教育的战略地位，各县（市）委、县（市）政府应做到"五个优先"。即制订全县（市）发展规划时优先考虑教育；财政拨款优先考虑教育，确保教育经费的投入；使用干部优先考虑教育，精心筛选优秀干部到教育行政部门任职；为群众办实事优先考虑教育；对教育部门的事项优先讨论研究解决。

（4）完善农村义务教育经费保障机制改革政策。建立健全义务教育阶段中小学预算编制制度。按照农村义务教育"以县为主"管理体制的要求,对农村中小学经费实行"校财局管",建立健全义务教育阶段中小学预算编制制度,各项收支统一编入县财政预算,并由县财政部门按照国库管理制度的有关规定办理资金支付。

各县(市)应建立健全农村中小学预算财务管理制度,规范学校经费支出,不得将农村义务教育经费保障机制改革资金挪用于化解债务、发放人员经费等其他用途。

(5)加强监督检查,完善监督机制,落实相应责任。各县(市)应建立县(市)政府就义务教育经费投入情况向县(市)人民政府代表大会报告的制度,接受人大代表监督。定期公布全县(市)年度教育经费投入情况,接受社会监督。县(市)政府要确保实现预算内教育经费的法定增长,继续扩大多渠道教育投入,稳步提高农村义务教育经费保障水平和教师工资,不断增加各阶层教育和普通高中教育的经费投入。

(6)深化改革,强化学校管理,提高教育教学质量。从县(市)教育行政主管部门到各中小学校应基本上建立一套全面合理的规章制度,并用它来约束和规范师生的行为,统一教学指导思想,调动师生的积极性,使教育教学工作有章可循,照章办事。还要通过结合农村城镇化建设和学龄儿童人口变动情况,进一步调整农村中小学布局,优化教育资源配置;改革教师人事制度,优化教师队伍结构;加强课程改革,全面提高教育质量;加强薄弱学校建设,促进教育公平。

(7)加大宣传力度。提高各级群众对新机制的认识,高度重视农村义务教育经费保障机制改革的宣传工作,通过广播电视、互联网等媒体,切实让各级群众了解中央和省的有关政策,使各项政策措施的执行得到广大群众和社会各界的支持。

　　不得不提的还有,在着手进行本次调研的过程中,我们同时还查阅了海南省审计厅和海南省统计局网上公布的相关资料。资料显示,近年来,全省审计机关坚持"民本审计观",服务社会主义新农村建设,开展 2003 至 2006 年度农村税费改革转移支付、中小学"两免一补"等 8 项涉农资金专项审计和审计调查。涉农投入资金总量 36. 99 亿元,审计资金总量 32. 25 亿元,发现问题金额 1. 57 亿元,占审计资金总量的 4. 87%。其中,5 个县(市)未按国家规定比例安排农村义务教育投入 423 万元。

　　全省对 17 个县(市)中小学"两免一补"的资金审计调查,涉及 517 所中小学,审计资金 5. 71 亿元。从调查情况看,2004 年起,海南省在全国率先对义务教育阶段实行"两免一补"政策,共资助学生 501. 9 万人次,减轻了老百姓的负担,提高了义务教育阶段入学率和在校生巩固率,2005 至 2006 年学年回流学生高达 44 386 人,入学率提高 0. 23%,巩固率提高 0. 53%,辍学率下降 0. 47%,有力地推动了海南省基础教育事业的发展。但也发现一些问题:一是 8 个县(市)的 92 所中小学共挤占挪用 581 万元。如三亚市育才初级中学和凤凰镇槟榔小学于 2004 年截留挪用少数民族贫困学生补助专项经费 8. 89 万元;二是 5 个县(市)少配套资金 1 469 万元;三是 13 个县(市)财政或教育部门及 150 所中小学未及时拨付和发放 908 万元;四是 3 个县(市)的 10 个学区及 18 所中学多报 2 752 人次,套取 24 万元;五是 6 个县(市)的 70 所中小学在"一费制"外违规收费 720 万元,有的学校还设立"小金库"。一些地方资助对象把关不严、平均发放补助费。对上述问题,有关县(市)已开展整改,如三亚市纪检监察机关依据审计结果,对有问题学校的责任人实行责任追究。

　　而全省对 12 个县(市)中小学危房改造资金的审计调查,审计资金 3.02 亿元。从调查情况看,各级政府多方筹措资金,危房改造消除了学校安全隐患,改善了办学条件,促使海南省农村中小学面貌发生了历史性变化。但也发现一些问题:一是 3 个县(市)高估冒算工程投资 833 万元,有的学校采取编制虚假签证等手法多计算造价达 34%;二是大部分县(市)不按规定公开招投标;三是有的地方虚报工程项目,如洋浦夏兰小学在 2005 年由洋浦经济开发区管理局安排资金拆除重建,但又于次年向省里申请危房改造资金 63 万元;四是有的工程存在质量问题,如琼中县乘坡中学新建的 12 间教师办公室,交付使用不到一个月就有 10 间屋子严重漏水;五是个别地方存在挤占挪用现象,如临高县教育局挤占挪用 81 万元用于行政经费支出等。

对于以上种种挪占义务教育专项资金及中小学危房改造资金的现象和问题,海南省财政厅已责成有关部门进行追究及严厉查处。自 2007 年农村义务教育新机制在全国农村地区全面展开以来,海南省多个县(市)均受益,并使数以万计的学生和家庭经济困难寄宿生得到帮助。但在为农村贫困学生感到高兴的同时,我们还要看到该政策的不完善之处及存在的问题,还有政策实施几年来群众的意见和呼声。这些问题和意见,如果得不到重视和解决,将影响到新机制和中央惠民政策的实施效果,影响到农村义务教育的均衡、持续发展。

因此,这项调研活动和这份报告的意义也在此凸显了出来。我们仅希望这份微小的调研报告能为国家制定农村教育的相关财政政策提供有益的参考。

(吴思雨、赵瀛)

报告十八：江西省吉水县、丰城市、余干县农村义务教育财政政策调查

前　言

本次调研的对象有：吉水县教育局局长、吉水县城南小学（县镇小学）校长、吉水县枫江中心小学（农村寄宿制小学）校长、吉水县枫江中学（农村寄宿制初中）校长、吉水县金滩中学（九年一贯制学校）校长、丰城市教育局局长、丰城市第一中学副校长、丰城市淘沙中心小学校长、丰城市筱塘中学校长、丰城市筱塘中心小学校长。

吉水县位于江西省中部，全县区域总面积 2 529 平方公里，总人口为 49 万人，现辖文峰、阜田、枫江、金滩、盘谷、八都、双村、醪桥、白沙、白水、丁江、乌江、水南、黄桥、螺田 15 个镇和尚贤、冠山、水田 3 个乡。吉水县教育局下辖中小学校 256 所，其中公办学校 251 所、民办学校 5 所。现有中小学生人数 75 348 人，其中小学生 45 212 人、初中生 20 170 人、普高生 7 556 人、中职生 2 410 人；教职工总人数 4 076 人；现有校园占地面积 1 824 471 平方米，其中小学 870 808 平方米、初中 688 806 平方米、高中 230 649 平方米；生均校园占地面积 26.37 平方米，其中小学 21.14 平方米、初中 35.35 平方米、高中 27.15 平方米。

现有校舍总面积 537 895 平方米,其中小学 257 108 平方米、初中 168 233 平方米、高中 92 786 平方米;生均校舍面积 7. 78 平方米,其中小学 6. 24 平方米、初中 8. 63 平方米、高中 10. 92 平方米。教育局机关有干部职工 57 人(其中副科级及以上干部 9 人、股级干部 16 人)。内设县政府教育督导室、综合股、教育股、人事股、计财股、纪委办、招生办、教研室、装备站、校建办、安全办、勤办、教育核算中心共 13 个股室办站,分别对应管理教育系统的各项工作。

丰城市位于江西省中部,总面积为 2 845 平方公里,人口总数约为 135 万。2008 年该市的人均 GDP 为 3 936 元,较 2007 年增长 14% 左右,但仍处于全省中下水平。全市共有义务教育初中学校 40 所,义务教育小学(不包括教学点)44 所。该市 2008 年义务教育适龄儿童 142 668 人,其中在该市上学的儿童 141 650 人,流出外地并保留学籍的儿童约 1 018 人,全市留守儿童估计有 22 000 人,占义务教育适龄儿童总数的 15. 42%。适龄儿童入学率将近 100%,然而接受完全九年义务教育学生仅有 95% 左右,存在较为严重的辍学现象,特别是初中生。该市义务教育学校中小学教师有 10 588 人,没有在编不在岗的教师,外聘代课教师有 800 人,外聘的宿舍管理、食堂服务人员约有 200 人。根据对各所被访义务教育学校调查的数据,该市义务教育教师学生数比例约为:初中 1∶17,小学 1∶26,(设每个教师教 2 科、学生上 6 科)可以看出该市存在一定程度的师资力量短缺。

余干县 2008 年的 GDP 为 47 亿元,在全省处于下等水平。全县 2008 年义务教育适龄儿童约 1 872 名。全县留守儿童估计有 7 906 名。全县义务教育学校中,中小学教师有 7 443 人,在编不在岗的教师有 236 人,外聘的宿舍管理、食堂服务等人员大约有 385 人。全县义务教育阶段公立寄宿制学校的小学生大约有 3 701 名、初中生大约有

21 290 名。余干县从 2005 年春季开始,对义务教育阶段的部分贫困学生实行"两免一补"政策。实行"两免一补"的资金共计 919.9 万元,其中免教科书费合计 353 万元、免杂费 472.5 万元、寄宿生生活补助 94 万,全县落实情况良好,对普及九年制义务教育、减轻农民负担起了积极作用。

一、被访谈县(市)的义务教育经费收支情况及问题分析

(一)吉水县的义务教育经费收支情况及问题分析

吉水县的中央教育财政经费首先由省财政厅拨付到县财政局,再由县财政局转拨到教育局。在资金流动的这两个渠道里面,由省级到县级的拨付渠道畅通无阻,并且能够及时收到足额的经费拨付。然而,经费在由县财政局到县教育局之间的转移过程中,会出现很多拖拉、晚转移或迟转移的现象,但是基本上能够保证中央的经费资金最终全部到账,只是在中间要做很多的协调工作(在实际采访时,吉水县教育局计财股股长透露说他有 40% 的工作时间都是在县财政局协调工作)。然而对于相关的需要,省、市、县提供的配套经费却基本都是摆设,这部分的资金基本上没有办法拿到。

从 2006 年义务教育经费保障新机制实施开始,吉水县就严格按照规定实施"两免一补"的政策,县财政每年按一定的学生人数及教师人数下发财政性教育经费,目前已在全县范围内基本落实。经常性经费拨款中的公用经费和人员经费都能基本得到保障(工资经费 100% 保障),但建设性经费的拨款中却存在很大缺口,相关的配套资金很少,基本上没有。因此,教育经费仍然无法满足义务教育支出的需要,仅能保证教师工资。缺口的原因有很多,主要一方面是,对于各种立项项目,项目在立项之前的前期资金无法投入到位,而且通常经费资金只能保证主题项目的完成,余下的工程或项目只能由学校自己想办

法解决或者干脆只完成项目的部分内容。

实施义务教育经费保障新机制之后,各个被采访的学校都认为整体的教育经费增加不大,并且在教师绩效工资实施问题上存在很大的困难。有校长反映,绩效工资中的"上缴资金"(培训费、设备费等)比例太大,使得学校实际拿到的教育经费少之又少。而且学校的各种日常采购没有相关的经费支持,必须从其他正常经费支出中扣减,是不合理的项目。还有校长反映,学校教师的医疗保险、失业补贴、住房补贴等都应由财政来负责,学校无力承担这部分的资金。

(二)丰城市义务教育经费收支情况及问题分析

2007年义务教育经费保障新机制实施后,丰城市按照规定严格实施"两免一补"政策,目前已在全市范围内基本落实。学生根据自己的意愿选择是否缴纳保险费和作业本费用,各学校不存在"边免费边收费"的现象。2008年该市农村家庭经济困难寄宿生生活补助标准是小学生人均500元/年,初中生人均750元/年,县城学校的补助标准较之农村学校稍低。寄宿生困难补助的发放是由学校摸底造册上报市教育局,市教育局按人头拨到学校,再由学校发给学生本人。部分地区也存在由乡镇财政部门将钱款直接付给学生的情况。

新机制实施后,该市义务教育生均公用经费有了明显的提高,小学生均公用经费由2005年的40元/人增加到2008年的300元/人,初中生均公用经费由60元/人增加到500元/人,在全市范围内各学校的生均公用经费拨付标准相同。教师培训机制也有了相当的改善,义务教育中小学教师培训现由教育局统一安排,在2005年为0元/人的基础上,2008年的人均支出大约为200元/人。此外,学校的基本建设、危房改造等专项经费也有明显程度的增加。然而学校的经常性经费、建设性经费拨款不能满足学校的支出需要,缺口在人员经费和建设性经费拨款上，尤其是后者，公用经费虽能满足需要但却存在被占用的情况。由于人员经费和建设经费不足，大部分学校都有一定程度的债务，制约着学校的正常运转。学校的举债多数是用于基建、修缮项目。中央、省级财政经费能够按时、按标准拨付，市级财政经费有时未能按时拨付，一般拖欠的是人员经费。

"两免一补"政策实施以来，学生不用缴费，人员经费又不足，使教师津贴的发放陷入了困境。对于教师的课时津贴、奖金，外聘代课教师的代课费，外聘管理人员的工资等，学校不得不从公用经费里面开支。

由上述情况可知，丰城市义务教育经费收支方面存在以下问题：收支存在不平衡，经常性经费拨款、建设性经费拨款不能满足支出需要；公用经费被挤占；人员经费拨付存在"拖拉"现象。

（三）余干县的义务教育经费收支情况及问题分析

县财政每年按一定的学生人数及教师人数下发财政性教育经费，其中包括经常性经费拨款及建设性经费拨款。而各个义务教育制学校均能按时收到经费，并不存在拖欠现象，并且在每年年末均无结余，全部用于各种学校日常开支。

存在的问题主要是建设性经费缺口较为严重，该问题又集中在乡镇初中，主要为历史因素引起。在未实行"两免一补"政策前，学校能在每年开学收取各类学杂费来弥补建设施工的费用。而在实施该政策后，学校不再允许向学生收取任何费用，巨额建设性费用缺口开始出现。同时，县财政的经费下发时间的不一致导致经费缺口日渐拉大，因此在每年开学时都会出现建筑商封门现象，对开学工作造成了很大的阻碍，影响很坏。余干县建设性经费因此也高达 6 500 万元。而在小学该现象并不严重的原因是小学规模要求不高，教学设施耗费低,因此建设性教育经费缺口小。

其次,存在公用经费用于支付聘请代课教师和宿舍、食堂以及校园管理人员的费用上。其中公用经费用于支付代课教师工资的现象较为普遍和严重。由于农村小学网点分散,师资力量不够,经常出现老师短缺的现象,而县里有事先规定的老师指标,无法再扩充老师,所以很多小学都额外聘请代课老师。经过调研,发现"中心网点下派老师"的方式不太可行,因为乡中心小学本身老师都刚好饱和,没有多余的老师下派到各个分散的网点。

二、被访谈县(市)的义务教育中小学教师绩效工资实施情况及问题分析

(一) 吉水县

被采访的各所学校都声明说已经实行绩效工资制度,但并无具体的实施情况说明。采访过程中,笔者也发现,学校对于教师绩效工资制度的实施热情度并不是很高,不过教育局局长反映教师绩效工资制度的实施,主要对一些村小学校作用比较大,对其他类型的学校则收益并不多。

在评价教师绩效的指标方面,局长认为应从"德、能、勤、绩"4方面来综合考量,具体的细则由各个学校自己制定。不过他同时指出,在评价教师绩效方面,尚无比较详细和具有针对性的政策指导,希望相关的指导性意见能够尽快出台,这样才能保证绩效工资制度的顺利实施。

在采访中,各校校长都认为教师绩效的主要评价标准应该是教学质量或教学成绩。在拉大教师工资差距方面,有些学校认为应该加大,另外一些认为差距太大了会影响教师的工作积极性。

绩效工资制度亟待实施,而相关的经费支持又不能尽快到位,那

么是否考虑将教师的现行工资中的一部分拿出来按绩效分配？这一建议遭到了吉水县广大义务教育工作者的强烈反对。他们强调教师的现行工资本来就低，如果再拿出一部分按绩效分配，会造成部分教师的工资收入极低，容易引起人心浮动，降低教师工作的积极性。

目前吉水县中小学教师的平均工资水平在每月 1 600 元左右，城乡教师间也有一定的差距。当地公务员的待遇为每月 2 000 元左右。

（二）丰城市

丰城市尚未实行义务教育教师绩效工资制度，目前小学教师的平均工资水平在每月 1 300 元左右，初中教师约为 1 600 元，城乡教师间也有一定的差距。而当地公务员三年前就已经实现了"阳光工资"，享受待遇为每月 3 000 元以上。丰城市难以落实教师绩效工资制度，原因在于：一方面各级财政绩效工资经费的落实存在一定的问题。按照县级为主、省级统筹、中央适当支持的原则，丰城市财政负担相当重，而就该市目前的经济发展状况来看，短期内仍旧难以将负担的绩效工资资金到位。另一方面，由于省教育厅尚未统筹规划绩效评价标准，县教育局无法制定相关实施细则，制约着绩效工资制度的落实。

根据对教育局以及各所学校的调查访谈可知，广大教师愿意并热切希望尽快实行绩效工资改革。义务教育教师，特别是农村教师的现行工资待遇偏低，实行绩效工资后的工资水平能达到当地公务员的标准，教师待遇改善了，教学积极性自然就能够提高。并且，实行绩效工资制度是多劳多得原则的体现，可以在教师教学工作中营造一种竞争气氛，教师工资与工作成绩等挂钩，对于调动教师的工作主动性、创造性有积极的促进作用，有利于义务教育教学质量的提高。

在对教师绩效工资制度的讨论中，广大教师积极发表意见，体现了对实施该制度的关心和期盼。他们认为，教师工作实效、课时工作量、岗位重要性、专业水平、出勤等指标都应该纳入教师绩效的评价考量中去。而工作实效、工作量最有利于调动教师的工作积极性,其中工作实效可以部分体现在教学成绩上,但也要对教师的付出、能力等加以综合考虑。广大教师间的工资需要适当拉大,这是"多劳多得,优劳优酬"的体现,工资可以向一线教师、优秀骨干和作出突出成绩的工作人员倾斜,也应当适度向贫困地区学校、农村学校的教师倾斜。

(三)余干县

余干县在调研时尚未实施绩效工资制度,当时准备于 2009 年秋季实行。通过访谈,发现县中小学比乡镇中小学的热情高,阻力小。而初中学校的实施热情又比小学学校的实施热情高,这很大程度上与教师的个人素质及能力有关。县城初中的老师素质普遍比乡镇学校、小学的要高,自然上进心也较强。

三、被访谈县(市)的义务教育农村寄宿制学校的发展情况及问题分析

(一)吉水县

吉水县共有 216 所农村小学寄宿制学校,住宿生有 8 122 人,占总人数的 20% ~30% 左右。在本次采访的一所农村小学和一所农村九年一贯制学校里面,均有寄宿小学生,人数都在 500 人左右。

经过了解,笔者发现吉水县对偏远地区的农村小学实施寄宿制的出发点主要在于教学点分散,资源配备不足,教育质量不高;农村留守儿童多,家庭疏于管理,辍学现象严重。此外,加强对教师和教育进行规范化管理的需要也是一个重要原因。

自从小学寄宿制机制实施后,学生成绩是否提高也因学校而异。有些学校认为寄宿制与正常的走读制并无本质差异,因此在学生成绩的提高上也没有显著的差异。另外也有学校认为,该地区的寄宿制学

校一般是由各个村小集中而成，即"低年级教学点＋高年级中心学校寄宿"的模式，让低年级（一至四年级）的学生继续在教学点上学，将本乡五、六年级的小学生组织到一块，成立中心小学，中心小学集中了农村短缺的教学设备和师资力量，教育质量有了提升，学生的学业成绩也有较大的提高。

然而，寄宿制同时也带来了诸多方面的问题。对于寄宿制学校来说，一方面学校管理方面的压力大增，包括对住校学生日常生活的管理和学生安全的管理。小学生普遍年纪偏小，生活自理能力差，在处理人际交往、个人事宜方面需要专业的生活指导，这无形中加大了学校的管理负担，也相应地提高了对教师的要求，教师不仅要努力提高教学质量，同时还要处理各种学生问题。另一方面，集体生活要求学校加强对校园学生安全管理的要求，小学生年纪小，群体生活和适应能力差，很难快速融入集体生活中去，这样学生更易自我封闭，而学校生活不免会有些聚众打架等事件发生，都将对小学生的心理健康产生严重的影响。最后，学校的生活老师给的指导也只能是大众化的，很难细化到单个学生，与家庭里针对性的管教相比有相当大的差距，某些家庭背景特殊的学生甚至可能会产生错误的行为。

(二) 余干县

余干县目前不存在寄宿制的义务教育学校，但存在寄宿学校的学生。由于余干县是一个人口输出大县，因此选择寄宿不失为一种好方法。寄宿有助于学生彼此之间更多地交流，老师可以更好地组织活动，丰富学生的课余生活，使学生得到家中无法得到的温暖。但是，实行寄宿制给学校管理和老师带来很大压力，而且使学校陷入了经费不足的困境，学校也需对学生承担更多的风险。这也是为什么寄宿制学校迟迟没有建立的一个很重要原因。

四、义务教育经费使用和管理的制度建设情况及问题分析

(一) 吉水县

吉水县部分实行了预算编制制度,在形式上按照"两上两下"的程序进行(该县教育局局长原话)。各个校长都声明已经实行义务教育学校预算编制制度,但均是供学校内部管理使用的。吉水县初步推行了农村中小学财务公开制度,县义务教育财政收支情况是通过成立教代会审查并在小范围内公示结果,内容不够完善具体。

采访内容显示,吉水县各个学校在经费使用上存在非常严重的挪用公用经费问题。几乎所有的学校都承认会将学校的公用经费用于发放教职员工的奖金或补贴、基本建设和聘请代课教师以及宿舍、食堂、校园管理人员。

该县教育局局长认为,义务教育经费应该由省级统筹最好,这样财政缺口就由省级负担。由于吉水县经济水平比较低下,这样不失为一个折中的解决方案。但是各学校却认为由县财政统计收支很合适并且有利于学校发展。这样减小了学校经费管理上的压力,可以集中力量提高办学条件和质量。而且这样的话,收支项目明了,可以保证学校间经费使用标准相同,不再会存在对城市学校偏袒倾斜的情况。

(二) 丰城市

丰城市在义务教育经费使用管理制度建设上存在严重的欠缺。该市目前还没有实行义务教育学校预算编制制度,各学校虽编制经费预算,但均供学校内部管理使用,并非按"两上两下"程序进行。该市初步推行了农村中小学财务公开制度,通过政府网站向全社会公开,但内容还不够完善具体。并且,市义务教育财政收支情况也没有定期向学校公开。

另外,学校在经费使用上也存在挪用公用经费的现象。如前面所

述,该市义务教育学校大都背负一定的债务,而且人员经费和建设性经费拨款不能满足学校支出需求,绩效工资经费亦未到位,以致公用经费被挪用。公用经费用于基本建设、发放教职员工的奖金或补贴,聘请代课教师和宿舍、食堂和校园管理人员等现象屡见不鲜,更有甚者将公用经费用于偿还学校的债务。

从调研结果得知,该市在资金使用和管理上所遵循的制度有:(1)收支两条线;(2)专款专用,公款共存,不设立小金库;(3)《公用经费支出管理办法》。然而,在访谈过程中,局领导、校领导均未能说出资金使用和管理上所遵循的制度和规定,甚至连协助的财务会计人员也需要查阅相关的文件书册。显然,该市在资金使用和管理上极不规范,并未确切落实教育财政部出台的制度和规定,这也是地方政府通有的弊病。

(三) 余干县

余干县义务教育经费的使用和管理主要遵循以下制度:《中小学财务管理制度》、《上饶市中小学生公用经费实施细则》、《上饶市人民政府关于深化义务教育经费保障机制改革的实施意见》。

五、 内容总结与政策建议

通过采访,笔者发现,江西省作为我国中部的一个经济发展相对落后的省份,在实施义务教育过程中,还是存在较多的问题。

(1)江西省的义务教育发展水平总体较低,教育师资不能满足教学的要求,以致教学质量难以提高。省、市、县等部门的配套资金无法到位,导致正常的教学工作很难完成,影响了相关教育工作的顺利进行。

针对江西省很多地方经费收支不平衡、经费拨款无法满足需求的问题,中央、省、市、县各级应当加大对义务教育的投入,特别是加大建设经费和人员经费的比重,还要特别保证相关配套资金的及时到位,同时还要加快完善义务教育经费保障问责机制。

（2）由于经费负担比例及绩效评价标准等问题尚未解决,全省范围内并没有实际实行教师绩效工资制度,义务教育教师的待遇过低,教学积极性不高。

绩效工资经费以县级为主、中央、省级适当支持的理念,以目前县级的经济发展水平来看难以实现,应当转移重心,实行管理以县为主、经费省级统筹、上级适当支持的模式。并且,省级应当加紧研究探讨,尽快出台统一的绩效评价标准,总的指向应以质化评价为主,量化评价为辅,但允许县级教育局因地制宜地作出适当的调整变动。

（3）义务教育经费使用和管理非常不规范,相关制度和规定成了空头支票,出现了公用经费被占用、经费管理和使用不规范等情况。

应该尽快建立健全预算编制规章制度,强化预算培训工作,同时还可以建立"校财局管"财务管理机制。建立有独立编制、独立账号、独立办公场所、行政领导和财务管理由县级教育行政部门负责、业务指导和财务监督由县级财政部门负责的县级教育会计核算中心。加大对义务教育经费管理、使用的查处力度,督促各部门严格按相关制度和规定管理、使用经费,同时也可以实行内部人员匿名举报奖励机制。

（4）在寄宿制小学的建设上,"低年级教学点＋高年级中心学校寄宿"的模式有很大的可行性,通过采用低年级在教学点学习、高年级中心学校寄宿学习的模式,解决了纯寄宿制小学带来的一些问题,同时也部分缓解了教学资源不足的压力,学生的学业成绩有了较大的提高。

江西省应该在农村小学中继续延续当前寄宿制小学建设模式,即

"低年级教学点＋高年级中心学校寄宿"的模式,着重抓好学校安全、管理等各方面的工作。同时可以适当向社会筹资,引进专业素质高的生活指导老师和后勤服务人员,为学生提供一体化服务,保障集体生活健康、有序地进行。

（朱咪）

报告十九：广西永福县、全州县、横县农村义务教育财政政策调查

前 言

　　根据农村义务教育财政政策专题调研方案的相关要求以及广西的实际情况，我们选取了桂林市的永福、全州两县及南宁市的横县，就农村中小学经费收支情况、教师绩效工资实施情况、经费使用管理制度建设、农村寄宿制学校建设等问题进行了深入的调查研究。

　　永福县位于广西东北部、桂林西南方，全县辖 5 乡、4 镇、93 个行政村、6 个社区，总面积 2 806 平方公里，总人口 26.83 万。2008 年全县完成地区生产总值 49.07 亿元，城镇居民人均可支配收入 15 235 元，农民人均纯收入 4 362 元。1997 年，永福县"两基"工作通过自治区达标验收，2003 年通过自治区复查，"两基"成果逐年巩固提高。全县有初中 14 所，小学 98 所，小学教学点 7 个。在校初中生 10 248 人，小学生 14 352 人。全县有小学适龄人口 13 391 人，入学 13 346 人，入学率为 99.9%。在校初中生 10 188 人，初中阶段入学率为 102.6%。全县教职工中，初中专任教师 682 人，合格率为 96.6%；小学专任教师 1 112 人，合格率为 100%；其中，小学教师专科毕业率达 53%，初中教

师本科毕业率达 47.6%。小学生均校舍面积 7.88 平方米,初中生均校舍面积 9.22 平方米;小学生均图书 11.6 册,初中生均图书为 15 册。共有寄宿制学校 24 所,其中住宿生的比例约为 31%。

全州县位于广西最北面,毗邻湖南省,素有"广西北大门"之称,自古以来为"楚粤往来之要冲"。全州县辖 18 个乡镇(其中包括 9 个镇、7 个乡和 2 个瑶族乡:蕉江瑶族乡与东山瑶族乡)。截至 2008 年底,全县土地总面积为 4 021.19 平方公里,总人口为 78 万人。2008 年全县完成地区生产总值 86.6 亿元,城镇居民人均可支配收入 12 162 元,农民人均纯收入 4 544 元。1997 年全州县通过区"两基"工作评估验收,2003 年通过自治区"普实"验收和自治区"两基"复查,2007 年通过国家评估验收。全县共有小学 259 所,教学点 80 个,现有校舍总建筑面积 459 903 平方米,在校生 43 428 人,教职工 2 643 人,专任教师 2 316 人,小学生均校舍面积 10.59 平方米;初中 40 所,现有校舍总建筑面积 299 493 平方米;在校生 27 326 人,教职工 2 375 人,专任教师 1 917 人,初中生均校舍面积 10.96 平方米。全州县共有寄宿制学校 14 所,其中住宿生的学生大约占总学生数的 1/3。

横县地处广西东南部,现辖 17 个乡镇、5 个乡、302 个行政村(社区)。全县总面积 3 464 平方公里,总人口 115 万人。2008 年全县地区生产总值完成 958 767 万元,城镇居民人均可支配收入实现 9 676 元,农民人均纯收入达到 3 937 元。1997 年,横县"两基"工作通过自治区达标验收。2008 年底,全县共有小学 290 所,小学教学点 284 个、初中 40 所;中小学在校生 145 918 人,其中,小学在校生 80 331 人、初中在校生 47 400 人。全县专任教师 7 924 人,其中,小学专任教师 4 403 人、普通初中专任教师 2 552 人;小学的师生比为 1:18.24,初中为 1:18.57。2008 年,全县初中毕业生合格率达 100%,参加中考人数达 16 538 人,参考合格率为 90.5%。2008 年全县小学生返校率为 99.95%,比 2007 年提高 0.4%;初中生返校率为 99.02%,比 2007 年提高 0.82%,充分显示横县"两基"工作成果的进一步巩固和提高。

一、被访谈县的义务教育经费收支情况及问题分析

在义务教育保障制度机制实施后,我们调查的永福县、全州县和横县在义务教育经费收支方面取得了骄人的成绩,主要表现在以下几个方面。

(1) 教育生均公用经费划拨有了相当大的增加,永福县 2005 年小学生均公用经费大概是 67 元,2008 年比 2005 年大概增加 202 元;2005 年初中生均公用经费大概是 113 元,2008 年比 2005 年大概增加 293 元;横县 2005 年小学生均公用经费大概是 156 元,2008 年比 2005 年大概增加 117 元,2005 年初中生均公用经费大概是 219 元,2008 年比 2005 年大概增加 217 元,拨付标准与本县城乡兄弟学校的标准相同,在这一点上城乡差距缩小。

(2) 在义务教育中小学教师培训方面,永福县是由县教育局统一安排,2005 年人均支出大约是 51 元,2008 年比 2005 年大约增加 116 元。横县义务教育中小学教师培训则是由职教中心的继续教育中心负责。

(3) 给家庭经济困难的寄宿生发放补贴,2008 年家庭经济困难寄宿生生活补助标准是小学年人均 500 元,初中年人均 750 元。这笔经费的发放方式原则上是根据学校的寄宿生人数,按文件规定比例核发到学校,按学校所在地域对个别学校享受人数作适当调整,确定人数之后由学校将人数上报给教育局,经教育局批准后将经费发放给学校,然后由学校发放给学生或者学生家长,其中有个别学校在经过家长同意的前提下将这笔经费转换成学生在校的生活费,以确保这笔经

费确实用在学生身上。

（4）学校的基本建设、危房改造等专项经费有明显的增加，全州县庙头镇中心小学变化较大，如在 2007 年拆除危房改造中，镇明德小学在明德集团赞助一半资金的情况下建起了新的教学大楼，并完善了校园绿化；寄宿制小学的设施也得到了相当大的改善，比如厕所的新建等。

（5）各县的"两免一补"政策严格按照国家政策执行，取得了较大的成果，给学生家长减轻了相当大的负担。

义务教育保障制度机制的实施进一步规范了当地教育主管部门及学校在义务教育经费收支方面的管理，但是在实施过程中，学校在经费收支方面也存在一些问题，有待进一步改进。

首先，经费不足是各县领导普遍反应的问题，学校的经常性经费拨款（公用经费和人员经费）、建设性经费拨款不能满足学校的支出需要，主要表现在：（1）学校公用经费短缺，新机制运行后上级补助资金与学校实际开支需求差距大，随着社会的发展、物价的上涨，上级补助的公用经费仅能满足非寄宿制学校日常的开支，其他的维修、校园绿化等经费则不能满足。而对于寄宿制学校，缺口则更大，公用经费很难维持学校的正常运转，没有多余的经费改善住宿条件、配备体育设施，更没有经费聘请生活老师照顾学生的起居。公用经费的缺口主要表现在办公经费不足、教学设备购置经费不足、聘请不在编教辅人员经费不足。（2）学校债务过多，部分学校甚至严重影响到学校的正常运转。永福县湾里初中 2007 年"两基"迎国检欠债达 30 多万，因还欠款，严重影响工作的正常运转。但是在全州县庙头镇中心完小，同样欠债 30 多万，主要由政府财政负担债务，学校只需负担利息，不至于影响到学校的正常运转。（3）"两免一补"政策实施后，学生不缴费了，教师也就没有津贴了，课时津贴、奖金也全无。外聘代课教师基本没有聘请，外聘管理人员（食堂人员）的工资则从食堂的微薄利润中产生。

其次，各级政府（中央、省、县）的财政性教育经费不能按时、按标准拨付，特别是公用经费不能按时拨付。各级政府的财政性教育经费均能按标准拨付，但是在拨付时间上落后于学校的教学工作需求，主要原因是资金拨付过程的中间环节过多。以永福县为例，2008年春季学期以来，每学期公用经费的资金文件到达均在开学后，由县教育局向财政局提出申请，到拨付至学校，约需一个月时间，由于义务教育阶段学校已不再向学生收取任何费用，这就严重地影响了学校的正常教育教学秩序。

最后，上一级教育行政部门的控制力度过大，学校没有真正的支配权。如学校设施的维修费、购置教学设施费本有专项资金，但现已被上一级教育行政部门控制，学校无权支配。而且，向上级申请这笔经费的程序复杂，透明度低，甚至发生专款不专用的现象。

二、被访谈县的义务教育中小学教师绩效工资实施情况及问题分析

在被调查的广西壮族自治区，义务教育中小学教师绩效工资制度目前还没有得到具体的实施。但在谈及绩效工资改革时，教育部门的领导、各学校的校长以及处于教育一线的教师们都有着自己独特的见解。虽然绩效工资制度还没有得到具体实施，但广大教师都非常希望能够尽快实行绩效工资改革，论及原因，不外乎是实行绩效工资制度之后，教师得到的工资要明显多于未改革之前。这就从报酬上肯定了教师的工作成绩。而对于管理层的教育局领导以及各中小学的校长们来说，实行绩效工资制度，有助于调动教职工的工作积极性，便于高层更好地开展教育教学活动,从而促进义务教育的向前发展。

然而,实行绩效工资制度也存在一定的难处,其中最大的困难就是如何正确地评价教职工,真正做到"多劳多得,优质优酬"。正如永福县教育局局长,全州县、横县等教育局领导所言,现发的教师绩效工资草案,细则太多,指标过细,一旦真正实行起来,就会出现许多困难,因为许多指标是不能直接量化的,而且指标过细的话,还得有专任统计才行,这无形中就加大了教育成本。因此,领导们希望在真正实行教师绩效工资时能考虑以下几点。

(1)绩效工资的发放应本着尊重现实的原则,不应只考虑所谓的指标,因为按指标来实行绩效工资制度,有时很可能会降低教师的工作积极性。因为指标是固定的,教师们只要达到一定的指标就能得到相应的报酬。对于那些还没达到最高标准的教师而言,这无疑能激励他们向更高的标准靠拢,但对于那些已达到最高标准的教师来说,激励作用不大,使得其安于现状,降低了工作积极性。再加上广西教师的评聘制度并不完善,评与聘没有得到很好的结合。一些教师被评上了高级,却不一定会被聘上,那么此时的绩效工资该如何计算,是按原来的职称来算,还是现在的职称呢? 评聘制度的相互脱离给绩效工资的实施增加了难度。

(2)在实行绩效工资时,应考虑给学校一定的自主权。学校只有得到自主权,才能根据自身的实际情况来制定相应的方案,以提升教师工作的积极性。已发的草案中规定给学校30%自主权是远远不够的,因为30%的比例激励不大,不足以调动教师的积极性。因此,要想真正达到激励作用,就必须考虑在有可能的情况下加大学校自主权的比例。

(3)在实行绩效工资时,应考虑农村学校的实际情况,制定相应的发放标准,调动教师的积极性。

实行绩效工资改革,从整体上来说能促进教师工作的积极性,但对于农村小学,特别是农村的教学点而言,激励作用不大。拿全州县来说,近些年全州县通过对学校进行"整"、"合"、"拆"、"并",现如今的农村除了少部分的不完全小学之外,其余的全是教学点。对于教学点来说,一般只存在一至三年级,教师的数量也不会超过 5 个;而在一些人数较少的教学点,还存在复式班,教师也就只有 1~2 个。一般情况下,教学点的每一个教师的教学是包揽整个年级的,对于人数较少的教学点,一个教师的教学是包揽整个教学点的。针对这些情况,应充分考虑学校的实际情况,制定相应的工资发放标准,调动教师的工作积极性。

现行的工资结构分为岗位工资、薪级工资、绩效工资 3 大块,虽然教师们都愿意实行绩效工资,但没有人愿意将现行工资中的一部分拿出来按绩效分配。教师岗位工资、薪级工资的金额不多,如果还要将其拿出来按绩效分配的话,教师的工作积极性会受到一定的打击。

谈到评价教师绩效的指标时,全州县的教育局领导认为,评价教师绩效的指标应包括:师德表现、教师工作量的大小、教育教学效果等;永福县的教育局长则认为,不需要定任何指标;部分校长们则说,指标应包括硬性指标(学历、工龄等)和软性指标(教学表现等)……

在对 3 个县的调研过程中,各县教育局领导们以及学校校长们有个一致的认识,那就是:教师间的工资差异应适度的拉大,但不宜太大,也不宜过小。他们认为工资差距太大容易产生教师间的恶性竞争,而差异太小又不足以调动教师的工作积极性。只有适度地拉大教师间的工资差距,才能既加大教师间的良性竞争,又有效地促进教师的工作积极性,提高教育教学质量。

三、 被访谈县的义务教育农村寄宿制学校的发展情况及问题分析

在被调查的广西全州县、永福县和横县，除了横县因为学龄儿童居住比较密集，各学生就近入学而没有正规的寄宿制学校以外，全州县和永福县的寄宿制学校在近几年来得到了很大的发展。其中，全州县共有寄宿制学校 14 所，寄宿生大约占总学生数的 1/3 多；永福县共有寄宿制学校 24 所，寄宿生的比例大约为 31%。

各县在偏远农村地区实行寄宿制的出发点也各不一样，在与各县主管领导和各寄宿制学校的校长交谈的过程中，我们发现，永福县对偏远地区的农村小学生实行寄宿制最重要的出发点是出于加强对教师和教育的规范化管理的需要；其次是由于教学点分散，资源配备不足，教育质量不高，偏远农村小学或教学点教师学历参差不齐，大部分是代课老师转换成正式老师的，教学水平良莠不齐，而且地处偏远，不便于规范化管理，极大地影响到教学水平；再次，农村较多的留守儿童是实行寄宿制的另外一个重要原因，这些留守儿童缺乏家庭的管理与教育，辍学现象较为严重，为了使留守儿童能够得到应该得到的教育与关爱，寄宿制小学肩负着重大的责任。例如在全州县，农村留守儿童比例竟高达 30%，解决留守儿童的受教育问题是实行寄宿制学校的重要原因之一。

通过了解，近几年在实行寄宿制的学校里，学生的成绩有了较大的提高，论其原因，校长们主要谈起了以下几点原因：(1) 学生寄宿之后不用每天花大量时间和精力在上学和放学的路途中，更多的时间和精力可以放在学习和课外活动上。(2) 农村的孩子一般在放学回家之后不像城市的孩子在父母的指导下学习或者有家教辅导，取而代之的是父母的放任自流或者帮父母干力所能及的家务活，在寄宿制实行

之后,放学后由老师统一安排课外作业的完成或者参与课余活动,这有助于孩子们的身心健康发展,更有助于学习成绩的提高。(3)过去在教学点学习的部分孩子在管理方面较为自由散漫,缺乏纪律意识,然而在寄宿制实行之后,学校对学生们的起居饮食学习各方面规范化管理,端正了学生们的学习态度,强化了学生的纪律意识。因此,学生们在学习方面能够认真听讲、按时按量完成作业等,从而较大程度地提高了学习成绩。

虽然寄宿制的实行给偏远农村的孩子带来了很多的便利,也很大程度地提高了教育水平,但是对学校管理而言,也给学校的管理增加了较大的压力,通过与各县领导及各校校长的访谈,我们总结出其管理压力主要体现在以下几个方面。

(1)教师和教辅人员严重缺乏,一方面编制不够,另一方面也没有财力聘请教辅人员。由于小学生的自理能力较弱,寄宿之后一日三餐,一切日常生活完全靠自理,需要别人照顾,因此,就大量需要后勤生活老师照顾学生的起居生活,但是,永福县明德小学仅有几名生活老师照顾学生的生活。在经济稍微落后的全州县庙头镇中心小学则没有专门的生活老师,学生的起居全部依靠教师的照顾。

(2)教师负担加重。寄宿制的老师在完成日常的教学工作之余,还要负责学生的生活。在调研过程中,有一名寄宿制学校的老师这样说道:"我们老师现在扮演4种角色,分别是老师、父母、医生、警察这4种角色。"这4个比喻非常贴切,他们上课的时候是老师;下课了要像父母一样照顾孩子们学习、生活等;在孩子们生病的时候不管刮风下雨还是寒冬腊月,都要及时地将孩子送进医院进行治疗照顾,有时候通宵达旦,但是第二天还要继续正常上课;除此之外,老师还要像警察一样监督孩子们以免犯错,比如同学们之间发生口角或者打架,寄宿的孩子偷偷溜出去上网打游戏,染上不良习惯等。这些都是寄宿制教师的工作负担,远远超过了教师的正常工作范围。

(3)经费不足,各项配套设施不够。寄宿制实行以后,学校规模扩大,学生人数增多,拥挤的教室和宿舍尚待解决,体育器材和图书资料也急需补充,但是每年学生的公用教育经费却有限,只能勉强维持学校正常运转,根本就没有能力来补充各种配套措施。在调研的庙头镇初级中学就出现一个奇怪的现象,政府给学校配备了各类体育器材,如篮球、足球等,但是,这些器材学生却享用不上,究其原因才知道,该学校没有经费建设运动场,学生运动的地方只有一块黄尘滚滚的空地。

(4)后勤保障条件不足。在调研的几所学校里,均没有校医、保育员、专业的艺术老师、美术老师等。学生生病了只能由老师带去医院,有的甚至走几十里山路去医院给学生看病,这大大加重了教师的负担,也延误了孩子们的病情。因此,给寄宿制学校配备至少两名校医是势在必行的,从被调查的几个学校得知,几乎每天都有孩子生病的,因此配备两名校医白天黑夜两班倒是非常有必要的。除了校医缺乏以外,其他副科老师的配备也是有必要的,据了解,寄宿制学生在课余的时间非常丰富,这就需要学校安排丰富的课外活动来充实寄宿学生的生活,因此,在课外开办一些美术、音乐、舞蹈等课程是既有益于学生的身心健康成长也有利于学校管理的良策。但是,我们所调研的农村寄宿制学校根本就没有一名专业的副科老师,这些课外活动都是由其他课程的老师兼任的,这既增加了老师的负担,而且教学水平也不够理想。

(5)学生的安全隐患较高,安全隐患体现在两个方面:一方面是学生的生活安全问题,由于农村学校的校舍条件不高,校舍较为破烂,几十个学生挤在一个宿舍里,容易生病甚至发生传染病,卫生防疫问题难以控制;另一方面,学生在上学和放学途中的安全隐患较大,一路上学生要跋山涉水,过河、过桥、过马路,没有父母的接送,老师也没有能力一个个送回家,农村落后地区安全意识也不高,经常用农用车辆违章接送孩子上下学,这些现象让人胆战心惊。

寄宿制学校像一把双刃剑,给学生们带来便利的同时也面临着诸多的问题。于是,有人提出建议,农村小学采用"中心学校+教学点"的模式,我们调研的全州县和永福县各执己见,全州县教育局领导认为这种做法对于全州县行不通,其理由主要有以下几点:(1)群众都有向往优质教育的意愿,教学点教学水平较为低下,尽管有中心校的教师轮流下乡,但最终是不稳定的,接受的教育也是不系统的,群众还是偏向于在中心学校接收优质的教育。(2)教学点的学生数量较少,中心学校的教师轮流下乡耗费太大,而且得到的收益较小,是资源的浪费。(3)实施起来比较困难,一方面,中心学校的教师大多数不愿意为了这笔并不可观的补贴而下到偏远的山区,只有通过强制执行,但是这对教师的工作积极性和工作质量有很大的影响;另一方面,中心校的美术、音乐等副科教师本身就不足,这就导致这些老师根本不可能流动到交通不便的教学点。(4)安全问题。由于教学点人口居住不密集,地处偏远,农民文化素质并不高,教学点的年轻女教师的人身安全根本得不到保障,但是中心学校一般以女教师居多,因此,这也是这个建议行不通的原因之一。恰恰相反的是,永福县的教育局领导却认为这个建议行得通,究其原因,主要有以下几个方面:(1)便于对学生和教师的管理,克服寄宿制学校带来的种种问题;(2)中心校的教师到教学点轮流下乡既能使偏远地区的学生就近入学,又能使更多的学生享受到优质的教育;(3)由于中心校老师的教学水平和知识构成较高,中心校教师轮流下乡有利于提高学生的学习成绩。尽管各县领导意见并不统一,但是他们都是从各自县的实际情况出发的,不管模式采纳与否,都会以有利于学生成长的方向改进。

四、 被访谈县的义务教育经费使用和管理的制度建设情况及问题分析

义务教育经费的有效管理和充分使用是事关当地义务教育维持和发展的最根本保障,它不仅直接决定着县域义务教育事业的规模和速度,学校办学条件的改善,教师待遇的提高,而且在一定程度上影响着教育质量的提高。为此,被访各县根据本县的实际情况,探索和制定出了一系列有关本县义务教育经费使用和管理的相关制度,同时不断地丰富与完善适合于本县的、长效的义务教育经费使用与管理制度,相关内容体现在以下几方面。

(1) 被访永福、全州、横县 3 个县各级义务教育学校都实行了义务教育学校预算编制制度,其主要表现为支出预算。其中永福县在制定义务教育学校预算编制制度方面出台了不少实际方案,例如《永福县免除农村义务教育阶段学生学杂费和补助农村义务教育阶段中小学公用经费工作实施方案(试行)》、《永福县农村中小学公用经费支出暂行办法》、《永福县农村中小学校舍维修改造资金暂行办法》、《永福县贫困学生资助工作实施办法》等系列管理制度。这些方案的出台说明了永福县委和教育部门领导高度重视高效的义务教育经费使用和管理,但在与永福县教育局局长的深入访谈中我们获知,尽管义务教育经费管理与使用相关制度的不断推陈出新,但在具体落实的过程中都显得比较粗放、缺乏规范性。比如尽管县财政局设有教育会计核算中心,负责县城所有学校的年度财务预算,但由于工作人员编制有限且工作量繁多,教育会计核算中心所有会计和出纳都是兼职,他们无论在业务熟练程度还是在责任心上都存在较大的缺陷,由此造成教育经费核算缺乏精确度。同时教育会计核算中心的另一大功能被比喻成"国库支付",全县所有学校正常开支都被它掌管,如果工作人员不能以身作则,就很有可能出现学校所需正常经费不能按时到位,或者由于学校领导私人原因不能得到与其他学校同等的经费所需,会对整个学校的日常教学产生很不利的影响。因此,永福县教育局局长建议:为了预防此类问题的出现,必须从源头上预防,主要是在保障工作人员合理薪酬外,通过不断地激励以及树立榜样端正他们的工作责任心和正义感。

(2)在与被访县教育局局长的访谈中我们获知,3个县都定期向学校公开义务教育财政收支情况,通过教育局的公开栏每月按分类经费收支进行公示,同时下发相关文件到学校进行通报。同时,学校教育经费预算的编制与管理坚持财务部门预算,比如全州县学校教育经费预算的编制与管理根据《全州县教育系统预算管理暂行办法》相关规定,按照"两上两下"的程序,实行教育经费预算管理。各学校依法从各种渠道取得的各项收入必须全部纳入综合预算,由学校财务室统一管理。任何单位和个人不得隐瞒、截留、透支和挪用。此外,教育局在编制学校部门预算时,要求在县财政局的共同参与监督下,由各学校校的统一带领,学校教务、总务、财务各部门和教师代表(3~5人)共同参与,民主理财,确定预算建议草案,保证清晰地反映学校所有收支项目,做到完整准确、公开透明。

另外在与被访县义务教育阶段中小学校的校长访谈中我们获知,几乎所有学校都实行了义务教育学校经费使用状况的定期公开制度,遵循坚持依法理财的义务教育经费预算编制的指导思想,严格经费管理,坚持民主理财,做到校内财务公开。

（3）由于学校在获得经费支持的途径上存在着较大的困难，因此县级财政是否能够保证经费下拨的按时、足额到位，将对学校日常正常教学产生重大的影响。各学校校长在面对我们关于学校经费由县财政统一收支和核算是否有利于学校发展的问题时，基本上都存在两种不同的看法。一些校长向我们反映，学校经费由县财政统一收支，无形中剥夺了学校的办学自主权。当然由于学校缺乏专业的会计核算人员，学校理财观念也亟待改善，同时学校领导有可能由于自身素质方面的原因，使得经费使用随意性较大，但是学校财政经费本来就有限，如果出现应急需要，还得层层上报，即使通过上级审批也得花费不少时间，这会造成学校办事效率低下且容易挫伤学校领导和教师的工作热情和积极性。不过我们在调研中发现，现在正在实行的中心校管理统一管理学校财政支出和集中使用的方案可行，在学校出现支出金额不太大时，中心校可以立即发挥其作用，利用其自身经费管理和核算方面的比较优势，在力所能及的范围内为学校及时排忧解难。

（4）在对3个县的调研过程中，我们从与各县教育局长的对话里获取了一个共同的观点，这观点包含了他们对本县义务教育阶段各级学校在对教育经费使用和管理的制度建设方面所存问题的关注。他们向我们反映：当前学校内部教育经费控制存在着共性问题，各义务教育层级学校一般在一定程度上、一定范围内建立了教育经费内部控制制度，基本业务内部管理可以说是有章可循。但还有相当一部分学校尚未意识到教育经费内部控制的重要性，对教育经费内部控制存在许多误解，再加上教育经费内部控制固有的局限性，使其内部控制薄弱，教育经费处理随意性大，缺乏有效的监督机制。主要表现在：教育经费决策人员与经办人员没有很好地分离制约，造成教育经费使用有制度、无执行或执行不利，从而造成教育经费使用与管理效率低下。

五、 内容总结与政策建议

通过对广西永福县、全州县及横县的实地调研,我们对广西在我国农村义务教育经费保障新机制实施后的农村义务教育发展状况有了大体的了解,特别是对广西农村中小学经费收支情况、教师绩效工资实施情况、经费使用管理制度建设、农村寄宿制学校建设等问题有了进一步的认识。为了使农村义务教育经费保障新机制的实施效果在广西农村地区得到进一步扩大,根据我们的实地调研及广西实际情况,我们提出以下建议。

1. 义务教育经费收支方面

(1) 在国家财力允许的前提下,适当增加对义务教育经费的拨款。目前物价上涨速度较快,国家的义务教育经费拨付却几年没有增加,这致使拨付的经费越来越不能满足学校的实际需求,因此,国家应该因地制宜地适当增加义务教育经费的拨付。

(2) 提前经费拨付的时间,将经费的申请提前到上一学期的期末,财政局可在上一学期就批复该校在下学期的办学经费,并确保经费在新学期开学之前拨付至学校,以确保学校正常开学。

(3) 将经费的支配权更多地下放到学校。小数目经费由学校自行决定,大数目经费由上级主管部门批准,学校定时向上一级主管部门汇报经费的使用情况,上一级的教育行政部门起监督作用,而不直接支配该款项。

2. 义务教育中小学教师绩效工资实施方面

应加快实行绩效工资,增加教师的工作积极性。由于"两免一补"政策实施后,教师没有津贴和奖金,同一级别的教师无论工作任务多少,工资都一样,这就使得教师的工作热情逐步下降,而实施绩效工资,适当拉开教师之间工资的差距,则有助于刺激教师的工作热情,提高教学水平。但是,在实施这个政策的同时要掌握好教师之间工资差额的额度,差距过大则会物极必反,削弱教师的积极性。同时,为了以后更好地实行教师的绩效工资改革,应考虑以下几个因素:(1)绩效工资的评定标准要公开、公正、公平,以免引发不必要的争论;(2)评定细则要简单、明了,但不要过细,避免损耗大量的人力与物力;(3)绩效工资的评定标准应尊重现实,制定相宜的发放标准,有效地调动教师的工作积极性,鼓励教育部门向前发展。

3. 义务教育经费使用和管理的制度建设方面

(1)县级负责领导应该继续认真学习中央对义务教育经费使用和管理的相关政策方针,在提供自我决策质量的同时充分借鉴外县较为先进和合理的义务教育经费使用和管理的制度,此外还应结合本县实际情况,加强与各学校校长和老师的沟通与交流,认真倾听他们的汇报,不断总结和制定出适合本县的义务教育经费使用和管理的制度。

(2)提高经费管理人员的业务水平,主要是经费核算能力,对他们进行定期培训,在保障工作人员合理的薪酬外,通过不断激励以及树立榜样端正他们的工作责任心和正义感,从源头上保障经费下拨的公平性。

(3)坚持民主的全县义务教育财政收支公布制度,在各学校中挑选出适合的人选负责参与全县义务教育财政经费预算,确保预算建议草案的科学性,保证清晰地反映学校所有收支项目,做到完整准确、公开透明。

(4)学校内严格实施义务教育经费使用和管理制度方案,保证制度方案的权威性,通过相互监督、财务公开来保证学校经费的高利用率。

4. 义务教育农村寄宿制学校方面

（1）配备专门的生活指导老师和后勤工作人员。一方面要配备生活指导老师，由生活指导老师加强对学生日常起居生活的指导与管理，如夜间就寝的管理、洗衣服、洗头、感冒的防治等日常生活自理能力的培养。除此之外，还要关心学生的身体健康，如有学生生病则由生活老师带卫生院治疗。另一方面要配足后勤工作人员。如配备食堂工作人员，为学生搭配好营养丰富且美味可口的饭菜。但是，在配备人员时严格把好质量关，如食堂工作人员的健康状况、专业水平等。

（2）适当考虑增加寄宿制学校的公用经费，目前的公用经费仅能使非寄宿制学校维持正常运转，对于寄宿制学校就捉襟见肘了。因此，应该针对寄宿制学校拨发相应的经费，改善学校的环境和增加相关的措施。

（3）由相关政府部门出台政策，统一配备寄宿制学校的校医和医务室。小学生容易生病这一普遍性决定了校医的必要性，但是目前基本没有农村寄宿制小学配备校医，所以需要国家统一规划寄宿制小学配备校医的政策。

（4）加强偏远农村寄宿制学校艺术、美术等副科老师的配备。农村寄宿制小学老师基本都是主课老师，甚至很多老师都是全科老师，没有专业的副科老师，在强调全面发展的素质教育时代，农村学生也急需专业老师的指导。一方面国家和当地政府可以考虑与当代大学生支农计划和西部志愿者计划结合起来，合理配备志愿者；另一方面，国家应利用优厚的政策吸引年轻的老师进入农村，给农村小学注入新鲜血液。

（5）配备相关设施，保障学生的安全。一方面，学校应进一步强化学生管理制度，如离校制度、寝室制度、就餐制度、学习制度等，以防止学生偷偷溜出校门上网玩游戏、在寝室吵闹讲话等影响他人休息，防止因抢饭致使他人没有饭吃等。另一方面，学生上下学的交通安全管理也要和家长沟通，确保学生的安全，如低年级最好由父母接送，高年级结伴回家，杜绝学校周围的非法载人工具，有条件的县和学校可以考虑购置校车接送学生等，以确保学生的安全。

（潘磊、伍红梅、雷学荣、李良）

报告二十：湖北省当阳市、孝南区、阳新县、郧县农村义务教育财政政策调查

前　言

　　"全国农村义务教育经费百县调查——对湖北省的专题调研"湖北大学课题调查组一行13人,于2009年7月中旬分赴湖北省当阳市(县级市)、孝南区(县级区)、阳新县、郧县等4县(市、区)以及十堰市、孝感市进行了实地调研和访谈,获取了上述4个县(市、区)和相关县(市)级的有关农村义务教育财政方面的第一手材料。经过归类和分析,现将相关情况分为义务教育基本现状、义务教育经费收支现状及问题、中小学教师绩效工资实施现状及问题、农村寄宿制学校的发展现状及问题、义务教育经费使用和管理的制度建设现状及问题、调查结论与政策建议等6个部分进行分析。

　　调查组此次访谈的4个县(市、区)的经济状况分别处于湖北省的上(当阳市)、中(孝南区、阳新县)、下(郧县)3个水平。当阳市是全国中部百强县(市)之一,排列全国中部百强县(市)第39位;阳新县和郧县为国家级贫困县;由于近几年来阳新市整体经济水平和人均GDP水平都有了很大的提升,在本次研究中将该市和孝南区定义为中

等经济发展水平县(区),选取调查这 4 个不同经济发展水平的县(市、
区),可能有助于我们发现湖北省内不同经济发展水平的县区的农村
义务教育财政状况的差异和共性问题。表 20-1 是 4 个县(市、区)的
基本经济状况及义务教育发展现状。

表 20-1　2008 年 4 县(市、区)经济状况及义务教育发展状况

	当阳市	孝南区	阳新县	郧县
GDP 总量(亿元)	106.06	55.50	96.47	30.69
总人口(万人)	48.69	85	100.19	62.11
人均 GDP(元)	21 783	6 529	9 629	4 795
所处全省水平	上	中	中	下
义务教育适龄儿童人数(人)	35 000	77 000	210 000	93 306
在本县上学人数(人)	32 000	75 000	200 430	86 519
其中:在本县上小学的人数(人)				26 316
其中:在本县上初中的人数(人)				60 203
流出适龄儿童人数(人)	3 000	2 000	8 000	3 000*
适龄儿童入学率(%)	100	100	98.30	98.07
义务教育完成率(15~17 岁)(%)	98.00	98.00	98.00	97.33
全县留守儿童数(人)	6 000	13 703	80 000	13 668
留守儿童占在本县上学人数的比重(%)	18.75	18.27	39.91	15.80
公立寄宿制学校小学生数(人)	8 061	0	26 921	6 505
公立寄宿制学校初中生数(人)	6 880	9 000	35 134	16 470
寄宿制中小学生数合计(人)	14 941	9 000	62 055	22 975
寄宿制小学生占在本县上小学的比重(%)		0		
寄宿制中学生占本县上中学的比重(%)				

续表

	当阳市	孝南区	阳新县	郧县
寄宿制小学生占在本县上学人数的比重(%)	25.19	0	13.43	7.52
寄宿制中学生占在本县上学人数的比重(%)	21.50	12.00	17.53	19.04
寄宿制学生数占在本县上学人数的比重(%)	46.69	12.00	30.96	26.57
全县中小学教师数(人)	2 561	5 700	9 230	4 680
生师比	12.50∶1	13.16∶1	21.72∶1	18.49∶1
在编不在岗教师数(人)	0	0	0	12
外聘代课教师数(人)	0	0	2 270	40
外聘后勤服务人员数(人)	400	500	– –	150
外聘后勤服务人员与在校生比例	1∶80	1∶150	– –	1∶576
外聘后勤服务人员与寄宿生比例	1∶37	1∶1.8	– –	1∶153

注:标 * 的是保留学籍的数据,其他县、区是流出外地不保留学籍的数据。

表 20-1 的数据显示了 4 个县(市、区)的经济发展与义务教育基本现状。其特征和差异可以下从几个方面进行概括。

第一,义务教育普及程度高。虽然被访谈县(市、区)的经济发展水平不一,但义务教育普及水平都很高。2008 年当阳市和孝南区适龄儿童入学率都达到 100%,阳新县和郧县分别达到 98.30% 和 98.07%;从 15~17 岁青少年义务教育完成率看,当阳市、孝南区、阳新县都达到98.00%,国家级贫困县郧县也达到97.33%。相关资料显示,经济发展水平较好的当阳市自 1995 年起小学入学率就已经达到100%,其义务教育完成率在 2006 年就达到了98.8%;孝南区小学入学率长期保持在 100% 的水平,2008 年初中入学率达到98%;阳新县从"十五"期间起,其义务教育(含小学、初中)普及状况就一直保持在 99.1% 之上；即便是经济发展水平较差的郧县，小学入学率在 2008 年也达到 100%，初中入学率达到了 96.88%。

第二，留守儿童比重较大。从表 20-1 数据中可以看出，4 个县（市、区）的留守儿童人数占在本县（市、区）上学人数的比重分别为 18.75%（当阳市），18.27%（孝南区），39.91%（阳新县），15.80%（郧县）。国家级贫困县阳新县，近几年来外出打工人员不断增加，2008 年已达到 20 万人，占阳新县总人口的 20%，所以留守儿童的比重明显高于其他 3 个县（市、区）。留守儿童的广泛存在为当地的教育部门提出了更高更细致的要求，调查中我们了解到各县政府都出台了一系列措施关爱留守儿童。如阳新县建立专门的留守儿童服务中心，其服务内容包括落实好一名代理家长，每月一次主题教育活动，每年一次免费体检，每月看一本好书等，为留守儿童的健康成长营造温馨的港湾；孝南区采取 4 项措施，即开设"心理辅导站"，开办"留守家庭学校"，开通"亲情热线电话"以及创办"留守孩托管中心"等；当阳市多措并举关爱留守儿童成长，包括建立留守儿童档案和联系卡，建立留守学生假日家园及"谈心日"制度，筹划"爱心妈妈关爱留守儿童"活动，组织 326 名"爱心妈妈"和 2 755 名"代理家长"与全市 3 081 名留守儿童一道牵手过节等；郧县采取了建立留守儿童成长档案，筹划"手拉手"、"结对子"帮扶活动，组织品学兼优的学生与留守儿童建立伙伴关系，组织家长学习，开展心理咨询与辅导等一系列活动关爱留守儿童成长。这些措施的开展都对留守儿童的健康成长产生了积极的影响。

第三，寄宿制学生人数多，比重较高。与广泛存在的留守儿童现象相对应的是寄宿制学生数量多。当阳市、孝南区、阳新县、郧县寄宿制学生人数占在本县上学人数比重分别为 46.69%，12.00%，30.96%，26.57%。当阳市的比重最高，其次是阳新县，郧县第三，孝南区最少。从 4 个县(市、区)的情况看,寄宿制学校中,中学生数多于小学生,山区县市多于平原县市。由于父母常年不在身边,学校的教育和监管对于留守儿童就显得更为重要。将孩子寄宿在学校由学校全天候地加以培养和教导,对于那些常年在外打工无法照顾子女的家长来说可能是一个较好的选择。在实地的调研和访谈中我们发现,在对学生实施寄宿制管理后,其学习成绩、与人交往等各方面能力都得到了很大提高,但是在学生管理中的安全问题和心理问题也不容忽视。

第四,教师配备情况,除郧县有极少数教师在编不在岗外,其他 3 个县都不存在这种现象。从生师比看,阳新县的生师比最高,达到 21.72∶1;其次是郧县,为 18.49∶1;孝南区和当阳市的生师比很接近,分别为 13.16∶1 和 12.50∶1。根据教育部 2002 年颁布的《中小学班标准与每班配备教职工数参考表》,从农村中小学教职工平均配备数为 17.79∶1 的标准看,当阳市和孝南区的生师比低于教育部颁布的标准,阳新县和郧县高于教育部颁布的标准,特别是阳新县高于标准的 18.09%,所以调查中我们发现,在阳新县和郧县存在外聘代课教师现象,特别是阳新县的代课教师占中小学教师人数的 24.59%。从外聘后勤服务人员与寄宿生比例看,郧县的比重最高,其次是当阳市,阳新县的数据不明,孝南区由于没有公立的寄宿制小学,寄宿制小学一般是私立性质的学校,所以在这个指标上最低。

一、义务教育经费收支现状及问题

(一)义务教育经费收支状况

1.公用经费增长现状

在调查中我们发现,新机制实施之后,各县的公用经费拨付均有不同程度的增长,体现在生均公用经费上如表 20-2 所示:

表 20-2　4 个县(市、区)生均公用经费增长比较

	当阳市	孝南区	阳新县	郧县
2005 年小学生生均公用经费(元)	城区 150 农村 140 平均 145	约 110	约 98	约 128
2008 年小学生生均公用经费(元)	城区 265 农村 250 平均 258	约 300	约 300	约 300
2008 年比 2005 年增加的 小学生生均公用经费(元)	城区 115 农村 110 平均 113	190	202	178
2005 年初中生生均公用经费(元)	城区 250 农村 220 平均 235	约 180	约 130	约 280
2008 年初中生生均公用经费(元)	城区 415 农村 400 平均 408	约 500	约 500	约 500
2008 年比 2005 年增加的 初中生生均公用经费(元)	城区 300 农村 180 平均 240	320	370	220

注：2005 年为新机制实施以前的状况。

从表 20-2 中我们可以看出,2008 年各县(市、区)义务教育生均公用经费拨付标准较新机制实施前的 2005 年相比都有了较大的提高。2008 年国家颁布的农村义务教育阶段中小学公用经费基准定额标准：小学每生每年 300 元,初中每生每年 500 元,分两年将基准定额落实到位,即在 2009 年落实到位。大部分被访谈县都提前一年落实完成了国家规定的农村义务教育阶段中小学公用经费基准定额。当阳市虽然未能提前完成国家规定的经费基准定额,但也达到了《湖北省财政厅、教育厅关于调整完善农村义务教育经费保障机制改革有关政策的通知》中所规定的义务教育生均公用经费"农村小学和初中分别达

到 250 元和 400 元,县镇小学和初中分别达到 265 元和 415 元"的基本标准。

2. 教师培训模式与经费支出现状

在教师培训这一环节上,根据财政部、教育部 2006 年颁布的《农村中小学公用经费支出管理暂行办法》,"教师培训费按照学校年度公用经费预算总额 5% 安排",2008 年 4 个县(市、区)都由教育局统一安排实施了教师培训。其人均培训支出也都较 2005 年有了较大幅度的增长,增幅分别达到了 62%(当阳市)、50%(孝南区)、66%(郧县),阳新县没有提供具体的数据,但其从 2008 年下半年起以 5% 的公用经费投入到教师培训中,达到了国家规定的相关标准。由此可见,新机制的实施带来了农村义务教育公用经费拨付标准的普遍上调,给广大师生以及各级学校带来了切实的实惠。

表 20-3　教师培训经费支出比较

	当阳市	孝南区	阳新县	郧县
教师培训模式	统一安排	统一安排	统一安排	统一安排
2008 年公用经费总额(元)	12 478 970	30 000 000	80 172 000	37 996 300
按 5% 的标准计提(元)	623 948	1 500 000	4 008 600	1 899 815
全县中小学教师数(人)	2 561	5 700	9 230	4 680
2008 年人均培训费应支出额(元)	244	263	434	406
2008 年人均培训费实支出额(元)	243	300	434	223
实际与应支出额之间差额	-1	37	0	-183
2005 年人均培训费实支出额(元)	150	200		134
2008 年比 2005 年增加额(元)	93	100		89

3. "两免一补"政策的落实现状

(1) "两免"政策的落实

"两免一补"政策是新机制的另一重要内容。4 个县(市、区)的教育局负责人均表示"两免"政策能够落实到位。各级政府都采取了相应的措施保障"两免"经费的足额拨付。如当阳市 2008 年获得了国家免费发放的教科书 305.63 万册以及免杂费资金 8 361 740 元;孝南区则减免书费 568.6 万元。在"两免"方面,被访谈 4 个县(市、区)均已经实现了免费义务教育,免费教科书发放的覆盖范围也已基本扩大到全部的农村义务教育阶段学生。

(2) 中小学寄宿生生活补助

按照《湖北省人民政府关于实施农村义务经费教育保障机制改革的通知》以及《湖北省财政厅、教育厅关于调整农村义务教育经费保障机制改革有关政策的通知》的要求,按照小学生每生每天 2 元,初中每生每天 3 元,每年按 250 天计算补助贫困寄宿生生活费。在"一补"方面,2008 年各县寄宿生生活补助标准除当阳市略高(小学每生每年 520 元、初中每生每年 770 元)外,其余 3 个县(区)均为小学生每生每年 500 元、初中每生每年 750 元,达到了政府规定的相关标准。除郧县是由教育局统筹安排,按各地学生比例分配补助名额外,其余 3 个县(区)都是由教育局按人头拨款到各个学校,再由学校发放给每个学生,这就使国家对贫困生的帮扶能够真正地落到实处。4 个县(市、区)寄宿生生活补助的具体情况见表 20-4。

表 20-4　寄宿生生活补助分县市比较

	当阳市	孝南区	阳新县	郧县
贫困寄宿生生活补助标准小学/初中(元)	520/770	500/750	500/750	500/750

	当阳市	孝南区	阳新县	郧县
公立寄宿制学校小学生数(人)	8 061	0	26 921	6 505
公立寄宿制学校初中生数(人)	6 880	9 000	35 134	16 470
公立寄宿制中小学生总数(人)	14 941	9 000	62 055	22 975
已补助生活费的中小学生总数(人)	3 736	1 381	34 848	11 102
实际补助人数占寄宿生学生数比重(%)	25.00	15.35	56.16	48.32
实际补助金额(元)	2 410 000	1 036 000	21 780 000	7 720 000
实际人均补助金额*(元)	645	750	625	695

注: * 实际人均补助金额,郧县、孝南区为实际数据,当阳市、阳新县为小学和初中补助标准的加权平均数,当阳市为645元;阳新县为625元。

　　从表20-4可以看出,阳新、郧县两县的实际补助人数占寄宿生总数比重较大,均在50%左右,相比之下,当阳市、孝南区的同类比重相对较小,均在30%以下,这种差异可能是由于经济发展水平的不同以及交通地理条件的差异所造成,阳新、孝南郧县两县的经济发展水平相对比较薄弱,且多为山区,因此贫困寄宿生比例相对较大。如据调查反映,郧县的实际补助人数比例尽管已达到48.32%,但仍存在补助面较窄、名额有限的问题,其实际需要补助的贫困寄宿生比例可能更大;阳新县调查的4所学校中,有两所的贫困寄宿生补助标准分别仅有小学每生每年70元和中学每生每年135元,远低于国家规定标准。如这种情况较多的话则其实际补助人数及其所占比重可能要比我们的推算数据更大。当阳市经济发展水平较高,其贫困寄宿生所占比例也可能较小,孝南区地处平原地区,贫困学生住校的必要性相对较低,同时孝南区还有相当数量的私立中学初中学生(主要在孝南区兴国学校,具体数字学校负责人未提供),而这些学生是不享受国家"两免一补"政策的,这些都在一定程度上减少了其实际补助人数所占的比重。

4. 经费拨付效率及水平状况

在各项经费的拨付效率上,阳新县和郧县均能够按时、足额到位,但是当阳市和孝南区则存在比较明显的经费拨付滞后问题。孝南区的有关负责人告诉我们,不能按时拨付的主要是如困难学生补助金一类的"两免一补"经费,其原因主要是省级教育部门的办事效率低下,这种情形在其他学者的相关调研中也有所反映,说明省级教育部门的管理效能还有待提高。

新机制实施以后,农村义务教育经常性经费拨款(公用经费和人员经费)及建设性经费拨款的拨付标准都较过去有所提高,但从我们的调查结果来看仍维持在相对较低的水平之上,还不能很好地满足义务教育发展的各项支出需要。表20-5 是 4 个县(市、区)各项经常性建设经费的主要缺口情况分析。

表20-5　4 个县(市、区)各项经常性建设经费主要缺口分析

	当阳市	孝南区	阳新县	郧县
主要经费缺口	公用经费		建设性经费	人员性经费与建设性经费
公用经费不足的主要原因	学生规模小于200 人的学校公用经费明显不足			教师工资拨付不及时
人员经费不足的主要原因				建设性经费拨付不及时
建设性经费不足的主要原因			设计规划、维护等经费不足	

从表20-5 中可以看出,在所调查的 4 个县(市、区)中,只有孝南区表示各项经费拨付"基本满足"了义务教育发展的各项支出需要,而

阳新县和郧县则明确表示"不能满足",当阳市的情况较为折中,要"视情况而定",如学校的人数较多,达到800人以上,那么就可以基本满足学校的日常开支需要,如果学校人数较少,在200人以下,那就很难满足学校的日常开支需要(因为公用经费是按学生人数拨付给学校的,并没有考虑学校规模,学生越多,经费也就越多,而日常的开支如考察、接待等费用,各个学校相差不大,在这种情况下,学生较多的学校经费也就更为充裕)。从中我们可以看出新机制经费在分配方式上还存在着一些不合理之处,从而影响了学校间的均衡发展(建议200人及以下设定一个最低标准)。

在调查中我们了解到,最主要的经费缺口在人员性经费(主要是教师工资)和建设性经费两大块,而这也反映了新机制的制度设计中以保障公用经费为重点的现实,新机制在保障公用经费方面有突出的作用,但对于人员性经费的保障则力度欠佳,而义务教育阶段特别是农村中小学的基本建设经费保障机制尚未确立("新机制"只是试图建立校舍维修改造的"长效保障机制")。因此这两块的投入是未来国家需要加以改善的对象,也是新机制日后的完善方向。

5. "普九"债务化解状况

在化解"普九"债务这一环节上,各地的基本状况不一,表20-6是4个县(市、区)"普九"债务的化解状况。

表20-6 4个县(市、区)"普九"债务化解现状

	当阳市	孝南区	阳新县	郧县
"普九"债务应还金额(万元)	3 010	3 899	11 000	2 802
"普九"债务已还金额(万元)	3 010	3 119.2	6 965	2 802
"普九"债务尚欠金额(万元)	0	779.8	4 035	0
主要欠债项目		校舍维修债务	建设发展债务	

从表 20-6 中我们可以看出，当阳市和郧县已经基本还清了"普九"债务；孝南区仍有 779.8 万的"普九"债务尚待偿还，但都是一些校舍维修方面的小型债务，不影响其正常教学秩序。而阳新县则仍有 4 035 万的债务需要清还，主要是"普九"之后的建设发展债务。新机制及"两免一补"政策实施以前，学校可以通过收取学杂费逐步偿还部分"普九"债务。"两免一补"政策的实施及新机制的推行取消了农村学杂费的收取，学校偿债一下子少了资金来源，政府对偿还债务的经费拨付又存在着滞后性，相关债务便成了一堆呆账，进而引发出了一系列问题。

（二）存在的问题及分析

1. 经费投入仍显不足

新机制的实施带来了农村义务教育各项经费投入的普遍增长，但是面对实现农村义务教育发展和现代化的艰巨任务，现有的经费投入仍显不足。这种不足主要体现在以下 3 个方面。

（1）经费拨付标准偏低。虽然新机制带来的经费增长基本保证了农村义务教育发展的日常需要，但这种满足是建立在低标准、低水平之上的。对于多数农村中小学来说，各项经费投入仅能维持学校的正常运转，要实现学校的进一步发展，仍存在较大的资金缺口。

（2）人员性经费不足。主要体现在教师增收难以保障，当前农村义务教育的教师工资实行的是"县级统筹"，而中西部各省普遍存在着县级财力薄弱，经费负担转移至学校的现象。在调查中我们发现，在实施"两免一补"政策之后有 40% 的学校存在着教师津贴无法发放，教师收入面临下滑的困境，这正反映了人员经费负担转移之后给学校财政带来的压力与困境。虽然《湖北省人民政府关于实施义务教育经费保障机制改革的通知》中曾经明确规定要巩固和完善农村中小学教师工资保障机制,省政府将进一步加大对财力薄弱地区的转移支付力度,但是在实际执行的过程中,这些政策还存在着一定的滞后性。上级政府补助不到位,县级财力不足,学校财源被切,人员性经费的供给便成了学校的难题。

(3)基本建设费保障缺位。当前的新机制并没有确立农村义务基本建设经费保障机制,基本建设费缺口也是所有被访谈学校最主要的经费缺口。新机制试图建立校舍维修改造的长效机制,政府也拨付了专项经费用于学校的危房改造和整体翻新等工程。但这些费用主要是用于改造现有危房以及维持基本建设,如要进行进一步的硬件升级和发展建设则仍存在较大的经费缺口。

2. 债务问题仍显突出

在本次调查所走访的 4 个县(市、区)中,阳新和孝南两县(区)仍存在较突出的债务问题。以阳新县为例,据阳新县教育局的领导反映,截至 1998 年,该县共欠下 1.1 亿的"普九"债务,这些年由省里审定化解了 6 965 万元的债务,目前其仍有 4 035 万的"普九"债务需要偿还,由于偿债进度较慢,大量的未还债务已经影响到了该县义务教育学校的正常教学秩序,一是债主上门逼债影响了学校的安全和稳定,二是学校向教师集资还债,这对教师本不宽裕的经济状况而言无疑是雪上加霜,大大影响了教师们的教学积极性,也对教学质量产生了极大的消极影响。阳新县教育局的领导说,新机制实施以前,在"普九"债务主要由政府买单的前提下,学校可以通过收取学杂费以及其他可能并不合法的收费行为来部分地偿还"普九"债务。而国家实行"一费制"改革以及新机制颁布实施之后,各种乱收费行为被坚决取缔,"两免一补"政策又全部免除了学生学杂费,学校偿债的资金来源被一下截断;新机制经费拨款只包括教师工资和公用经费,且不得挪为他用；各级政府的资金支持又是分阶段进行，存在着滞后性，"普九"债务便成为一堆呆账，迟迟得不到完全化解。学校在迫不得已的情况下只能通过向教师、学生集资摊派来缓解债务危机，然而这些集资在庞大的债务面前显得杯水车薪，还会引发教师、学生及其家长的强烈不满，而且是"拆东墙补西墙"，还了旧债，来了新债，会陷入循环往复的恶性循环之中。由此可见，尽早、彻底地化解"普九"债务对于农村义务教育的进一步发展来说刻不容缓。

2007 年 12 月 25 日，国务院农村综合改革工作小组将湖北省纳入首批 14 个"普九"化债试点省份，湖北省政府也作出了相应规划，要求省市县三级政府主要从本级一般预算收入、新增财力、农村税费改革转移支付、处置闲置校舍收入中安排资金偿债，用两年的时间化解全部农村义务教育"普九"债务共计 30.74 亿元。与之相对应，2008 年，阳新县已拿出了 4 200 万元用于化解"普九"债务。

3. 经费拨付效率不高

在经费拨付这一环节上，当阳市和孝南区的相关负责人表示上级政府的经费拨付效率还有待提高。经费拨付不及时，不仅会影响学校的正常运行和建设，还会影响贫困家庭学生的正常入学。如在对当阳市的调查中我们了解到，由于上级政府的拨款不能及时到位，教育局经费紧张，从而导致各个学校的教育经费也不能按照学校的需要按时、按量地拨到学校，从而影响学校的正常工作。该市的计财科长认为，义务教育保障新机制实施后，市义务教育经费收支确实也存在一些问题，但责任不在市里，一个主要问题就是上级政府的经费拨付滞后从而给市教育局和学校带来一些不利的影响。同样，孝南区的相关负责人也表示经费拨付不及时的主要原因在于湖北省教育厅的办事效率低下。由此可见，省级教育财政部门的经费管理和拨付效能还有待提高,应当精简经费拨付环节,避免人浮于事,明确部门职责,确保农村义务教育各项保障经费按时、足额地落实到位。

二、 中小学教师绩效工资实施现状及问题

(一)义务教育中小学教师绩效工资实施现状

1. 绩效工资改革现状

本次访谈的 4 个县(市、区)中,只有阳新县表示已根据国家的相关政策切实地围绕实行绩效工资制度展开了各项工作;当阳市和孝南区均表示尚未完全实行;郧县虽然已经开始执行绩效工资,但由于省里还没有具体的绩效工资制度规定,其执行方式暂时为按照每人每月260 元的标准发放,尚处于摸索和半观望状态。由此可见当前湖北省的绩效工资落实情况尚不理想,还存在很大的滞后性。从中央颁布政策到基层的论证实施所跨越的时间范围太大,说明我们的政策落实效率还有待进一步的提高。

2. 被访谈者对绩效工资改革的态度

在各县(市、区)教育局领导看来,广大基层教师对绩效工资改革还是持欢迎态度的。绩效工资的一个最直接的好处就是带来了教师工资的增加,从而有利于调动广大教师的积极性。但不足之处就是当前的绩效工资水平太低,教师的增收幅度不明显,甚至有下滑现象(如郧县在实施绩效工资后,教师津贴取消,绩效工资水平又过低,许多教师工资相比以前反而有所减少),也没有拉开教师之间的收入差距,因此绩效工资没有发挥出应有的激励作用,仍需要在探索和实践中不断调整。

当问到"是否应将教师现有工资拿出一部分来按绩效分配"时,所有教育局局长均表示"不可以",理由都是当前教师工资本来就不高,如果将老师现有的工资再去掉一部分用于绩效分配,那么老师的基本

生活都将难以保证，这必然会引发教师的不满，进而引发教师队伍不稳定、教学质量降低等一系列连锁反应。

绩效工资改革正是要通过多劳多得、少劳少得、不劳不得的奖惩激励机制适当地拉开教师间的工资差距，从而调动教师的工作积极性，这就不可避免地会引出教师间的收入差距问题。在对这一问题的看法上，各县（市、区）教育局领导的回答体现了教师待遇水平差异对教师间收入差距问题的影响。在教师待遇水平相对较高的阳新县、当阳市、孝南区，教育局领导认为应该"适当拉开差距"，这样有助于"奖勤罚懒"，也是"社会发展的正常现象"。而在教师待遇水平较差的郧县，其教育局领导就认为"不应拉大"，因为教师的待遇水平本来就偏低，在这样的前提下拉开工资差距更容易挫伤教师的工作积极性，并可能带来极大的心理失衡，影响教师队伍稳定。可见，在教师待遇偏低的地区，教育局领导更看重的是公平因素，而在教师待遇较好的地区，教育局领导可能会更多地考虑业绩和效率因素。

（二）存在的问题及分析

1. 绩效工资制度改革难度较大

在推行绩效工资改革的过程中，除阳新县表示"比较好实行"外，其余3个县（市、区）均表示"较难实行"。究其原因，首先，绩效考核过程中会出现一些不公平问题。如在当阳市的教育局局长看来，其难点主要是考核过程中出现一些不公平现象引起颇大争议。如考试成绩在绩效考核中所占比例过大，使得某些片面追求考试成绩的老师在绩效考核中得分较高，而追求全面发展的老师花了更多的工夫却得到相对较少的分数，如此一来，矛盾便产生了。其次，省里还没有出台具体的绩效工资政策，绩效考核标准不明确，不稳定性较大。这就使广大教师对绩效工资制度存在一定的疑虑，县里的具体改革也无章可依,因而不好操作。因此,要想顺利地推进绩效工资制度改革,就务必要确立一套完整的绩效考核规章制度,使绩效考核有章可循,有据可依,从而避免不必要的纠纷和争议,保证改革的稳定性和连续性。

2. 绩效考核标准难以确定

确定绩效考核标准是推进绩效工资制度改革的一个关键问题,也是主要的难点所在。几乎所有被访谈的教育局局长都表示应该采取全面的评价指标体系来考核教师的教学绩效(只有阳新县教育局局长表示要"按指导文件来",至于指导文件的内容是什么,该领导则没有说明),这样才能够照顾到不同教师的特殊性和差异性,在最大限度上保证公平。

然而在全面考核的基础之上,应该以哪些指标为主,不同指标的分数比重应该如何安排? 这又是一个颇有争议的话题,表20-7是各学校领导认为较为重要的几个绩效考核指标,从中可以看出,教学业绩(又以考试成绩为主)是多数学校领导眼中绩效考核的主要指标。"用成绩说话"也是目前绩效考核中更能让人信服,且对各类老师都适用的一种方式。在目前教育竞相追求高升学率的背景下,教学业绩自然也成为老师证明自身教学水平与能力的最好体现。但在调查中我们也发现目前对教学业绩的考察过多地偏向于考试成绩而非学生的全面素养,这就容易导致片面强调考试成绩和升学率,忽视学生其他能力的培养。对于教师而言,也会出现如前文中所提到的"抓全面发展的不如抓考试成绩的",进而引发一系列的争议和矛盾。而其他的一些标准也都存在着各自的不足,如工龄和工作量会在不同年龄段的教师间引发争议,工龄对于年轻老师显得不公平,而年老的教师则在工作量上处于劣势。师德和班级管理适用于所有老师,但是难以量化、不好评分等。正因为如此,要确定一个比重合理、内容全面的绩效考核评价体系就显得比较困难。

表 20-7　各学校领导较为看重的几个绩效指标

	业绩	考勤	工作量	班级管理	师德	工龄
被选次数	13	3	1	1	1	1

三、 农村寄宿制学校的发展现状及问题

从 2001 年开始,国家开始对农村义务教育阶段贫困家庭学生实施"两免一补"政策,向家庭贫困寄宿生提供生活补助,同年,《国务院关于基础教育改革与发展的决定》首倡兴办寄宿制学校,农村义务教育寄宿制学校建设开始逐步纳入义务教育经费保障体系。本次调查的 4 个县(市、区)拥有多所寄宿制学校以及众多的寄宿学生,通过调查,我们对其生存与发展状况有了基本的了解。

(一) 义务教育农村寄宿制学校的发展状况

1. 寄宿制学校数量众多,住宿学生比重较大(孝南区除外)

被采访的 4 个县(市、区)中除了孝南区仅有一所民办寄宿制学校外,其余 3 个县的寄宿制学校规模分别是:阳新县 90 多所、当阳市 40 多所(每个乡镇都有分布)、郧县 70 多所,其中住宿学生所占比例分别为:阳新县约 33%、当阳市在 75% ~ 85%、郧县 24.7%。可见无论在学校数量还是寄宿学生比例上,3 个县、市的寄宿制学校规模都是较大的。在实行寄宿制的出发点上,主要有以下几点原因(在我们的访谈提纲给出的若干选项中,以下选项至少有 2 个县(市、区)勾选):

(1) 教学点分散,资源配备不足,教育质量不高(3 个县(市、区)均选);

(2) 由于农村留守儿童多,家庭疏于管理,辍学现象严重;

(3) 出于加强对教师和教育的规范化管理的需要;

(4) 由于教师不愿下乡,为此只能减少农村教学点。

由于寄宿制学生数量较多,其生活、心理等各方面状况自然成为政府与学校关注的对象,为了保证寄宿制学生的健康成长,各级政府与学校都采取了各种措施改善寄宿学校的生活和学习条件,如湖北省教育厅于 2006 年颁布《湖北省农村中小学劳动实践基地暨寄宿制学校蔬菜副食基地建设与管理工作细则》,大力推进农村寄宿制学校"菜篮子"工程,有效地解决了近百万农村寄宿制学校学生吃菜难、吃菜贵的问题(受到国务院通报表彰)。郧县也在这几年加强了危房改造和寄宿制学校建设,实施了 9 个"农村寄宿制工程和布局调整学校"项目建设及现代远程教育工程。这些措施改善了学生的住宿条件,也充实了他们的业余生活。

2."中心学校 + 教学点"模式普及状况

面对中小学实行寄宿制所带来的各种问题,有人提出可以用"中心学校 + 教学点"模式,即在偏远地区设立教学点,由中心学校派教师轮流下乡,将寄宿制学校对学生拨款的部分转为对下乡教师补贴的方式,来化解寄宿制带来的各种问题。在访谈中我们发现,阳新县和郧县已经在试行这种模式。阳新县全县大概有 400 多个这样的教学点,每年会有 100 多位教师下乡支教,并给予去偏远地区的教师交通、住宿全额补助。另根据考核,对于表现优秀的教师给予一定的奖金。在全省范围内,阳新县在这个方面是独有的,曾经受到过省教育厅的表彰。郧县的寄宿制学校一般存在于中心小学,一般的乡村小学不存在寄宿,主要是由于该县教学点分散,资源配备不足,教育质量不高,在这样的条件下,该县在中心小学采取对农村小学实行的"中心学校 + 教学点"模式,在一定程度上实现了对教育资源的优化配置。

尽管"中心学校 + 教学点"模式可以在一定程度上解决目前农村义务教育中存在的资源分配不均问题。但是在调查中我们也发现,这种模式要想得到推广和普及还是有较大的难度。一是资金短缺问题，如当阳市的烟集中心小学校长就认为这种模式在我们国家实现不了，因为没有这么多钱来做这些事情。另外，当阳市就寄宿制学校对学生的拨款有明确的"三不准"，即"不准用于老师的津、补贴，不准用于还债务，不准用于进行大型的基础建设"，因为经费一旦被挪用，学校就难以运转，其次还有教师负担与教学管理问题。二是由此产生的学生学习效果问题等等。即便是这项制度运行较好的阳新县，其教育局负责人也不得不承认在实际运行中，这样的做法也有着许多不利影响：首先，教师工作量增加，影响教师工作积极性和工作效率，从而影响教学质量；其次，这种管理加大了管理难度，学生补贴专款专用，可是教师补贴则容易产生腐败行为；再次，这样的教师轮流下乡，学生学习可能不够系统，衔接不好。因此这种模式的推广受到诸多条件的限制而难以普及。

（二）存在的问题及分析

公立学校与民办学校之间的差别待遇是此次调查中我们发现的另一个问题，这一点在孝南区的调查中尤为明显。孝南区没有农村寄宿制小学，全孝感市只有一所私立寄宿制学校——兴国学校，我们调查组的同学去走访了该校的杨校长，了解了这所民办寄宿制学校的生存状况。据杨校长反映，由于该校是私立学校，因此国家出台的"两免一补"政策、义务教育教师绩效工资制度和编制经费预算制度在兴国学校是没有实行的。兴国小学不属于孝南区教育局的管理范围，而归孝感市教育局管理，上级财政对于兴国学校还是有一定的补助政策的，但是一直没有落实下来，学校学生的公用经费都是从学生的学费而来，国家没有往学校拨付公用经费。作为一个私立学校的校长，他向我们的调查组同学表达了一些不满和看法。

从杨校长的谈话中我们可以感受到如今义务教育发展中存在的一些现实问题,《民办教育促进法》第一章第三条明确指出:"民办教育属于公益性事业,是社会主义教育事业的组成部分。国家对民办教育实行积极鼓励、大力支持、正确引导、依法管理的方针。各级人民政府应当将民办教育事业纳入国民经济和社会发展规划。"作为为民谋福利的公益性事业,民办教育应和公办教育一样受到各级政府的重视和支持,积极鼓励社会力量办学,集中一切可以利用的资源来壮大我们的教育事业,造福全体人民。

四、义务教育经费使用和管理的制度建设现状及问题

义务教育经费使用和管理的制度建设是新机制改革的重要环节,2006 年国务院《关于确保农村义务教育经费投入加强财政预算管理的通知》明确指出为确保农村义务教育经费保障机制改革顺利进行,必须加强农村义务教育经费管理,各级政府必须做到明确各级责任,足额安排农村义务教育经费;加强县级预算管理,建立健全农村中小学校预算编制制度;加强监督检查,确保资金落实到位。通过调查我们了解到,被访谈县(市、区)的义务教育经费使用和管理制度建设还是比较到位的,基本上符合国家的有关制度和规定。

(一)义务教育经费使用和管理的制度建设现状

1. 预算编制制度实行状况

所有被访谈县(市、区)教育局领导和学校负责人都表示已经开始实行了预算编制制度,并已经严格地按照"两上两下"的程序进行。这是可喜的一面,说明我们的基层政府对中央政策的执行状况还是到位的,经费使用和管理的规范程度也有了较大程度的提高。

2. 各项制度建设状况

在调查中我们了解到各被访谈县(市、区)都制定了一系列规章制度保障经费使用和管理,且各项制度能够落实到位,如郧县建立了一整套完善的财务管理制度,严格按照"以县为主"的管理体制要求,对中小学经费实行"校财局管"。在实际操作中,全县(市、区)中小学校按照文件要求,严格执行"收支两条线"的管理,严格区分资金性质,全部纳入县财政专户管理。当阳市则建立了义务教育经费使用和管理的一系列规章守则,如《当阳市农村义务教育学校财政管理暂行办法》、《当阳市农村义务教育学校财务管理实施细则》、《当阳市农村义务教育学校公用经费管理实施细则》等,各学校在资金使用和管理上必须遵循这些制度。总的来说,各县(市、区)的相关制度建设还是很到位的,但我们也发现了一些不足之处,比如在阳新县的调查中我们就发现,尽管县级义务教育经费的使用和管理上建立和执行了相关的制度,但是基层学校在资金使用和管理上的制度建设就不那么完备了,学校层面的制度建设还有待进一步完善。

(二) 存在的问题及分析

1. 财务公开状况不佳

各访谈县(市、区)教育局领导都表示已经推行了农村中小学财务公开制度,且有 3 个县(市、区)在公开层面上达到了"向全社会公开"。但是在对中小学校的调查中,只有 9 所学校表示县级义务教育财政收支情况"是"定期向他们公开,其余 6 所学校的负责人则表示"不清楚"或"不完全"甚至直接回答"否"。这说明各县教育局在财务公开上还有所疏漏,可能是宣传不到位,或者是信息渠道不通畅,也可能是学校自身没有去主动了解,在上情下达这一环节上还有待进一步完善。

2. 经费管理过于僵化

在实行"校财局管"的义务教育经费管理体制之后,各项经费的使用和管理更加规范,学校的经费拨付也更有保障,同时也很好地规避了一些经济问题的发生(如基层乡政府贪污腐败)。但是严格管理有可能造成的一个不利的结果便是管理僵化,灵活性不高。在我们的调查中也有很多基层学校的负责人表示现有的经费管理过于僵化,限制了学校的自主权,并对学校的正常运行造成了一定的困难。

五、 调查结论与政策建议

本次调查通过实地访谈、政策研究以及对相关研究文献的分析后发现,湖北省的农村义务教育财政的整体状况还是不错的。新机制的实施为广大农村中小学师生带来了普遍的实惠,各县(市、区)及义务教育的各项经费拨付都有不同程度的增长;"两免一补"政策落实情况较好,切实地减轻了农村中小学生家庭的教育负担。寄宿制学校发展状况较好,学生成绩都有较大幅度提高。义务教育财政各项规章制度日趋完备,提高了义务教育经费使用和管理的规范程度。

但是在调查的过程中我们也发现,由于目前的各项经费拨付标准过低,且存在拨付不及时、效率过低的现象,现有的各项经费最多仅能满足学校的基本运转需要,对于学校的发展来说投入仍显不足,部分地区还存在较突出的债务问题亟待化解。在绩效工资方面,由于绩效考核标准及比例分配存在较大争议,绩效工资改革的推进工作进展困难,教师的工资增幅不大,甚至有下滑现象。寄宿制学校的发展在方便了学生的同时也引发了学生心理方面的一系列问题,学校和老师的管理压力也有所增大。义务教育财政制度建设还存在一些纰漏,校级经费使用和管理还需要进一步完善,县级财政对学校经费的管理灵活性还有待提高。针对以上存在的问题和不足,笔者有以下几点政策建议。

(1)逐步提高经费拨付标准,以适应学校的发展性需要。目前新机制的经费拨付标准对于维持学校的基本运转还是足够的,但是要推动义务教育的进一步发展则仍显不足,学校建设所需的发展性资金,如新教学楼建设,信息化、现代化建设等仍存在较大的资金缺口。教育的发展和现代化事关整个国家发展的全局,因而国家应该在经济发展的过程中本着"适度增加,稳步推进"的原则逐步提高义务教育的经费拨付标准,为义务教育的进一步发展提供坚实的资金保障。

(2)各级政府应以明文规定的形式划定经费拨付的时间范围与进度标准,从制度的层面确保经费拨付及时、足额到位。为了保证经费拨付的效率,必须用严格的规章制度来保障经费拨付的畅通无阻,对经费拨付的各个环节作出明确的时间限定,划定时间范围,厘清各部门职责,实施经费拨款问责制,对于经费拨付过程中的所有拖沓敷衍行为严格追究其管理责任。

(3)规定学校经费拨付最低标准,将学校规模作为经费拨付的重要依据。目前的公用经费拨付是按照学生人数拨给学校的,没有考虑到学校规模的影响。这就往往导致人数差异悬殊的学校之间经费数量差异巨大,使得某些人数偏少的学校经费拨付不足,造成其运转困难(如前文所提到的 200 人以下的学校所获经费偏少,难以维持基本运转)。因此应该对具体学校的经费拨付设立最低标准,保证对每一所学校的经费拨付至少应保证其基本运转。另外,在经费拨付的依据上,还应该充分考虑到学校的规模问题,比如许多生师比偏小的学校,其规模并不比周边的生师比偏大的学校小,但却由于学生数量的差异而导致经费待遇有巨大差别,这显然是不公平的。因此在设置经费拨付的依据上,除了考虑学生人数外,还应该加上学校规模等综合因素,从而保证义务教育的均衡发展。

(4)提高绩效工资标准,在设置绩效考核评价体系时兼顾效率与公平。目前的绩效工资制度实施现状离温家宝总理所说的绩效工资制度还存在着较大差距,现有的绩效工资水平还远达不到"至少不低于公务员工资水平",因此未来的绩效工资改革应该逐步提高现有的绩效工资标准,切实提高教师的生活待遇水平。在确定绩效考核评价体系时应该合理地兼顾效率与公平,综合考虑业绩、师德、管理、考勤等多项因素,将业绩、师德等说服力强、公信力高的指标列为主要指标,予以较大的绩效分比例,并在这些指标的设置上坚持全面的观点。比如业绩指标的设置不能只是单纯地注重考试成绩的提高,还应综合考虑学生综合素质的提高。班级建设的好坏等多方面因素,避免考试压倒一切,片面强调应试成绩的不良倾向。

(5)对农村寄宿制学校予以专项拨款支持。寄宿制学生的大量存在给广大农村寄宿制学校带来了其他非寄宿制学校所没有的负担,也使这些学校承担了更多的责任和义务。因此如果按照其他非寄宿制学校的经费标准来补助寄宿制学校,就会难以避免地出现经费紧张,导致学校运转困难。国家的"两免一补"政策减轻了寄宿生的经济负担,但是对于寄宿制学校还缺乏较为有力的补助和支持措施,因此国家应该设立专项拨款用于支持寄宿制学校的建设,在公用经费上增加对寄宿制学校基本建设与管理的专项补助。在人员性经费上对寄宿制学校教师予以特别补助(类似于特教津贴),并对寄宿制学校聘任专门工勤人员提供经费支持,改变目前寄宿制学校教师身兼多职、人员紧张的局面。

(6)健全校级义务教育财政制度建设,强化上级督导机制。针对学校层面出现的种种经费使用和管理的违规现象,应该加强对学校层面的经费使用管理各项规章建设,并加强督导和执行力度,对于各种违规挪用经费现象予以有力惩治。

(7) 改善民办教育的生存环境,鼓励社会力量办学,吸纳社会资本壮大义务教育,将民办教育纳入新机制保障体系之中。在本次调查中我们发现民办教育在办学过程中遭遇到不公平待遇的不合理现象,这一方面是由于国家的相关政策如新机制改革将民办教育排除在了保障范围之外;另一方面则是由于地方各级政府没有给予民办学校应有的重视,对民办教育的重要作用认识不够。因此各级政府部门应该加强学习,正确认识民办教育的重要地位,为民办教育的发展营造良好的政策和制度环境,充分利用一切可以利用的力量壮大教育事业,造福子孙后代。此外,在国家的发展战略及规划中,也应将民办教育充分地纳入各项政策保障体系之中,使之享有与公办教育同等的政策地位,充分发挥其应有的社会促进作用。

（张智敏、汪曦）

报告二十一：河南省临颍县、孟州市、济源市农村义务教育财政政策调查

前 言

本次调查了河南省 3 个县(市)，临颍县、孟州市、济源市。

临颍县是个以农业为主的大县，全县辖 9 镇、6 乡、363 个行政村，人口 74.8 万，面积 821 平方公里。2008 年的人均 GDP 为 1.99 万元，在全省处于中等水平。全县 2008 年义务教育适龄儿童大约有 93 000 人，在该县上学的儿童有 92 500 人，流出外地并保留学籍的儿童约有 500 多名，父母都不在身边的留守儿童大约有 12 000 多名，占总学生数的 12.97%。全县义务教育学校，中小学教师有 6 531 人，在编不在岗的教师约 200 人，外聘的代课教师有 30 多人，外聘的宿舍管理、食堂服务等人员大约有 300 多人。全县义务教育阶段公立寄宿制学校的初中生大约有 21 000 名，小学没有寄宿学生。

孟州市地处豫西北，农业和加工业发达。全市辖 1 乡、6 镇、4 个办事处、274 个行政村、15 个居委会，人口 37 万，总面积 541 平方公里。2008 年人均 GDP 为 3.7 万元，在全省处于上等水平。全市 2008 年义务教育适龄儿童大约有 4 万多人，在该市上学的儿童有 39 878

人,流出并保留学籍的儿童约有 200 人,全市留守儿童估计有 3 000 多人,占总学生数的 8% 左右。全市义务教育学校中,有中小学教师 3 233 人,外聘的宿舍管理、食堂服务等人员大约 280 人。全市义务教育阶段公立寄宿制学校的小学生大约有 600 人,初中生大约有 5 400 人。

济源市位于河南省西北部,面积 1 931 平方公里,人口 66 万。该市 2008 年人均 GDP 为 4.2 万元,在全省处于上等水平。全市 2008 年义务教育适龄儿童有 49 407 人,在本市上学的儿童有 49 172 人,流出并保留学籍的儿童约 200 多人。全市留守儿童估计有 600 多人。全市义务教育学校中有中小学教师 4 886 人,在编不在岗教师 34 人,外聘代课教师 166 人,外聘的宿舍管理、食堂服务等人员大约有 660 人。全市义务教育阶段公立寄宿制学校的小学生大约有 3 750 名,初中生大约有 6 800 名。

一、 被访县(市)的义务教育经费收支情况及问题分析

(一) 情况汇总

临颍县:2005 年小学预算内生均公用经费每年 10 元,2008 年比 2005 年增加了 140 元,2009 年增加到 330 元。2005 年初中预算内生均公用经费每年 15 元,2008 年比 2005 年增加了 335 元,2009 年增加到 530 元。义务教育阶段中小学教师培训由教育局统一安排,2005 年人均每年支出大约 20 元。2008 年比 2005 年增加了 40 元。"两免一补"按政策执行,资金到位,落实到位,社会效果好。2008 年家庭经济困难寄宿生生活补助标准初中每生每年 750 元,按人头发放到学校,学校直接发放给本人,由教育局做好监督工作。义务教育经费保障新机制实施后,经常性经费拨款基本满足需要;而建设性经费拨款不足,不能够完全满足学校校舍维修改造需要。全县义务教育阶段债务已经纳入省政府清偿计划,审核上报完毕,两年内由省级专项资金化解。

孟州市:2005年小学生均公用经费每年100元,2008年比2005年增加了130元,2009年增加到330元。2005年初中生均公用经费每年135元,2008年比2005年增加了375元,2009年增加到530元,义务教育阶段中小学教师培训由教育局统一安排,2005年人均支出每年大约53元。2008年比2005年增加了80元。"两免一补"按政策执行,资金到位。2008年家庭经济困难寄宿生生活补助标准小学每生每年500元,初中每生每年750元,按人头发放到学校,学校直接发给本人。各级政府的财政性教育经费都能做到按时、按标准拨付。义务教育经费保障新机制实施后,经常性经费拨款基本满足需要,建设性经费拨款不足,不能够完全满足学校校舍维修改造需要。遗留过去建设债务全市共2 000万元,省政府有化解债务的政策,不影响正常教学。

济源市:2005年小学预算内生均公用经费每年16.4元,2008年比2005年增加了217.6元,2009年增加到330元。2005年初中预算内生均公用经费每年30.8元,2008年比2005年增加了353.2元,2009年增加到530元。义务教育阶段中小学教师培训由教育局统一安排,2005年人均支出每年大约96元,2008年比2005年增加了96元。"两免一补"政策均能按新的义务教育经费保障机制落实。2008年家庭经济困难寄宿生生活补助标准小学每生每年500元,初中每生每年800元,高于省定标准,按人头发放到学校,学校直接发放本人。各级政府的财政性教育经费均能按时、按标准拨付。义务教育经费保障新机制实施后,经常性经费拨款、建设性经费拨款都能够满足义务教育支出的需要。全市义务教育债务3 450万元,个别学校影响到其正常教学活动,已有相应的化解措施。

(二)综合分析

实施义务教育经费保障新机制前后,3地情况差不多,2005年预算内公用经费很低,靠收取学杂费来补充。2008 年特别是 2009 年,各地普遍感到经费较宽裕。3 地的中小学教师培训都由县(市)教育局统一安排,2008 年比 2005 年有大幅增加。2008 年家庭经济困难学生的生活补助,3 地一致都是按人头发放到学校,由学校直接发到学生本人。社会效果良好。

各级政府的财政性教育经费的拨付方面,中央、省级经费 3 地能够按时拨付,除县级经费财力较差的临颖县拨付困难,不能按时拨付外,孟州市和济源市均能按时、按标准拨付。要保证义务教育经费的按时、按标准拨付,还是以省级统筹为好,这样能够更好地保证教育的均衡发展。

3 地经常性经费的拨款能够满足义务教育支出需要,建设性经费拨款不能够满足需要。主要原因是 2005 年以前通过各种形式集资建设的校舍,有些老化,有些甚至是危房,有些需要改建扩建,经费缺口较大。

关于义务教育债务问题,大部分都已纳入河南省债务清偿计划,审核上报完毕,两年内逐步化解,不影响学校的正常教学。

二、 被访县 (市) 的义务教育中小学教师绩效工资实施及问题分析

(一) 情况汇总

临颖县:现在未实行绩效工资制度。计划拿出地方性津贴 400 元/月。一个人获得的绩效工资 = 400 元 × 70%(基础性绩效工资) + 400 元 × 30%(班主任津贴、超课时津贴、优秀教学成果、优秀服务等),农村偏远地区增加 20 元,县城减少 20 元。具体方案还在研究中。广大教师普遍欢迎实行绩效工资改革,因为能够使收入增加,再者也能够体现多劳多得,优劳多得。但是校长们都觉得操作起来难度

大,希望至少一个县区有一个详细的方案。而且这个县工资水平很低,如果在现有工资中拿出一部分重新分配肯定会遭到教师们的反对。因为当地公务员的地方性津贴也没有兑现,现在教师工资略高于当地公务员的工作,实施绩效工作后,教师平均工资1 600元/月,要高于公务员平均工资200元左右。

孟州市:还未实施绩效工资制度,正在研究具体方案。计划把地方性补贴部分708元拿出来按照绩效工资计分办法重新分配。大多数教师愿意实行绩效工资制度,因为可以体现多劳多得,优劳多得。实行绩效工资的难处在于绩效考核难度较大,认为超课时津贴和优秀教学成果最有利于调动教师的工作积极性。教师间的工资差距可以适当拉大,但差距太大也不利于团结。如果实施绩效工资制度,教师的平均工资为1 700元/月左右,比以前增加了208元,当地公务员的平均工资大约1 500元/月左右。

济源市:正在研究制定义务教育绩效工资制度的相关政策,计划新增地方津贴1 300元/月,按照方案执行。广大教师都很愿意实行绩效工资制度,因为可以增加工资,体现多劳多得,提高教师积极性。没有谈到实行绩效工资制度有什么难处。认为不应该从现行工资的一部分拿出来按绩效工资分配,可以拿地方津贴出来按照绩效工资分配。认为评价教师绩效应该有工作量、考勤、工作效果等指标,工作效果最有利于调动教师的工作积极性,教师间的工资差距不能太大,影响合作与团结。该市如果实施教师绩效工资制度,教师平均工资应该在3 000元/月左右,比以前提高1 300元,当地公务员的平均工资大约为2 800元/月。

(二)综合分析

三地义务教育中小学校长和教师普遍欢迎实行绩效工资制度。

主要原因有两点：一是可以整体提高义务教育阶段中小学教师的工资，因为长期以来他们的工资偏低。二是可以体现多劳多得，优劳多得。现在的情况是中小学的骨干力量是中青年教师甚至主要是青年教师，他们付出最多，收入最少。老教师工作少、工作轻甚至不工作，但是拿的工资是青年教师的一倍还多。现行的工资制度也不能够体现教学质量优劣。他们希望工作的量和质两方面能够在工资上有所体现。

3地都没有开始实行绩效工资制度，但是都在制定详细的分配方案或者绩效工资考核办法，在这个问题上各地都比较慎重，反复研究，广泛征求意见，到各地学习经验，可望在2010年年底全部落实到位。

由于绩效工资制度的资金来源于地方性补贴，3地经济发展水平差距大，因此3地用于发放绩效工资的数额也相差较大。济源市准备人均1 300元，孟州市计划人均708元，临颍县计划拿出400元，都是拿出人均总额的70%作为基础性绩效工资，30%作为奖励性绩效工资。以临颍县为例，400元的30%是120元，制定一个详细的绩效工资考核方案，拿出120元来重新分配能否起到奖勤罚懒的作用，值得怀疑。

三、被访谈县（市）的义务教育农村寄宿制学校的发展情况及问题分析

（一）情况汇总

临颍县：该县是平原县，居民居住比较集中，基本上各个行政村都有小学，小学生上学一般不超过1.5公里，所以没有寄宿制小学。一个乡镇有一到两所初中，都有寄宿条件，农村90%以上的学生都在学校吃住。全县寄宿生大约21 000人。

孟州市：该市大部分面积是平原，西部有两个乡镇是丘陵地貌，居

住较为分散,所以全市只有 5 所寄宿制小学,全部分布在西部丘陵地区。这些学校的住宿学生大约占 33%。就该市的情况看,对偏远地区的农村小学实行寄宿制的出发点主要是:(1) 由于教学点分散,资源配备不足,教育质量不高;(2) 出于加强对教师和教育的规范化管理的需要。普遍认为通过对偏远地区的农村小学生实行寄宿制后,学生的学业成绩有很大提高。但是也存在一些问题:(1) 加重教师的负担;(2) 后勤保障跟不上;(3) 学生管理的难度加大了。另外,因为学生年龄小生活自理能力差,学校的生活条件不好,对孩子的成长也有不良影响。对农村小学采用"中心学校 + 教学点"模式持赞成态度,认为可以避免学生寄宿带来的风险。

济源市:该市大部分面积都是山区,全市有 35 所农村小学寄宿制学校,住宿生占全体学生的 10% 左右。从该市的实际情况来看,对偏远地区农村小学实行寄宿制的出发点是:由于教学点分散,资源配备不足,教育质量不高。对农村小学生实行寄宿制后,学生的学业成绩有了较大提高,对学生的身心健康也没有什么不利影响。但是因为学校编制有限,生活教师不能满足需要,学校管理方面负担加重了。"中心学校 + 教学点"的模式,也是解决小学生寄宿制带来问题的有效方式之一。但是中心学校派教师轮流下乡,如果轮流频繁对学生的教育也有不利影响,建议建立长效机制,让教师安心在教学点长期工作。比如提高工资待遇、给予职称评定方面优惠条件等。

(二) 综合分析

农村寄宿制小学主要集中在山区。平原地区人口比较密集,学生数量较多,几乎每个行政村都有小学,学生上学路途不远,没有必要寄宿。山区学生居住分散,由于教学点分散、资源配备不足、教育质量不高,或者出于加强教师和教育的规范化管理的需要,各地根据实际需要举办了一些寄宿制小学。学生实行寄宿后,学生的学业成绩有很大提高,学生的生活自理能力也有很大提高。但是校长普遍认为加大了学校管理的难度。难度主要表现在:(1) 学生的安全问题;(2) 学生的日常教育与管理问题;(3) 管理人员的费用无从支出;(4) 教师负担加重后教师的补助等。这一块的费用支出压力较大,加重了学校和教师的负担。

"中心学校 + 教学点"的模式比较受欢迎,但是教师付出会比较多,需要给教师更多的补贴和评先表优、评职称等方面的优惠条件。

四、 被访谈县(市)的义务教育经费使用和管理的制度建设情况及问题分析

(一) 情况汇总

临颍县:正在推行学校预算编制制度,程序、制度都正在完善之中。农村中小学财务推行公开制度,主要向教育局及以上部门公开。县教育局制定了《临颍县农村中小学财务管理规定》,对经费预算、收支程序、财务公开、审计等均作了具体规定。认为义务教育经费由县财政统一收支不合适,因为不利于学校根据自身情况有针对性的安排支出,工作效率也比较低。应该由学校账户收支,赋予学校应有的自主权,教育、财政部门加强管理监督。

孟州市:正在推行学校预算编制制度,有待完善。该市也推行了农村中小学财务公开制度,通常公开每大类各项目的明细账目。在义务教育经费的使用和管理上建立了《关于加强中小学校财务管理的实施意见》和《农村中小学公用经费支出管理暂行办法》,还在落实中。各学校普遍都编制预算,但并不完全执行预算。学校的经费使用上存在公用经费用于基本建设和维修、聘请代课教师及宿舍、食堂、校园管理人员的费用的情况。认为义务教育经费可以实行县级财政统一收支。

济源市:实行了义务教育学校预算编制制度,按照"两上两下"的程序进行。推行了农村中小学财务公开制度,通常公开每大类各项目的明细项目。认为义务教育经费由县财政统一收支比较合适,有利于学校发展。学校的经费使用上同样存在公用经费用于基本建设和维修、聘请代课教师及宿舍、食堂、校园管理人员的费用的情况。

(二) 综合分析

从总体上看,被访谈县(市)都推行了学校预算编制制度,济源市落实得比较好,临颍县、孟州市都有制度出台,正在落实,估计会很好落实。在义务教育经费是否应该由县级财政统一收支方面,孟州市、济源市一致认为比较合适,有利于学校的发展。临颍县不太同意,主要是担心学校缺乏自主权,经费使用上统得过死,影响学校的积极性和主动性。在学校的公用经费使用上,3 地都存在同样的问题,就是公用经费用于基本建设和维修、聘请代课教师及宿舍、食堂、校园管理人员。尤其是寄宿制学校,需要食堂、宿舍、校园管理人员,也就需要这方面的支出,现在是有这一项支出的需求和事实,但在公用经费的支出项目中没有这一项。教师请病假、事假、进修、出差等时让其他老师代课,没有兼课补助费,对多付出劳动的教师也不公平。

五、 内容总结与政策建议

实施义务教育经费新的保障机制后,各地不仅减轻了学生的家庭经济负担,生均公用经费有了大幅度提高,而且大部分地区都能够按时、按标准拨付,学校的办学经费明显宽松。"两免一补"政策得到很好落实,社会效果很好,有力地促进了教育的均衡发展。但是,县(市)与县(市)之间的经济发展水平差距较大,经济发展比较薄弱的地方县级财政性教育经费拨付有一定困难,不能够做到按时、按标准,尤其是建设性经费的拨款不能够满足需要。校舍维修、课桌凳更新、校内教学设备和图书的配备方面存在缺口。建议义务教育经费应以省级统筹为主，这样更有利于教育的均衡发展。

义务教育阶段教师实施绩效工资制度的工作正在紧锣密鼓地进行，尽管有些地方资金筹措有些困难，但各级政府态度积极，执行政策力度较大。教师对实行绩效工资制度普遍欢迎，但是因为媒体炒作比较厉害，教师对涨工资的期望值比较高，估计真正实施起来有些地方的教师会有些失望。从了解的情况看，尽管各地差距较大，但是真正实施绩效工资后，教师工资不低于或者稍高于当地公务员工资水平的目标能够实现。实施绩效工资制度的难度主要表现在两个方面：一是资金筹措，有些地方现有工资保障都有困难，增资更有困难。二是绩效考核工作量比较大，既要体现公平，实现绩效工资真义，又要平衡以保持教师情绪稳定。建议：(1) 教师涨工资也好，实行绩效工资制度也好，要先做后说，其他行业没有见媒体怎么宣传，工资远远高于教师；(2) 绩效考核应该有一个全国或者全省的宏观标准，各地才好制定细则，否则地方教育局和学校制定考核细则的压力就很大。

县级义务教育经费使用管理方面，各地都有了相应的制度。预算编制、财务公开等方面都正在逐步完善。普遍赞成经费按人头划拨到学校，财政、教育行政部门在预算编制、支出、管理使用等方面做好监督。有些地方实行教育局统一收支，校长们感觉缺乏自主权，不利于校长和教师的积极性和主动性的发挥。

农村寄宿制学校对于农村教育的积极意义，特别是对解决农村留守儿童的社会难题很有帮助。寄宿制学校已经成为优化农村教育资源配置，促进城乡教育均衡发展的一种重要办学模式。寄宿制学校的规模较大，显著扩大了学校的服务半径和服务人口，对于吸纳留守儿童很有帮助。但是，学校管理方面压力很大，主要是学生的安全问题、课余时间的教育和管理、经费支出增加、教师的额外付出等方面。建议:(1)加大对寄宿制学校的建设经费投入,给这些孩子创造一个安全、舒适的生活和学习环境;(2)增加经费投入。寄宿后学生的教育和管理成本都增加,应该给学校增加这方面的经费。

"中心学校+教学点"的模式可以根据实际情况和寄宿制学校并存。它解决了寄宿制学校的一系列难题,但是给教师工作和生活条件带来一些难题。农村教师勤劳朴实,困难总是可以解决的,但是为了体现公平,也为了更好地调动农村教师的工作积极性,考虑到偏远农村学校教育和管理成本较高,对农村中小学尤其是寄宿制学校要提高生均经费标准,让农村学生也能够享受到优质的教育。

(傅韫华、陈晓香)

报告二十二：重庆市彭水县、巫溪县、北碚县农村义务教育财政政策调研

前　言

（一）彭水县义务教育基本情况描述

截至 2008 年底,彭水县有各级各类学校 309 所,其中完全中学 3 所、职业中学 2 所、初级中学 11 所、小学 258 所、特殊教育学校 1 所、民办学校 34 所。在校学生 116 740 人,其中小学生73 405 人、初中生 35 244 人、普通高中生 5 997 人、职业高中生 2 094 人。教育人口占全县总人口的 20.82%。

全县学校占地面积 158.36 万平方米、校舍建筑面积 59.97 万平方米,生均占地面积 12.05 平方米、生均校舍面积 4.56 平方米,全县 95% 以上的学校实现了电化教学,85% 以上的学校实现了多媒体教学,5 所学校成为市级现代远程教育示范校。

2008 年,全县小学正常适龄儿童入学率、小学毕业率分别为 99.98%,99.81%,小学辍学率为 0.10%,15 周岁人口初等教育完成率 99.5%,7～15 周岁视力、听力、智力残疾儿童少年入学率为 79.2%。初中生入学率、毕业率分别为 98.28%,99.1%,初中辍学率

为 1.40% ,17 周岁人口初级中等教育完成率为 87.73% 。初中毕业生升入高中阶段比例为 81.42% ,其中升入普通高中比例达 41.6% 。

（二）巫溪县义务教育基本情况描述

截至 2008 年底,巫溪县有学校 282 所,其中完全中学 4 所、职业中学 1 所、普通初中 15 所、小学 254 所、特殊教育学校 1 所、幼儿园 7 所。义务教育适龄儿童 67 962 人,在本地上学的约有 40 000 人、全县留守儿童 22 587 人。义务教育阶段在校学生人数(6.8 万)占全县总人口(51.6 万)的 13.18% 。全县义务教育学校教师 5 445 人。全县义务教育阶段公立寄宿制学校小学生 10 955 人,初中生 18 085 人。

（三）北碚区义务教育基本情况描述

2008 年末全区拥有普通中学 23 所,招生 1.22 万人,年末在校学生 3.46 万人;小学 64 所,在校学生 2.87 万人。小学学龄儿童入学率和初中入学率均为 100% ,高考本科上线率为 60.9% ,居主城九区第一,其中重点本科上线 946 人,居主城九区第二。全区留守儿童 6 921 人。

一、 被访谈县（区）义务教育经费收支情况及问题分析

1. 彭水县情况与问题分析

实施义务教育保障新机制以后,义务教育生均公用经费分别达到国家标准,初中生均公用经费从每生每年 300 元增长为 2008 年每生每年 500 元。

义务教育阶段的教师培训,特别是骨干校长、骨干教师、班主任、科研骨干教师培训由县教育局统一安排,从 2009 年开始每年县财政安排 300 万元专项资金用于教师培训。按照所有教师人数统计,培训经费 2008 年达到人均 828 元/年。

全面落实"两免一补"政策。全县补助义务教育阶段公用经费为 3 417 万元,落实减免教科书资金 1 429 万元,补助贫困寄宿生生活费

681 万元,惠及 9 506 名中小学生;免除贫困女童作业本费、寄宿费 85 万元,受惠贫困女童达 16 964 人。2008 年家庭经济困难寄宿生生活补助标准是小学每生每年 500 元,初中每生每年 750 元。按照学校所处乡镇的贫困程度由县教委统筹安排。

在财政性教育经费拨付中,公用经费能基本按照预算及时、足量地拨付,基本建设经费中的县级财政配套部分基本难以到位。由于县本级财力拮据,这部分经费无力保证。

义务教育保障新机制实施后,人员经费拨款能够满足义务教育支出的需要。公用经费(中央资金、市级资金)能够按时、按标准(小学每生每年 300 元、初中每生每年 500 元)拨付,县教委对部分偏远学校、小规模学校经费分配上实行了倾斜,但仍不能完全满足学校基本运转需求。主要缺口为:对于建设性经费中央及市级资金预算不足,县级配套资金无法到位,造成项目欠债严重。欠债情况:已偿清 2008 年及以前义务教育阶段欠债,不允许学校举债建设。高中阶段仍有欠债,部分学校因欠债对正常的教育教学有一定影响。

2. 巫溪县情况与问题分析

实施义务教育保障新机制以后,预算内生均公用经费分别达到国家标准,小学生均公用经费从 120 元增长为 2008 年 300 元;初中生均公用经费从 180 元增长为 2008 年 500 元。

义务教育阶段的教师培训,特别是骨干校长、骨干教师、班主任、科研骨干教师培训由县教育局统一安排。按照所有教师人数统计,培训经费也从 2005 年的人均 40 元,增长为 2008 年的 70 元。

"两免一补"政策实施到位。2008 年家庭经济困难寄宿生生活补助标准是小学每生每年 500 元,初中每生每年 750 元。按照人头发放到学校。

在财政性教育经费拨付中,中央和市级资金能够按照预算及时、足量地拨付到县教育局,县财政教育经费基本没有拖欠财政预算内教育经费现象。

巫溪县义务教育学校债务 11 399 万元,影响了部分学校的正常运转。由于学校有欠债,资金利息每年达到 850 万元,挤占了公用经费,使部分学校存在公用经费总量不足的问题。

3. 北碚区情况与问题分析

实施义务教育保障新机制以后,义务教育生均公用经费分别达到并超过国家标准,小学生均公用经费从 75 元增长为 2008 年 846 元;初中生均公用经费从 271 元增长为 2008 年 1 231 元。

义务教育阶段的教师培训没有由县教育局统一安排。按照所有教师人数统计,培训经费也从 2005 年的 453 元,增长为 2008 年的 865 元。

"两免一补"按政策实施到位。2008 年家庭经济困难寄宿生生活补助标准是小学每生每年 500 元,初中每生每年 750 元。按照人头发放到学校。

在财政性教育经费拨付中,中央和市级资金能够按照预算及时、足量地拨付到县教育局,县财政教育经费基本没有拖欠财政预算内教育经费现象。但由于本级财力有限,与其他同类地区相比差距较大。

实施新机制后,经常性经费拨付(公用经费和人员经费)、建设性经费拨付基本能满足需要。但公用经费和建设性经费数额不能满足学校发展和跟上经济发展的步伐。债务主要是高中和完中欠债,分派到初中约 3 000 万元,未影响教学。

义务教育新机制实施后,全区义务教育经费收支还存在较少范围的乱收费。建议通过政府采购来规避。另外加大检查和惩处力度,同时减少政府采购的无计划性。

二、 被访谈县（区）义务教育中小学教师绩效工资实施情况及问题分析

1. 彭水县情况与问题分析

义务教育中小学教师绩效工资实施情况。一是将全县义务教育学校按照边远艰苦程度分为3类，即城镇学校、一类农村学校和二类农村学校，并实行一类学校在基础性绩效工资基础上每月补50元，二类学校每月补80元。二是绩效工资实施基础性和奖励性绩效工资两部分。三是"代转公"无教师资格证人员暂未纳入此次统计和兑现范围。2009年6月29日下午6点钟之前全额兑现了1~6月基础性绩效工资。义务教育学校实行绩效工资在职教师5 551人，退休教师1 340人，兑现资金2 924万元。

存在着如下问题：一是"代转公"无教师资格证人员绩效工资问题。按照《重庆市人民政府办公厅关于转发重庆市在农村义务教育阶段学校代课教师中招聘公办教师实施方案的通知》、《重庆市人民政府办公厅关于在农村义务教育阶段学校代课教师中招聘公办教师有关工作的补充通知》，彭水县分别于2007年9月、2008年2月在农村义务教育阶段学校代课教师中招聘公办教师共1 116人。到2008年6月公办教师未取得教师资格证的459人未执行教师绩效工资政策。二是非义务教育阶段职工的过渡性津、补贴问题。

2. 巫溪县情况与问题分析

2009年6月，巫溪县政府常务会上通过决议，义务教育学校绩效工资6个月内兑现。县人事局提交了《巫溪县人民政府关于义务教育学校绩效工资的实施方案》（送审稿）。2009年新学年，巫溪县教委发出《巫溪县义务教育学校及教职工绩效考核办法（试行）的通知》。各

个学校参照文件精神和要求制定本学校绩效工资考核实施方案。

《巫溪县义务教育学校及教职工绩效考核办法(试行)的通知》规定:占绩效工资总量70%的基础性绩效工资按月发放。占绩效工资总量30%的奖励性绩效工资,由教委直接奖励给学校,各个学校依据通知精神和要求,分别制定本学校教职工和管理干部绩效考核实施方案,经过考核直接发放给本人或划入个人工资银行账户。

3. 北碚区情况与问题分析

重庆市北碚区基础性绩效工资标准:12级1 436元,11级1 513元,10级1 658元,9级1 744元,8级1 830元,7级2 046元,6级2 182元,5级2 354元。管理岗位:正科1 740元,副科1 573元。技工:高级工1 573元,以义务教育学校教职工绩效工资的实施为契机,建立科学规范的教职工收入分配机制。奖励性绩效考核津贴以教职工的实绩和贡献为依据,坚持多劳多得的原则,适当拉开差距,注重向班主任、管理干部、骨干教师及作出突出成绩的一线教职工倾斜,充分发挥奖励性绩效考核津贴的激励导向作用,逐步形成内部激励机制和约束机制,努力推进北碚区教育事业持续健康发展。奖励性绩效工资由工作量及履职考核工资、管理岗位(班主任及行政管理责任)考核工资、业绩(教学质量及获奖评价)奖励考核工资三部分构成,比例为45∶25∶30。

存在着如下问题:一是对于长期从事管理工作,工作付出较大,职称不高的中年教师积极性调动和利益保障存在挑战;二是绩效考核可能导致一线教师更多关注学生考试成绩,加剧应试教育的趋向。

三、被访谈县(区)义务教育农村寄宿制学校的发展情况及问题分析

1. 彭水县情况与问题分析

彭水县截至2008年有住校学生18 234名。其中初中14 418名,

小学合计 3 816 名。在建和建成的小学农村寄宿制学校 11 所。2009
年建成初中寄宿制学校 5 所，其中农村 3 所。

彭水县实施偏远地区农村小学寄宿制的出发点：一是加强对教师
和教育的规范化管理的需要；二是由于全县农村留守儿童人数多，家
庭疏于管理，容易产生问题；三是考虑教学点分散、资源配置不足问
题；四是教师不愿下乡，为此只能设置较少的农村教学点。

寄宿制经费包括中央寄宿制建设专项资金与地方财政配套资金。
中央政府负责建房屋，日常维护和配套设施建设由市、县财政保障。

寄宿制学校建设使得学生的成绩有较大提高。

2. 巫溪县情况与问题分析

巫溪县全县普通初级中学 15 所，学生 19 151 名，其中寄宿学生
18 085 名；职业高中部分初中学生 878 名；完全中学中初中学生 6 960
名。小学 254 所，学生 41 011 名，住读学生 10 955 名，其中中心校
10 634 名，村级小学 321 名。寄宿制学校建设 56 所。

巫溪县实施偏远地区农村小学寄宿制的出发点：一是考虑教学点
分散，资源配置不足问题；其次是由于全县农村留守儿童人数多，家庭
疏于管理，容易产生问题；最后是加强对教师和教育的规范化管理的
需要。

寄宿制经费包括中央寄宿制建设专项资金与地方财政配套资金。
中央政府负责建房屋，日常维护和配套设施建设由市、县财政保障。

寄宿制学校建设对学生成绩的提高有益，但增加了管理工作量。
一是管理压力，经费压力过重，人力、设备不足问题突出；二是安全问
题，学生在学校与家庭之间的往返交通安全问题突出，学生在学校管
理疏忽时出校门玩游戏也造成安全隐患；三是食品安全问题；四是学
生身体健康问题，存在营养不良问题；五是心理健康教育现状不容忽

视,学生存在不善沟通、孤僻等心理状态。

3. 北碚区情况与问题分析

北碚区现有寄宿制学校 7 所,住宿学生人数占寄宿制学校学生人数的 3.2%。

北碚区实施偏远地区农村小学寄宿制的出发点:一是由于全区农村留守儿童人数多,家庭疏于管理;二是考虑教学点分散,资源配置不足问题;三是加强对教师和教育的规范化管理的需要;四是均衡教育资源,实现义务教育均衡发展。

寄宿制学校建设对学生成绩提高有益,但增加了管理工作量,延长了教师对学生的管理时间。如果管理到位,会促进学生发展,对学生心理应该没有不利影响。

对农村小学采用"中心学校 + 教学点"模式,应该是为了实现优质教育资源共享,这种方式是可行的。可互补中心学校与教学点之间的师资优势,相互学习,减少资源浪费,收益最大的是学生。

2008 年成立了北碚区寄宿制学校建设与管理工作领导小组。区编办、区发改委、区建委、区教委、区财政局、区人事局、区房管局、区环保局、区国土分局、区规划分局均参与其中。一是统筹规划、因地制宜地逐步调整寄宿制中小学的布局,整合优化教育资源;二是规划、管理和监理寄宿制中小学新建校舍的基建工作;三是增加投入,合理安排、管理和使用好寄宿制中小学的专项资金;四是实行寄宿制学校准入制度,学校申报、区教委检查验收、合格挂牌,未经挂牌的学校原则上得不招收住读学生;五是制定《北碚区寄宿制学校管理办法》,对寄宿制学校的设置、寄宿制学校的主要职责和管理等进行明确的规定,进一步规范北碚区寄宿制学校的管理行为,确保学生安全和学生健康成长;六是建立寄宿制学校管理工作考评制度。

四、被访谈县（区）义务教育经费使用和管理制度建设情况及问题分析

1. 彭水县情况与问题分析

全县实行了义务教育学校预算编制制度，按照"两上两下"的程序进行，预算执行比较差。推行了农村中小学财务公开制度，一是向社会公开，二是通常公开各个大类收入支出账目。县级义务教育经费的使用和管理上建立和执行了《彭水县中小学公用经费支出管理实施细则》、《彭水自治县农村中小学校舍维修改造专项资金管理办法实施细则》、《彭水苗族土家族自治县财政专项资金管理办法》、《中小学预算管理制度》。

据调查，他们认为当前义务教育经费由县级财政统一收支不合适，应该由重庆财政统一收支核算。

2. 巫溪县情况与问题分析

全县实行了义务教育学校预算编制制度，按照"两上两下"的程序进行。

3. 北碚区情况与问题分析

全区实行了义务教育学校预算编制制度，没有按照"两上两下"的程序进行。通常公开各个大类收入支出账目，推行了农村中小学财务公开制度。

区级义务教育经费的使用和管理上建立和执行了物品、维修政府采购、预算内外经费、暂存款入财政专户、校长一支笔、义务教育学校严禁欠债等制度。

对于当前义务教育经费由县级财政统一收支问题，该区的意见与彭水县相同。

五、内容总结与政策建议

通过暑期以及开学一段时间的调研和访谈,调研人员总结问题并试图提出以下政策建议。

1. 义务教育经费收支

对于全国统一的义务教育学校公用经费标准(小学每生每年300元、初中每生每年500元),学校都已实现。但依然存在以下问题:

(1)重庆贫困山区学校布局调整,存在规模较小学校按照人数的经费拨付,显然影响学校运转和教学活动的开展;(2)实施寄宿制学校建设,学校日常运行成本增加;(3)在调研的诸多学校中,功能室(卫生保健室、实验室、户外操场、音乐室、美术室)以及图书数量严重不足;(4)需要科学测算学校公用经费充足性标准,增加公用经费数额;(5)教师培训经费中普通教师培训内容和经费保障不足,制约整体教育教学水平。一些学校在公用经费有限的情况下,教师培训工作很难展开。学校要主动加强与其他学校的交流与合作。县城优秀学校充分发挥统筹与被统筹的桥梁作用(利用主城区优质教育资源谋求更大发展、协调引领乡镇学校梯度共进)。

2. 义务教育中小学教师绩效工资

义务教育中小学教师绩效工资设计原则上考虑全体教师积极性的发挥和利益保障,强化物质激励的同时倡导奉献;兼顾老中青的权利;防止教学活动的比成绩、轻素质倾向。现行的绩效工资政策本身将绩效工资部分的30%按绩效进行分配。在一些工资人均标准偏低的地区,按30%作为绩效考核难以调动教师的工作积极性,建议以40%~50%作为绩效考核。

3. 农村寄宿制学校

农村布局调整,需要坚持"科学规划、合理布局、充分利用资源"、

"遵循规律、因地制宜、分类指导、分步实施"、公平性原则,保证就学,学校常规管理、后勤管理、安全管理要到位。学校和教委做好寄宿制学生生活和学习管理。相关部门和人员,积极研究寄宿制对学生发展的问题,认真研讨,向其他地区学习经验,保障学生健康成长。重视寄宿制学校建设资金管理和工程质量,地方政府保障寄宿制学校配套实施完善。

4. 义务教育经费使用和管理制度建设

结合地方实际贯彻义务教育经费使用和管理制度。合理规划学校发展,制定科学、合理的资金预算,全面提高学校预算和管理能力。

强化市级政府在均衡教育资源、实现优质共享方面的协调统筹作用。

5. 调研感受

基层教育主管部门可以加大公民的教育知情权,及时通过自身网站等媒体宣传义务教育相关政策法规、公开基本信息。

彭水县教育面对底子薄、资金有限等问题,在解决初中教育发展问题上,积极探索,对山东平原县"初中进城"改革模式进行考察、研究,提出"初中教育基本进城,集中在"一城四片"的规划思路。巫溪县积极实践寄宿制学校建设。在中央投入专款同时,加大地方资金配套力度,营造温馨校园,成功探索出山区贫困县农村学生入学难、入好学校难、留守儿童无人看管等问题的解决方案,从而获得很好的社会效益。

(马建斌)

后 记

　　从 1986 年全国实施义务教育以来,义务教育财政的均衡、公平和效率问题始终是义务教育改革的核心和疑难问题。2005 年 12 月国务院颁布的《关于深化农村义务教育经费保障机制改革的通知》,要求从 2006 年 1 月 1 日开始实施农村义务教育保障新机制,由于我国义务教育区域大,各地区制定的具体的制度和实施方案,因区域差异和财政实力的差别而各不相同,各省市区对中央政策的执行情况如何? 政策贯彻执行后的效果如何? 这些都是亟待了解的问题。在上海财经大学"211"课题经费的支持下,课题组怀着迫切的心情,于 2009 年 6 月开展了这项覆盖全国 25 个省(自治区、直辖市)77 个县教育局及其下属的 279 所农村义务教育中小学校的调研活动。由于课题调研覆盖面宽、工作量大,参加课题调研的人员除了上海财经大学的部分老师和同学之外,课题组还邀请了全国十几所高校的部分老师和同学,参与调查和研究的人员近百人。在调研过程中,以省(自治区、直辖市)为单位成立课题小组,单独开展调查活动。调研结束后,课题小组先撰写县(市)层面上的调查报告,再撰写省级层面上的调研报告,课题组在上述成果的基础上形成全国性的调查报告。在课题调查已经结束和调研成果即将出版之际,要对以下人员表示感谢。

感谢上海财经大学"211"课题经费的资助和"211"办公室的关心和支持。

感谢全国人大卢干奇,教育部周为,财政部胡成玉,北京师范大学杜育红,上海财经大学刘小川、郭玉贵等专家教授对本研究提出的宝贵意见。

感谢兄弟高校中参与课题研究的老师和同学们。他们是湖北大学的张智敏教授和她的学生、西南大学张学敏教授和他的学生、广西师范大学马佳宏教授和他的学生、四川师范大学王冲教授和他的学生、西北师范大学孙百才副教授和他的学生、山西大学陈平水教授和他的学生、河南焦作师院的傅蕴华副教授和他的学生、沈阳师范大学周润智教授和他的学生、内蒙古师范大学的刘文霞教授和她的学生、宁夏大学郝振君副教授、延安大学孙刚成老师等。

感谢上海财经大学李艳鹤、惠祥凤、金捷、蓝盈、吴思雨、朱新江、张莹、张恒、许驭宇、王泽群、徐婧、赵喆、朱咪等研究生。

感谢上海财经大学中国教育支出绩效评价中心孔晏老师及全体老师和同学们的鼎力相助,保障了课题研究的顺利进行。

感谢江苏大学出版社,才使图书得以顺利出版。

赵宏斌
于凤凰楼409
2010.1.10